Y FFYNNON ARIAN
Cymdogaeth, Diwylliant a Chapel
yn Llangwm, Uwchaled

Cyfrol 1

Argraffiad cyntaf: Mehefin 1996

(H) Robin Gwyndaf a Gwasg Dwyfor

ISBN: 1 870394 41 0

Llun y clawr gan Trebor Roberts:
Golygfa o Gapel Cefn Nannau yn nhymor yr Hydref.

Argraffwyd a chyhoeddwyd gan:
Wasg Dwyfor, Pen-y-groes, Caernarfon, Gwynedd, LL54 6DB

Y Ffynnon Arian

Cymdogaeth, Diwylliant a Chapel yn Llangwm, Uwchaled

Cyfrol 1

Robin Gwyndaf

GWASG DWYFOR
1996

Cyflwynir y Llyfr Hwn

er cof annwyl am fy rhieni: Elizabeth Jones (1905-94), merch 'Rhafod, Llangwm, a John Hugh Jones (1902-66), mab Pen-dre, Tŷ Nant;

i'm brodyr a'm chwiorydd hoff: Tegwyn, Eifion, Aeryn, Glenys a Rhiannon a'u teuluoedd, ac er cof am Margaret Iorwen Jones (1935-93);

i drigolion Uwchaled a'r cyffiniau, ac yn arbennig y tro hwn: ardalwyr Llangwm ac aelodau Capel Cefn Nannau.

'Diolch am destun diolch.'

'Caned nef a daear lawr,
Fe gaed ffynnon ... '

Edward Parry, Tan-y-fron,
Llansannan

'Cadwn y mur rhag y bwystfil;
Cadwn y ffynnon rhag y baw.'

Waldo

Cynnwys

Rhagair

Ysgrifennaf y geiriau hyn yn fy nghartref yng Nghwm Eithin, Llandaf, Caerdydd, ar nos Sul y cyntaf o Hydref 1995. Wedi'r cawodydd o law mân ddoe, bu heddiw'n ddiwrnod braf, gydag ychydig lygadau poethion ysbeidiog yn ein hatgoffa o'r haf rhyfeddol a gawsom eleni. Sul hyfryd o Hydref ac addas iawn i ddydd diolchgarwch. Yn y bore roedd gwasanaeth o dan ofal plant ac ieuenctid Capel y Tabernacl, Caerdydd. Yn y prynhawn roedd cwrdd diolchgarwch yn Amgueddfa Werin Cymru, Sain Ffagan, fel rhan o ddathliadau'r Ŵyl Fihangel. Cynhelid yr oedfa yng Nghapel Pen-rhiw, capel yr Undodiaid, o Dre-fach Felindre, yn Nyfed, a adeiladwyd ym 'mlwyddyn y tair caib', 1777. Y gweinidog gwadd oedd y Parchg W I Cynwil Williams. Seiliodd ei sylwadau ar dri darlleniad. Yn gyntaf, o lyfr Exodus: hanes cenedl yr Israeliaid yn derbyn y manna rhyfeddol o'r nefoedd pan oeddynt yn fawr eu hangen yn yr anialwch. Yn ail, Llyfr Ruth: Ruth y Foabes yn cael pob croeso gan dylwyth Boas i 'loffa a hel rhwng yr ysgubau ar ôl y medelwyr' (bu 'ar ei thraed o'r bore bach hyd yn awr heb orffwys o gwbl'). Yn drydydd, geiriau'r Iesu yn yr Efengyl yn ôl Ioan: 'Myfi yw bara'r bywyd'.

Etifeddiaeth deg

Dwy oedfa, ond un neges: diolch am roddion, ac wedi derbyn y rhoddion, eu rhannu. A dyna, mewn ychydig eiriau, a wneir yn y gyfrol hon: offrwm diolch ydyw am rodd arbennig iawn, a dal ar gyfle i rannu'r rhodd honno ag eraill. Meddai'r Salmydd gynt: 'Fy llinynnau a syrthiasant mewn lleoedd hyfryd, y mae i mi etifeddiaeth deg'. A'r 'etifeddiaeth deg' y byddwn yn sôn amdani'n benodol yn y gyfrol hon yw'r un yn ardal a chymdogaeth Llangwm. Nid y Llangwm sydd yn yr hen sir Benfro, na'r Llangwm yng Ngwent, ond y Llangwm sydd ar odre'r Foel Goch yn yr hen sir Ddinbych ar y ffin â Meirionnydd. Llangwm Uwchaled a Chwm Eithin. *Cwm Eithin*, fe gofiwch, yw'r enw a roes Hugh Evans ar ei lyfr rhagorol a gyhoeddwyd gyntaf yn 1931 ac sy'n disgrifio'r ardal yn fras o Ddinmael a Chwm Main i Rydlydan a

Phentrefoelas. 'Cwm Eithin' hefyd oedd testun cerdd gan y Parchg Trebor Roberts a enillodd y gadair iddo yn Eisteddfod Llangwm, 1951, ac meddai mewn un pennill o'r gerdd honno:

> Hardd yw Clwyd a'i dolydd llydan,
> Hardd yw'r hesg ar Forfa Rhuddlan,
> Ond o gymoedd tlawd y werin,
> Harddaf man yw'r hen Gwm Eithin.

Fy mraint i fu cael fy ngeni a'm magu yn y fro hon, a manteisio ar gyfle yn ystod y deng mlynedd ar hugain diwethaf i ymgydnabod fwyfwy â chyfoeth y dreftadaeth ac i geisio dweud gair amdani mewn sgwrs a darlith, llyfr ac ysgrif. O ganrif i ganrif bu rhywrai yn y cwmwd hwn yn gofalu'n gariadus am yr etifeddiaeth, yn gwarchod y trysor – yr amguedd – nid trwy ei gadw o'r golwg, fel hen grair sy'n rhy frau i'w gyffwrdd, ond trwy ei rannu'n llawen ag eraill. Cawn gwrdd â rhai o'r cymwynaswyr hyn yn y gyfrol hon: Huw Jones, o Langwm, y gwas ffarm a'r baledwr a fu'n ddiwyd yn cyhoeddi a gwerthu gweithiau barddonol Morrisiaid Môn, Goronwy Owen a beirdd eraill y ddeunawfed ganrif; John Ellis, cyfrwywr a cherddor ac awdur *Mawl yr Arglwydd* (1816), sef y llyfr tonau cyntaf a gafodd Cymru; Hugh Evans, y cyfeiriwyd ato eisoes, awdur a sefydlydd Gwasg y Brython, Lerpwl; David Jones, Llwyn Cwpwl, y telynor ifanc a fu farw yn Ffrainc (1917); David Ellis, Penyfed, 'y bardd a gollwyd' yn Salonica; William Jones, 'Ci Glas', pencampwr cŵn defaid, porthmon cymwynasgar a hyfforddwr sol-ffa i do ar ôl to o blant; Robert Gruffydd Jones, 'Bob Gruff', un o'r goreuon yng Nghymru am gerfio a gwneud ffyn; a David Jones (1883-1944), Pen y Bont, a'i fab Emrys, cerddorion, arweinyddion a chynheiliaid diwylliant. A gellid enwi llawer rhagor, a rhai ohonynt, efallai, yn llai adnabyddus, ond â'u cyfraniad yr un mor werthfawr.

Amcan y llyfr hwn, felly, a'r gyfrol gyntaf yn arbennig, yw cyflwyno portread mewn gair a llun o un plwyf, un ardal, un gymdogaeth, a'r gymdogaeth honno yn un o'r rhai Cymreiciaf yng Nghymru ac yn fwrlwm o weithgarwch diwylliannol. Yn ail bennod y gyfrol gyntaf eir ar daith fer drwy Uwchaled, bro Edward Morris, y bardd-borthmon o Berthillwydion; bro Jac Glan-y-gors, y baledwr a'r diwygiwr cymdeithasol; a'r fro y cyfeiriodd D Tecwyn Lloyd ati fel 'gwlad yr ymledu gorwelion'. Yn y gweddill o'r gyfrol gyntaf canolbwyntir ar ardal Llangwm, 'gwlad telyn, englyn a hwyl', chwedl y Parchg Huw Roberts yn ei gywydd byr i Uwchaled.

Ceir un bennod sy'n trafod tirwedd, planhigion a llwybrau'r ardal. Mewn penodau eraill sonnir am rai darganfyddiadau archaeolegol pwysig o'r oesoedd cynnar, llên gwerin, difyrrwch aelwyd a chyfoeth iaith. Sonnir hefyd am hanesion a digwyddiadau o'r gorffennol, megis Rhyfel y Degwm; gweithred fradwrus Charles Jones, 'Charles Tân', yn rhoi un ar ddeg o adeiladau fferm ar dân mewn un noson; a gwasgaru llwch y Dr John Sampson, y *Romano Rai*, ar y Foel Goch yng nghwmni rhai o'r Sipsiwn Cymreig, gyda'u ffidlau a'u telynau, ac enwogion megis Augustus John, yr arlunydd, a T Gwynn Jones. Ceir penodau yn y gyfrol sy'n manylu ar ddiddordeb pobl y cylch mewn barddoniaeth a cherddoriaeth, adrodd a drama, eisteddfod a 'chwarfod bach' (cyfarfodydd cystadleuol y capeli), Gŵyl Ysgol Sul ac Ymryson y Beirdd, llyfr a chylchgrawn. Oni ni cheisir creu rhaniad pendant rhwng y diwylliant ysbrydol a'r materol, ac fe sonnir, felly, hefyd yn fyr am amaeth a chrefft, clwb troi a malwyr cerrig, ffair a masnach. Cyfeirir at gyfraniad gwerthfawr nifer o deuluoedd i fywyd y fro, ond cyflwynir yn ogystal bortreadau byrion o unigolion a chymeriadau unigryw, megis Bob Huws, Ty'n Cefn, a'i siop llawn trugareddau, a'r olaf yn y cylch i werthu taflenni baledi; Twm Poole, y crwydryn gwlad; a Bob Talc, y potsiar. (Cynhwysir lluniau'r tri bonheddwr hyn.)

Y cwmwl tystion

Yn yr ail gyfrol cawn ein hatgoffa o farn crefyddwyr am 'sefyllfa foesol' yr ardal yn y ddeunawfed ganrif a dechrau'r ganrif ddiwethaf; trafodir eu gwrthwynebiad i chwaraeon a 'hen arferion llygredig yr oes', a chyfeirir at yr ymosod ar bregethwyr cynnar, megis Hywel Harris, pan fentrodd i Langwm i gyhoeddi'r Gair. Rhoir sylw penodol i dwf Anghydffurfiaeth yn Uwchaled, ac yn arbennig yn ardal Llangwm. A'r un modd i'r frwydr rhwng pobl y capel a'r 'hen Eglwyswrs 'na'. Ceir portread o rai o arloeswyr Anghydffurfiaeth, megis Thomas Ellis, Tyddyn Eli, seraff brwd Annibyniaeth y fro, a Dafydd Cadwaladr, Erw Dinmael, y pregethwr Methodist a'r cymeriad hynod. (Ef oedd tad Betsi Cadwaladr, y weinyddes enwog; bu'n difyrru cynulleidfaoedd mewn nosweithiau gwau drwy adrodd rhannau helaeth o'r Beibl a champwaith Ellis Wynne, *Gweledigaetheu y Bardd Cwsc*, ar ei gof.)

Yn ei gerdd 'Pa Beth yw Dyn?' cofiwn i Waldo gynnig atebion godidog iawn i nifer o gwestiynau, yn eu plith:

> Beth yw gwladgarwch? Cadw tŷ
> Mewn cwmwl tystion.

Cawn gwmni rhai o'r 'cwmwl tystion' hyn yn ardal Llangwm yn yr ail gyfrol, ac yn arbennig y rhai a fu'n gysylltiedig â Chapel MC Cefn Nannau. Yn 1996 dethlir canmlwyddiant adeiladu'r capel presennol, ac yn 1997 canmlwyddiant ei agor. Ond er pwysiced y capel presennol a'r dathlu, llawn mor bwysig yw cofio bod yr 'hen gapel' wedi'i adeiladu yn 1801, mai dyma un o'r achosion crefyddol cynharaf yn Uwchaled, a bod pregethu a seiadu yn rhai o dai a ffermydd yr ardal am rai blynyddoedd cyn hynny. Cyfeirir, felly, at gysylltiad Thomas Charles o'r Bala â'r cylch, a rhoddir sylw arbennig i'r dystiolaeth Gristnogol yn eglwys Cefn Nannau o gyfnod Thomas Parry, Moelfre Fawr, y Parchg John Roberts, Llangwm, prif arloeswr Methodistiaeth y fro, a gweinidogaeth gyfoethog y Parchg J R Jones (1907-49), hyd at heddiw.

Y brif thema yn yr adran hon, fodd bynnag, yw nid yr adeilad o gerrig a choed, fel y cyfryw; nid un capel, ond yr eglwys yn y gymdeithas: pobl y capel a'u rhan ym mywyd y fro. A chofio yr un pryd, er bod yn ardal Llangwm dri chapel a dau enwad, un gymdogaeth ydyw. I'r un ysgol yr â'r plant; perthyn i'r un corau a chymdeithasau a wna'r trigolion hŷn. Ac nid rhywbeth ar wahân yw crefydd, ond rhan annatod o fywyd bob dydd yr ardalwyr: eu gwaith a'u diddordebau, eu hwyl a'u helynt, boed lon, boed leddf, o febyd i fedd.

Y nod yn *Y Ffynnon Arian*, felly, yw cyflwyno diwylliant yn ei gyfanrwydd, a chrefydd fyw, iach, yn rhan naturiol o'r diwylliant hwnnw. Llyfr ydyw am yr hyn sy'n di-wylltio dyn, yn troi'r gwyllt yn wâr, yn goleuo a dyrchafu. Yng ngeiriau Islwyn: 'Mae'r oll yn gysegredig'. Mae'r darnau yn disgyn i'w lle. Pobl, bro a bywyd, a'r cyfan yn un cwrlid patrymog. Neu, o leiaf, felly y gwelais i'r fro. Ac felly y gwelaf hi yn awr y munudau hyn wrth ysgrifennu'r rhagair hwn. Ar brynhawn dydd Nadolig ers talwm arferwn frasgamu ar draws y caeau o 'Rhafod, fy nghartref, i Arddwyfan, y fferm agosaf, ac mi glywaf eto lais caredig Mrs Jones yn dweud wrth y crwtyn a'i ddwylo wedi fferru: 'closia at y tân, Gwyndaf, iti gael cnesu'. Mi glywaf eto leisiau prysur cymdogion ar ddiwrnod cynhaeaf gwair ac ŷd, cneifio, dyrnu a lladd mochyn. A draw mewn oedfa yng Nghapel Cefn Nannau mi glywaf lais mwyn John Jones, Ystrad Bach, yn 'ledio' un o'i hoff emynau: 'Dod ar fy mhen dy sanctaidd law...', ac yn dweud gair caredig wrthym ni blant. Clywed – a gweld hefyd. Mi welaf eto Dewi Jones, Ffynnon Wen, a'i ddwylo bychain, tyner, wedi dod i helpu nhad a'm brodyr hŷn i dynnu oen. Mi welaf y gŵr a'm derbyniodd yn gyflawn aelod eglwysig, y Parchg David Poole, yn dod i ymweld â'n teulu ar ddiwrnod cynhaeaf, ac ar ei union yn torchi llewys ei grys, cydiad mewn picfforch, a mynd i ben y das wair. A draw ar gae Eisteddfod Llangwm, y Sadwrn olaf ym Mehefin, mi welaf lond pabell o eisteddfodwyr brwd yn gwrando'n astud am hanner nos, fel pe bai amser wedi aros.

'Agor cil y drws'

Ar derfyn ei ragymadrodd i'w lyfr *Gramadeg Cymraeg, sef Cyfarwyddyd Hyrwydd i Ymadroddi ac Ysgrifennu yr Iaith Gymraeg* (1808), mynegodd Robert Davies, 'Bardd Nantglyn', y geiriau hyn: 'Felly, chwenychaf annog fy nghydwladwyr i garu a choleddu yr Iaith Gymraeg ... ac i'r perwyl hwn, mi gyhoeddais y Dosbarth dylynol, i agor megys cil drws ar ei thrysorau.' A dyna, yn union, yw'r bwriad yn y cyfrolau hyn hwythau. 'Cym gowlaid fach a'i gwasgu'n dynn' yw un hen gyngor doeth, ond o reidrwydd yn y llyfr hwn, ac yn arbennig yn y gyfrol gyntaf, 'agor megys cil y drws' yn unig a wneir – darparu cyflwyniad byr i sawl maes a phwnc, a llawer o'r pynciau hynny eu hunain yn destun llyfr. Ac eto, yr un yw cynhesrwydd y gwahoddiad i groesi rhiniog y drws i'r aelwyd.

Meddai Waldo mewn pennill arall o'r gerdd y cyfeiriwyd ati eisoes:

Beth yw byw? Cael neuadd fawr
Rhwng cyfyng furiau.

Yn ddaearyddol, ardal fechan yw Llangwm, ond y mae ymweld â hi fel croesi'r rhiniog i gartref clyd, croesawgar; closio at y tân ac ymuno â'r cwmni diddan ar yr aelwyd, lle ceir sgwrs a stori, pennill a chân, hwyl a sbri a phob syberwyd. Yn y gwmnïaeth gynnes hon y mae unrhyw furiau caethiwus yn diflannu, a daw'r byd mawr gwâr i'r aelwyd i'w llenwi â llawenydd a hyfrydwch. Er rhoi'r prif sylw yn y cyfrolau hyn i un ardal ac un capel yn benodol, y gobaith yw y bydd y portread yn ychwanegu rhyw ychydig hefyd at ein darlun o gymdeithasau tebyg i'r un yn Llangwm ac, yn y pen draw, i'n dealltwriaeth o hanes Cymru yn ystod y ddwy ganrif ddiwethaf.

Blodau ardal

Meddai un hen bennill sy'n cyfeirio at rai o dai a ffermydd y plwyf:

Tŷ Nant Llwyn a Thŷ Tan Dderwen,
Y Tai Mawr a Phentrellawen,
Foty Ddwyfan a Cheseilgwm –
Dyna flodau ardal Llangwm.

(Un amrywiad ar y drydedd linell yw: 'Hendre Ddwyfan a Cheseilgwm'. Amrywiad ar y llinell olaf yw: 'Deuent oll i Efail Llangwm'.) Cartrefi'r fro; 'blodau ardal'. Ac fel gardd o flodau y meddyliaf i am ardal Llangwm: gardd ein treftadaeth. Gwn o'r gorau mor rhwydd yw rhamanteiddio a gwyngalchu. 'Gwyn y gwêl y frân ei chyw.' Ceisiais, fodd bynnag, fod mor wrthrychol ac onest ag oedd modd. 'Heb ei fai, heb ei eni.' Ond mi wn hefyd, serch hynny, er y ffaeleddau, fod yn yr ardal hon hyd heddiw gymdogaeth dda: cydweithio, cyd-ddyheu, cyd-fawrhau. Dyna paham y defnyddiwyd y term 'cymdogaeth' yn rhan o is-deitl y llyfr. Er pob newid a fu ym mhatrwm y gymdeithas, y mae yma o hyd gwlwm adnabod a chwlwm brawdgarwch. Dyma'r cwlwm sy'n cyfannu ac yn creu. A hir y parhao.

Yn y penodau sy'n dilyn fe sonnir am fynydd a bryn, nant, ffynnon ac eithin. Y mae'r mynydd a'r bryn yn symbolau o gadernid hen, o barodrwydd yr ardalwyr i frwydro yn ddewr dros gyfiawnder. Y mae'r nant a'r ffynnon yn symbolau o fwrlwm creadigol, cariadus. A'r eithin melyn yn symbol o aur a chyfoeth – o brydferthwch a hyfrydwch byw a bod yn y rhan hon o Gymru.

Gair o Ddiolch

Yn y bennod ar Gelf a Chrefft (rhif 12) soniwyd am dreulio noson ddifyr gyda'm rhieni ar aelwyd John Morris a'i briod, Yr Efail, Tŷ Nant, a chael blas arbennig yn gwrando ar gyfoeth geirfa crefft y gof. Yr oeddwn i oddeutu dwy ar bymtheg mlwydd oed bryd hynny (1958-9) ac wedi dechrau ymddiddori mewn cofnodi geiriau a dywediadau'r iaith lafar a rhai o'r hanesion a'r storïau diddorol a glywn gan fy mam a nhad ac yng nghwmni cymdogion a chyfeillion a arferai ymweld â'n cartref ar fferm Yr Hafod. Wedi hynny ceisiwyd dal ar bob cyfle i sgwrsio ag ardalwyr Llangwm a'r cylch a holi am luniau a llawysgrifau, megis casgliadau o gerddi, llythyrau, dyddiaduron, biliau, a llyfrau cyfrifon. Bellach, cefais weld neu fenthyg toreth o ddefnyddiau diddorol a chasglu tystiolaeth lafar sy'n wir werthfawr. Cyfeirir at beth o'r deunydd hwn yn y nodiadau i'r penodau ar derfyn y gyfrol gyntaf hon. Ar derfyn yr ail gyfrol fe ychwanegir llyfryddiaeth a rhestr gyflawn o'r ffynonellau a ddefnyddiwyd. Braint a hyfrydwch arbennig i mi bob amser yw cael cwmni fy nghyd-ardalwyr a derbyn mor hael o'u croeso mwyn. Fy ngorchwyl bleserus gyntaf, felly, yw diolch o galon i bawb am y cymorth parod a dderbyniais ar hyd y blynyddoedd ac am bob croeso a charedigrwydd. Mawr yw fy ngwerthfawrogiad.

Carwn ddiolch yn arbennig i Emrys Jones. I mi, y mae mynd i'w gartref ym Mhen y Bont fel mynd yn ôl i'r ysgol a mwynhau bob munud o'r gwersi. Atebodd gant a mil o gwestiynau. Does neb yn gwybod mwy am hanes ardal Llangwm, ac y mae'r traethodau a gyhoeddwyd ganddo ef a'i chwaer, Eirlys Lewis Evans, Y Rhyl, yn *Llên y Llannau*, yn fwynglawdd o wybodaeth. Yr un modd, cefais lawer iawn o ddeunydd diddorol a gwerthfawr gan y diweddar John Morris Jones, Aeddren (Cwm Cemig wedi hynny). Arferwn roi 'gwaith cartref' iddo (disgybl yn mentro rhoi gwaith i'w athro!), sef gofyn iddo ysgrifennu ar wahanol bynciau. Cyhoeddwyd amryw o'r ysgrifau atgofion hyn yn ddiweddarach yn y gyfrol *Awelon o Uwchaled*, gol. Gwilym G Jones (1980). Cefais fenthyg lluniau gan Emrys Jones a John Morris Jones. Felly hefyd gan Jane

Hefina Roberts ac Emyr P Roberts, Dinmael. Atynt hwy ill dau yr af, fel arfer, pan fyddaf angen gwybodaeth bellach am ran isaf plwyf Llangwm, a braf yw cael diolch iddynt.

Am sawl cymwynas ac am lawer iawn o atgofion a deunydd gwerthfawr (yn cynnwys lluniau) am Gapel Cefn Nannau yn benodol, rwy'n arbennig o ddiolchgar i'r personau a ganlyn: Megan a Robert David Davies, Cefn Nannau; Jane E Hughes, Tŷ Cerrig; Evan Lloyd Jones, Arddwyfan; Eirwen a Tegwyn Jones, Erw Wen ('Rhafod gynt – fy chwaer yng nghyfraith a'm brawd; bûm yn pwyso'n drwm iawn arnynt hwy er pan ddechreuwyd ysgrifennu'r llyfr); Eifion Jones, Moelfre Fawr; T Vaughan Roberts, Fron Isa (Murmur y Nant); a Selina Watson, Ystrad Bach.

Derbyniais gymwynasau a gwybodaeth arbenigol hefyd gan Kenneth Brassil, Amgueddfa Genedlaethol Cymru (darganfyddiadau archaeolegol cynnar); E Wyn James, Caerdydd (arloeswyr Anghydffurfiaeth, megis William Evans, Ystrad Fawr, Llangwm); Goronwy Wynne, Licswm (tirwedd a phlanhigion); Gwynfryn Williams, Corwen (lluniau ar fenthyg a manylion lawer am luniau eraill – ei nain ef, Mary Jones, Is-y-coed, oedd un o'r rhai cyntaf o'r ardal i mi ei recordio ar dâp, Ebrill 1967). Rwy'n ddiolchgar dros ben i'r cyfeillion hyn.

Bu nifer helaeth o drigolion Uwchaled a'r cyffiniau mor garedig â rhoi gwybodaeth lafar werthfawr imi am ardal Llangwm, neu roi benthyg llawysgrifau, gwrthrychau a lluniau. Gwerthfawrogaf eu haelioni: Dr Edward Davies, Cerrigydrudion; Eifion Davies, Tŷ Tan Dderwen; Marian Davies, Rhuthun (merch Annie Jones, Pen-dre); Ceinwen Ellis, Cerrigydrudion; Gwynfor Lloyd Evans, Llanbedr, Rhuthun, a Trebor Lloyd Evans, Dolgellau (plant Gwern Nannau); Megan Griffiths, Tyddyn Tudur, Cwm Main; Harriet Hughes, Ystrad Fawr; Idwal Hughes, Cerrigydrudion; Aerwyn ac Eilir Jones, Aeddren; Aeryn Jones, Dinmael; Arthur Jones, Cerrigydrudion (Tan-y-coed gynt); Bryn Lloyd Jones, Bangor (Ty'n 'Ronnen gynt); David William Jones (Jala), Bryn Saint, Cerrigydrudion; Dorothy a Trebor Lloyd Jones, Tŷ Newydd; Elwyn Puw Jones, Fachddeiliog; Hester Claude Jones, Cerrigydrudion (Plas Nant gynt); Ifor Jones, Llanrwst (bu'n was yn Llwyndedwydd); Rol Jones, Llanrhaeadr Dyffryn Clwyd (Post, Llangwm, gynt); Trefor Jones, Nant-yr-helyg (Bryn Ffynnon);

Medwyn Jones, Y Rhyl (Gellïoedd); William Hughes Jones, Y Bala (Tai Mawr, Cwm Main, gynt); y Parchg Islwyn Morgan, Afallon; Emrys Owen, Cerrigydrudion (Bryn Nannau gynt); John Gruffydd Owen, Fferm Tŷ Nant; Mair ac Aelwyn Owen, Tyddyn Eli; Owen Owen, Glanrafon; Robert Owen, Troed-yr-allt; Eifion Roberts, Glasfryn; Emrys Rowlands, Cerrigydrudion; Mary Catherine Rowlands, Cysgod-y-Gaer, Corwen (bu'n forwyn yn Hendre Arddwyfan); Carys Mair Williams, Cerrigydrudion (Disgarth Ucha gynt); Siân Mererid Williams, Tinc yr Efail.

Daw cyfran helaeth o'r lluniau a gyhoeddir yn y llyfr hwn o gasgliad teulu 'Rhafod. Fe'u diogelwyd gan fy rhieni, a cheisiais innau ychwanegu atynt dros y blynyddoedd. Tynnais rai lluniau hefyd yn arbennig ar gyfer y cyhoeddiad hwn. Er pan ddechreuais ar waith maes o ddifrif yn Hydref 1964, bu amryw byd o gyfeillion mor garedig â chaniatáu imi gael benthyg lluniau yn ymwneud ag Uwchaled i'w copïo. Rwyf innau'n falch dros ben o'r cyfle yn awr i gael diolch yn gynnes iawn iddynt am eu cymwynas a'u hymddiriedaeth ac, yn arbennig y tro hwn, y personau hynny y gwnaed defnydd o'u lluniau i'w cyhoeddi yn *Y Ffynnon Arian*. Enwyd rhai o'r caredigion hyn eisoes yn y rhestrau blaenorol, a dyma ragor: Felicity Blake, Marshfield (merch Lois Blake); Margaret Edwards, Prifathrawes Ysgol Dinmael; David Griffith, Garthmeilio; Cassie Hughes a'i brawd John Thomas Jones, Corwen (Post Tŷ Nant gynt); Ian Lloyd Hughes, Yr Wyddgrug; Cissie a'r diweddar Robert Griffith Jones, Disgarth Isa (Glanaber); Gwyn Lloyd Jones, Defeity; Robin Llwyd ab Owain, Prifathro Ysgol Llangwm; Aled Owen, Penyfed; Mici Plwm, Caerdydd; Annie Pritchard, Dinbych (Ty'n Glyn); Menna Roberts, Minawel, Dinmael (gynt); Dora Williams, Fourcrosses; Elena Williams, Betws Gwerful Goch; John Williams, Nant y Blodau.

Ysywaeth, y mae nifer o bersonau a fu'n garedig iawn yn rhoi mor hael o'u gwybodaeth ac yn benthyca llawysgrifau neu luniau, bellach wedi'n gadael. Hyfryd yw'r cof amdanynt, a'r un yw fy niolch i'w teuluoedd: Megan Abraham, Wrecsam (merch Siop y Llan, Llangwm); Dr Ifor Davies, Cerrigydrudion; Mabel Edwards, Cerrigydrudion; Mary Ellen Edwards, Graigfechan (merch John William Jones, Pentrellawen, Cwm Main); Owen Hughes, Pen-y-gob (gynt); Elizabeth Winifred Jones, Cerrigydrudion (ail wraig

Dafydd Jones, Bryn Saint); Ithon Jones, Penrhyn, Pentrefoelas; John Owen Jones, Plas Nant (gynt); Robert Eifion Jones, Llanuwchllyn (Tai Mawr, Cwm Main, gynt); y Parchg J T Roberts; Gwennie Thomas, Y Gyffylliog (nith Lewis T Evans).

Cynhwyswyd yn y llyfr hwn luniau a dynnwyd gan nifer o ffotograffwyr proffesiynol, dawnus, a theg yw cydnabod ein dyled iddynt. Ffotograffwyr cynnar yw rhai ohonynt: John Thomas, Lerpwl; William Hughes, Bryn Blodau, Cefn Brith; a Llew Williams, Corwen. Y mae eraill yn perthyn i'n hoes ni, yn eu plith: Geoff Charles; Evan Dobson, Y Bala; Gwynn a Gareth Evans, Y Bala; Hywel Evans, Dinbych; Jeremy Finlay, Llundain; Siôn Jones, Abergele; Tecwyn Roberts (*Y Cymro*). Defnyddiwyd lluniau hefyd o'r *Bedol*.

Tynnwyd nifer o luniau lliw o Gapel Cefn Nannau a'r olygfa o'i amgylch yn nhymor yr Hydref gan Trebor Roberts, Cerrigydrudion, ac rwy'n arbennig o ddiolchgar iddo am ei gymwynas. Cyhoeddir dau o'r lluniau yn y gyfrol hon ac un ohonynt ar y clawr. Yn yr un modd, carwn ddiolch yn ddiffuant iawn i Ken Lloyd Gruffydd, Yr Wyddgrug, am ei garedigrwydd yn paratoi'r map o Uwchaled yn ei lawysgrifen gain.

Yn yr ail gyfrol cynhwysir ysgrifau neu gyfarchion gan y Parchedigion T R Jones (mab y Parchg J R Jones), Harri Parri, Ifan Roberts, Meurig Dodd a Robin Williams. Ceir cyfle eto yn y gyfrol honno i ddiolch iddynt, a'r un modd i Morfudd Hughes, Wrecsam (merch J R Jones), Dewi Poole, Llanuwchllyn (mab y Parchg David Poole), a Marged S Jones, Penbedw (gweddw'r Parchg Idwal Jones).

Cefais bob rhwyddineb wrth ymchwilio yn Llyfrgell Genedlaethol Cymru, Aberystwyth; Archifdy Rhuthun; Llyfrgell y Ddinas, Caerdydd (Brynmor Jones); Cist y Methodistiaid Calfinaidd, Y Bala (y Parchg Brian Griffith); a Llyfrgell Amgueddfa Werin Cymru, Sain Ffagan (Niclas Walker). Diolchaf i'r staff am eu cymorth parod.

Y mae arnaf ddyled arbennig i'r sefydliad y caf y fraint o'i wasanaethu o ddydd i ddydd, sef Amgueddfa Werin Cymru. Cefais gymorth yr Uned Ffotograffiaeth i baratoi printiau o negyddion, ond cefais hefyd gefnogaeth a chyfeillgarwch cyson fy nghydweithwyr. Rhaid imi enwi'n arbennig y Dr Elfyn Scourfield, ac enwi yn ogystal dair merch a roes gymorth amhrisiadwy imi wrth baratoi'r llyfr hwn i'r wasg, sef Elin Evans, Meinwen Ruddock a Meinir Williams. Am eu diwydrwydd a'u hymroddiad: diolch o galon. A'r un yw fy niolch i gyfaill arall a ddarllenodd y gyfrol mewn teipysgrif a phroflen gyda'i garedigrwydd a'i drylwyredd arferol, sef Howard Williams, Clynnog Fawr.

Paratowyd y gyfrol hon mewn cyfnod digon anodd ac ar adeg pan oedd oriau hamdden yn brin iawn. I Eleri a'm teulu am bob cymorth a chefnogaeth, rwy'n dra diolchgar (darllenodd hi, er enghraifft, y gyfrol gyfan mewn teipysgrif). Yr un modd, diolchaf i Rheinallt Parry, Weniar, Glyn Ceiriog, fy mrawd yng nghyfraith, am ei groeso cyson. Yno ym mhrydferthwch Dyffryn Ceiriog yr ysgrifennwyd rhannau helaeth o'r gyfrol hon. Ysgrifennwyd nifer o'r penodau hefyd yn Hiraethog a Llys Aled, Cerrigydrudion, a mawr yw fy nyled i Glenys, fy chwaer, a Jim Goddard, ei phriod, a'u teulu am bob caredigrwydd.

Caf gyfle eto yn yr ail gyfrol i gydnabod yn ddiolchgar gefnogaeth Cyngor Llyfrau Cymru a chyfraniadau ariannol gan nifer o unigolion.

Yn olaf, diolchaf yn gywir iawn i Maldwyn Roberts a'i staff yng Ngwasg Dwyfor. Ni allai neb dderbyn gwell cydweithrediad, ac rwy'n gwerthfawrogi'n fawr eu cefnogaeth a'u gofal cyson.

Dwy apêl garedig

1. Ceisiais yn y gyfrol hon gyflwyno gwybodaeth mor gywir ag oedd modd fel y cefais i'r dystiolaeth, boed o ffynhonnell brintiedig, llawysgrifol neu lafar. Os, fodd bynnag (ac y mae hynny'n ddigon posibl), y bu imi gynnwys gwybodaeth anghywir, ymddiheuraf, ond gofynnaf yn garedig ichwi roi gwybod imi mor fuan ag sydd modd er mwyn gallu cywiro'r gwall yn yr ail gyfrol.

2. Yng nghyfrol Eifion Roberts a minnau: *Yn Llygad Yr Haul: Atgofion am Gefn Brith a'r Cyffiniau yn Uwchaled* (Mei, 1992) cynhwyswyd rhestr o 37 eitem yn y gyfres 'Llyfrau ac Ysgrifau Uwchaled' a gyhoeddwyd gennyf yn ystod 1964-90. Y mae *Y Ffynnon Arian*, cyfrolau 1 a 2, yn rhan o'r gyfres honno, ac y mae cyfrolau eraill ar y gweill, os byw ac iach. Byddwn yn ddiolchgar dros ben, felly, o dderbyn unrhyw wybodaeth bellach am Uwchaled, neu ddeunydd ar fenthyg; er enghraifft, barddoniaeth. Dyma'r cyfeiriad:

Cwm Eithin
37 Heol Sant Mihangel
Llandaf
Caerdydd CF5 2AL
Ffôn: 01222 566249

Amgueddfa Werin Cymru
Sain Ffagan
Caerdydd CF5 6XB

Ffôn: 01222 569441

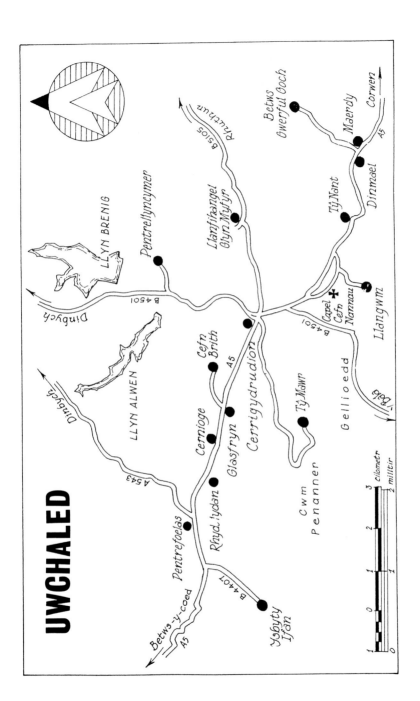

1
'Cnesrwydd Hen Groeso'

Croeso cynnes a diffuant iawn, felly, i Uwchaled ac i ardal Llangwm a chymdogaeth Cefn Nannau. Rhwng 1906-43 cynhaliwyd ysgol fechan ddyddiol yn festri Capel Tŷ Mawr (MC), Cwm Penanner, oddeutu tair milltir o Gerrigydrudion. Yr athrawes olaf oedd Mary Vaughan Jones, yr awdures llyfrau plant. Mewn un pennill yn ei cherdd 'Canhwyllau' mynegodd yn ddidwyll iawn ei hedmygedd mawr o'r Cwm a'i bobl:

> Roedd golau gwan cannwyll, fin nos, yr hen amser
> Yn ffenest y Gydros ar Foel Cwm Penanner,
> A golau yn ffenest Tŷ'n Braich a Chapele,
> A golau yn Nantfach, pen draw'r unigedde;
> Os bychan oedd golau pob aelwyd, roedd yno
> Ddiwydrwydd hen grefftau a chnesrwydd hen groeso.[1]

A dyma fu fy mhrofiad innau, fel llawer arall, yng nghwmni trigolion mwyn Llangwm ac ardal Uwchaled: gwybod o'r gorau fod yno 'ddiwydrwydd hen grefftau', a theimlo yn fy nghalon 'gnesrwydd hen groeso'.

> Mae hedd ym Mro Hiraethog
> A gwŷr a merched braf...

meddai Arthur Gwynn Jones, y bardd o Dan-y-fron, plwyf Llansannan.[2] Ac meddai un hen rigwm llafar gwlad:

> Llangwm hefyd, llwyn o goed,
> Merched a meibion mwyna rioed.[3]

Yn 1875 cyhoeddodd Owen Jones ei ddwy gyfrol werthfawr *Cymru: yn Hanesyddol, Parthedegol a Bywgraffyddol*, ac ar derfyn ei ysgrif gynhwysfawr ar blwyf Llangwm ychwanegodd y deyrnged hon:

'Y mae bywyd gwledig yn uchelder ei fri yn Llangwm. Y llafurwr amaethyddol a'r bugail ydyw brenhinoedd y fro; a'r gwragedd a'r llancesau diwyd, a welir yn brysur gyda'r gwiaill a'r edafedd, agos

Rhai o gymeriadau'r Llan yn y pumdegau, o flaen y Neuadd Fach
(yr hen Ysgol Gerrig).
O'r chwith: David Jones, Gorffwysfa (Tŷ Hen gynt); Seimon Jones, Tŷ
Gwyn Llan; Urias Hughes ('Rei'), Ty'n Groes; David Jones, Vicarage
(Ystrad Bach gynt).

> bob dydd o'r flwyddyn, oddi gerth y Suliau, ydyw y breninesau
> yma. Yn fyr, y mae Llangwm yn un o'r ychydig leoedd hynny y gellir
> gweled ynddynt ddiwydrwydd, tawelwch, caredigrwydd a
> sirioldeb gwledig hen drigolion "Cymru Fu" heb eu llychwino gan
> rodres a thrybestod ffasiwnol cymdeithas mân drefydd, a llannau, y
> dyddiau presennol'.[4]

Bu llawer tro ar fyd er pan ysgrifennwyd y geiriau hyn, ond fe erys
hyd heddiw yn y fro hon, fel yn y bröydd cyfagos, dybiaf i, lawer iawn
o'r hen 'ddiwydrwydd, tawelwch, caredigrwydd a sirioldeb gwledig',
y nodweddion hynny y cyfeiriai Owen Jones mor hael atynt.

'Sacci Bach', yr Eidalwr

Drych o haelioni a charedigrwydd pobl y fro yw'r croeso a
roddwyd i ymwelwyr o dramor. Ym mis Rhagfyr, 1943, daeth
carcharor rhyfel ac Eidalwr o'r enw Sacci Gino i weithio ar ffarm

Llwyn Saint, Llangwm, at Mr a Mrs David Jones, ac aros yno hyd Chwefror 1946, pan ddychwelodd i'r Eidal. Tra oedd yn byw yn Llangwm fe'i galwyd gan bawb gydag anwyldeb yn 'Sacci Bach'. Ym mis Ebrill, 1977, yn union wedi ymddeol ac ar ôl bod yn casglu'i arian am flynyddoedd, ymwelodd Sacci drachefn am y tro cyntaf â'r hen fro, a dyma ddetholiad o'r hanes fel y'i cofnodwyd gan ohebydd di-enw yn *Y Cyfnod* a'r *Corwen Times*, 29 Ebrill 1977:

> 'Ymhen wythnos neu ddwy bydd y gog a'r wennol yn dychwel i Langwm, ond rwy'n siwr na fydd y croeso a gânt mor frwd â'r croeso a roed i ymwelydd arall a ddaeth i'n plith mor annisgwyl ddiwedd yr wythnos. Ymledodd y si drwy'r ardal fod Sacci Bach yn ei ôl!... Roedd popeth yn ddieithr iddo ar ôl 31 mlynedd, meddech. Choeliai fawr. Enw pob fferm ar flaenau ei fysedd, a'r teuluoedd a drigai ynddynt hefyd, a hyd yn oed oedran pawb! Melys fu'r sgwrsio ac aml fu'r dagrau wrth fynd dros yr hen hanesion. Ef a'i gyfeillion o Eidalwyr a weithiai hyd y ffermydd yn cael croeso a phaned fin nos ar aelwydydd yr ardal lawer blwyddyn yn ôl: Tai Ucha, Fron Llan, Tyddyn Eli, Cesailgwm, ac enwau hen gyfeillion yn dod i fyny o hyd: Mr. Roberts, Glanrafon; John Post; Gwilym Jones; Rol; Misses Tai Ucha; Misses Bron Llan, a llawer eraill. Pan ddaeth i mewn i Tŷ Newydd [lle bu'n aros am dridiau], meddai wrth Mrs Jennie Jones: 'You remember, Misses, sing, "Nef a daear, tir a môr..." ' ac adroddodd y pennill ar ei hyd mewn Cymraeg gloyw! Mawr fu'r croeso iddo ar aelwydydd yr ardal... Dyna brofiad oedd cael croesawu Sacci Bach yn ôl!'

'A cheraint, nid carcharor...': Giovanni Ruggiero (1913-95)

'Sacci Bach', yr Eidalwr. Eidalwr arall a ddaeth yn garcharor i wersyll Cerrigydrudion yn ystod yr Ail Ryfel Byd oedd Giovanni Ruggiero (1913-95), neu 'Jero', fel y câi ei alw gydag anwyldeb gan bawb yn ardal Llangwm. Daeth yn y man i weithio ar fferm Erw Dinmael. Roedd Dafydd Morris Evans a'r teulu yn meddwl y byd o'r gwas newydd, yn rhoi cartref oddi cartref iddo, a'i drin fel mab. Pan ddaeth y rhyfel i ben, dychwelodd Giovanni i'r Eidal a phriodi â gwraig o'r enw Dina, ond yn y man gofynnodd am gael dod yn ôl i Erw Dinmael i weithio. Cytunodd Dafydd Morris a thalu costau'r daith. Gwnaeth yr un modd eilwaith adeg y daeth Dina a'i merch fach, Antonia, draw i Gymru i fyw, tua 1949. Pan fu Dafydd Morris farw, galwodd Jero ei fab hynaf yn David Morris ('Dei Mor') o barch iddo.

Wedi bod yn gweithio ac yn byw yn Erw Dinmael am oddeutu pedair blynedd, cafodd Giovanni waith ar fferm Hendre Garthmeilio a symudodd y teulu i fyw i Dy'n-y-ffridd. Yna, yn ddiweddarach, i Fron Haul. Galwodd ei ail fab yn Michael, ar ôl enw mab hynaf ei feistr newydd, Humphrey Wyn Griffith. Bu'n gweithio'n ddiwyd a ffyddlon i deulu Plas Garthmeilio am oddeutu chwarter canrif cyn ymddeol yn 1978 a symud i fyw i Brestatyn: 'Cês fy ngeni wrth y môr, caf farw wrth y môr'. Digwyddodd hynny, 18 Rhagfyr 1995. Roedd yn 82 mlwydd oed.

Yn y gwasanaeth angladdol dwyieithog canwyd dau emyn Cymraeg: 'O, Iesu mawr, rho d'anian bur...', a 'Mi glywaf dyner lais...' Rhoed coffâd i Giovanni Ruggiero gan ei gyfaill, Emrys Jones, Llangwm. Dyma un dyfyniad:

'Roedd yn weithiwr cydwybodol i'w feistr, ac ni adawai ddim gwaith heb ei wneud yn iawn. Byddai'n cymryd amser i fynd oddi amgylch yr anifeiliaid; os byddent yn gorwedd, byddai'n codi pob un ac yn eu harchwilio'n fanwl, dyna beth oedd gonestrwydd. Roedd yn gydweithiwr bonheddig ac yn gymydog gyda'r gore, pedair awr ar hugain y dydd, yn sicr. Fe ddaeth i Gymru dros hanner can mlynedd yn ôl, fe ddysgodd yr iaith, a'r wraig hefyd, a magodd y plant yn Gymry Cymraeg. Fe'i derbyniwyd i'r wlad a'i ardal fabwysiedig gyda breichiau agored, ac fe werthfawrogodd yntau hynny drwy barchu pawb.'

Yn y gwasanaeth angladdol fe ddarllenwyd hefyd bedwar englyn, tri yn Gymraeg ac un yn Saesneg. Fe'u cyfansoddwyd gan gyfaill arall i Jero, sef Medwyn Jones, Gellïoedd:

> Gŵr alltud ddaeth i'n hudo – â'i wên oedd,
>   Bonheddig a Chymro;
>   A holl fwynder Ruggiero
>   Yn fraich am wddw y fro.
>
> Y gŵr a ddaeth i'n goror – o'r Eidal
>   A'n rhwydai â'i hiwmor,
>   A cheraint nid carcharor
>   Yw i mi ddaeth dros y môr.
>
> I'w lan a'i wely heno – y rhoddir,
>   A'i wedd mor ddigyffro;
>   Yn frawd i bawb yn ei fro,
>   Yn gyfaill gwerth ei gofio.

Hela llwynogod yn ardal Tŷ Nant – Dinmael, tua'r tridegau.
O'r chwith: John Ifan Dafis, Siop Ucha, Llawrybetws; Wmffre Wmffres, Blodnant; W E Williams, prifathro Ysgol Dinmael (1928-46); Dafydd Dafis, Llys Dinmael Ucha.

He was in our devotions; – he so loved
This land of the Dragons;
We have seen the best of sons
Who has united nations.[5]

Bob Talc, y potsiar

Croeso i ymwelwyr ac ymfudwyr o dramor, a chroeso hefyd i rai o 'bobol yr ymylon', megis Bob Talc, y potsiar. Robert Roberts oedd ei enw priod, ond fe'i gelwid gan bawb yn 'Bob Talc', oherwydd iddo gael ei eni yn y tŷ talcen mewn rhes o dai yn Llanarmon-yn-Iâl. Yn ôl ysgrif gan Robert Eifion Jones, Llanuwchllyn (un o blant Tai Mawr, Cwm Main, plwyf Llangwm), dywedid ei fod wedi'i 'ddal yn herwhela pan oedd yn hogyn, wrth chwilio am damaid i'w fam weddw, ac iddo gael carchar caled a maith am hyn. Wedi ei ryddhau ymdynghedodd i dreulio gweddill ei oes i herwhela... Yr oedd Bob erbyn hyn yn ffefryn y fro, ac nid oedd yno neb a fradychai ei symudiadau.'[6] Yn yr un ysgrif rhoes Robert Eifion Jones y disgrifiad hwn o Bob Talc a'i waith:

Hela moch daear yn ardal Tŷ Nant – Dinmael.
O'r chwith: Richard Pritchard, Ty'n Glyn; Dafydd
Dafis, Llys Dinmael Ucha; Wmffre Wmffres,
Blodnant.

'Dyn cymharol fyr, llydan a chydnerth ydoedd. Gwisgai ddillad
llwydion, ynghyd â het o liw'r gwyll. Gorchuddid ei wyneb â blew
craslwyd, a phrin y gellid ei weld o draw yn cerdded ar gefndir
llwydwyn y ffriddoedd a'r mynydd. Yr oedd ganddo boced fawr o
ddeunydd cryf yn leinin ei gôt lwyd. Cariai ei rwyd fawr yn un
boced, gyda'r helwriaeth yn y llall. Yr oedd ei ofn ar bob un o'r
ciperiaid, ac ni feiddiai yr un ohonynt fynd i'r afael ag ef... Yr
oeddym ni'r plant yn hoff ohono, ac ystyriem ef yn arwr, a

gwrandawem yn astud arno yn dweud am ei hynt a'i helynt. Gwyddai am bob twmpath eithin a gwâl yn yr ardal, a gallai o reddf wybod lle y cysgai petris ac ysgyfarnogod y fro, ac nid oedd ceiliog ffesant yn ddiogel rhag ei faglau...

Yr oedd ganddo gwsmeriaid cyson i'w helwriaeth. Byddai gwraig y fan a'r fan wedi gofyn am ffesant at y Sul, a'r llall wedi gofyn am ysgyfarnog neu wningen, ac ni siomid hwy gan Bob. Yr oedd yn garedig iawn wrth wragedd tlawd, tebyg i'w fam ef ei hun, a rhannai o gynnwys ei boced fawr iddynt, a chynorthwyai hwynt mewn llawer ffordd pan fyddai angen. Treuliai'r nos i hela a chysgai yn ystod y dydd yn y gwellt yn ysguboriau'r fro... Dywedodd wrthyf ei fod wedi addo deuddydd o gymorth i hen wraig y Foty, i gau ei chlawdd mynydd, er mwyn troi'r defaid i'r mynydd ac i'r ddwy fuwch gael cyfle i gael porfa. Gofynnais iddo a oedd y cnwd yn brin yn y Foty, ac atebodd fi, "Ydi'n wir, machgen i, y mae'r hen wraig yn porthi'r ddwy fuwch fel petae hi yn rhoi cymun i lyffant ers pythefnos!" [7]

Daeth Bob Talc i ardal Llangwm yn ŵr cymharol ifanc, wedi gwahanu oddi wrth ei wraig. Un o'r ffermydd y gweithiai lawer arni oedd Arddwyfan, a phrofodd yn helaeth o garedigrwydd nodweddiadol Laura a Robert Jones. Rhoes eu mab, y diweddar John Morris Jones, bortread byw a chynnes o Bob Talc mewn ysgrif yn *Y Bedol*. Dyma rai dyfyniadau o'r ysgrif honno:

'Ei brif ddiddordeb oedd dal cwningod; yr oedd yn bencampwr ar osod maglau. Gwelais ef yn gosod trigain mewn awr. Roedd yn saethwr diguro ac yn arbenigwr gyda ffuret. Roedd hefyd yn bysgotwr da ac yn deall y gamp o osod tanau dros nos a chyrchu'r pysgod yn y bore. Pan fyddai'r cwningod wedi mynd yn bla, anfonai'r ffermwyr am Talc, a chodai hynny wrychyn y cipar, oherwydd nid ar wningod yn unig y byddai Talc yn byw. Yr oedd yn afradlon hollol o dda'r byd hwn, ond ni ellid ei alw yn ddyn ofer. Ymhyfrydai mewn cael sbri ar ambell nos Sadwrn a byddai am wythnos wedyn yn eithaf cymhedrol.

Yn yr haf gweithiai yn y gwair a'r ŷd ac ni wyddai ystyr diogi. Ni welais ef erioed mewn addoldy, ond yr oedd ganddo barch at bawb ac i bethau gorau cymdeithas. Bûm yn ei gynorthwyo droeon i gario'r da pluog a'r cwningod i gyfarfod y prynwr i'r Cerrig, ond ni chawn fynd yn agos i'r dafarn ganddo. Clywais sôn amdano yn gweithio yn Aeddren, yn codi ffos, a merch fach y fferm gydag ef (y ddiweddar Mrs. Hughes, Tan-y-foel). Yn ddi-rybudd daeth tarw ar eu gwarthaf. Ni chynhyrfodd Talc, ond aeth ar ei bedwar ar lawr a'r eneth fach ar

27

Bob Talc, y potsiar, newydd ddal cwningen
mewn magal.

ei gefn, ac aeth i gyfarfod y tarw gan wneud nadau aflafar.
Dychrynodd y tarw gymaint nes carlamu yn ôl at y gwartheg.'⁸

Yn yr un ysgrif y mae gan John Morris Jones hanesyn am Bob
Talc mewn angladd yn Llanarmon-yn-Iâl, a'r Parchg Ifor Hael
Jones (gŵr o'r un ardal ag ef) yn gofyn iddo wrth wal y fynwent:

'Wel, Talc, mewn amgylchiade fel hyn, wyt ti'n meddwl rhywbeth
am dy ddiwedd?' Atebodd yntau: 'Dim o gwbl, Mistar Jones, dwi'n
gadael hynny ar ei anrhydedd O.'

Jane Owen, Tŷ Cerrig, Llangwm, yn
Y Rhyl, tua 1927-28.
('Mary Talc' oedd yr enw a roddwyd ar
ddol a dderbyniodd yn rhodd gan Bob
Talc.)

Cyn rhoi pen ar y portread hwn o Bob Talc, dyma un enghraifft
arall o'i garedigrwydd: hanesyn a gefais gan Mrs. Jane Hughes, Tŷ
Cerrig. Pan oedd Bob yn gweithio yn Arddwyfan arferai alw heibio
Sarah a Robert Owen, Tŷ Cerrig, a chael croeso cynnes yno. Un tro
rhoddodd ddoli hardd yn rhodd i Jane, eu merch. Pan alwodd Ellis

Pierce Roberts, 'Roberts Siop Tŷ Nant', heibio Tŷ Cerrig un diwrnod i 'hel ordors', gofynnodd i Jane:

'Wyt ti wedi bedyddio'r ddol 'ma eto a rhoi enw iddi?'

'Naddo', atebodd hithau. Ac meddai Ellis Pierce Roberts:

'Wel, be am 'i galw hi yn Mary Talc?' Ac felly fu.

'Arhosfa'r Pererinion'

Dyna beth o hanes Bob Talc, y potsiar. Fe ellid sôn hefyd am y croeso a roddid i bersonau megis Maggie Mannion, o Gynwyd, a'i siop wen. Cof da amdani yn dod i'm cartref yn 'Rhafod gyda'i basgedaid lawn o nwyddau, wedi cerdded bob cam ar hyd y llwybr digon serth o Dŷ Cerrig, a Mam yn rhoi paned o de a rhywbeth i'w fwyta iddi, ac yn prynu rhai pethau ganddi hefyd, bid siwr. Yn y fan hon, fodd bynnag, carwn ddweud gair pellach am y crwydriaid bro a ddeuai ar eu sgawt bob hyn a hyn i Gwm Eithin.

Prin, o leiaf o fewn fy nghof i, oedd y cardotwyr, neu'r trampars, ond yn hanner cyntaf y ganrif, a chyn hynny, roeddynt i'w gweld yn gyson. Un o'r ffermydd y byddent yn galw heibio amlaf yn Llangwm a'r cyffiniau oedd Gellïoedd Ucha, cartref y Parchg J T Roberts. Yn wir, cymaint oedd croeso ei rieni – ac yn arbennig ei fam – i'r tramps fel y daeth rhai pobl i gyfeirio at Gellïoedd Ucha wrth yr enw 'Arhosfa'r Pererinion'. Mewn sgwrs ddiddorol a gefais gyda J T Roberts, 3 Ionawr 1970, enwodd rai o'r crwydriaid hyn: Wil Hope, Joci Bach, Teddy What a Tom Brown. Roedd ei fam hyd yn oed wedi paratoi gwely arbennig i'r trampars yn y llofft stabal. Hen focs pren mawr oedd hwn a fu unwaith yn dal injan dorri gwair 'Deering', wedi dod bob cam o Chicago. Roedd ei fam wedi rhoi matras arno a gwrthbannau, ac roedd digon o le yn y bocs i ddau dramp gysgu ynddo – a thri pe bai raid. Dyma un atgof oedd gan J T, y mab, o ddigwyddiad a wnaeth argraff fawr arno tua'r cyfnod 1912-14, adeg paratoi Gwaith Dŵr Llyn Alwen i ddiodi trigolion Glannau Merswy.

> 'O, mae gen i lawer o straeon... Wel, mi oedd 'ne lawer iawn o drampars – pobol – yn croesi, wn im o ble, drwy Ffordd Y Bala, drwadd am Gerrigydrudion i fynd i Bentrellyncymer... Un nos Sadwrn oedd 'no neb ond Mam adre, ond oeddwn i i ddwad adre, a mi ddois yn weddol fuan. Y peth welwn i yn y tŷ oedd glamp o ddyn...

Twm Poole, y crwydryn.

glamp o nafi mawr... ac i mi heddiw, wrth feddwl amdano fo, faswn i'n deud bod nodau afradlonedd ar 'i wyneb o. Rwan, oedd y dyn ma ryw grio – oedd o'n byta digon, bara a menyn ganddo fo a te, digon o fwyd – ac oedd o'n crio rhyngo fo'i hun. Ac o'n i'n methu dallt be oedd hynne, a dyma fi'n gofyn iddo – Gwyddel oedd o, wrth gwrs:

"Wel, be ydi mater?"

"O", bedde fo, "caredigrwydd y feistres 'ma yn fy ngwneud i feddwl am Mam." [9]

Twm Poole, y crwydryn

Un o grwydriaid mwyaf adnabyddus a pharchus Uwchaled, Bro Hiraethog a Dyffryn Clwyd, oedd Thomas Poole (1825-1900). Arferai alw heibio i weithdy teiliwr Daniel Owen ac, yn ôl Isaac Foulkes, 'Llyfrbryf', awdur cofiant Daniel Owen, roedd y nofelydd yn hoff iawn ohono.[10] Gwnaeth argraff arbennig hefyd ar drigolion Uwchaled, a chefais beth o'i hanes gan fwy nag un o'r to hŷn.[11]

Mewn ysgrif ddiddorol yn *Y Faner*, 15 Chwefror 1939 (sy'n cynnwys atgofion gan wraig ddi-enw a aned mewn 'amaethdy ar Fynydd Hiraethog') fe'i disgrifir fel 'stwcyn o ddyn byr, ysgwyddog, llydan a chadarn... wyneb llawn a gwridgoch... gwallt tywyll, garw ei raen... a meddai ar farf gwineuddu.' Cyhoeddodd Hugh Evans ddarlun o Twm Poole yn *Y Brython*, ac wedi hynny yn ei gyfrol *Cwm Eithin* (1931). Gwnaed y darlun (a atgynhyrchir yn y gyfrol hon) gan William Hughes, Bryn Blodau, Cefn Brith, ac y mae'n werth yma i ddyfynnu barn un sy'n galw'i hun yn 'Dyrnog' mewn ysgrif ar Dwm Poole yn *Y Brython*, 3 Rhagfyr 1931. 'Er bod y darlun yn un da ohono, y mae arno un diffyg – dylasai fod darn o gortyn neu raff am ei ganol yn clymu ei gôt, yn hytrach na'i bod yn agored; belt yr oes ffasiynol hon... Felly y byddai ar y Sul yn y capel, fel yn yr wythnos.'

Hoff fwyd Twm yn yr haf oedd shot (bara ceirch a llaeth enwyn), ac yn y gaeaf bara wedi'i fwydo mewn llaeth enwyn poeth. Ond anaml y deuai i gartref neb yn waglaw. Byddai wedi bod yn brysur yn hel priciau at gynnau tân, gan bwysleisio wrth wraig y tŷ – ac yn sicr wrth y mistar – nad oedd wedi eu tynnu o'r gwrych! Neu gwae fo! Pan ddeuai Twm i aros at deulu ar nos Sadwrn, âi gyda'r teulu hwnnw, fel arfer, i'r capel ar y Sul, gan ofalu peidio â mynd â'i ffon i mewn i'r addoldy. Fe'i hongiai ar bren y tu allan. Eisteddai hefyd ar lawr y capel, rhag mynd â sêt neb arall. Ar derfyn yr oedfa byddai'n sgwrsio'n rhwydd â'r pregethwr, a diwedd y sgwrs oedd gofyn: 'Os gwelwch chi'n dda ga'i geiniog.' Sylw Hugh Evans ydoedd: 'Clywais gan gyfaill mai ffordd Twm i gael cynhaliaeth ar y Sul oedd myned i'r capel, aros am y blaenoriaid a'r pregethwr ar y diwedd, canmol y bregeth, ac adrodd emyn, ac oni thyciai hynny, canmol Iesu Grist fel rhoddwr haelionus.'[12]

Yn ôl pob sôn, nid oedd Twm yn rhyw ffond iawn o weithio, a chofnodais y rhigwm bachog hwn amdano:

> Thomas Poole yn chwilio am waith -
> Ac yn gweddïo ar Dduw na châi o ddim chwaith![13]

Jac Pandy, Jac Llanfor, Wil Lonydd a 'Hen Ddyn y Cŵn'

Rhoes Hugh Evans yn ei gyfrol *Cwm Eithin* ddisgrifiad hefyd o bedwar crwydryn arall a arferai ymweld â'r ardal – 'byddigions' oedd ei enw ef arnynt: Jac Pandy (a elwid weithiau yn 'Jac Ffwl'), dyn llawn ystrywiau, wedi cael ei witsio, meddid, yn Ffynnon Eilian; Jac Llanfor, 'hen greadur rhadlon a diniwed ddigon', ac un da am ddawnsio; Wil Lonydd, a'i 'smocffroc wlanen wen'; a 'Hen Ddyn y Cŵn'. Ond rhaid ffarwelio â'r ymwelwyr achlysurol hyn a chloi'r bennod hon drwy ddychwelyd at y trigolion sy'n byw yn yr ardal gydol y flwyddyn.

Hen ddril hau a'r cwlwm cymdogol

Nid pawb, wrth gwrs, a roddai groeso llaw-agored i grwydriaid. Ac eto, nid oes angen gwell arwydd o'r gymdogaeth dda a'r cymwynasgarwch a fodolai yn Llangwm a'r cylch – ac sy'n bodoli yno o hyd, diolch am hynny – na'r cydweithio parod rhwng pobl â'i gilydd. Onid y Parchg J T Roberts a ddywedodd fod y clawdd terfyn yn gymaint prawf, os nad mwy, ar grefydd y tyddynnwr â'r allor yn y deml. Cofiwn hefyd yr hen ddihareb Tseineaidd: 'y mae un darlun yn werth mil o eiriau' – un weithred garedig, Gristnogol, yn aml yn fwy grymus na'r bregeth huotlaf. Neu, yng ngeiriau esgyll englyn William Morris i Tom Nefyn:

> Ac o'i bregethau i gyd,
> Y fwyaf oedd ei fywyd.

Ar achlysur genedigaeth a phriodas, y mae ardal gyfan yn cyd-lawenhau a chyd-ddathlu. Ar achlysur gwaeledd neu brofedigaeth, y mae yma gyd-ofidio, cyd-gynorthwyo a chyd-alaru. Y mae'r hen arfer dda o deuluoedd yn ymweld â'i gilydd yn parhau, ac yn arbennig adeg swperydd y Nadolig. A theg dweud hefyd, er pob newid a fu ym mhatrwm bywyd yn ystod ail hanner yr ugeinfed ganrif, daeth rhai arferion cymdeithasol newydd i fri sy'n cryfhau dolennau'r gadwyn. Un o'r arferion da hynny yw codi'r ffôn am sgwrs a stori, gair o gyngor a chysur.

Hyd at oddeutu diwedd y pumdegau roedd dril hau ceirch yn cael ei ddefnyddio yn rhannog rhwng y ffermydd a ganlyn yn ardal Llangwm: Arddwyfan, Fron Llan, 'Rhafod, Tŷ Cerrig a Thŷ Newydd. Y tu mewn a'r tu allan i gaead y dril roedd enwau lawer wedi'u hysgrifennu – ac yn arbennig enwau gweision a meibion ffermydd – ambell gerfiad amrwd, ac o leiaf un rhigwm:

> O na faswn fel hen fochyn –
> Bwyta'r cwbwl a gorwedd wedyn,
> Yn lle bod fel rhyw hen gi –
> Bwyta'r cwbwl, ac i ffwrdd â mi!

Pan ddaeth oes yr hen ddril hau i ben, a hithau bellach yn disgyn yn ddarnau, achubais y caead ac y mae ar gadw'n ofalus gennyf. Dim ond darn o bren yn perthyn i ran o offer ffrm oes a fu, ond i mi y mae'r enwau a'r sgrifen sydd arno yn arwydd o'r cwlwm cymdogol sy'n cydio bro a phobl wrth ei gilydd.

2
Y Daith i Langwm

Ble mae Llangwm? Ble mae Capel Cefn Nannau? Dyma gwestiynau nad oes gan neb sy'n gyfarwydd â'r cylch, bid siwr, angen ateb iddynt. Ac eto, nid modd i gyrraedd yn hwylus o un man i'r llall yn unig yw ffyrdd a llwybrau. Y maent hefyd yn ddolennau yn y gadwyn sy'n cydio ddoe wrth heddiw; pob trofa a chroesffordd yn fynegbyst i hanes byw.

Ble mae Llangwm a chymdogaeth Cefn Nannau? Un ateb yw: yn union ble mae ffordd brysur yr A5 yn rhedeg drwy ran dda o'r tir, rhwng Corwen a Phentrefoelas: yr 'Holihed' ar lafar gwlad. Y 'Ffordd Dyrpeg' o Gaergybi i Lundain. A hen 'Ffordd y Goets Fawr'. Dyma'r ffordd y bu Telford a'i gwmni yn ddygn yn ei

Gweithwyr ar ffordd yr A5 (?) yn Uwchaled, tua 1918-20 (?). Sylwer ar y rhawiau pigfain – 'rhawiau trin cerrig'. Perthyn y beic i ddechrau'r ganrif. Sylwer, er enghraifft, ar y stepen ar yr olwyn ôl. Yr hen ddull o fynd ar gefn beic oedd o'r cefn, oherwydd fod y sedd yn uchel. Yn ôl ffasiwn y cyfnod, hanner gorchudd sydd ar yr olwyn flaen.

35

hadeiladu rhwng 1816-26.[1] O'r herwydd, roedd hi'n gymharol rwydd i deithwyr ymweld ag Uwchaled ac i drigolion y cylch eu hunain deithio cyn belled â Chorwen a Llangollen neu i Fetws-y-coed ac ymhellach.

Dyma hefyd yr hen ffordd yr arferai'r porthmyn gynt ei defnyddio i yrru eu gwartheg o bellafoedd Môn, Arfon a Dyffryn Conwy ar eu taith hir i rai o ffeiriau enwog Lloegr, megis Barnet, ger Llundain, ac Ashford yng Nghaint. Cofiwn mai ar daith borthmona i Essex, medd yr hanes, y bu farw'r bardd-borthmon Edward Morris (1633-89), o Berthillwydion, Cerrigydrudion. Fel y gwyddom, roedd y porthmyn yn gludwyr newyddion heb eu hail, ynghyd â'r wybodaeth ddiweddaraf ym myd ffasiwn ac arferion. Cyflwynent hefyd alawon a chaneuon newydd o Loegr. O gofio, felly, am feirdd a baledwyr niferus o Uwchaled, megis Huw Jones o Langwm a Jac Glan-y-gors, teg gofyn tybed a gafodd y porthmyn unrhyw ddylanwad ar ddiddordeb byw yr ardalwyr mewn cerddi a chaneuon?

Ar hyd yr A5, o gyfeiriad Betws-y-coed, Pentrefoelas, Rhydlydan, Glasfryn a Cherrigydrudion, neu o gyfeiriad Corwen, Maerdy, Dinmael a Thŷ Nant, dyna, gan hynny, un ffordd amlwg o gyrraedd Llangwm. O gyfeiriad Y Bala, teithiwn ar y B4501 drwy Gwm Tirmynach, nes dod at Gapel Gellïoedd. O Ruthun, dilyn y B5105 drwy Glawddnewydd a Llanfihangel Glyn Myfyr i Gerrigydrudion, neu'r A494 drwy Wyddelwern, nes ymuno â'r A5 ger Ty'n Cefn. Yna, yn olaf, teithio o gyfeiriad Dinbych ar yr A543. Ar hon cawn ddewis o ddwy ffordd. Y ffordd feithaf yw croesi Mynydd Hiraethog ('Denbigh Moors' y Saeson), heibio Tafarn Bryntrillyn (Tafarn yr Heliwr neu'r Sportsman's Arms, un o'r tafarnau uchaf yng Nghymru), ac ymuno â'r A5 ger Pentrefoelas. Y ffordd ferraf, eto dros Fynydd Hiraethog, yw troi ar y chwith, ger Llyn Brân (bron yn union wedi pasio'r Bylchau a chyn cyrraedd Tafarn Bryntrillyn), ymuno'n fuan â'r B4501, a dilyn y ffordd lydan drwy'r goedwig, heibio Llyn Brenig a Phentrellyncymer, nes dod ar ein pennau'n chwap i Gerrigydrudion.

Ond bras-gyfarwyddiadau i'r teithiwr talog, prysur, yw rhain. Dyma wahoddiad, felly, i fynd ar daith ychydig yn fwy hamddenol drwy'r ardal.[2]

Bws gyferbyn â thafarn Tŷ Nant, tua 1910, neu gynt.
Cofrestrwyd rhifau AF yng Nghernyw, 1903-24, a rhif y bws hwn yw AF
277. Perthyn i Gwmni Wrecsam Transport(?) Sylwer ar yr olwynion rwber
a gwynt ynddynt. Y geiriau ar yr arwyddfwrdd y tu allan i'r dafarn yw:
Tŷ Nant Inn: J R Owen.

'Pwy wela'i fel f'Anwylyd...': O Bentrefoelas i Rydlydan a Chernioge

Yn gyntaf, dilynwn yr A5 o gyfeiriad Betws-y-coed a Nant Conwy.
Ym Mhentrefoelas cofiwn gyda pharch am enwogion megis Siôn
Dafydd Berson (1675-1769), y cymwynaswr mawr a fu'n llafurio ar
y ffermydd yn ystod y dydd, yn clocsio gyda'r nos, ac am
flynyddoedd maith yn darllen ac yn pregethu ar y Suliau yn hen
gapel bach anwes Dôl-yr-ywen, yn y pentref. Roedd yn fardd ac yn
gopïwr llawysgrifau, a'i gartref yn fan cyfarfod poblogaidd i wŷr
llên, megis Huw Jones o Langwm; Elis y Cowper, Llanddoget;
Jonathan Hughes, Llangollen; a Dafydd Jones o Drefriw. Bu'n fawr
ei ddylanwad hefyd ar Dwm o'r Nant, a rhoes fenthyg llawer o
lyfrau iddo.[3]

Cymwynaswr arall o Bentrefoelas oedd John Thomas, 'Eos
Gwynedd' (1742-1818): bardd, siopwr, clochydd, codwr waliau, a
chlerc cyntaf y plwyf. Byddai cynulleidfaoedd Llangwm ac

Bws ger Gorsaf Rheilffordd Corwen, tua 1920.
Cofrestrwyd y rhif TA 59 yn Swydd Dyfnaint, Rhagfyr 1920, ond perthyn ffrâm peiriant y bws i gyfnod cynharach. Sylwer hefyd ar yr olwynion rwber caled, heb wynt ynddynt. Mae'r drws i'r bws yn y cefn, a gwelir darn o'r canllaw yn y llun. Roedd dwy sedd ychwanegol yn y tu blaen yn ochr y gyrrwr, ond rhaid oedd talu tair ceiniog yn ychwanegol am gael eistedd yma. Y ferch (gyda'i gwallt mewn llywethau) agosaf i'r ddau ŵr y tu mewn i'r bws yw Maggie Jones Owen (g. 1909), 'Rhafod, Llangwm, chwaer mam yr awdur.

eglwysi eraill Uwchaled wedi bod yn gyfarwydd iawn â'i bennill o emyn rhagorol:

> Pwy wela'i fel f'Anwylyd
>   Yn hyfryd ac yn hardd,
> Fel ffrwythlon bren afalau'n
>   Rhagori ar brennau'r ardd?
> Cês eistedd dan ei gysgod
>   Ar lawer cawod flin,
> A'i ffrwyth oedd fil o weithiau
>   I'm genau'n well na gwin.[1]

O Bentrefoelas, am filltir a mwy i Rydlydan. Tre Brys y gelwid yr ardal hon gynt. Yma y mae cartrefi hanesyddol Y Giler a Phlasiolyn,

Bws Crosville, tua 1922-28.
Math: Lacre (Long Acre Works). Y bachgen ifanc ar y chwith yw Charles
Pierce, Cynwyd, sydd bellach yn 90 mlwydd oed.

lle bu Elis Prys, 'Y Doctor Coch', a'i fab, Tomos Prys (c.1564-1634), y bardd yn byw.[5] Ar y chwith, yn ochr yr A5, ger y bont sy'n croesi Afon Nug, y saif Capel y Bont, capel y Methodistiaid Calfinaidd. Fe'i hadeiladwyd yn y flwyddyn 1823 ar dir yn perthyn i Gernioge Mawr, yn ddigon pell o olwg teulu Wynne-Finch, perchnogion y rhan fwyaf o'r tiroedd ym Mhentrefoelas. Digwyddodd yr un peth gyda Bethel, capel yr Annibynwyr, a adeiladwyd yn Rhydlydan yn y flwyddyn 1810. Ail-helaethwyd Bethel yn 1882 a cherfiwyd yr adnod hon ar ei dalcen: 'Hyd yma y cynorthwyodd yr Arglwydd nyni'. Bellach y mae Capel y Bont ar yr un 'daith', fel y dywedir, neu'r un 'ofalaeth' â Chapel Cefn Nannau. Y pedwar capel arall yw: Cefn Brith; Jeriwsalem, Cerrigydrudion; Maes-yr-odyn, Llanfihangel Glyn Myfyr; a Thŷ Mawr, Cwm Penanner. Ar y dde, ymhen llai na milltir o Rydlydan, deuwn at hen blas Cernioge a fu'n westy prysur gynt yn nyddiau'r Goets Fawr. Ychydig lathenni cyn cyrraedd y plas (sy'n dŷ fferm heddiw) gwelwn dri thŷ (Cernioge Feathers) ar y chwith.

Yr oedd Gwynfa, yr ail dŷ, yn gapel bychan ar un adeg gan y Wesleaid (1831-79). Tua 1810 y dechreuodd y Wesleaid gadw moddion gyntaf yn y cylch. Addolent yn Nhŷ Ucha, Aelwyd Brys, Cefn Brith, a dyma fel y bu i Huw Jones, Clust-y-blaidd, dynnu coes yr aelodau:

> Mae llannerch ar y mynydd
>> A elwir Llety'r Glem,
> Ac yno dwr o Wesle
>> A Deio'r Gwŷdd yn ben.
> Bloedd uchel Elin Teiliwr
>> A Dafydd Tyrpeg Bach,
> Cydwalad Llwyd y Felin –
>> Amen! a chalon iach.

Ymhen ychydig flynyddoedd, fel yr âi'r aelodau a berthynai i'r Achos yng Nghefn Brith yn llai o un i un, ymunodd y gweddill â'r Wesleaid a oedd erbyn hyn wedi sefydlu yng Ngherniage. Un tro, pump yn unig oedd yn bresennol yng Ngherniage, ac meddai'r rhigymwr Huw Thomas, Pentrefoelas, wrth ddechrau'r seiat:

> Wele bump o lwch y llawr
> Wedi cael diwygiad mawr!
> O hil Adda, bob ag un,
> Dowch inni fod yn un a chytûn!

Yn 1839 symudodd y Wesleaid o Gernioge i Gae Bryn, Cerrigydrudion, ac yn 1883 adeiladwyd y capel newydd ar y ffordd sy'n arwain i Ruthun.[6]

Calon yn curo: meddygon teulu Uwchaled

Ymhen hanner milltir o Gernioge deuwn dros Foncyn Brynllaethog i bentref Glasfryn a'r tro ar y chwith heibio'r Ysgol, am Gefn Brith. Rhoes Eifion Roberts bortread byw o'r ardal hon yn y gyfrol *Yn Llygad yr Haul: Atgofion am Gefn Brith a'r Cyffiniau yn Uwchaled*, gan gynnwys dwy bennod ar hanes y capel.[7] Gadael Glasfryn, a heibio mangre a elwid unwaith yn Gromlech Winau, lle caed digon o raean gan Telford a'i weithwyr i balmantu'r ffordd newydd yn 1819. Rhagom wedyn ar hyd Mawnog Llys Rhirid Flaidd a'r Banc Mawr, a dyma gyrraedd Bronafallen, ar y chwith, cwta filltir o Glasfryn.

Cartref henoed yw Bronafallen heddiw, ond 'Tŷ Doctor' oedd yr enw poblogaidd arno gynt. Dyma gartref meddygon nodedig Uwchaled a roes wasanaeth mor glodwiw i drigolion Llangwm, fel

Bws Bro Cymuned Uwchaled.
Dechreuodd y gwasanaeth, 27 Medi 1976. Dyma'r bws cyntaf.

i'r gweddill o'r cylch am flynyddoedd maith. Tair cenhedlaeth o'r un teulu: Dr John Davies, y taid; Dr Hughie Davies, y mab; a Dr Ifor H Davies (1901-85), yr ŵyr. Y mae ŵyr iddo yntau, Dr Iwan Francis Roberts, yn feddyg yn Llundain. Bu'r Dr Edward J J Davies (Llechwedd, Cerrigydrudion) hefyd yn byw ar un adeg ym Mronafallen, a chyhoeddodd ef ysgrif ddiddorol o'i atgofion yn y gyfrol *Ŷd Cymysg*.[8] Y mae hir a thoddaid Trefor Jones yn deyrnged deilwng iawn i'r Dr Ifor H Davies, fel i'w olynwyr, Dr Edward Davies a Dr Geraint Owen – hwythau erbyn hyn wedi ymddeol. Gofal a chariad. Calon yn curo.

> Ofer y chwiliaf erwau Uwchaled
> Am ffordd na cherddodd wrth rannu'i nodded;
> I wael, goddefgar, bu'n was diarbed;
> Rhannodd ei helynt a'i chyfri'n ddyled...

Felly hefyd englyn Ceinwen Ellis, Cerrigydrudion:

> Pennaeth fu'n lleddfu poenau, – yn ddiwyd
> Ddewin lle bo eisiau;
> Llorio clwyf; chwistrellwr clau;
> Mwyn arwr y mân oriau.

41

John Jones, 'Jac Glan-y-gors' (1766-1821).

Ar wahân i'w ofal a'i ymroddiad llwyr fel meddyg, un o nodweddion amlwg 'Dr Ifor', fel y'i gelwid (felly hefyd ei olynwyr) oedd ei hiwmor iach, a gwn ei fod wrth ei fodd pan glywodd gyntaf yr englyn hwyliog, gogleisiol, hwn o waith Trefor Jones, Bryn Ffynnon, Llangwm:

> Ar ras yr ês i'r syrjeri – a holodd
> Fi'n hwylus sut 'rôni;
> Gwyddwn mai ofer gweiddi,
> A'i law oer ar fy mol i![9]

'Gwartheg sy'n rhedeg drwy'r adwy': Glan-y-gors, Bron-y-graig, a Melin Lifio Coed Bryn Saint

Ar y chwith, ychydig lathenni wedi gadael Bronafallen, mae'r fynedfa i Lan-y-gors, cartref John Jones, 'Jac Glan-y-gors' (1766-

1821), y baledwr a'r diwygiwr gwleidyddol a dreuliodd ran dda o'i oes yn cadw tŷ tafarn yn Llundain. Ef oedd awdur y pamffledi dychanol *Seren Tan Gwmwl* (1795) a *Toriad y Dydd* (1797), a chyhoeddodd O M Edwards gasgliad o'i gerddi yng Nghyfres y Fil (1905). Tra roedd yn Llundain bu'n frwd ei gefnogaeth i Gymdeithas y Gwyneddigion, ac roedd yn un o gyd-sefydlwyr Cymdeithas y Cymreigyddion.

Tua hanner y ffordd rhwng Glan-y-gors a phentref Cerrigydrudion, eto ar y chwith, mae tŷ o'r enw Bron-y-graig. Hyd yn gymharol ddiweddar dyma gartref gweinidogion eglwysi Methodistiaid Calfinaidd Cerrigydrudion, Cefn Brith ac, wedi 1957, Rhydlydan. Yn eu plith, y Parchg John Morgan Jones a fu'n weinidog yn y cylch am 30 mlynedd (1896-1926). Yma hefyd, 1936-60, y bu'r Parchg a Mrs J T Roberts yn byw.

Ger Bron-y-graig y mae Melin Lifio Coed Bryn Saint a sefydlwyd gan David Jones (1850-1936): cerddor, gŵr busnes galluog (un o deulu'r Seiri Cochion, fel y cawn sôn eto), a'r cyntaf i ddod â thracsion i'r cylch. Ef a adeiladodd gapel newydd Cefn Nannau, ac ato ef yr anfonodd y bardd Tom Owen (1866-1935) yr englyn crefftus hwn i ofyn am gael benthyg un o'i weithwyr i godi waliau yn Nhan Graig, Hafod Elwy:

> Gwartheg sy'n rhedeg drwy'r adwy, – defaid
> Dofion sydd yn tramwy;
> Gyrrwch, nac oedwch yn hwy,
> Gawr waliwr i gwr Elwy.[10]

Hen Gapel Ty'n Rhyd; John Elias a phregethwyr yr Enwad; William Roberts, Amlwch, a 'Merch Gwern Hywel', hen nain Saunders Lewis

Wedi pasio'r Fynwent Newydd a'r hen Reithordy (Hafod Llan), ar y chwith, dyma ni o fewn cyrraedd i Gerrigydrudion – neu'r 'Cerrig' ar lafar gwlad trigolion y cylch. 'Cerrig y dewrion' yw'r ystyr ('drud' yn golygu 'dewr'), a chofiwn hefyd mai Llanaled oedd yr enw a roes Hugh Evans arno yn ei lyfr *Cwm Eithin*. Yma y mae gennym ddewis o ddwy ffordd: naill ai dal ar y chwith ac i fyny Allt Cottage, heibio'r hen ysgol, ac i ganol y llan, neu gadw'n syth yn ein blaenau ar yr A5. A dyna, am y tro, a wnawn ni, nes dod at Gapel Jeriwsalem ar y dde – Capel Pen-ffordd y

Gweithwyr Melin Lifio Coed Bryn Saint ('Dylasa Saw Mills').
Y perchennog, David Jones (1850-1936), mewn het ddu, galed.

Methodistiaid Calfinaidd, a adeiladwyd yn 1899. Ym mhentref
Cerrig ceir hefyd ddau gapel arall: capel y Wesleaid, y cyfeiriwyd
ato eisoes, a Chapel Moriah, yr Annibynwyr (1876), o dan ofal y
gweinidog, y Parchg Gareth Huws. Y mae yno hefyd, wrth gwrs,
eglwys: Eglwys Mair Fagdalen, o dan ofal y Parchg Sally Brush.

Saif Capel Jeriwsalem yn yr union fan lle mae'r drofa am Dy'n
Rhyd a Chwm Penanner. A rhoi tro am dreflan fechan Ty'n Rhyd a
wnawn ninnau. Ar y dde, yn union wedi croesi'r bont dros Afon Nug,
gwelir tŷ o'r enw Glanrafon (1777). Dyma gartref Laura Margaret
Jones, 'Telynores Gwynedd' (1892-1981) a fu ym Mhlas Llanofer (1912-
13) yn cael gwersi ar y delyn deir-rhes. Ar y chwith, bron yn union
gyferbyn, mae hen Gapel Ty'n Rhyd, capel cyntaf y Methodistiaid yng
Ngherrigydrudion a adeiladwyd yn 1805. Dechreuwyd yr Achos
mewn rhes o dai a elwid Pen-y-bryn – yn y tŷ agosaf at ffordd Cwm
Penanner. 'Tŷ Talcen' oedd yr enw arno, er mwyn ei wahaniaethu

oddi wrth y lleill.[11] Wedi adeiladu'r capel newydd – Capel Jeriwsalem – defnyddid hen Gapel Ty'n Rhyd yn neuadd bentref. Yna, wedi adeiladu'r Ganolfan Addysg yn 1971, trowyd yr hen neuadd yn fodurdy. Ar un adeg yr oedd englyn o waith Alan Llwyd wedi'i sgrifennu mewn llythrennau breision ar ddrws y modurdy – teyrnged i'r perchennog, y storïwr difyr James W Goddard.

Capel Ty'n Rhyd yn y ganrif ddiwethaf oedd un o gapeli pwysicaf y cylch, a byddai cynulleidfaoedd Llangwm yn gyfarwydd iawn ag ef, a John Roberts yno'n pregethu yn aml. Cerrigydrudion, wrth gwrs, yn ddaearyddol, yw canolbwynt Uwchaled, a pherthyn i 'Ddosbarth Cerrigydrudion' y mae'r chwe eglwys a enwyd eisoes, ynghyd ag eglwysi Dinmael; Y Gro, Betws Gwerful Goch, a Chynfal, Melin-y-wig. Yr oedd y cyfarfod pregethu yng Ngherrigydrudion mor boblogaidd ar un adeg fel y gelwid ef yn 'Sasiwn'. Am flynyddoedd yn hanner cyntaf y bedwaredd ganrif ar bymtheg fe'i cynhelid ym mis Mehefin, drannoeth Sasiwn Y Bala, a deuai pregethwyr o bell ac agos yno i wasanaethu. Yn ôl y Llyfr Cofnodion am y blynyddoedd 1816-24, er enghraifft, bu John Elias yn pregethu yno bedair gwaith; Henry Rees, Llansannan, ddwywaith; a Thomas Jones o Ddinbych unwaith.[12]

Bu William Roberts, Amlwch, yn pregethu yno hefyd; er enghraifft, am un ar ddeg o'r gloch y bore, 20 Mehefin 1816. Ei destun oedd: 'Cyfraith yr Arglwydd sydd berffaith, yn troi yr enaid; tystiolaeth yr Arglwydd sydd sicr ac yn gwneuthur y gwirion yn ddoeth' (Salm 19, 7). Dyna'r flwyddyn y priododd William Roberts â Sarah Jones, Gwern Hywel Ganol, Ysbyty Ifan, hen nain Saunders Lewis, a adroddodd stori'r garwriaeth yn ei 'ramant hanesiol': *Merch Gwern Hywel*.[13] Pregethai William Roberts yng Ngherrigydrudion eto yn y flwyddyn 1822 (Salm 103, 13).

Capel bychan, llawr pridd, oedd Capel Ty'n Rhyd pan adeiladwyd ef gyntaf ac, er ei helaethu yn 1825 ac 1851, nid oedd lle ynddo, fel arfer, i'r holl gynulleidfa ar ddiwrnod Sasiwn. Cynhelid y cyfarfodydd pregethu, felly, ar y Llan, gyda'r pregethwr yn traethu ar ben wagen, a'i gefn at wal y fynwent. Dro arall, eid cyn belled â'r tir comin yn Rhos-mawn, ac weithiau gofynnid am ganiatâd teulu Tŷ Tan Llan i ddefnyddio'r cae o'r enw Brynbratiau, lle saif Capel Jeriwsalem heddiw.[14]

Thomas Edwards, 'Twm o'r Nant'
(1739-1810).

Lewis Roberts, Llidiart-y-gwartheg; Twm Tai'n Rhos a Thwm o'r Nant

Ychydig lathenni yn uwch i fyny na hen gapel Ty'n Rhyd trown ar y chwith heibio Pen Bryn Bach ac i gyfeiriad dau dŷ o'r enw Llidiart-y-gwartheg, eto ar y chwith. Yn y cyntaf o'r ddau yr oedd y bardd Lewis Roberts yn byw. Roedd yn ei flodau oddeutu diwedd y ddeunawfed ganrif, a dywedir mai ef oedd un o brif adeiladwyr Pont y Glyn Diffwys. Heddiw y mae Llidiart-y-gwartheg yn gartref i Hester Claude Jones a ddaeth yn weinyddes i ardal Uwchaled a dysgu'r Iaith. Priododd â Tom Jones, Plas Nant.

Teulu Geufron Fawr, Llawrybetws, a Phero'r ci, tua 1913-15.
Rhieni: Kate Maria a H Ll W Hughes, 'Huws y Geufron'. Rhwng y ddau:
Dorothy (Dora) Catherine a Hugh Meirion. Ar lin ei fam: Emrys Goronwy.
Ar y dde iddi: John Gwynedd. Yn y cefn: Maggie Alice, Olwen Lloyd a
Trebor Simon Dewi.

Ymlaen â ni heibio'r tro am Laethwryd nes dod at Dai'n Rhos. Yma,
yn y ddeunawfed ganrif, y bu'r bardd Thomas Ifan yn byw: 'Twm Tai'n
Rhos'. Ni allai ddarllen nac ysgrifennu, a sonia Twm o'r Nant yn ei
Hunangofiant amdano'n cynorthwyo'r hen brydydd drwy gopïo'i
gerddi. Twm, neu Thomas Evan, y galwai Twm o'r Nant ei hun ar y
pryd, a'r hen fardd o Dai'n Rhos a awgrymodd ei fod yn newid y drefn
ac yn galw'i hun yn Thomas Edwards, yn ôl cyfenw ei dad. Ac felly fu.

'Huws y Geufron' a Chwmorwr; Erw Dinmael, Dafydd Cadwaladr a Betsi Cadwaladr; Moel Cwmein a Nant Aber Arw Law

O Dai'n Rhos, at y tro, ar y dde, i fferm Cwmoerddwr (Cwmorwr ar
lafar). Yma, yn gynnar yn y ddeunawfed ganrif, y ganed y ddau
frawd Robert a Chadwaladr Dafydd. Dau brydydd gwlad.
Symudodd Robert Dafydd i Gellïoedd Bach, Llangwm, i fyw.

Gwehydd ydoedd wrth ei grefft a dywedir ei fod yn ganwr tan gamp gyda'r tannau ac yn ffidlwr da. Aeth Cadwaladr Dafydd, brawd Robert, i Erw Dinmael i fyw. Mab iddo oedd Dafydd Cadwaladr (1752-1834). Yn nes i'n cyfnod ni bu Cwmorwr yn gartref hefyd i fardd dawnus arall, sef H Ll W Hughes (Hugh Lloyd William Hughes), 'Huws y Geufron', sef Y Geufron Fawr, Llawrybetws. Cyhoeddwyd detholiad o'i farddoniaeth yn 1940, dan y teitl: *Cerddi'r Geufron*. Bu ganddo ef gysylltiad agos â Chapel Cefn Nannau ac ardal Llangwm. Priododd â Kate Jones, merch Ystrad Bach.

Dyma ni yn awr ym mhlwyf Llangwm, ac y mae'n werth oedi ar yr allt i fwynhau'r olygfa braf a gweld, ar y chwith inni, Ros Gwern Nannau a Moel Gwern Nannau. Gyda hyn cyrhaeddwn Groesffordd Pen Llwybrau. Ar y dde fe welwn lidiart a'r enw Cwm Main arni. Ymhen ychydig lathenni wedi mynd trwy'r llidiart hon bydd y ffordd yn fforchio. Pe baem yn troi ar y dde a dilyn y ffordd dros yr unigeddau i gyfeiriad Cwm Penanner am oddeutu milltir go dda, deuem ymhen y rhawg at fferm anghysbell Cwm Main (Cwmein ar lafar), hen dŷ nobl a'r dyddiad 1776 arno. Cyn cyrraedd byddwn yn croesi nant fechan ag iddi un o'r enwau hyfrytaf: Nant Aber Arw Law. Dyma hefyd y ffin rhwng siroedd Meirionnydd a Dinbych. Ar ein ffordd yn ôl o Gwm Main sylwn ar Foel Cwm Main ar y dde inni a chofiwn yr hen bennill diddorol hwnnw ag iddo awgrym pendant o gelwydd golau. Dyma fersiwn Uwchaled:

> Byddai'n rhyfedd gennych weled
> Foel Cwm Main yn coethi cerdded,
> A phen ucha creigiau 'Ryri'n
> Moeli clustiau'n rhedeg rhagddi!

Wedi dychwelyd at y fforch yn y ffordd, trown i'r dde i lawr allt, a dyma ni yn Erw Dinmael, yn llechu o'r golwg dros y gefnen mewn pant. Fel y crybwyllwyd eisoes, symudodd y prydydd gwlad, Cadwaladr Dafydd, o Gwmorwr i Erw Dinmael. Dyma bennill a gyfansoddodd tua diwedd ei oes:

> O dan fy llaw yr wyf yn gorwedd,
>   O dod drugaredd, Dad, i mi,
> A maddau cyn fy medd
>   Fy nghamwedd, rhyfedd Ri;
> Tydi sy'n rhoddi clefyd
>   Ac iechyd, hyfryd hedd,

I droi drwg chwant oddi wrth dy blant
Cyn mynd i bant y bedd.[15]

Priododd Cadwaladr Dafydd â merch o'r enw Catherine, a chawsant bum mab a phum merch. Un o'r meibion oedd Dafydd Cadwaladr, a chawn sôn eto amdano ef fel cymeriad a phregethwr hynod ac fel arloeswr Methodistiaeth.

Priododd Dafydd Cadwaladr â Judith Humphreys o'r Bala ac ymgartrefu ym Mhen-rhiw yn y dref honno. Cawsant naw o blant. Un o'r merched oedd Betsi Cadwaladr (1789-1860), neu Elizabeth Davis, fel y'i galwai ei hun yn ddiweddarach, y weinyddes enwog. Wedi crwydro llawer ar y byd, enillodd enwogrwydd fel gweinyddes yn y Crimea, 1854-5. Yn 1857, cyhoeddwyd dwy gyfrol o'i hunangofiant, wedi'i olygu gan Jane Williams, 'Ysgafell': *The Autobiography of Elizabeth Davis a Balaclava Nurse, Daughter of Dafydd Cadwaladyr*. Merch arall i Judith a Dafydd Cadwaladr ydoedd Bridget a fu'n forwyn ym Mhlas Llanofer i Augusta Waddington Hall, Arglwyddes Llanofer, 'Gwenynen Gwent' (1802-96).

'Caled fu torri'r cwlwm': o Groesffordd Pen Llwybrau i Gwm Penanner

O Erw Dinmael awn yn ôl at Groesffordd Pen Llwybrau. Pe baem yn dal i'r chwith ar y groesffordd a dilyn Ffordd Jo, heibio Brynffynnon, deuem i'r ffordd fawr o Gerrigydrudion i'r Bala (B4501) yn Gellïoedd. Ond troi yn ôl a wnawn ni a dychwelyd i Dy'n Rhyd. Yma, dal i'r chwith a'n bryd ar fynd i Gwm Penanner, un o'r cymoedd hyfrytaf y gwn i amdano. Taith o ryw dair milltir, ac oedi wedyn ger y capel – Capel Tŷ Mawr, calon y cwm. A mwynhau'r tawelwch. Er mai yn 1828 yr adeiladwyd y capel, dyma un o achosion cynharaf y Methodistiaid yn Uwchaled.

Ym mynwent y capel gwelir bedd Glyn Rowlands, Dolhendre Uchaf, Llanuwchllyn (1926-84), mab Hugh a Mary Enid Rowlands, Pennant, Gellïoedd. Ar y garreg fedd ceir cwpled rhagorol o waith Ceinwen Ellis, Cerrigydrudion, chwaer Glyn:

Caled fu torri'r cwlwm
A rhoi câr yn erw'r Cwm.

Hi hefyd yw awdur y cwpled ar garreg fedd gyfagos ei chwaer yng nghyfraith, Anora (1934-91), priod Emrys Rowlands, Fron Deg,

Teithio i'r Sasiwn yng Nghapel MC, Ty'n Rhyd, Cerrigydrudion.
Tynnwyd y llun ger gwesty cyfagos Tan Llan (Saracens).

Cerrigydrudion, a chwaer Trebor Jones, Tŷ Newydd, Llangwm:

> Diarbed ei gweithredoedd,
> Y ddoethaf a'r fwynaf oedd.

Ceinwen Ellis yw un o'r ychydig wragedd yn Uwchaled heddiw sy'n cynganeddu yn ardderchog. Ers blynyddoedd hefyd bu'n cystadlu ac yn ennill yn gyson yn eisteddfodau a chwarfodydd bach y cylch, gan gynnwys Cwarfod Bach Capel Cefn Nannau.

Yn Nhŷ Mawr gynt yr oedd hen deulu uchelwrol Llwydiaid Penanner yn byw. Daeth y stad yn y man yn eiddo i deulu Lloyd-Mainwaring, Bwlch-y-beudy, Cerrigydrudion – y Llwyd ers tro byd wedi troi'n Lloyd. Roedd un aelod o'r teulu, John neu Siôn Llwyd, yn yswain ac yn fardd, a cheir pump o'i gerddi yng nghyfrol Foulke Owen, Nantglyn: *Cerddlyfr yr hwn sydd yn cynnwys amryw garolau a dyrifiau o waith amryw awdwyr* (1689).

O Gapel Tŷ Mawr gellir croesi Afon Ceirw a dilyn y ffordd agored braf heibio Carreg y Ddafad (cartref y bardd Ellis H Jones, 'Celynfab', bu f. 1943), heibio'r Gydros, ac i fyny Allt y Gader (Cadair Benllyn), nes cyrraedd fferm fynyddig Defeity. Dyma ffordd y bu sawl pregethwr a phorthmon yn ei throedio wrth deithio yn ôl a blaen i'r Bala. Defeity oedd hen gartref hynafiaid Llwyd o'r Bryn a Thecwyn Lloyd. Heddiw dyma gartref Gwyn Lloyd Jones, a'i fab Alan, a enillodd enwogrwydd haeddiannol ym myd ymryson cŵn defaid a magu defaid. Wedi gadael Defeity byddwn yn fuan yn ymuno â Ffordd Bala, rhwng Cwm Tirmynach a Gellïoedd, ond, unwaith yn rhagor, gadawn yr unigeddau ac awn yn ôl at Gapel Tŷ Mawr ac i Dy'n Rhyd ac i ffordd brysur yr A5 ger Capel Jeriwsalem. Yn union ar y dde saif Gwesty'r Saracens ar ei newydd wedd. Tan Llan oedd yr hen enw. Oherwydd ei fod mor agos i gapel y Methodistiaid, dyma lle y byddent yn arfer â llwytho a dadlwytho'r coetsys a gludai gynulleidfaoedd Capel Cefn Nannau a chapeli eraill yr enwad ar ddiwrnod pwysig y Sasiwn yn Cerrig. Ac yn y fan hon y cymerwn ninnau hoe am ychydig cyn ailgychwyn ar ein taith.

3
'Fy Mro, Fy Mraint' (1)

Gwelais neithiwr drwy fy hun
Lanciau Llangwm bob ag un,
Rhai mewn uwd a rhai mewn llymru,
Rhai mewn buddai wedi boddi!

Yn y bennod ddiwethaf buom yn teithio'n hamddenol i gyfeiriad ardal Llangwm ac yn oedi ar y cyrion. Dyma ni, bellach, o fewn cyrraedd bro deg y llanciau a welodd y bardd yn ei freuddwyd. Ond hyn a wn: y mae yno lawer mwy i'w weld nag a welodd awdur y rhigwm uchod – breuddwydio neu beidio!

O hen westy Tan Llan, felly, dilynwn y Ffordd Dyrpeg nes dod yn fuan at y tro ar y chwith i fferm y Gronglwyd. Dyma gartref teulu a wnaeth gyfraniad gwerthfawr mewn amrywiol feysydd yn hanner cyntaf y ganrif hon. Bu un o'r meibion, John E Hughes, yn weinidog gyda'r Methodistiaid ym Mrynsiencyn, sir Fôn, am flynyddoedd. Aeth William Jenkyn Hughes i fyw i Gernant, Dinmael, a bu'n arwain Côr Cymysg Dinmael. Mab iddo yw Dafydd Hughes, perchennog siop lyfrau ail-law adnabyddus yn Llandudno. Yn yr un modd, bu brawd arall, David Jenkyn (DJ) Hughes, yn eithriadol o weithgar yng nghylch Cerrigydrudion. Bu, er enghraifft, yn glerc y Cwrdd Plwyf ac yn arweinydd y Côr Cymysg.

Teuluoedd Syr John Cecil Williams, Henry Rees a Gwilym Hiraethog

Y fferm nesaf ar y chwith yw Gaerfechan. Merch i John Williams, Gaerfechan, oedd mam Syr John Cecil Williams, Llundain, Ysgrifennydd Anrhydeddus Gymdeithas y Cymmrodorion, 1934-64. Roedd yn meddwl y byd o Uwchaled; trefnodd i'r Cymmrodorion ymweld â'r ardal fwy nag unwaith, a rhoes ei gefnogaeth gyson i hybu diwylliant bro ei febyd. Pan oedd Syr John yn fachgen ifanc deuai yn aml o Lundain i Uwchaled i aros gyda'i daid a'i nain yng Ngaerfechan a'i daid a'i nain ym Mrynaber, Cerrig. Bu Elias

Williams (1819-1900), Brynaber, yn flaenor yng Ngherrigydrudion o 1859 hyd 1898 ac yn Ysgrifennydd ymroddedig Cyfarfod Ysgolion Dosbarth Cerrigydrudion am bymtheng mlynedd.[1] Ceir maen coffa hardd i Syr John Cecil Williams ym mynwent Eglwys Cerrigydrudion, ac arno'r geiriau: 'Fy mro, fy mraint'.

Rydym bellach ym mhlwyf Llangwm. Yn agos i Gaerfechan mae tro ar y dde am Y Bala, dros Bont Moelfre ac Afon Ceirw, ond ar hyn o bryd aros ar yr A5 a·wnawn ni a galw heibio fferm Moelfre Fawr, yn union ar y chwith. Roedd Moelfre Fawr gynt yn dre-ddegwm, a chymaint â 14 o dai a ffermdai yn perthyn iddi yn 1841. Am genedlaethau dyma gartref teulu'r Parry – cangen o'r un teulu â'r brodyr enwog Henry Rees a William Rees, 'Gwilym Hiraethog', o Lansannan. Olrheinient eu hachau yn ôl i Hedd Molwynog, sefydlydd un o bymtheg llwyth Gwynedd.[2] Fel y cawn sôn eto, roedd Thomas Parry yn gyfeillgar iawn â Thomas Charles o'r Bala ac yn un o arloeswyr Methodistiaeth yn yr ardal. Ef a roes dir i adeiladu capel cyntaf Cefn Nannau. Merch Moelfre, Margaret Parry, oedd fy nain, mam fy nhad, ac mae Eifion, fy mrawd, a'r teulu yn byw yno heddiw.

Ty'n Rallt, cartref Hugh Evans, a John Parry, Moelfre

Ar y llechwedd uwchben Moelfre gwelir adfeilion bwthyn Ty'n Rallt, cartref Hugh Evans (1854-1934). Symudodd yma gyda'i fam a'i daid a'i nain o Dy'n Rhos, Cwm Main, pan oedd rhwng chwech a saith mlwydd oed, a rhoes ddisgrifiad o'r bwthyn yn ei gyfrol enwocaf, *Cwm Eithin* (1931). Cyfrol ardderchog arall o'i eiddo yw *Y Tylwyth Teg* (1935). Ef, wrth gwrs, oedd sefydlydd Gwasg y Brython, Lerpwl, a gwnaeth gymwynas fawr fel cyhoeddwr llyfrau a chylchgronau Cymraeg. Gellir cerdded i Dy'n Rallt o fuarth Moelfre, gan ddechrau'r siwrnai ar hyd olion hen ffordd y Goets Fawr, cyn i Telford adeiladu'r ffordd newydd yn 1819.

Yr oedd gan Hugh Evans feddwl uchel iawn o deulu Moelfre, a rhoes deyrnged gynnes i John Parry, y cymeriad gwybodus, unplyg a di-flewyn ar dafod a fu farw, 16 Chwefror 1914, yn 82 mlwydd oed. Meddai amdano mewn ysgrif yn *Yr Wythnos a'r Eryr*, 25 Mawrth 1914 (t. 8):

> '...un o'r hen gymeriadau mwyaf gwreiddiol a dyddorol – un o'r hen gofiaduron ag y mae yn werth i ni fyned yr holl ffordd o Liverpool i Gerrigydrudion, yn awr ac yn y man, er mwyn cael ychydig o'r hen

Hugh Evans (1854-1934),
awdur *Cwm Eithin*.

amser gynt. Ar ôl colli Evan Hughes, Pen-y-gaer, nid oedd neb yn
aros a wyddai hanes ac achau trigolion yr ardal yn well na John
Parry... Bydd ymweliad â'r hen gartref a dringo i ben y 'Top', y Bre,
neu'r Bryn, moel o bob peth ond eithin, i gael golwg unwaith
drachefn ar y cylch eang o fynyddoedd, roddodd ysbrydiaeth boreu
oes i ni, a meddwl na bydd John Parry yn ein disgwyl i lawr i gael
ymgom uwchben cwpanaid o dê, yn groes drom iawn.'

'Hanner O yn yr awyr...': Pont Hendre a Glan Ceirw; Gwern Nannau a Thy'n Felin; Cefn Nannau a Phlas Nant

Ymhen tua hanner milltir o Moelfre cyrhaeddwn Groesffordd
Hendre Arddwyfan. Mae 'Pont Hendre' dros Afon Ceirw ar y dde,
a rhaid ei chroesi gyda mawr ofal. Y mae hi bron fel 'hanner O yn
yr awyr', chwedl Cadwaladr Lloyd, Llanfihangel Glyn Myfyr,
mewn llinell o'i englyn i Bont y Crown yn y pentref hwnnw. Bron

Ty'n 'Rallt, plwyf Llangwm, cartref Hugh Evans, 4 Gorffennaf 1995.

yn union wedi croesi'r bont gwelir trofa ar y dde i ffermydd Bryn Nannau a Glyn Nannau. Does neb yn byw yn y ffermdai hyn heddiw. Yna, ar y chwith, awn heibio i dŷ helaeth, o'r enw Glan Ceirw. Hyd at yn ddiweddar roedd y tŷ hwn wedi'i gysgodi bron yn llwyr gan goed. Heddiw gwelir rhesi o garafannau o'i amgylch. Ar y dde y mae tyddyn Gwern Nannau, cartref y bardd Dafydd Evans (1909-86). Cawn sôn amdano ef a'i briod, Jane Evans, eto. Yna, ar y chwith, mae Ty'n Felin, lle bu'r Parchg Islwyn Morgan yn byw am rai blynyddoedd. Bu ef yn gefn i ddiwylliant ac achosion da yn yr ardal ar hyd ei oes ac yn ohebydd diwyd i bapurau newyddion am flynyddoedd lawer.

A dyma ni o fewn ychydig lathenni i'r troad ar y dde i fferm Cefn Nannau a Chapel y Cefn, yn sefyll mewn llecyn braf ar godiad tir. Ond ble 'rawn ni nesa? Nid ydym eto ond wedi braidd gyffwrdd â thir a daear Llangwm. Yn ôl â ni, felly, i'r Holihed a throi ar y dde dros Bont Moelfre am Ffordd Bala.

Ymhen tua thri chwarter milltir y mae llidiart ar ochr y ffordd, ar y chwith, yn arwain i fferm Plas Nant. Tŷ Nant oedd enw'r hen dŷ. Yma y magwyd William Jones, 'William Jones, Ci Glas' (1872-1941),

Capel Cefn Nannau: cyrraedd i'r gwasanaeth. Y gotel ger y capel,
a'r giât wen ar yr adwy.
Llun gan Jeremy Finlay, Llundain.

pencampwr ym myd ymrysonfeydd cŵn defaid, porthmon, a
hyfforddwr y sol-ffa yng Nghapel Cefn Nannau, Llangwm. Cawn
sôn amdano eto.

John Ellis, y cerddor; Trefor Jones, y bardd, a Bob Gruff, y cerfiwr coed

Heibio Ffynnon Wen ar y dde, a dyna ni ger fferm y Parc ar ymyl y
ffordd, eto ar y dde. Ty'n y Gwern Nannau oedd enw'r hen dŷ (Ty'n

56

John Ellis (1760-1839), y cerddor, awdur *Mawl yr Arglwydd*.

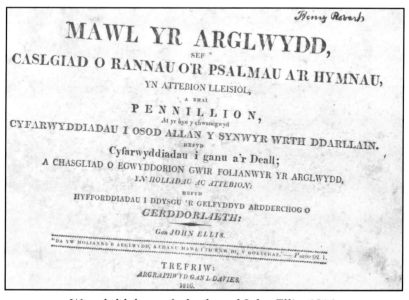

Wynebddalen cyfrol arloesol John Ellis, 1816.

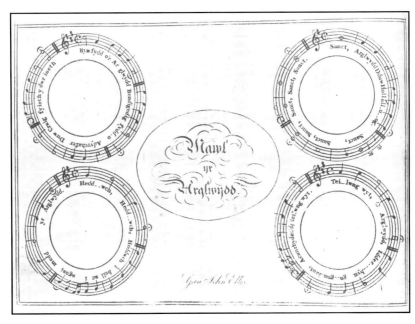

Un o flaen-ddalennau *Mawl yr Arglwydd.*

Gwnanne ar lafar). Y mae'n feudy heddiw. Dyma gartref John Ellis (1760-1839), cyfrwywr a cherddor dawnus. Ef oedd awdur y dôn 'Elliot' a'r gyfrol arloesol, *Mawl yr Arglwydd* (1816), sef y llyfr tonau cyntaf a gafodd Cymru. Bu'n byw yn Llanrwst, Llanfyllin a Lerpwl.[3]

Ar y dde wedi pasio Parc fe welwn dŷ newydd o'r enw Nant-yr-helyg, cartref presennol Trefor Jones, gynt o Fryn Ffynnon. Y mae'n fardd galluog a dyfynnwyd rhai o'i gerddi eisoes. Ef yw awdur yr englyn coffa rhagorol hwn i Lwyd o'r Bryn:

> Ei fyd oedd eisteddfode, – a'i orchest
> Oedd gwarchod y pethe;
> Gwron yr ymrysone;
> Mae'n chwith, pwy lenwith ei le?

Brawd i Trefor yw Medwyn Jones, sy'n byw heddiw yn Y Rhyl. Cyhoeddwyd cyfrol o'i gerddi ef yng Nghyfres y Beirdd Bro (Barddas, 1977). O Nant-yr-helyg, troi ymhen ychydig lathenni ar y dde i Ffordd Jo. Ar y chwith, cawn gip ar Ben-y-gob, cartref y

Trefor Jones, Bryn Ffynnon: bardd.

canwr baledi a'r cymeriad ffraeth, Owen Hughes, 'Now Pen Gob' (1891-1987). Ar y dde inni y mae fferm Bryn Ffynnon, cartref Meinir a Gwion Lynch, y bardd a'r dramodydd.

Heibio wedyn i dyddynnod Hendre Ucha, Pant Glas a Foty Ucha, ar y chwith inni. Yn Foty Ucha (neu yn un o'r tyddynnod cyfagos?) y ganed Mary, mam John Blackwell, 'Alun' (1797-1840), offeiriad a bardd ac awdur y gerdd 'Rhywun' ac emynau megis: 'Does destun gwiw i'm cân...' Aeth yn forwyn i'r Wyddgrug. Byddwn gyda hyn wrth Groesffordd Pen Llwybrau, ond aros ar Ffordd Jo a wnawn ni, ac yn ôl i Ffordd Bala ac ardal Gellïoedd. Ymhen chwarter milltir, ar y chwith, awn heibio'r troad i fferm Hendre Garthmeilio. Bu Robert Gruffydd Jones, 'Bob Gruff', y cerfiwr coed enwog, yn byw yma. Y mae'n byw ers tro bellach yn Abergele, ac yn 1995 cyhoeddwyd cyfrol ddiddorol ganddo: *Collen, Cyllell a Chorn*.[4] Gyda hyn byddwn wrth Gapel Gellïoedd, capel yr Annibynwyr, a adeiladwyd yn 1899. (Adeiladwyd y capel cyntaf yn 1844 a'i helaethu yn 1864.)

Owen Hughes, Pen-y-gob, Gellïoedd, yn canu yn ei gartref, Hendre Bach, Cerrigydrudion, 16 Tachwedd 1973. Y diweddar Cecil, ei fab, yn mwynhau gwrando ac yn arwain gyda'i ddwy fflachlamp.

'Heuodd oleuni a medodd dangnefedd': rhieni'r Parchg J T Roberts; Robert Dafydd, Gellïoedd Bach, a Dei Llwyn Cwpwl, y telynor ieuanc

Ar y dde wedi mynd i'r fynwent fe welir bedd Mary a Robert Roberts, rhieni'r Parchg J T Roberts. Y geiriau cofiadwy a ddewisodd y mab i'w rhoi ar y garreg fedd i ddisgrifio'i fam ydoedd: 'Heuodd oleuni a medodd dangnefedd'. A'r un modd i goffáu ei dad dewisodd y cwpled hwn o englyn gan R Williams Parry i Robert Einion Williams, Pen-y-groes, Arfon:

> Llariaidd y'i ceid lle roedd cur,
> Agosaf gyda'i gysur.

Mor arbennig o gymwys yw'r frawddeg uchod a'r cwpled hwn i gofio'n dyner iawn hefyd am yr annwyl 'J T' a'i briod hoff Annetta.

David Jones, 'Dei Llwyn Cwpwl', y telynor
ifanc o Langwm a fu farw yn Ffrainc, 1917.

Yn y fynwent hon mae bedd chwaer J T Roberts, hithau, sef
Lizabeth Margaret Roberts (1887-1977), awdur *Y Golomen Wen*
(1929, hanes Cynghrair y Cenhedloedd), a *Plant Cenhedloedd Eraill*
(1929). Ganed J T Roberts a'i chwaer yng Ngellïoedd Ucha, fferm ar
y dde, llai na hanner milltir o Gapel Gellïoedd i gyfeiriad Y Bala.

Rhwydd iawn fyddai teithio ar hyd Ffordd Bala i Gwm Tirmynach, cyn belled â chartref Bob Roberts, Tai'r Felin, ond troi wrth Gapel Gellïoedd a wnawn ni ac i lawr yr allt am yr Henblas. A dyma ni o fewn milltir go dda i gyrraedd pentref Llangwm. Ar y dde gyferbyn â'r allt y mae murddun Gellïoedd Bach. I'r tyddyn hwn y symudodd Robert Dafydd o Gwmorwr: gwehydd, bardd, datgeinydd a ffidlwr y buwyd yn sôn amdano eisoes. Digon llwm oedd ei fyd, a bu Twm o'r Nant yn chwarae anterliwt yn Llangwm a Cherrigydrudion i'w gynorthwyo i dalu'r rhent.[5] Ar ganol yr allt y mae ffordd ar y chwith yn arwain at Lwyn Cwpwl, cartref y telynor ieuanc, David Jones, 'Dei Llwyn Cwpwl', a fu farw yn Ffrainc yn 1917. Bu ef a'i hyfforddwraig ifanc, Nansi Richards, Telynores Maldwyn, yn canu llawer ar y delyn ar aelwyd yr Henblas hyd oriau mân y bore.[6]

Bedo Aeddren a 'gof arian y gynghanedd': Dafydd Thomas, Rhydyrewig

Ar y dde, ar waelod yr allt yn union gyferbyn â'r Henblas, fe allem roi tro am Aeddren Ucha ac Aeddren Isa, ffermydd a gysylltir â'r bardd Bedo Aeddren (*fl.* 1500). Dwy linell o'i gywyddau yw: 'Yn Ninmel gyda'r delyn' ac 'Yn Llangwm, saffrwm o serch'. Ganrifoedd yn ddiweddarach, yn ein hoes ni, rhoddodd John Morris Jones, Aeddren, yn un o'i ysgrifau bortread byw a chynnes iawn o'i fro fabwysiedig, sef ardal hudolus Gellïoedd: 'rhyw gwm bach hyfryd ym mhen uchaf plwyf Llangwm'. Yn yr un ysgrif y mae'n sôn, er enghraifft, am brydferthwch nentydd y fro, megis Nant yr Hengwm, Nant-y-pyd, a Nant Rhydolwen, sy'n llifo i lawr y llethrau o Graig y Llwynog. Meddai ymhellach: 'Ni wn ai trefn neu ragluniaeth a barodd i mi gael treulio y rhan fwyaf o'm dyddiau yn y fro fendigedig hon... Yr unig ffordd y gallaf geisio talu'r ddyled iddi yw trwy drosglwyddo'r hyn a dderbyniais i i'r plant'.[7] A dyna'n union a wnaeth yntau, fel cymaint o drigolion bro Uwchaled: gweld gwerth a throsglwyddo'r gwerthoedd.

Oducha Aeddren mae tyddyn Rhydyrewig, lle bu'r cymeriad hoffus, Dafydd Thomas, yn cadw efail. Talodd Medwyn Jones, Gellïoedd, deyrnged haeddiannol iddo mewn awdl fer, gryno: 'Dei Go (*gof, ffermwr, cymeriad a ffrind*)'. Roedd yn ffond o bennill a chân: 'Gof arian y gynghanedd', meddai Medwyn amdano mewn darn o gywydd, ac mewn un englyn fe'i disgrifiodd fel 'cerddor y cwm mewn cwman'. Gweithiai'n galed o fore gwyn tan nos, ac yr oedd yn ŵr parod iawn ei gymwynas:

Yn sŵn a chwys gwasanaeth – mae heddwch
Sy'n degwch cymdogaeth...

A daw'r awdl i ben gyda chyfres o dri englyn penfyr sy'n fynegiant byw o hiraeth dwys y bardd am y gof caredig o Rydyrewig. Dyma'r ddau englyn clo:

Daear sydd heb ei dewin, – ni ffynnodd
Hen ffiniau'r cynefin,
Na'i gwm, heb y geiriau gwin.

Gwiw lannerch dan Graig Lwynog, – y Gesail
Fu'n gysur cymydog
Yn glaf, heb ei gwyrddlas glog.

Yn uwch i fyny eto na Rhydyrewig, heibio Bwlch y Graigwen, dacw gartref y rhigymwr ffraeth, Robert John Jones, 'Bob y Graigwen'. Bu'n was ffarm yn Hendre Garthmeilio a Gellïoedd Ucha. Fel hyn, yn ddi-lol ddigon, y disgrifiodd bolyn teligraff:

Dyma bolyn
Ar ei golyn,
Yn cario geiriau
Ar ei gorun!

Rhag oedi'n rhy hir yn yr unigeddau ym mro Gellïoedd, fodd bynnag, awn gyda gofal heibio ffermydd Nant-y-pyd a Llwyn Mali, ar y dde, nes dod at Gapel y Groes, capel yr Annibynwyr, ar ben yr allt, a adeiladwyd gyntaf yn 1821.

Ysgol ddyddiol Capel y Groes: y 'black hole' o dan y pulpud, a'r 'Welsh not'

Yn *Yr Eryr*, rhwng 13 Mehefin a 10 Hydref 1894, cyhoeddodd gŵr o'r enw 'Ap Simon' gyfres ddiddorol o ysgrifau yn adrodd ei atgofion am blwyf Llangwm. Yn un ohonynt dywed i Simon Jones, mab Edward Jones, Ty'n y Gwern Nannau, fod yn cadw ysgol ddyddiol yng Nghapel y Groes, er nad yw'n nodi'n union ym mha gyfnod. Bu Ap Simon yn ddisgybl yno, ac mewn un atgof sonia am y *black hole* o dan y pulpud:

'Yr oedd llawer o feibion ffermwyr wedi tyfu i faint lled fawr yn cymeryd mantais ar yr ysgol yn y gauaf, ac ar adegau pan na byddent yn brysur. Un tro, yr wyf yn cofio i un ohonynt dorri cyfraith yr ysgol, ac am hynny fe'i galwyd ar y carpet, ac i dderbyn y ddedfryd; a'r gosb oedd cael ei gau yn y *black hole*, a hwnnw oedd y cwpwrdd o dan yr

63

areithfa. A phan aeth yr ysgolfeistr at y gwaith o'i roi mewn, neidiodd tua hanner dwsin neu ychwaneg o'r llanciau cryfaf i amddiffyn y troseddwr, yr hyn a wnaethant, gan ei gael yn rhydd, a rhoi yr ysgolfeistr i mewn yn ei le, gan sicrhau y drws gyda meinciau, fel na allai mo'i agor. Yna fe aethant allan, a ninnau, y rhai bach, wrth gwrs, i'w canlyn. A buom allan yn chwarae nes blino, yna daethom oll yn ôl i'r capel, pryd yr agorwyd y drws i'r carcharor ddod eilwaith i ryddid, yr hyn a fwynhawyd ganddo yn lled dawel, er yr holl helynt.'[8]

Yn *Yr Eryr*, rhwng 20 Mai a 26 Awst 1896, y mae gan Evan Jones, Gwyddelwern, yntau, gyfres o ysgrifau diddorol am Langwm: 'Ei Haddoldai, Palasau a Hen Ddefodau'. Cyfeiriodd ef hefyd at yr ysgol yng Nghapel y Groes ac at saga cau'r athro, Simon Jones, yn y twll du y tu ôl i'r pulpud. Dyna un bwgan – y *black hole* – ond mewn tystiolaeth werthfawr sonia ef ymhellach am fwgan arall a oedd yn poeni'r plant yn yr ysgol yng Nghapel y Groes:

Dr John Sampson, y *'Romano Rai'*, cyfaill a hanesydd y Sipsiwn Cymreig. O ddarlun gan Lawrence Wright, yn y gyfrol *In Lighter Moments: A Book of Occasional Verse and Prose*, gan John Sampson, Gwasg Prifysgol Lerpwl, 1934.

'Yr oedd dau fol-ol gan y plant y dyddiau hynny, sef y *Welsh not*, yr hwn oedd ddarn o ystyllen tua modfedd o led a 2 i 4 modfedd o hyd, gyda thwll yn un pen iddo, trwy yr hwn y rhoddid llinin yn glymedig a digon o faint i'w roddi dros ben unrhyw blentyn, a phwy   bynnag   a siaradai Gymraeg, rhoddid hwn am ei wddf, ac wrth i'r ysgol dorri i fyny ganol dydd, neu prydnawn, byddai raid iddo gael blas y gansen ar gledr ei law, ond yr oedd yn sefyll am ymwared rhag y slap. Os y gallai glywed ryw fachgen neu eneth yn siarad Cymraeg, byddai yn trosglwyddo y *Welsh not* i'r cyfryw, ac yn aml iawn gorchwyl pwysicaf yr un y byddai ganddo oedd gwylio a gwrando yn ddyfal gan ddisgwyl am rywun yn ynganu yr hen iaith, er mwyn iddo ef gael ymwared â'r *Welsh not* ac osgoi blas y gansen. Y bol-ol arall oedd y *black hole*...'[9]

'Te soves misto': chwalu llwch y Dr John Sampson (cyfaill mawr y Sipsiwn ac Augustus John) ar y Foel Goch

Ger Capel y Groes trown ar y dde, ac ymhen tua hanner milltir fe gyrhaeddwn Dyddyn Eli (Tŷ Nant oedd yr hen enw gynt), cartref y Parchedigion Thomas Ellis a'i fab Humphrey Ellis, arloeswyr brwd Annibyniaeth yn y fro. Cawn sôn eto amdanynt hwy ac am Gapeli Annibynnol y Groes a Gellïoedd.

Chwalu llwch y Dr John Sampson ar y Foel Goch, Llangwm, 21 Tachwedd 1931: yr orymdaith i fyny'r Foel.

Yn arwain yr orymdaith yr oedd y Sipsi, Ithel Lee (a gludai gist fechan o dderw du yn cynnwys llwch Dr Sampson), a Manffre, mab hynaf Mathew Wood. Yn dilyn, roedd brodyr Manffre, sef Harri (Turpin), Jim a Hywel, ynghyd â nifer o'r Sipsiwn, gan gynnwys Reuben Roberts, mab Telynor Cymru, a'i deulu. O'u hôl hwy cerddai Michael Treviskey, mab Dr Sampson, ac Augustus John, yr arlunydd yn ei sgarff Ulsteraidd a'i het olau a rhimyn du iddi. Yn y dorf hefyd roedd enwogion, megis T Gwynn Jones a Dora E Yates, ac ymhlith y plant roedd Ifor Owen, Llanuwchllyn, ac Emrys Jones a Iorwerth Hughes Jones, Llangwm. Y llun o gyfrol Dora E Yates, *My Gypsy Days* (1953).

Uwchben Tyddyn Eli y mae ffermydd Ceseilgwm a Chwmllan. A dyma ni ar odre'r Foel Goch. Ar ochr y Foel, 21 Tachwedd 1931, gwasgarwyd llwch y Dr John Sampson, Llyfrgellydd Coleg y Brifysgol, Lerpwl, a phrif hanesydd a chyfaill mawr y Sipsiwn Cymreig. 'Romano Rai' oedd eu henw arno ('rai' = arglwydd, bonheddwr, ysgolhaig). Gwnaeth gymwynas fawr yn cyhoeddi'i gyfrolau: *The Dialect of the Gypsies of Wales* (1926); *The Wind on the Heath* (1930); a *XXI Welsh Gypsy Folk Tales*, golygwyd gan Dora E Yates (1933). Adroddwyd y storïau yn y gyfrol werthfawr olaf hon

Gwasanaeth angladdol Dr John Sampson ar ochr y Foel Goch, a
rhai o'r Sipsiwn yn chwarae alawon Cymreig ar y ffidil a'r delyn.
Ar y chwith, yn y tu blaen: Augustus John. Llun o'r *News Chronicle*.

gan Mathew Wood. Roedd ef a'i fab Harri 'Turpin' Wood (yntau'n
ffidlwr medrus fel ei dad) yn byw mewn bwthyn bychan ym
Metws Gwerful Goch, gyferbyn â thafarn y White Horse (neu'r
Porno Grai, fel y galwai'r Sipsiwn hi). Cafodd John Sampson lawer
iawn o'u cwmni pan symudodd i fyw i dŷ ar rent o'r enw Cae
Gwyn, uwchben pentref Betws. Ddiwrnod angladd Dr Sampson
cariodd y Sipsiwn eu telynau a'u ffidlau i fyny'r mynydd yng
nghwmni torf o drigolion lleol a rhai o enwogion Cymru, megis
T Gwynn Jones. Arweiniwyd y gwasanaeth gan Augustus John,
cyfaill mawr arall i'r Sipsiwn ym Metws Gwerful Goch. I gloi'r
gwasanaeth canodd Reuben Roberts, mab John Roberts, 'Telynor
Cymru', gainc Dafydd y Garreg Wen ar ei delyn – hoff alaw y
Romano Rai. Dywedwn ninnau wrth gyfaill a hanesydd y Sipsiwn
yn iaith y fendith Romani: *'Te soves misto'*, 'boed i ti gwsg hyfryd.'[10]

ROMANY FUNERAL OF DR. SAMPS(

Dick Turpin Wood with his family at the ceremony near Corwen, North Wales, on Saturday, when the ashes of Dr. John Sampson, of Liverpool, the writer on gypsy life, were scattered with Romany ritual. Mr. Wood gave lessons in the Romany tongue to Dr. Sampson. Another picture on Back Page.

'Clywch lu'r nef yn seinio'n un...': yr hen Ysgol Gerrig ac Eglwys Sant Jerome; John Roberts, Llangwm, ac Elis Wyn o Wyrfai

O lechweddau'r Foel Goch i lawr Allt y Groes i bentref Llangwm. Ar y chwith, bron ar waelod yr allt, mae Bryn Medrad, cartref Rhian a Dewi Jones, Ysgrifennydd Cymdeithas Cerdd Dant Cymru a Threfnydd yr Ŵyl Gerdd Dant. Ar y dde inni, ar y llan, gwelwn yr hen Ysgol Gerrig neu'r 'Neuadd Fach'. Ar y pymthegfed o Fedi 1934 agorwyd hi gan Syr John Cecil Williams yn ganolfan ddiwylliannol i'r ardal. O 1941 ymlaen bu'n fan cyfarfod pwysig am nifer o flynyddoedd i Aelwyd yr Urdd. Gweledigaeth David Jones, Pen y Bont, oedd addasu'r hen Ysgol Gerrig ar gyfer ieunctid y Fro, ac ef hefyd a fu'n fwy cyfrifol na neb am sefydlu Aelwyd yr Urdd yn ddiweddarach.

Y mae nant fechan Cemig yn llifo heibio, a phe baem yn croesi'r bont – Pont y Jiwbili (1887) – byddem wrth ymyl yr eglwys –

[Syr] John Cecil Williams, Llundain, yn agor y 'Neuadd Fach' (yr 'hen Ysgol Gerrig'), Llangwm, 15 Medi 1934.

Ar y chwith i Cecil Williams, heb het ar ei ben: Thomas Hughes, Fron Isa; yn ei ymyl o flaen y ffenest, a'i gefn atom, yn ysgrifennu: David Morris, Corwen (o'r Wasg); wrth ei gefn, yn gwisgo sbectol dywyll: David Jones, Pen y Bont; y tu ôl iddo: David Jones, Ystrad Bach; wrth ei ochr, yn plethu ei freichiau: David Williams, ysgolfeistr Llangwm; y tu ôl iddo, a'i law ym mhoced ei gôt: Robert Owen, Tŷ Cerrig; y tu ôl iddo yntau, mewn het, Robert Davies, Aeddren; yna, yn olaf ar y chwith, Hugh Hughes, y Felin.

Ar y dde, o flaen y ffenest, Mrs Aubrey, howscipar y Felin, a Thomas Jones, Ty'n Celyn, mewn het ddu; y tu ôl iddo ef: Mrs Jones, Pen y Bont; y tu ôl iddi hi, mewn het wen: Annie L Williams, Pen 'Rardd; yn agos i'r gornel, a'r pellaf ar y dde: Robert Hughes, Tan Graig; y dyn tal, yn nes i'r tu blaen yn ymyl y bachgen: William Owen, Llwyn Saint; o flaen y bachgen, mewn het wen: Tom Owen, Hafod Elwy, y bardd; o'i flaen yntau, mewn het: Seth Roberts, Brithdir; i'r chwith i Seth Roberts, ac yn union o flaen drws y Neuadd, mewn het ddu galed: Thomas Ellis, Penyfed (tad David Ellis, y bardd); y tu ôl i Thomas Ellis, mewn het wellt, Robert Jones, Arddwyfan; ar y chwith i Robert Jones, mewn ffrog a sbotiau arni: Mrs Jones, Tai Ucha (Garth Gwyn); y tu ôl iddi hi: William Williams, Pen 'Rardd; y tu ôl iddo yntau, a chamera ar ei ysgwydd: James Blake, Melysfan, a'i chwaer, Felicity, mewn *blazer* dywyll, yn y pen, ar y chwith (plant Lois Blake); o'i blaen hi, mewn het wen: Ann Jane, Tai Ucha. [Dyna enwau'r personau y mae Emrys Jones, Pen y Bont, yn eu hadnabod.]

Ellis Roberts, 'Elis Wyn o Wyrfai'
(1827-95), rheithor Llangwm.

Eglwys Sant Jerome, bellach wedi'i chau er 1979. Yn y talcen, y tu
ôl i'r gangell, ceir ffenestr liw hardd, rhoddedig gan deulu'r
Llwydiaid, Hendre Arddwyfan. Ac yma, mewn cistfedd ym
mynwent Eglwys Llangwm, yn agos i Dŷ'r Hers, y claddwyd y
Parchg John Roberts, Llangwm. Bu'r Canon Ellis Roberts, 'Elis Wyn
o Wyrfai' (1827-95), yn rheithor uchel ei barch yn y plwyf o 1872
hyd flwyddyn ei farw. Roedd ef yn fardd cynhyrchiol ac yn awdur
y nofelau cynnar *Llanaber* a *Llan Cwm Awen*. O'r Rheithordy yn
Llangwm y bu hefyd yn brysur yn golygu'r *Haul* am ddeng
mlynedd, 1885-95. Nid oes fawr sôn amdano fel bardd bellach, er
ei fod yn brifardd, ond ceir llawer o ganu o hyd ar ddwy o'i
garolau: 'Yn nhawel wlad Jiwdea dlos...', a'i gyfieithiad o garol
Charles Wesley:

> Clywch lu'r nef yn seinio'n un,
> Henffych eni Ceidwad dyn...

Lois Blake (1890-1974), arloeswraig
dawnsio gwerin, *c*. 1935.

Yr Ysgol Frics a Lois Blake, arloeswraig dawnsio gwerin; hen dafarn y New Inn a Chlwb Llangwm

Y mae Ysgol Llangwm, 'Yr Ysgol Frics', ger yr Eglwys. Agorwyd hi yn 1869?. Pe dilynem y ffordd gul heibio'r ysgol a'r fynwent, deuem at fferm Llwyn Saint ac yn y man at yr A5, ger Pont y Glyn. Wnawn ni mo hynny y tro hwn, dim ond nodi bod troad ar y dde yn agos i'r fynwent i dŷ o'r enw Melysfan. Dyma, rhwng 1930 a 1950, gartref Lois Blake (1890-1974), y wraig fonheddig o Saesnes a wnaeth gyfraniad cyfoethog iawn ym maes dawnsio gwerin yng Nghymru. Hi yw awdur y ddau lyfryn: *Welsh Folk Dance and Costume* (1965), a *Traditional Dance and Customs in Wales* (1972). Bu ganddi ddosbarthiadau dawnsio i fechgyn a merched Llangwm yn yr Ysgol a'r Neuadd Fach.

'Clwb Llangwm', ar ddiwrnod y wledd flynyddol, 1 Mai.
Y faner yn cynnwys darlun o gwch gwenyn, gan William Hughes, Bryn Blodau, Cefn Brith.

Yn agos iawn i'r eglwys y mae ffermdy Tŷ Newydd, hen dafarn y New Inn gynt. Fe'i caewyd yn 1922. Yma roedd Clwb Llangwm yn cyfarfod, a diwrnod pwysig iawn yng nghalendr trigolion y fro oedd y dydd Mercher cyntaf o Fai – diwrnod y wledd flynyddol. Cyhoeddwyd rheolau'r Clwb mewn llyfryn bychan yn dwyn y teitl *Rheolau Cymdeithas Gyfeillgar Llangwm a Gynhelir yn y New Inn, Llangwm, sir Ddinbych, a Sefydlwyd Mehefin 10fed, 1857*. Amcan y Gymdeithas yn ôl y rheol gyntaf oedd: 'cynnal ei haelodau mewn amser o afiechyd.' Ar y naill ochr a'r llall i faner y Clwb roedd dau ddarlun o waith William Hughes, Bryn Blodau, Cefn Brith: darlun o gwch gwenyn, yn arwydd o ddiwydrwydd, a darlun o ddwy law ynghyd, gyda'r geiriau 'Dygwch feichiau eich gilydd'. Daeth y Clwb i ben yn 1936.[11]

Huw Jones, Llangwm: gwas fferm, baledwr a chyhoeddwr llyfrau

Ceir ffordd yn arwain heibio Tŷ Newydd i Fron Llan, ac ar dir y fferm hon y mae Fron Bach. Beudy ydyw heddiw, ond dyma, fe

'Clwb Llangwm', ar ddiwrnod y wledd flynyddol.

gredir (neu yn agos i'r fan hon), gartref Huw Jones o Langwm (1700?-82), y gwas fferm diwyd hwnnw a gyhoeddodd dros gant o'i faledi ar ffurf taflenni. Canodd gryn lawer o'r cerddi ar destunau crefyddol a moesol, megis: 'Cerdd o rybudd i bawb edifarhau tra byddo dydd gras heb basio', a 'Cherdd yn adrodd fel y mae amryw fath o ddynion yn torri'r Saboth'. Canodd hefyd nifer o faledi, dwys ac ysgafn, yn adrodd hynt a helynt rhai o'i gydwladwyr a'i gydnabod, megis: 'Hanes tosturus pedair gwraig wrth wlana a feddwodd ar frandi;' 'Cerdd newydd neu fynegiad am ŵr a gwraig aethant i Ruthun ag ymenyn i'w werthu'; a 'Hanes gŵr ieuanc a'i gariad wrth fyned o'r Gwylmabsant'.

Roedd Huw Jones yn awdur hefyd bedair anterliwt. Dyma deitl dwy ohonynt: 'Histori'r Geiniogwerth Synnwyr' ac 'Ymddiddan Rhwng Protestant a Neillduwr'. A dyma bennill agoriadol un garol o'i eiddo:

> Dewch i'r Plygen heb genfigen,
> Bawb yn llawen i'r un lle;
> Dewch i weled y gogoned,
> Oen da ei nodded, un Duw Ne';

Dowch i'r beudy at yr Iesu
  I'w foliannu, fwyngu fodd;
Dowch yn ffyddlon ac anrhegion
  I'r Mab cyfion, raslon rodd;
Dowch at Fair wen, llewyrch llawen,
  Gyda'r burwen seren sydd;
Dowch i mofyn y tri brenin,
  Ac awn i'w dilyn ym min dydd.

Prif gymwynas Huw Jones Llangwm i'w genedl, fodd bynnag, yw iddo olygu, cyhoeddi, a gwerthu hyd y wlad ddwy gyfrol gynhwysfawr o gerddi Goronwy Owen, Morrisiaid Môn, ac eraill o feirdd y ddeunawfed ganrif, sef *Dewisol Ganiadau yr Oes Hon* (1759) a *Diddanwch Teuluaidd* (1763).[12]

Siop y Llan

O Fron Llan a Fron Bach yn ôl â ni dros Nant Cemig a throi ar y dde. Yn union ar y chwith y mae'r hen Reithordy (Cwm Cemig a Thinc yr Efail yw'r enw heddiw); Tŷ Gwyn Llan (Canol Llan oedd yr enw gynt), cartref y Seiri Cochion, y cawn sôn amdanynt eto, a'r hen Bost, sydd bellach wedi cau.

'Siop y Llan' oedd enw'r Post gynt, a bu am dros dri chwarter

'Siop y Llan', neu'r Post.

74

John Wynne Hughes, Y Post, yn ei siop.
Llun gan Geoff Charles, trwy garedigrwydd
Llyfrgell Genedlaethol Cymru.

canrif ym meddiant teulu diddorol iawn, sef teulu Evan a
Magdalen (Modlen) Roberts. 'Siop Modlen' oedd yr enw
poblogaidd arni bryd hynny. Gofalwyd am y siop wedi'u cyfnod
hwy gan eu merch Marged, yna ei merch hithau, Maggie, a oedd yn
briod â Thomas Ellis Hughes, Tyddyn Eli. Yng nghyfnod Thomas
Ellis Hughes y datblygwyd masnach foch brysur yma. Fe'i
dilynwyd ef gan ddwy o'i ferched, Dilys a Gwyneth. Yn yr hen sied
wair a berthynai i Siop y Llan y cynhaliwyd y gyntaf yn y gyfres o

Emrys Jones, Pen y Bont, ar achlysur ennill 'Medal Syr T H Parry-Williams, er clod', Ebrill 1981. Mae'n sefyll ar y bompren – y bont fach yn ochr Pont y Jiwbili – dros Afon Cemig.
Yn y cefndir gwelir Tŷ Newydd (hen dafarn y New Inn).
Llun trwy garedigrwydd Tecwyn Roberts, *Y Cymro*.

eisteddfodau enwog Llangwm (1930). O 1939 hyd 1969 perchennog y siop oedd John Wynne Hughes, un o flaenoriaid Capel Cefn Nannau a gŵr, fel ei briod Beti, a fu'n garedig iawn wrth weinidogion ac eraill o drigolion yr ardal.

'Iasau cân yn asio cwm...': David ac Emrys Jones, Pen y Bont, cymwynaswyr bro

A dyma ni yn awr wrth Ben y Bont, eto ar y chwith, cartref W Emrys Jones, y canwr gwerin a'r canwr penillion adnabyddus. Fel ei dad, David Jones (1883-1944) o'i flaen, rhoes ef wasanaeth maith a nodedig iawn i'w ardal. Gwyddom amdano fel arweinydd corau a hyfforddwr; clerc y Cyngor Bro (Plwyf) (1944-94); ysgrifennydd brwd Eisteddfod adnabyddus Llangwm, er y flwyddyn 1945; prif sefydlydd y cyhoeddiad blynyddol, *Llên y Llannau* (1958), sy'n diogelu cynhyrchion llenyddol buddugol eisteddfodau Llandderfel, Llanfachreth, Llangwm a Llanuwchllyn; ac enillydd Medal Syr T H Parry-Williams, er clod (1981). Y mae hefyd yn barddoni. Dyma un englyn o'i eiddo i Hafod Lom, yr hen ffermdy ar Fynydd Hiraethog, sydd bellach dan ddyfroedd Llyn Brenig:

> O dalaith Hafod Elwy, – bu'n enwog,
> Bu'n annedd gofiadwy;
> Ni bydd na chainc na mainc mwy –
> Rhedodd y dŵr drwy'r adwy.

Fe ŵyr y cyfarwydd fod y drydedd linell, wrth gwrs, yn atgof o'r hen bennill telyn adnabyddus:

> Mi af oddi yma i'r Hafod Lom,
> Er bod hi'n drom o siwrne;
> Ac mi gaf yno ganu cainc
> Ac eistedd ar fainc y simdde;
> Ac, ond odid, dyna'r fan
> Y bydda'i tan y bore.

Yn Eisteddfod Llangwm, nos Sadwrn, 24 Mehefin 1995, cyflwynwyd cyfres o englynion gan y Prifardd Elwyn Edwards i Emrys i ddiolch iddo am ei waith clodwiw fel ysgrifennydd yr Eisteddfod am 50 mlynedd. Cyhoeddir dau o'r englynion yn awr fel teyrnged haeddiannol iddo ef a phob un arall yn yr ardal hon a fu'n ddiwyd a ffyddlon yn cynnal yr etifeddiaeth:

> Aeth hoelion dy droedio'n drwm – ar lwybr hil
> A'i barhad yn Llangwm;
> Iasau cân yn asio cwm,
> Glain hen galon yn gwlwm.

Rhoi'r glaw i ddeffro'r gleien – a'r deri
Hyd erwau'r tir cymen,
A meithrin pob eithinen
Â llaw wrth gynnal ein llên.[13]

Yr hen Felin a Siop y Felin

Yn agos i Ben y Bont byddwn yn croesi Pont y Capel dros Afon
Medrad, ac ar y chwith dilynwn y tro am y Felin (melin flawd) a hen
Siop y Felin (Tegla oedd yr enw yn ddiweddarach) – siop groser, yn
bennaf, a'r naill a'r llall wedi cau bellach. Fel yn Siop y Llan, bu yma
brysurdeb mawr gynt. Daeth Humphrey Humphreys o Felin Carrog i
ofalu am Felin Llangwm rywdro tua chanol y ganrif ddiwethaf, a chyn
diwedd y ganrif roedd ei fab, Humphrey Arthur Humphreys (Wmffre
Wmffres) wedi agor siop groser yn Nhŷ'r Felin. Bu ei chwiorydd
caredig yntau yn eu tro yn gofalu am y siop: Ann Elin a Magdalen
Catherine ('Miss Humphreys'). Hugh Hughes, priod Ann Elin, oedd y
melinydd am flynyddoedd, ac yr oedd yn saer da. Mewn ysgrif
fuddugol yn Eisteddfod Llangwm, 1983, rhoes Mrs Eirlys Lewis Evans,
Y Rhyl, bortread byw a chynnes iawn o Miss Humphreys: '... Un fer a

Y Felin, Llangwm.
Llun gan John Thomas (1835-1905), Lerpwl,
trwy garedigrwydd Llyfrgell Genedlaethol Cymru.

Humphrey Humphreys, melinydd, a'i ferch,
Magdalen Catherine, Siop y Felin.

chrwb ar ei chefn, gwallt brith a chribau bob ochr, a chanddi sbectol ymyl aur. Roedd dau lygad byw tu ôl i'r sbectol, a byrlymai o hiwmor. Wedi holi hynt pawb adre, dyna ofyn yn siriol "Be gymrwch chi?" [14]

Yn 1939 prynwyd y Felin, y gwaith trydan a'r gwaith saer gan Arthur Jones, Tan-y-coed, a bu i drigolion Llangwm – ac aelodau Capel Cefn Nannau yn eu plith – elwa'n fawr o'i wasanaeth ef, fel Hugh Hughes o'i flaen. Gwnaeth gyfraniad gwerthfawr, er enghraifft, yn darparu cyflenwad o drydan i'r ardal. Cyflawnodd waith pwysig hefyd fel saer ac adeiladydd ac ymgymerwr angladdau.

Yn 1943 prynwyd Siop y Felin gan George Cadwaladr Davies – 'Davies Tegla' fel y daethpwyd i'w alw yn fuan wedyn. Newidiwyd enw'r tŷ bryd hynny i 'Tegla', gan fod ei briod yn enedigol o Landegla. Yn 1959 prynwyd y siop gan Cadwaladr Davies.

Cyn gadael y Felin a'r pentref rhaid dweud gair byr yn y fan hon am Ffair Llangwm. Cynhelid ffeiriau yma gynt yn ystod misoedd Mawrth, Ebrill ac Awst, ond dyma baragraff agoriadol ysgrif fer gan J W Jones, Pentrellawen, Cwm Main, yn sôn am ffair mis Ebrill:

> 'Un o ddyddiau pwysicaf Uwchaled yn yr hen amser oedd diwrnod Ffair Llangwm, yr hon a gynhelid bob blwyddyn ar y deunawfed o Ebrill. Yr oedd yn un o'r ffeiriau pwysicaf yng Ngogledd Cymru – ffair arbennig ar wartheg, deunawiaid a bustych dwyflwydd a thair oed, rhai parod i fynd i Loegr i gael eu pesgi ar y borfa. Deuai llawer â gwartheg yno heblaw o Uwchaled, o Benllyn, Edeirnion, Ysbyty, Llanrwst, a Dyffryn Clwyd. Byddai gwartheg ar bob llathen o'r ffordd o fuarth y Felin i'r Llan, a honno yn llawn bob congl, ac i fyny at Gapel y Groes.'[15]

4
'Fy Mro, Fy Mraint' (2)

Bellach, y mae'n bryd i ninnau ffarwelio â phentref Llangwm. Cyn gwneud hynny, fodd 'bynnag, sylwn ar y fynedfa ar y chwith i Blas Garthmeilio, cartref cangen o deulu'r Wyniaid. Roeddynt yn ddisgynyddion Trahaearn Goch o Emlyn, ac yr oedd chwe gwenynen yn rhan o'u pais arfau. Cyfansoddodd Wiliam Cynwal (m. 1587/8) gywydd diddorol ar ran Tomas ap Cadwaladr i ofyn miliast gan Siôn Wyn, Garthmeilio, a'i wraig Elspeth, merch Robert Gethin ap Morris

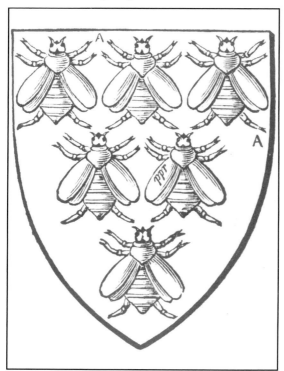

Arfbais Teulu Garthmeilio, yn cynnwys chwe gwenynen.

Gweithwyr Ystad Garthmeilio, tua 1900-1.

O'r chwith, yn eistedd: John Benjamin Jones a John Jones, Siop Bach, Tŷ Nant; John Hughes, Bryn Blodau, Cefn Brith (tad William Hughes, y ffotograffydd); William Jones, Pen y Bont, prif saer y Stad (yr hynaf o feibion Teulu y Seiri Cochion, tad David Jones a thaid Emrys Jones, Pen y Bont); Thomas Roberts, Siop y Llan.

O'r chwith, yn sefyll: Roderick Davies, Pen 'Rardd, garddwr; Thomas Jones, Bryn Ffynnon; John Robert Evans, Ty'n Ddôl, Tŷ Nant; William Edwards, Tan-y-coed, cipar (enwog am ei gelwyddau golau – 'stretshar'); Evan Williams, Castell; Edward Jones, Pant Glas.

o Gernioge. Bu llawer o diroedd Llangwm yn perthyn i Stad Garthmeilio unwaith ac erys rhai ffermydd hyd heddiw.

Llys Medrawd, un o farchogion y Brenin Arthur; William Evans, Ystrad a'r Fedw Arian: cynghorwr, pregethwr ac arloeswr Methodistaidd

Ymhen tua hanner milltir o'r drofa am Garthmeilio deuwn at fferm Ystrad Fawr ar y dde, yn agos i Afon Medrad. Ar lan yr afon hon, yn

Llangwm yn yr eira, ger y fynedfa i Blas Garthmeilio.

ôl un traddodiad onomastig lleol (traddodiad yn egluro enw neu leoliad), yr oedd llys Medrawd gynt, un o farchogion y Brenin Arthur.

Cawn sôn eto am gyfraniad dau deulu a fu'n byw yn Ystrad Fawr ac am eu cysylltiad agos â Chapel Cefn Nannau, ond dyma'r man gorau i ddweud gair am un gŵr go arbennig a aned yma mewn cyfnod cynharach. Ei enw oedd William Evans (1734-1805). Prynodd ffarm Y Fedw Arian, ger Y Bala, ac yma y bu am nifer o flynyddoedd yn amaethu. Fel 'William Evans, Y Fedw Arian', y cyfeirir ato gan amlaf, ac fe'i dilynwyd yno gan un o'i feibion. Y Parchg John Evans, Y Bala, ac yntau oedd y ddau bwysicaf ymhlith y to cyntaf o arloeswyr Methodistiaeth yn sir Feirionnydd. Roedd William Evans hefyd yn un o'r pregethwyr poblogaidd cyntaf ymhlith y Methodistiaid yn y Sir. Tua'r flwyddyn 1770 ceir cofnod am gyfarfod misol a gynhelid mewn llofft ym Mrynygogan, Penmachno. Roedd yno bedwar pregethwr adnabyddus: Edward Parry, Brynbugad, Tan-y-fron, Llansannan; Dafydd Jones, Adwy'r Clawdd, Wrecsam; John Jones, Llansanffraid Glan Conwy; a William Evans, Fedw Arian. Ond o'r holl bregethau a draddodwyd, pregeth William Evans oedd yr un a wnaeth yr argraff fwyaf. Meddai'r cofnod:

> 'Ar yr achlysur pan oedd William Evans yn darlunio Iesu Grist mewn "llafur enaid" yn myned trwy waith y prynedigaeth, rhoddwyd y fath oleuni a grym yn y weinidogaeth, nes yr oedd dau o amaethwyr parchusaf y fro wedi syrthio ar eu gliniau ar y llofft, a'u dagrau yn llyn ar y llawr.'[1]

Fel y cawn fanylu eto, yr oedd, wrth gwrs, lawer iawn o wrthwynebiad i bregethwyr yr Efengyl yn y cyfnod hwn. Yr oedd William Evans, fodd bynnag, yn sicr yn un o'r pregethwyr dewraf. Meddai Robert Jones, Rhos-lan, amdano yn ei gyfrol *Drych yr Amseroedd*:

> 'William Evans a fu yn llafurus ac yn ddiwyd i gyhoeddi yr efengyl ar hyd conglau tywyll y wlad, nes yr anhwyluswyd ei iechyd gan y parlys; a chan i hyn amharu ei gof a gwanhau ei synhwyrau, bu farw felly megis tan radd o gwmwl.'[2]

Un tro trefnwyd i William Evans bregethu yn yr awyr agored yn Nhrawsfynydd. Meddai'r gŵr o'r Fedw Arian: 'Gadewch inni chwilio am ryw le na fydd dim chwyrnfeini gerllaw i'w lluchio atom – nid llawer gwaeth a fyddwn er ambell dwr o biswail.' Roedd mab Brynllin Fawr wedi cael gorchymyn i daflu'r biswail – y baw gwartheg – at y pregethwr. Pan ddaeth yn ddigon agos ato i glywed ei lais, fodd bynnag, 'teimlodd iasau brawychlyd yn ei gerdded', ac fe'i dwysbigwyd a'i swyno gan y bregeth.[3] Dro arall roedd William Evans yn pregethu yn yr awyr agored yn Nyffryn Ardudwy a gŵr o'r enw Griffith Garnett, un o gynffonwyr teulu Cors y Gedol, a'i was, yn 'ceisio rhoi taw arno'. Meddai Garnett wrth y gwas oedd yn cario corn hela: 'Chwyth yn 'i glust o Sionyn; chwyth yng nghlust y dyn â'r llyfr.' Am y tro, bu raid i William Evans roi'r gorau i draethu'r Gair, ond ymhen ychydig pregethai i'r un gynulleidfa 'ar lan y môr, lle y cafodd lonyddwch a seibiant'.[4]

Bardd ac emynydd

Yr oedd William Evans hefyd yn fardd. Ef, er enghraifft, yw awdur y farwnad (Trefeca, 1786) i Jane Foulkes, gweddw'r pregethwr, Thomas Foulkes, Y Bala, a mam i wraig Thomas Charles. Yn 1789 cyhoeddwyd llyfryn yn dwyn y teitl *Ychydig o Hymnau na buant yn argraffedig erioed o'r blaen o waith Edward Parry o Blwyf Llansannan yn*

Sir Ddinbych, ag hefyd o waith William Evans o'r Fedw Arian, gerllaw'r Bala, yn Sir Feirionnydd. Ymddengys mai un gerdd ac un emyn sy'n eiddo i William Evans yn y gyfrol hon. Y gerdd (neu ran o'r gerdd?) yw 'Ymddiddan Rhwng yr Eglwys a'r Angau'. A dyma'r 'hymn' (gyda'r orgraff wedi'i diweddaru):

> Rw'i yn hiraethu am weld y dydd
> I fynd yn rhydd o'm carchar,
> A'r angau i'm dwyn o'r byd sy'n bod
> Hyd at fy mhriod hawddgar.
>
> Pan ymddatodo'r babell bridd
> Sydd ar ei gogwydd egwan,
> Mae gennym dŷ a sylfaen gre',
> Tragwyddol ne' yn drigfan.
>
> A doed yr angau pan y dêl,
> Rym ni'n rhoi ffarwel gwirfodd,
> I fyned at ein priod llon,
> Fe aeth â'n calon trwodd.

Cynhwysir pedwar emyn ar ddeg o eiddo Edward Parry yn y gyfrol. Y mae pennill cyntaf 'hymn 4' yn gyfarwydd iawn inni, ond nid, o bosibl, yn y fersiwn wreiddiol fel yr ymddengys yn y llyfr hwn:

> Rhyfedded nef a daear lawr,
> Fe gaed ffynnon,
> I olchi pechaduriaid mawr
> Yn glaerwynion ...

Ar glawr *Ychydig o Hymnau* ceir y geiriau 'Argraffwyd tros ddyn tlawd a elwir William Ellis'. Tybir mai'r un gŵr yw ef â Gwilym ab Elis (1752-1810), emynydd a baledwr o'r Bala. Cyhoeddwyd nifer o'i emynau ar derfyn y gyfrol *Ychydig o Hymnau*. Un o'i emynau mwyaf adnabyddus yw:

> Pan oedd fy Arglwydd mawr
> Yn llawr y bedd ...

William Evans a theulu nodedig o feddygon

Rai blynyddoedd cyn diwedd ei oes prynodd William Evans fferm Maes Gwyn, yn ardal Llanfihangel Glyn Myfyr. Fe'i gwystlodd droeon, a'r tro olaf i'w fab Morris am £500 yn 1797. Bu'r cynghorwr a'r pregethwr brwd o'r Fedw Arian farw yn Devonport, 2 Ebrill 1805, pan oedd ar ymweliad â dau o'i feibion, Evan a David, ac fe'i claddwyd yn Stoke Damenel. Meddyg oedd Evan, y mab hynaf, ac ef oedd y cyntaf mewn teulu nodedig o feddygon. Roedd ei fab, William, yn feddyg, a phedwar o'i feibion yntau yn feddygon. Bu farw tri ohonynt ar y môr, yn feddygon gyda'r Llynges. Evan oedd enw'r pedwerydd, ac yr oedd dau o'i feibion yntau yn feddygon enwog iawn: William Henderson Evans (1859-1938), awdurdod ar afiechydon y croen, a Robert Evans (1871-1941), a oedd hefyd yn awdur. Roedd brawd arall iddynt, John William Evans (1857-1930) yn ddaearegwr enwog ac yn Gymrawd o'r Gymdeithas Frenhinol (FRS).[5]

Ystrad Fawr a'r domen bridd; wrn glai, esgyrn plentyn, glain ffeiens, a thystiolaeth brin o Oes yr Efydd

Ystrad Fawr – cartref cynghorwr Methodistaidd, pregethwr, emynydd a sefydlydd teulu nodedig o feddygon. Ond y mae i'r ffarm hon hefyd bwysigrwydd arbennig yn hanes cynnar dyn. Yma y cafwyd tystiolaeth fod pobl wedi byw yn yr ardal hon mor gynnar ag Oes yr Efydd neu Oes y Pres, tua 2000-600 o flynyddoedd Cyn Crist. Tystiolaeth bellach yw'r beddrodau sy'n gysylltiedig â mynyddoedd megis Y Garnedd Fawr a Charnedd Benjamin, ar y ffin rhwng siroedd Dinbych a Meirionnydd, a Mwdwl Eithin, uwchben Cadair Dinmael, rhwng Llangwm a Llanfihangel Glyn Myfyr. Arfer yr oes bryd hynny oedd llosgi cyrff y meirw, gosod y llwch mewn wrn o glai, yna claddu'r wrn o dan garnedd neu grugyn o gerrig neu bridd. Gellir gweld enghraifft dda o fynwent o Oes yr Efydd (tua 1500 CC) ar lan Llyn Brenig, ar Fynydd Hiraethog. Yn ardal Llangwm, fodd bynnag, un dystiolaeth bendant o'r arfer o osod llwch mewn wrn yn unig a ddarganfuwyd, a hynny ar fuarth Ystrad Fawr.

Rhwng y tŷ newydd a'r hen dŷ yn Ystrad roedd gynt domen fawr o bridd, yn mesur oddeutu 120 llath o'i hamgylch, ac 8-9 troedfedd o uchder. Yr enw lleol arni oedd Banc Owen. Roedd John Hugh Jones (a ddaeth i fyw i Ystrad Fawr yn 1907) a dau o'r gweision, Edward Smith ac Urias J Hughes, Glandŵr, Tŷ Nant, eisoes wedi sylwi ar esgyrn dynol yn y domen. Cliriwyd rhan ohoni yn 1924 i adeiladu sied newydd, a chwalwyd peth o'r pridd ar gaeau'r Ddôl a Sarnau. Archwiliwyd y domen yn ofalus, 30 Mehefin 1927, gan y Parchg Ellis Davies, a chofnododd yr hanes yn fanwl yn ei gyfrol werthfawr, *The Prehistoric and Roman Remains of Denbighshire*. Yn y

Darnau o wrn glai o Oes yr Efydd a
ddarganfuwyd yn Ystrad Fawr.
(Ellis Davies, *The Prehistoric and Roman Remains of
Denbighshire*, Caerdydd, 1929, t. 278.)

domen bridd darganfuwyd darnau o ddwy wrn glai, un ohonynt
yn mesur tua 15 modfedd o uchder a 12 modfedd ar draws yn y pen
uchaf. Darganfuwyd hefyd olion llwch; esgyrn plentyn tua
deuddeg oed (merch o bosibl); a dwy glain (*bead*) ffeiens, lliw glas.

Y mae'r gleiniau hyn yn ddarganfyddiad pwysig. Defnyddir y
gair ffeiens (S. *faience*) i'w disgrifio oherwydd iddynt gael eu
gwneud (yn lleol, mwy na thebyg) o grochenwaith sgleiniog ac ar
batrwm past gwydr a oedd yn gyffredin unwaith yn yr Aifft yn yr
hen amser. Roeddynt gynt yn rhan o dorch addurnedig, a
pherthynant i gyfnod tua chanol Oes yr Efydd, sef c. 1350 CC.

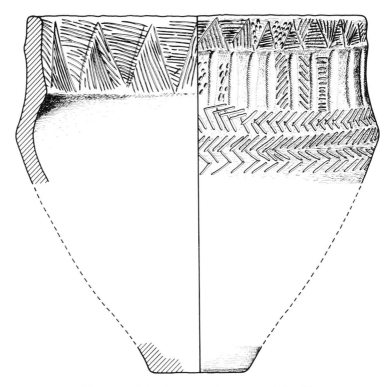

Yr wrn glai o Ystrad Fawr wedi'i hadfer.
(H N Savory, *Guide Catalogue of the Bronze Age Collections*, Caerdydd, 1980, t. 206.)

Cedwir hwy bellach yn Amgueddfa ac Oriel Genedlaethol Cymru, Caerdydd.[6]

Bryn Owen a Brwydr Llangwm, 993; Erw Llech a Ffynnon Garreg Udfan

Wedi bwrw cipolwg fel hyn ar hanes cynnar dyn yn y fro hon, ailgychwynnwn unwaith eto ar ein taith. Rhwng Ystrad Fawr ac Ystrad Bach ceir trofa ar y dde i Ffordd Fain a ddaw â ni yn y man at ffermydd Fron Isa, Glanrafon, Llwyn Saint, Penyfed a Llwyn Dedwydd. Ymlaen at Ystrad Bach yr awn ni, y tro hwn, fodd bynnag. Dyma fferm, megis Fron Isa, fu â chysylltiad agos iawn â Chapel Cefn Nannau, a phetaem yn dal ar y chwith, fe gyrhaeddem y capel mewn byr o dro. Ond troi ar y dde wrth Ystrad Bach a wnawn ni yn awr, nes dod at Bont Tŷ Gwyn dros Afon Ceirw.

Cyn croesi'r bont ac ymuno â phrysurdeb yr A5, fodd bynnag, y mae'n werth inni gymryd hoe a sylwi ar un o ddolydd llydan Tŷ Gwyn ar y dde inni. Dyma Fryn Owen, safle Brwydr Llangwm, yn 993, rhwng Maredudd ab Owain ab Hywel Dda, Tywysog y Deheubarth, ac Idwal ab Meurig, tywysog o'r Gogledd. Roedd Maredudd yn llywodraethu o leiaf mewn enw, ar Wynedd a Phowys, yn ogystal ag ar y Deheubarth. Gwrthryfelodd gwŷr y Gogledd, o dan arweiniad Idwal ab Meurig, yn erbyn ei awdurdod, a chyfarfu'r ddwy fyddin, meddir, yn Llangwm, ar dir agored a elwir heddiw yn Fryn Owen. Bu'n un o frwydrau mwyaf ffyrnig y cyfnod. Llwyr orchfygwyd lluoedd Maredudd, ac fe'i lladdwyd ef a'i nai, Tewdwr Mawr, ar faes y gad.

Am ganrifoedd wedi hynny, canfyddid esgyrn dynol ar y tir rhwng Bryn Owen ac Ystrad Fawr. Ceir hefyd un stori onomastig ddiddorol iawn a glywais gan fy nhad – traddodiad cymharol ddiweddar, mae'n siwr, sy'n gynnig llawn dychymyg ar geisio egluro enwau lleoedd cyfagos. Gan ffyrniced yr ymladd, aeth rhai o'r milwyr, medd y stori, i 'lechu' mewn cae cyfagos ar dir Ystrad Bach, a alwyd wedi hynny yn 'Erw Llech', ac aeth rhai o wragedd y milwyr lleol i wylo – i 'udo' – ger ffynnon a alwyd fyth wedyn yn Ffynnon Garreg Udfan.

Tŷ Nant, Capel Wesle a hen dafarn wedi cau

Wedi croesi Pont Tŷ Gwyn a throi ar y dde gyda gofal i'r A5, byddwn gyda hyn yn nhreflan fechan Tŷ Nant. Ar y chwith awn heibio i dŷ bwyta o'r enw 'Country Cooks'. Heibio hefyd i Dy'n Pistyll, Pen-dre, Disgarth Ucha, Cae Fadog a Disgarth Isa. A dyma ni wrth gapel y Wesleaid, Bethesda, a adeiladwyd yn 1884. Tŷ annedd o'r enw Nant y Blodau ydyw heddiw, enw addas iawn o gofio bod nant fechan 'Blodnant' yn llifo heibio. Caewyd y capel yn 1980. Roedd capel cynharach gan y Wesleaid (1839). Mae hwnnw hefyd heddiw yn dŷ annedd, sef Glanaber, yr hen Bost gynt. Bu Glanaber am rai blynyddoedd yn gartref i Robert Jones a'i lori fechan i gario nwyddau.

Ychydig yn is i lawr, eto ar y chwith, mae Fferm Tŷ Nant. Bu'n dafarn gynt, a dywed rhai mai at y dafarn hon y cyfeirir yn yr hen rigwm a ganlyn:

'Lori fach' Robert Jones, y Post, Tŷ Nant. Defnyddid i gario nwyddau. Gyrrwr: Evan Jones, Ty'n Ddôl, Tŷ Nant.

> Yn Nhŷ Nant mae cwrw llwyd,
> Mae yn ddiod ac yn fwyd;
> Fe yfais innau lond fy mol,
> Nes own i'n troi fel olwyn trol!

Ond teg dweud y cysylltir y pennill hefyd â nifer o dafarnau eraill yng Nghymru. Roedd yn Nhafarn Tŷ Nant gynt stablau i newid 'ceffylau'r mail'. Hon oedd y 'stage' hanner y ffordd rhwng Cernioge Mawr a Chorwen. Caewyd y dafarn yn 1938.

Thomas Thomas a phrysurdeb mawr y siop a oedd yn 'gwerthu-bob-peth'

Soniwyd eisoes am ddwy siop ym mhentref Llangwm. Dyma air yn awr am y drydedd siop a roes wasanaeth teilwng am flynyddoedd i ardalwyr Llangwm, sef Bronant, Siop Tŷ Nant. Thomas Thomas (1860-1937) oedd masnachwr enwocaf y plwyf, ac roedd popeth bron at anghenion dyn ac anifail ar werth yn ei siop brysur yn Nhŷ

90

Siop Tŷ Nant, tua diwedd 1880au, yr efail ar y chwith a'r dafarn ar y dde.

Yn sefyll, ar y chwith, yn ymyl y cistiau i ddal dillad gweision a morynion, mae'r gof. Yn ei ochr ef y mae'r teiliwr, a thâp mesur ar ei ysgwyddau. O flaen drws y siop, gwelir Thomas Thomas, y perchennog, ac Ann Dorothy, ei briod. Yn ei hymyl hi y mae eu merch, Margaret Elizabeth, gyda'r ci bach. Ar y dde iddi gwelir rhai o weithwyr y siop, a'r gwas ufudd – y mul bach.

Nant, yn fwydydd ac yn gelfi i'r tŷ, esgidiau a dillad, blawdiau, gwrteithiau a hadau. Cymysgai ei hadau ei hun ac roedd ganddo gymaint â deuddeg cymysgedd, yn ôl ansawdd tir a gofynion arbennig gwahanol ffermydd. Ar un adeg roedd cymaint â thri theiliwr yn gweithio iddo. Gwerthai yn ei siop hefyd foddion meddyginiaethol ac yr oedd ganddo fusnes gwlân llewyrchus.

Yn y man daeth Ellis Pierce Roberts, mab yng nghyfraith Thomas Thomas, i gadw'r siop, a bu'r fasnach yr un mor llewyrchus o dan ei ofal ef. Er nad oeddynt bellach yn cadw teilwriaid, roeddynt yn parhau, er enghraifft, i bobi bara, ac y mae sôn hyd heddiw am 'Fara Brith Tŷ Nant'. Parhaodd Ellis Pierce Roberts hefyd i werthu moddion meddyginiaethol, megis powdrau ceffylau, ffisig 'Tincture of Rhubarb', 'Spirit Nitre', 'Oel Morris Evans', a 'Quinine Bitters Gwilym Evans.'

91

Teulu Heulfre, Dinmael, tua 1930.
Yn y tu blaen: Thomas Thomas a'i briod, Ann Dorothy. Y tu ôl iddynt: eu
merch, Margaret Elizabeth, a'i phriod Ellis Pierce Roberts. Yn y llun hefyd,
eu pedwar plentyn: Sydney Dorothy a Thomas Trebor (yn y rhes gefn), ac
Emyr Pierce a Jane Hefina (yn y rhes flaen).

Yng nghyfnod Ellis Pierce Roberts rhoed sylw arbennig i
ddosbarthu'r nwyddau o dŷ i dŷ, ac edrychai pobl ymlaen at ei weld
yn dod. Dyma un frawddeg, o blith llawer, sy'n haeddu ei dyfynnu
o draethawd gwerthfawr Emrys Jones, 'Hen Fasnachwyr Plwyf
Llangwm': 'Un peth oedd yn nodweddiadol ohono, arferai roi pecyn
o fferins am ddim gyda phob archeb.'[7] Mae Emyr P Roberts yn
cofio'n dda y 'siandri fach' a'r 'siandri fawr' oedd gan ei dad. Bu
ganddo 'fan becar' hefyd, a Sam, y ceffyl, yn ei thynnu. Wedi hyn
cafwyd fan Ford, model T. Yr arfer oedd 'hel ordors' ar ddydd Iau a
Gwener a 'dilifro' ar ddydd Sadwrn. Roedd ganddo, fel arfer, ddwy
brif rownd: 'rownd fach', unwaith yr wythnos, i dai a ffermydd
megis Tŷ Cerrig, Foty ('Rhafod), Gwern Nannau, Brynhyfryd, Ystrad
Bach ac Ystrad Fawr, a 'rownd fawr', bob pythefnos, i bentref
Llangwm ac ardal Gellïoedd. Disgrifiodd Emyr Roberts yn fyw
wrthyf fel y bu iddo ef rai troeon pan oedd yn helpu ei dad orfod
gadael y fan yn Nhŷ Cerrig a cherdded y llwybr bob cam i'r 'Foty',
fy hen gartref, yn cario calen o halen, tun o baraffîn a bwydydd.

92

Dilyn yn ôl troed ei daid

Er i Thomas Thomas farw yn 1937, roedd Emyr P Roberts eisoes wedi cael profiad gwerthfawr tra fu yn ei gynorthwyo ef a'i dad yn y siop, a pharhaodd fasnach ei daid yn gwerthu gwrteithiau a hadau ac yn prynu a gwerthu gwlân.

Roedd Thomas Thomas yn ddyn nodedig iawn. Ef oedd un o brif arweinwyr Helynt y Degwm yn Llangwm; roedd yn bensaer galluog (adeiladodd, er enghraifft, nifer o dai hardd yn Ninmael); cynrychiolai blwyf Llangwm ar y Cyngor Sir; dysgodd blant i ganu'r sol-ffa, a chyflawnodd lu o gymwynasau eraill i'w fro. Fel y taid, felly'r ŵyr. Dilynodd yr Henadur Emyr P Roberts, Gernant (Heulfre gynt), Dinmael, yn ôl ei droed mewn sawl cyfeiriad, gan roi gwasanaeth arbennig o werthfawr i'w ardal. A hir y parhao.

Bu Ellis Pierce Roberts farw yn 1968. Wedi hynny, aeth y fasnach yn Siop Tŷ Nant yn llai ac yn llai. Bellach, darfu'r prysurdeb yn llwyr. Bwyty sydd yno heddiw a theulu o Saeson yn gwerthu cofroddion i ymwelwyr.[8]

Hen ddwylo yn malu cerrig wrth Bont y Glyn

Yn union wedi gadael Tŷ Nant yr ydym ger trofeydd geirwon y Glyn ac yn agos i Bont y Glyn a'r dyfnjwn mawr otani. Addas iawn yw'r hen enw ar y bont, sef Pont y Glyn Diffwys. Ar hyn o bryd, wedi blynyddoedd lawer o oedi, y maent yn brysur yn paratoi ffordd i osgoi'r trofeydd hyn a roes gymaint o drafferth i Telford a'i weithwyr yn 1817 wrth iddynt geibio drwy'r graig.

Yr oedd cryn lawer o deithio ar hyd y ffordd dyrpeg gynt, wrth gwrs, a thracsiynau a cherbydau trymion eraill yn rhwym o falurio'r wyneb. Cyn dyddiau'r peiriannau mawr i falu cerrig, yr oedd swyddogaeth arbennig, felly, i'r personau hynny, hynafgwyr, gan fwyaf – 'hen ddwylo' – a fyddai i'w gweld yn aml mewn cilfachau hanner crwn ar ochrau'r ffyrdd. 'Twll metlin' oedd yr enw cyffredin ar y cilfachau hyn. Yn ogystal â gordd drom, dau forthwyl llai a stôl fechan, roedd gan y malwr cerrig hefyd, fel arfer, ffrâm o bedair roden haearn, neu weithiau bren, a sachau arni, megis wigwam, ar ogwydd wrth ei gefn, yn gysgod rhag glaw a gwres. Y 'glwyd' oedd un enw ar ffrâm o'r fath.

Hugh Hughes, Big Bont, yn taflu cerrig i'r ceunant mawr

Yr oedd Robert Eifion Jones (1897-1983), Llanuwchllyn, yn cofio gweld cymaint â 37 o'r malwyr cerrig hyn yn gweithio rhwng giât Maesmor Fechan (terfyn y ddwysir, Dinbych a Meirionnydd) a Phont Hendre Arddwyfan, pellter o ryw bedair milltir. Arferai gwrdd â rhai ohonynt ar ei ffordd i Ysgol Dinmael o'i gartref yn Nhai Mawr, Cwm Main, a chael sgwrsus diddorol dros ben. Un o'r malwyr cerrig oedd y cymeriad ffraeth Hugh Hughes, Pig y Bont (Big Bont, ar lafar). Yn ôl pob sôn, nid oedd yn giamstar mawr ar y gwaith, gan iddo dreulio y rhan fwyaf o'i oes yn gowmon ar ffermydd, megis Ystrad Fawr a Hendre Arddwyfan. Ni wyddai, yn ôl Robert Eifion, ble roedd 'man gwan' carreg i'w tharo'n llwyddiannus. Gweithiai yn y Glyn Diffwys, yn union gyferbyn â'r ceunant mawr uwchben Afon Ceirw. Pan gawsai garreg go anodd i'w thrin, taflai hi yn ddiseremoni dros y wal i'r dyfnjwn islaw, gan lefaru'r geiriau 'Glyn – cymer!'. A synnwn i ddim na fyddai ar brydiau yn ychwanegu'r gynffon: 'Glyn – cymer, uffern!' Ond bu raid iddo roi'r gorau i'r arfer beryglus hon wedi i garreg un tro chwyrlïo heibio i ben pysgotwr unig ar lan yr afon.[9]

Roedd gan fy nhad (John Hugh Jones), yntau, storïau lawer am Hugh Hughes (a fu'n aelod yng Nghapel Cefn Nannau). Wedi'i eni a'i fagu ym Mhen-dre, Tŷ Nant, roedd ganddo atgofion cynnes iawn am rai o gymeriadau'r ardal, a llawer stori am bersonau megis John Edwards, Plasau, a theulu Blodnant – teulu a fu'n flaenllaw iawn gydag Achos y Wesleaid yn Nhŷ Nant. Roedd Huw, un o feibion Blodnant, wedi cael ei ddal ryw dro gan y cipar yn potsio.

'Be sy gynnoch chi yn ych poced, Huw Humphreys?' holodd y cipar.

'Petrisen', atebodd Huw.

'Be sy gynnoch chi yn y boced hon, 'te?'

'Petrisen arall, Syr!'

'Wesle wyllt a'i wallt yn wyn...'; Teulu Blodnant ac Enoc, Tŷ Newydd

Fel Robert Eifion Jones, byddai fy nhad, yntau, yn cwrdd yn aml â'r torwyr cerrig wrth gerdded o Ben-dre i Ysgol Dinmael. Un ohonynt oedd Evan Humphreys, Blodnant, brawd Huw. A dyma'r

Cofeb ar Bont y Glyn i gofio canmlwyddiant Rhyfel y Degwm
yn Llangwm.

rhigwm yr arferai fy nhad – ac eraill o blant Ysgol Dinmael, mae'n
siwr – ei lafarganu wrth ddynesu ato neu redeg oddi wrtho:

> Wesle wyllt a'i wallt yn wyn,
> Malu cerrig wrth Bont y Glyn.

Roedd gan fy nhad un hanesyn diddorol hefyd sy'n cyfleu mor
agos i Dŷ Nant yw Pont y Glyn. Cymeriad o'r enw Enoc, Tŷ Newydd
(ger Pen-dre), ac atal-dweud arno. Rhywun yn cwrdd ag ef un
diwrnod wrth Bont y Glyn ac yn gofyn iddo faint o ffordd oedd i Dŷ
Nant, ac Enoc yn ateb: 'D... d... daliwch i f... f... fynd, ac fe f... f...
fyddwch chi yno c... c... cyn y m... m... medra'i ddeud wrthoch chi.'[10]

Helynt y Degwm yn Llangwm; Pont y Glyn ac 'Allor ap Mwrog'

I gyfeiriad Pont y Glyn Diffwys yr awn ninnau, a sylwi ar yr
arwydd Cwm Main. Ar y bont y mae'n werth oedi i syllu ar y
ceunant mawr islaw. Un o'r rhai a fu'n bennaf gyfrifol am
adeiladu'r bont, meddir, oedd y bardd Lewis Roberts, Llidiart-y-

Ymosod ar swyddogion y Degwm.
O ddarlun du a gwyn gan Ifor Owen.

gwartheg, Cerrigydrudion, ac meddai am y bont mewn cerdd o'i eiddo: 'Ni gawsom bont gerrig yn g'lennig mewn glyn...' Disgrifiwyd y bont mewn englyn gan Dafydd Jones, Tai Ucha, Hafod Elwy, fel hyn:

> Caer uchel dros li crychwyn,
> Yn ddôr gwlad ar wddw'r Glyn.

Ar ganllaw'r bont ym mis Mai, 1987, gosodwyd carreg a'r geiriau hyn arni: 'Yma yr heriodd gwŷr Llangwm orthrwm y Degwm, Mai 27ain, 1887'. Cofiwn hefyd linell agoriadol addas englyn Elwyn Puw Jones, Fach Ddeiliog, i Bont y Glyn ar achlysur y dathlu, Mai 1987: 'Bu'n llwyfan meibion llafur ...' Roedd Ap Mwrog wedi gwerthu dwy fuwch, eiddo i Thomas Hughes, Fron Isa, fel iawn am wrthod talu'r degwm. Ond ar Fai 27ain, 1887, rhwystrwyd gwŷr y gyfraith rhag symud y gwartheg. Daliwyd Ap Mwrog a'i ben i lawr dros Bont y Glyn, gan ei orfodi i arwyddo darn o bapur yn addo na ddychwelai byth eto i'r ardal i atafaelu am ddegwm. Gelwir y fan lle'r erfyniodd yr arwerthwr druan am

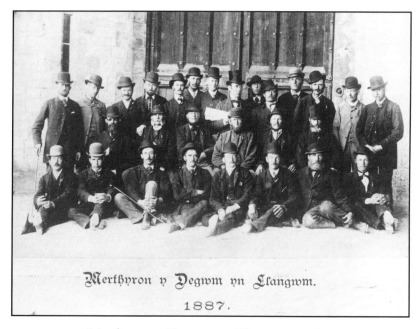

Merthyron y Degwm yn Llangwm, 1887.
Thomas Thomas, Tŷ Nant, un o'r prif arweinwyr: yr ail o'r dde yn y rhes gefn.

drugaredd yn Allor Ap Mwrog. Dyna gefndir y gân a ganlyn. Fe'i hadroddwyd ar dâp gan John Davies (g. 1872), Minffordd, Cerrigydrudion. Yr oedd ef yn un o'r dorf yng nghanol yr helynt. Ni chlywais y gân gan neb arall.

> Mawr y cynnwrf sydd yn Llangwm,
>
> Ding, dong, *bell*,
>
> Mwrog sydd yn claddu'r degwm,
>
> Ding, dong, *bell*,
>
> Mae yr arch a'r amdo'n barod,
>
> Ding, dong, *bell*,
>
> Dim ond disgwyl am y diwrnod,
>
> Ding, dong, *bell*,
>
> Mae'r hen glochydd wrthi'n rhedeg,

Ar 'i ore glas i'r fynwent

I dorri bedd a'i gwneud hi'n barod,

Ding, dong, *bell*.[11]

Mae'r cof am 'Ferthyron y Degwm' yn fyw iawn yn ardal Llangwm, ac aeth yr hanesion am yr helynt yn rhan o lên a llafar y fro. Gellid ysgrifennu llawer rhagor. Am y tro, fodd bynnag, bodlonaf ar gyflwyno yn unig ddau hanesyn byr – byr iawn – a gefais gan y diweddar Thomas Albert Roberts, Fron Isa, gynt, Ionawr 1983, a'r ddau yn cyfeirio at ei ewythr a'i fodryb, Thomas a Marged Hughes, Fron Isa. Mae'r hanesyn cyntaf yn sôn am Thomas Hughes yn rhoi 'ffaten' i un o swyddogion y Degwm a oedd yn ceisio agor cliciet drws y côr. A'r ail hanesyn: Marged Hughes, wrth Bont Medrad, a ffon yn ei llaw, yn cyfarfod ag un o'r bobl a oedd yn bwriadu cipio'r fuwch. Meddai hi wrtho mewn llais cadarn: 'Ble 'rewch chi, ddyn?' – a rhoi 'ffaten' iddo. A'r fuwch yn dianc.[12]

Gaer Gerrig, bryngaer o Oes yr Haearn a'r Celtiaid Cynnar

Pe baem yn dilyn y ffordd o Bont y Glyn i gyfeiriad Cwm Main fe ddeuem yn union at y fynedfa ar y chwith i ffermdy Gaer Gerrig, a'i furiau trwchus. Adeiladwyd y tŷ ar ben bryncyn yng nghyffiniau hen gaer Geltaidd o Oes yr Haearn. Wrth gyfeirio at y darganfyddiadau yn Ystrad Fawr – yr wrn glai a'r gleiniau ffeiens – yr ydym eisoes wedi cael cipolwg ar un dystiolaeth werthfawr o Oes yr Efydd (tua 2000-600 Cyn Crist). Yn awr, wele dystiolaeth oddeutu diwedd cyfnod cyn-hanes, sef cyfnod y Celtiaid Cynnar, tua 600 o flynyddoedd Cyn Crist hyd 100 Oed Crist. Dyma'r cyfnod pan ddatblygodd y dechnoleg o weithio haearn. Canolbwynt y gymdeithas amaethyddol yn Oes yr Haearn oedd y bryngaer, gyda chlystyrau o dai crwn yma ac acw, rhai o bren, eraill o gerrig, a stordai ar gyfer ŷd a chynnyrch y tir. Y bryngaer oedd cartref y tywysog neu'r uchelwr, gyda'i fintai o filwyr, gofaint, seiri, a chrefftwyr eraill ac, wrth gwrs, y gweision a'r caethweision. Dylid cofio hefyd i'r caerau gael eu codi er diogelwch rhag y gelyn a'r anifeiliaid gwyllt oedd yn llochesu yn y coedwigoedd islaw. Heddiw does dim o'r bryngaer i'w gweld ond olion y rhagfuriau. Felly yma yng Ngaer Gerrig, prin iawn yw'r olion. Dylid ychwanegu, fodd bynnag, i gerrig llyfnion gael eu darganfod ar odre'r gaer, a rhifau Rhufeinig, fe dybir, wedi'u naddu arnynt.

98

Chwarel Gaer Gerrig, tua 1900-10(?)

Darganfuwyd un garreg ar ffurf pen dyn, ac ôl llygaid, trwyn a cheg arni.[13] Yr enghraifft enwocaf o fryngaer yn Uwchaled, wrth gwrs, yw Caer Caradog (neu Ben Mownt, fel y'i gelwir yn lleol), rhwng Cerrigydrudion a Llanfihangel Glyn Myfyr.[14]

Eisteddfod Gaer Gerrig

Ar ddydd Mercher, 12 Mehefin 1895, a dydd Gwener, 29 Mai 1896, cynhaliwyd dwy eisteddfod eithriadol o lewyrchus mewn pabell eang ar dir Gaer Gerrig, o dan nawdd Capel Soar (Ann.). Dyma ddyfyniad o ragolwg gohebydd o'r enw 'Caereini' yn *Yr Wythnos*, 18 Mai 1895:

'Awgryma pob peth y ceir Eisteddfod lwyddiannus. Mae natur yn brysur yn prydferthu y golygfeydd swynol a rhamantus o amgylch Gaergerrig a Phontyglyn. Clywais fod Mr T Thomas, Tynant, yn cael *extra stock* gogyfer ag anghenion naturiol yr Eisteddfodwyr, a bod pabell ddigon eang i gynnal mil neu bymtheg cant bron yn barod... Yr unig brudd-der yn yr Eisteddfod fydd absenoldeb Ellis Wyn o Wyrfai...'

Eisteddfod Gadeiriol Gaergerrig,

GER PONTYGLYN, LLANGWM,

Yr hon a gynhelir

DYDD MERCHER, MEHEFIN 12fed, 1895,

O dan nawdd prif foneddwyr yr ardal.

LLYWYDDION,—

Col. Parr Lynes, R.A., Garthmeilio.

W. F. Jones, Ysw., U.H., Corwen.

ARWEINYDD,—

L L I F O N.

Beirniad y Farddoniaeth,—ELIS WYN O WYRFAI.

Beirniad Cerddorol,—MR. WILFRID JONES, R.A.M., Wrexham.

Y Prif Draethawd,—"Hynafiaethau Plwyf Llangwm." Gwobr, 1p. 1s.

Prif destyn yr Awen,—'Marwnad i'r diweddar Barch. Humphrey Ellis, Llangwm.' Gwobr, 15s.

Y Brif Gystadleuaeth Gorawl,—"Bydd melus gofio y cyfamod." Gwobr, 5p. 5s., a Chadair Dderw i'r Arweinydd.

Rhestr gyflawn o'r Testynau i'w cael gan yr Ysgrifenyddion, pris 1c., drwy y post, 1½c.

W. E. WILLIAMS, Gaergerrig, Tynant, Corwen, } Ysgrn.
JOHN JONES, Tytanyffordd, Maerdy, Corwen,

Hysbyseb yn *Yr Wythnos*, 16 Mawrth 1895, t. 4.

Llywydd eisteddfod 1896 oedd Tom Ellis, AS, a beirniad y farddoniaeth oedd Hwfa Môn. Enillwyd y bryddest gan Bryfdir. Un o brif sêr y ddwy eisteddfod, fodd bynnag, oedd y tenor, Hugh Jones, Ty'n y Foelas, ewythr (brawd i dad) David Jones, Pen y Bont, ac un o 'Deulu'r Seiri Cochion', y cawn sôn amdanynt eto. Yn eisteddfod 1895 cafodd gydradd gyntaf gyda William Charles Edwards, Pentredraw, Pentrellyncymer, ar yr unawd tenor; ef oedd yn arwain y pedwarawd buddugol: 'Blodeuyn bach wyf fi mewn gardd'; yr wythawd buddugol: 'Ti wyddost beth ddywed fy nghalon', a'r côr cymysg buddugol, Côr Llangwm, yn canu 'Bydd melys gofio y cyfamod'. Ail gafodd Côr Pentrefoelas, o dan arweiniad Jenkyn Roberts, oherwydd, medd y beirniad, iddynt ganu allan o diwn, neu, yn ôl yr adroddiad yn *Yr Wythnos*: 'myned allan o gywair'. Yn

Ffermdy Penyfed, tua 1911-14(?), cartref David Ellis, 'y bardd a gollwyd'.

O'r chwith: John Hughes, Siambar; Kate, merch Penyfed (Hafod-y-garreg, Pentrefoelas); Margaret Elinor ('Nin'), Penyfed (Mrs Pritchard, Y Siop, Pentrefoelas, mam Megan, priod yr Athro Hywel D Lewis); Alice Harrïetta ('Etta'), g. 1906, Penyfed. O flaen y drws: Thomas Ellis, Penyfed; ym mhen y ceffyl: John Jones, Ty'n y Gwern Nannau; ar flaen y drol: David Ellis, y bardd(?).

eisteddfod 1896 daeth y ddau gôr yn gyfartal ac fe enillodd Hugh Jones ar yr unawd tenor: 'Baner ein Gwlad'. Enillwyr y ddeuawd, 'Arwyr Cymru Fydd', yn eisteddfod 1896 oedd Thomas John Roberts, Y Bala, ac R Roberts, Cwm Tirmynach (sef Bob Roberts, Tai'r Felin). Un yn unig oedd wedi cystadlu ar y traethawd: 'Hynafiaethau Plwyf Llangwm', ac ataliwyd y wobr. Enillydd cystadleuaeth yr araith: 'Diofal cwsg, potes maip', oedd T Jones, Aeddren.[15]

'Ar lawr glas Parlwr y Glyn...': Llwyn Dedwydd a Phenyfed, cartref David Ellis, 'y bardd a gollwyd'

O hen ffermdy Gaer Gerrig, a fu'n gartref unwaith i gangen o deulu uchelwrol y Llwydiaid, awn i lawr Allt y Gaer nes dod at fforch yn

David Ellis (1893-1918), Penyfed.

y ffordd. Pe baem yn dal i'r dde a throi yn union wedyn ar y chwith, dros grid gwartheg, fe gyrhaeddem yn y man fferm Llwyn Dedwydd. Bu'r hen blasty hwn yntau gynt yn gartref i deulu uchelwrol a fu'n noddi beirdd, a'r un teulu ag a fu'n byw yn Gaer Gerrig. A dyma hefyd, am ran olaf ei oes, gartref yr ymrysonwr cŵn defaid enwog, William Jones, 'Ci Glas'.

O Lwyn Dedwydd dilyn ar hyd y Ffordd Fain nes dod at fynedfa ar y dde i hen ffermdy Penyfed. Bu teulu o uchelwyr – cangen o deulu'r Llwydiaid – yn byw yma hefyd ar un adeg. A dyma, wrth gwrs, mewn cyfnod diweddarach, gartref y bardd ifanc, David Ellis (1893-1918). Yr oedd yn Salonica yn ystod y Rhyfel Byd

Cyntaf, ac erys hyd heddiw y dirgelwch ynglŷn â'i farwolaeth. *Y Bardd a Gollwyd* yw teitl cymwys cofiant a sgrifennwyd iddo gan Alan Llwyd ac Elwyn Edwards (Barddas, 1992). Mynegodd y llanc dawnus o Benyfed ei hiraeth dwys am fro ei febyd yn ei delyneg 'Cysgodion yr Hwyr', a anfonodd at ei rieni pan oedd yn glaf o'r malaria mewn ysbyty yn Salonica, ac mewn 'Cywydd i Yrru'r Eryr i Gymru':

> ...Ar ei hyd taria wedyn
> Ar lawr glas Parlwr y Glyn;
> Yno mae hoen 'y mywyd,
> Ac yno mae, gwyn 'y myd
> Ardal hyfryd Rhydlefrith
> A'r dydd ar y bronnydd brith... [16]

Heddiw daeth enwogrwydd pellach i Benyfed, oherwydd dyma gartref yr amaethwr ifanc Aled Owen, un o bencampwyr Cymru ym maes ymrysonfeydd cŵn defaid. Enillodd glod cydwladol hefyd yn arddangos cŵn ac yn beirniadu mewn gwledydd tramor.

Pe baem yn dilyn y Ffordd Fain, yn ôl i gyfeiriad Llangwm, fe welem fferm Fron Isa, yn uchel i fyny ar y chwith inni, fferm sydd, fel y gwelsom eisoes, yn gysylltiedig â dechrau Rhyfel y Degwm yn Llangwm. Ond dychwelyd i'r fforch yn y ffordd ar waelod Allt y Gaer a wnawn ni, dal ar y dde ac yna yn syth yn ein blaenau.

Cwm Main, Cwm Annibynia a Chwm Ddwydorth; Ty'n Rhos, Soar a Phentrellawen; Tai Mawr a Rhydywernen

Yn fuan, ar y chwith, y mae'r tro am Fachddeiliog, cartref Elwyn Puw Jones sy'n barddoni. Yna, ar y dde, mae'r drofa i fferm Tŷ Nant Llwyn. A thoc byddwn wrth Groesffordd y Garreg Lithrig. O'n blaen y mae'r ffordd yn arwain i Ddinmael; ar y dde dacw'r arwyddbost i Gwm Main. A throi am y cwm hyfryd hwn a wnawn ninnau. Cwm Annibynia oedd un enw arno. Hynny oherwydd fod yma ddau gapel gan yr Annibynwyr, a'r Annibynwyr yn unig: Capel Soar a Chapel Rhydywernen. Enw arall ar y cwm gynt oedd Cwm Ddwydorth. Oherwydd tlodi'r trigolion, ni châi'r hen wragedd oedd ar daith gasglu blawd, meddir, er teithio'r cwm i gyd, ond digon o flawd i wneud dwy dorth geirch.

Wedi teithio am ryw chwarter milltir ar ffordd Cwm Main, trown ar y chwith i ffordd gulach. Awn heibio Trawsgoed Mawr a Bryn

Ty'n Rhos, Cwm Main, lle ganed Hugh Evans (1854-1934), awdur *Cwm Eithin*.

Madog ar y chwith, a dyna ni ym muarth Ty'n Rhos. Yma y ganed Hugh Evans (1854-1934), awdur *Cwm Eithin*. O Dy'n Rhos ymlaen â ni at Bont Rhyd-y-clwyde ('Rhydlwyde' ar lafar), sy'n croesi Nant Leidiog (a elwir hefyd yn Ferddwr). Yn union wedyn awn heibio'r fynedfa ar y chwith i Bentrellawen, cartref yr hynafiaethydd lleol, John William Jones (1872-1966). Yn fuan wedyn byddwn yn croesi Nant Ddu. Dyma'r ffin rhwng Plwyf Llangwm a Phlwyf Llandderfel, a'r ffin hefyd rhwng y ddwysir: Dinbych a Meirionnydd.

Gyda hyn byddwn wrth gapel bach Soar, capel yr Annibynwyr, a adeiladwyd yn 1827. Pe teithiem rhagom heibio'r capel deuem yn ein tro i'r ffordd sy'n arwain at Faerdy. Hefyd i'r ffordd am Lawrybetws a Glanrafon, ger priffordd yr A494 o'r Ddwyryd i'r Bala. Ond troi yn ôl wrth Soar a wnawn ni, a throi eto i'r chwith ymhen rhyw 500 llath o'r capel.

Ymhen chwarter milltir o'r tro hwn deuwn i fuarth fferm Tai

Mawr. Dyma gartref un o deuluoedd mwyaf diwylliedig Uwchaled: deuddeg o blant, pump o ferched a saith o feibion. Un o'r merched oedd Elizabeth, mam Rebecca Powell (1935-93). Dau o'r meibion oedd Robert Eifion Jones (1897-1983), Llanuwchllyn, bardd a llenor, a'r Parchg Dewi Jones (1915-67), a fu'n brysur yn hyfforddi to ar ôl to o blant ym myd llên, adrodd a cherdd dant. Cofnodwyd llawer o hanes Cwm Main mewn cyfres o ysgrifau diddorol yn *Y Cyfnod*, gan un arall o'r meibion, sef William Hughes Jones, sy'n byw heddiw yn Y Bala. Ef yw awdur y cyfrolau: *Hogyn o Gwm Main* (Llyfrau'r Faner, 1985) a *Casglu Cwysi* (Llyfrau'r Faner, 1989).

O fuarth Tai Mawr, dal ar y chwith a dilyn yn hamddenol y ffordd gul, hudolus, drwy'r Cwm nes cyrraedd Capel Rhydywernen, taith o ddwy filltir. Ym mynwent y capel y mae bedd John Price Jones (1886-1971), Rhydywernen. Cefais y fraint o recordio ar dâp lawer iawn o'i atgofion gwerthfawr ef am y Cwm.[17]

Tŷ Tan Dderwen: Cadwaladr Davies a Mair Meirion

O Rydywernen mae'r ffordd yn arwain at Gefnddwysarn a'r briffordd o'r Ddwyryd i'r Bala. Ond troi yn ôl y byddwn ni ger y capel a dychwelyd drwy'r Cwm. Y tro hwn awn heibio Tai Mawr, heb droi ar y dde, ac oedi ychydig ger y fynedfa ar y chwith, ymhen chwarter milltir, i fferm Tŷ Tan Dderwen. Yma y bu Cadwaladr Davies (1909-63) yn byw: canwr, bardd ac un o arloeswyr Ymryson y Beirdd yn ardal Dinmael a Llangwm. Fel hyn y disgrifiodd yn hwyliog weithwyr y Cyngor Sir:

> Tri o'r hil fu trwy yr ha'
> Yn trafod 'nioni trofa!

A dyma'r pennill agoriadol mewn cyfres o limrigau a gyfansoddwyd ganddo at un o gwarfodydd bach Capel Wesle, Tŷ Nant, ar y testun 'Clefyd y Sul':

> Afiechyd sydd anodd ei wella
> Yw salwch y Sul ar ei waetha;
>   Mae'n andros o drwm
>   Mewn ambell i gwm,
> Ond Siôn Ifan Twm yw y tosta.

Eir rhagddo wedyn i ddisgrifio'n fyw effaith y clefyd ar Siôn, gydag apêl daer yn y pennill olaf:

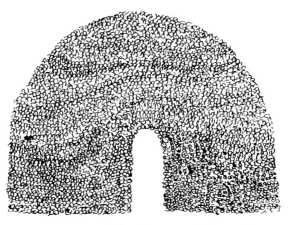

Palmant Pedol Dolpennau, Dinmael.

Os ydych yn aelod eglwysig,
Ewch yno am ddrachtiad o ffisig,
　　　Cans dyna y lle
　　　Mae meddyg y ne',
A phwy fel Efe, does mo'i debyg.

　　Bu Mary Owen, 'Mair Meirion' (1834-59), hefyd yn byw yn Nhŷ Tan Dderwen, merch ifanc lengar a ddisgrifiwyd gan Dafolog yn ei hir a thoddaid iddi ar ei charreg fedd ym mynwent Dinmael fel 'un o ddewisol awenyddesau hen Walia...' Fe'i ganed yn Nhŷ Mawr, Llanfor.

Croesffordd y Garreg Lithrig ac 'ardal hyfryd Rhydlefrith...'; y porthmyn a hen Efail Carreg-y-big

Yn union wedi'r fynedfa i Dŷ Tan Dderwen awn heibio'r troad ar y dde (dyma'r ffordd y buom arni eisoes i gyfeiriad Ty'n Rhos a Chapel Soar), ac awn cyn belled â Chroesffordd y Garreg Lithrig. Troi ar y dde yma, a dyna ni o fewn milltir go dda i bentref Dinmael. Hon gynt, cyn i Telford adeiladu'r A5, oedd yr hen ffordd y teithiai'r Goets Fawr arni.

　　Ar y chwith, ymhen ychydig lathenni o'r groesffordd, fe welwn furddun Carreg-y-big, ar ochr y ffordd. Y mae yma hefyd olion hen efail a fu'n brysur iawn yn oes y porthmyn. Yma y ganed y Parchg Edward Price (1791-1887). Bu'n of am gyfnod gydag Ap Fychan yng Nghroesoswallt, ac ef a sefydlodd achos cyntaf y Methodistiaid Calfinaidd ym Mirmingham. Mab iddo (g. 1830)

Aelodau Adran Urdd Gobaith Cymru, Dinmael, tua 1928.
Ar y chwith, o flaen y plant sydd yn y rhes uchaf: W E Williams, prifathro Ysgol Dinmael. Ar y dde: Lilian Jones, athrawes. Yn dal y faner: Ifor Jones, Post, Tŷ Nant, ac Emyr P Roberts, yng nghrys gwyrdd yr Urdd. Y pedwerydd bachgen o'r dde yn y rhes gefn: Ifor Jones, Llwyn (Llwyndedwydd). Y bumed ferch o'r chwith yn y drydedd res yw Jane Hefina Roberts, chwaer Emyr P Roberts.

oedd John Price a fu'n brifathro Y Coleg Normal, Bangor.

O Garreg-y-big a heibio Trawsgoed Bach, ar y chwith, i lawr Allt Dolpennau. Heibio hefyd i Ben Ffordd Goch, ar y dde, sef y fynedfa i'r Wern Ucha. Ar y chwith mae fferm Dolpennau. Mewn cae o'r enw Y Ddôl yr oedd unwaith balmant o gerrig ar ffurf pedol fawr. Cludwyd y cerrig ymaith yn llwythi trol tua 1900. Gyda hyn byddwn yn croesi Nant Leidiog (Merddwr) dros y Bont Garreg. Yn union wedyn, croesi Afon Ceirw dros Bont Rhydlefrith. A dyma ni yn ymuno â'r A5 wrth Dy'n Wern, yng nghanol pentref Dinmael.

Dinmael a Maerdy, Eglwys y Santes Catrin a Chapel y Gro

Cawn sôn eto am bwysigrwydd Dinmael a Maerdy yn hanes cynnar plwyf Llangwm. Rhaid cyfeirio'n fyr yma, fodd bynnag, at y capel, capel y Methodistiaid Calfinaidd, a adeiladwyd gyntaf yn

Ysgol Dinmael, gyda'r gloch ar ben y to.

1826. A chyfeirio hefyd at yr Ysgol a gwaith ardderchog y brifathrawes, Margaret Edwards, a'i chynorthwywraig, Heulwen Williams. Er mai 26 o ddisgyblion yn unig sydd yn yr ysgol ar hyn o bryd (Chwefror 1996), y maent yn enillwyr cyson yn eisteddfodau'r Urdd mewn canu, llên ac adrodd, ac yn arbennig celf a chrefft a gwyddoniaeth.

Munud neu ddau o Ddinmael yn y car, a dyma ni ym Maerdy. Ar y chwith mae tafarn yr Afr – y Goat (Y Cymro oedd yr enw gynt) a'r troad i gyfeiriad Betws Gwerful Goch. Yn fuan, ar y chwith, wedi pasio Efail Maerdy, mae'r hen Reithordy. Maes-yr-onnen yw'r enw heddiw, a dyma gartref, am ran olaf ei oes, y llenor a'r ysgolhaig dawnus, y Dr D Tecwyn Lloyd (1914-92). Fe'i ganed ym Mhen-y-bryn, Glanrafon. Am y tro, awn ni ddim cyn belled â'r Betws, dim ond nodi i'r unig gapel yno, Capel Y Gro, gael ei adeiladu gan y Methodistiaid yn 1815.

Yn ôl, felly, i'r A5. Gyferbyn â ni mae hen blas Maesmor. Dyma, gynt, gartref Owain Brogyntyn (*fl.* 1180), Arglwydd Dinmael ac Edeirnion, a'i ddisgynyddion. Ychydig lathenni yn is i lawr, ar y dde, cyn croesi'r bont dros Afon Ceirw, y mae Eglwys y Santes Catrin, capel anwes i Eglwys Llangwm, a adeiladwyd mor

Plant ac athrawon Ysgol Dinmael, Gorffennaf 1995.

Oni nodir yn wahanol, daw'r plant o ardal Dinmael - Maerdy. *Rhes flaen, o'r chwith:* Christopher Roberts, Bryn Madog, Cwm Main; Elin Dyke, Ty'n Wern, Moeladda; Elen Davies, Tŷ'n Bryn; Leah Roberts, Tŷ Nant Llwyn; Ifan Jones, Cwellyn; Laura Jones, Stablau, Tŷ Nant; Louise Francis, Corwen; Angharad Davies, Bryn Glas; Francesca Farley, Bryn Saint, Corwen.

Ail res: Margaret Edwards, Prifathrawes; Victoria Swire, Hen Efail, Tre'r-ddôl; Iola Owen, Gwern Newydd; Elliot Davies, Bryn Glas; Adam Davies, Bryn Glas; Elliw Evans, Groes-faen; Awel Jones, Tai Mawr, Cwm Main; Gwen Jones, Llys Dinmael Isa; Kimberley Francis, Corwen; Alwen Roberts, Tŷ Nant Llwyn; Alistair Dodd, Llys Dinmael Ucha; Elliw Roberts, Gweinyddes Feithrin.

3edd res: Heulwen Williams, Athrawes; Dafydd Jones, Llys Dinmael Isa; Gwion Evans, Groes-faen; Huw O'Droma, Corwen; Liam Appleby, Rhydgaled, Betws Gwerful Goch; Cormac O'Droma, Corwen; Maria Owen, Plasau, Tŷ Nant; Sion Roberts, Tŷ Nant Llwyn; Dion Roberts, Tŷ Nant Llwyn; Gwawr Owen, Gwern Newydd; Ann Lloyd, Cogyddes.

ddiweddar ag 1878. Yma y claddwyd Ellis Roberts, 'Elis Wyn o Wyrfai' (1827-95).

Robert Hughes, Ty'n Cefn, y pedlar olaf

Er cymaint y demtasiwn i adael plwyf Llangwm, croesi Pont Melin y Maerdy dros Geirw i gyfeiriad hen Dyrpeg y Stryd Ddu, Y Ddwyryd, Ty'n Cefn a Chorwen, troi yn ôl sy raid wrth yr eglwys. Cyn gwneud, fodd bynnag, rhown funud neu ddau i gofio am

Robert Hughes, Ty'n Cefn, yn gwerthu baledi
ger Gorsaf y Rheilffordd yng Nghorwen, 1909.

Robert Hughes, y siopwr a'r cymeriad ffraeth o Dy'n Cefn. Er bod
Ty'n Cefn rai milltiroedd o Langwm, byddai trigolion yr ardal yn
gybyddus iawn â Bob Huws a'i siop-llawn-trugareddau. Ef oedd y
pedlar olaf yn y cylch – yr olaf i werthu baledi a hen gerddi ar
daflenni am geiniog neu ddwy y copi. Ceir llun da ohono, a phrin
o'i fath, dyddiedig 1909, yn gwerthu baledi ger yr Orsaf yng
Nghorwen.

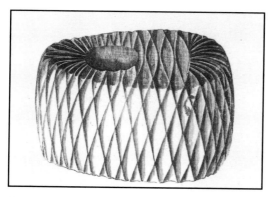

Brysgyll Maesmor, pen morthwyl addurn-
edig o garreg wen galed yn perthyn i'r Oes
Neolithig.
(Ellis Davies, *Prehistoric and Roman Remains of
Denbighshire*, Gwasg Prifysgol Cymru,
Caerdydd, 1929.)

Brysgyll Maesmor a thystiolaeth brin o ddiwedd yr Oes Neolithig

Wrth sôn am Ystrad Fawr a Gaer Gerrig, cyfeiriwyd eisoes at
dystiolaeth o Oes yr Efydd ac Oes yr Haearn a'r Celtiaid Cynnar. Cyn
gadael ardal Maerdy a phen isa plwyf Llangwm, dyma air byr yn awr
i'n hatgoffa fod pobl wedi byw yn y fro hon mewn cyfnod mor bell yn
ôl â diwedd yr Oes Neolithig, sef tua 3000-2500 o flynyddoedd Cyn
Crist. Yma y canfuwyd Brysgyll Maesmor, un o'r darganfyddiadau
archaeolegol pwysicaf o Uwchaled, a thystiolaeth eithriadol o bwysig
o'r cyfnod hwn yn niwedd yr Oes Neolithig a byd yr amaethwr
cyntefig. Tybir bod y brysgyll yn arwyddlun a berthynai i uchelwr neu
offeiriad y gymdeithas gynhanesyddol ac yn adlewyrchiad o statws a
chelfyddyd arbennig y gymdeithas honno. Darganfuwyd y brysgyll
gan was fferm ar dir coediog ym Maesmor yn 1840. Y mae'n eiddo i
Amgueddfeydd yr Alban, ond fe'i cedwir a'i arddangos yn
Amgueddfa ac Oriel Genedlaethol Cymru yng Nghaerdydd.[18]

Hen gafn dŵr y Glyn ac ysbryd Susan Scott

A dyma ni yn awr yn troi yn ein holau, drwy Ddinmael, ac ar hyd
ffordd droellog yr A5 i gyfeiriad Tŷ Nant. Pan deithiai amaethwyr

Uwchaled i Gorwen 'slawer dydd gyda throl a cheffyl i mofyn calch a glo ac angenrheidiau eraill, roedd y dynfa i fyny'r Glyn a heibio'r trofeydd geirwon gyda llwyth trwm yn dipyn o dreth, ac yr oedd unwaith gafn dŵr ar ochr y ffordd i'r ceffylau yfed ohono. Hen fedyddfaen mawr o Eglwys Llangwm oedd y cafn hwn.

Roedd llawer o sôn hefyd un adeg am Ysbryd y Glyn, ac amryw wedi'i weld, yn arbennig ffermwyr a gweision ffermydd wrth deithio'n gynnar yn y bore i Gorwen i nôl calch. Ymddangosai, fel arfer, ar ffurf merch ifanc mewn gwenwisg, ac yr oedd rhai wedi'i gweld yn cario basgedaid o flodau. Y gred oedd mai ysbryd Susan Scott ydoedd, morwyn ifanc o Blas Garthmeilio a foddodd ei hun yn un o'r llynnoedd dyfnion (Llyn Pair?) yn Afon Ceirw ar waelod ceunant y Glyn. Roedd yr ysbryd i'w weld, gan amlaf, yn cerdded rhwng y llyn a Pharlwr y Glyn, lle mae ogof dywyll wedi'i naddu i'r graig, uwchben y ffordd fawr ym mhen ucha'r Glyn.

Nos cyn Nadolig, 1915, medd yr hanes, aeth pedair o ferched ieuanc o Langwm i Ddinmael i ganu carolau, ond ar eu ffordd yno yn nhro ucha'r Glyn, dyma ferch mewn gwyn i'w cyfarfod ac adenydd ganddi. 'Susan Scott is still alive', meddai llais yr ysbryd, a'r merched o Langwm bron â llewygu mewn braw. Dywedodd yr ysbryd hefyd y byddai yna brofedigaeth yn fuan ym mywyd pob un o'r pedair. Ac felly y bu. Roedd dwy ohonynt yn chwiorydd, a bu farw eu mam. Collodd un arall ei thad, a'r llall ei chwaer. Diflannodd yr ysbryd gan wneud y sŵn mwyaf aflafar. Bu'r merched yn glaf am ddyddiau, ac ni fentrodd yr un ohonynt fyth wedyn liw nos at Barlwr y Glyn.[19]

Teuluoedd uchelwrol Arddwyfan a Hendre Arddwyfan: disgynyddion Rhirid Flaidd a Llwyth Marchweithian

Wedi teithio'n ddiogel, gobeithio, ar hyd yr A5 heibio trofeydd y Glyn Diffwys nes dod i Dŷ Nant a Phont Tŷ Gwyn, ar y chwith, a'r arwydd am Langwm, cymerwn hoe arall. Dyma ni yn awr wrth y mynedfeydd, ar y dde, i bedair fferm y bu gan eu teuluoedd, fel y cawn sôn eto, berthynas agos iawn â Chapel Cefn Nannau: Tŷ Gwyn, Tŷ Cerrig, Arddwyfan a Hendre Arddwyfan (neu Hendre Ddwyfan, fel y dywedir ar lafar).

Bu hen blastai Arddwyfan a Hendre Arddwyfan yn gartrefi gynt i deulu uchelwrol y Llwydiaid. Yr oedd gan ganghennau o'r teulu

Arfbais canghennau o Deulu'r Llwydiaid yn
Uwchaled, megis Arddwyfan, Hendre
Arddwyfan, Penanner a Phenyfed.

hwn gysylltiadau hefyd ag amryw o gartrefi pwysig eraill yn
Uwchaled, pob un gyda'i bais arfau ei hun: Penanner, Defeity,
Penyfed, Bwlchybeudy (Lloyd-Mainwaring), Llwyn Dedwydd,
Gaer Gerrig a Maesmor. Olrheinient eu hachau yn ôl i Ririd Flaidd
(*fl.* 1160) ac i Owain Brogyntyn (*fl.* 1180), Tywysog Powys ac
Arglwydd Dinmael ac Edeirnion. Bu aelodau'r teuluoedd hyn yn
dal swyddi gweinyddol o bwys yn y sir a rhai ohonynt yn noddi
beirdd. Yr oedd amryw o'r teuluoedd uchod, ynghyd â theuluoedd
Pant-y-mêl, Betws Gwerful Goch, a'r Rhiwlas, ger Y Bala, yn
ddisgynyddion hefyd i Lwyth Marchweithian, Arglwydd Isaled.

Priododd David Lloyd, Arddwyfan, â Gwen, merch Cadwaladr
ap Robert, Rhiwlas. Roedd Cadwaladr yn frawd i Elis Prys, y
'Doctor Coch', o Blas Iolyn (tad Tomos Prys, y bardd), ac yn ŵyr i

Hendre Arddwyfan, 4 Gorffennaf 1995.

Rys Fawr ap Maredudd a fu'n cario'r faner i Harri'r VII ar Faes Bosworth (1485). Mam Gwen oedd Siân, merch Maredudd ap Ieuan ap Robert o'r Gesail Gyfarch, yn Eifionydd, a sefydlodd ym Mhlas Gwydir, Llanrwst. Ail fab David a Gwen Lloyd Arddwyfan oedd Cadwaladr Lloyd o Benyfed a Thŷ Mawr. Mab iddynt oedd John ap Cadwaladr a briododd Magdalen, merch Thomas ap William o Dderwen Anial. Mab iddynt hwythau oedd John Lloyd, neu Siôn Llwyd (*fl.* 1680) – y bardd a'r yswain o Dŷ Mawr, Cwm Penanner.[20]

Hendre Arddwyfan yw un o'r tai hynafol mwyaf diddorol yn yr ardal. Dywedir iddo fod yn hen dafarn ar un adeg. Ond gair yn gyntaf am yr enw. Y sillafiad lleol arferol yw Arddwyfaen a Hendre Arddwyfaen, gan awgrymu esboniad onomastig: 'ar-ddwy-faen'. Yr ynganiad lleol, fodd bynnag, yw Arddwyfan a Hendre Arddwyfan. Cynigiodd Syr John Rhŷs, yr ysgolhaig Celtaidd, y posibilrwydd bychan fod yr enwau Arddwyfan, Foty Arddwyfan (yn uwch i fyny) a Hendre Arddwyfan yn gysylltiedig â Dwyfan yn Y Trioedd. Yn ôl y chwedl, gorlifodd Llyn Llion a boddi pawb o'r hil ddynol, ac eithrio'r bodau chwedlonol Dwyfan a Dwyfech. Dihangodd y ddau hyn mewn llong heb hwyliau, a hwy a fu'n gyfrifol am ail-boblogi Ynys Prydain.[21]

Claddu 'hen Lwyd yr Hendre' ar y groesffordd; ysbryd a phenglogau ceffylau

Beth bynnag am yr awgrym diddorol hwn, y mae i Hendre Arddwyfan le pwysig iawn yn llên gwerin y fro. Dyma, felly, rai sylwadau am Ysbryd Hendre Arddwyfan. Fe'i cysylltir, yn bennaf, â Chroesffordd Hendre Ddwyfan. Gwelodd rhai ef ar ffurf hwch ddu, eraill ar ffurf mul. A rhai wedi'i weld ar ffurf marchog tal ar gefn caseg winau yn ġwibio o dan droliau, yn arbennig yn y bore bach pan âi ffermwyr i nôl calch i Gorwen.

Sail y storïau hyn am yr ysbryd, mae'n sicr, yw'r digwyddiad trist pan fu i 'hen Lwyd yr Hendre' wneud amdano'i hun (crogi) yn y Beudy Ucha (rhyw hanner milltir o'r tŷ fferm). Ni wn yr union flwyddyn, ond fe all fod oddeutu 1780-1810. Fodd bynnag, fe'i claddwyd ar y groesffordd, yn unol ag un o arferion diraddiol y cyfnod hwnnw. Gwnaed hynny fel cosb ac i ddangos diffyg parch tuag at hunanleiddiaid a llofruddion, er mwyn i'r corff gael ei fathru gymaint fyth ag oedd bosibl. Cleddid pobl o'r fath hefyd, wrth gwrs, mewn rhan o'r fynwent heb ei chysegru.

Yn lled fuan wedi'r digwyddiad trallodus hwn, cyflogodd tenant newydd Hendre Arddwyfan forwyn o dref Llanrwst: merch ifanc hardd, ddeunaw oed, ac amddifad o dad a mam. Syrthiodd mab fferm gyfagos mewn cariad â hi. Wedi bod yn caru allan am rai misoedd penderfynodd y ferch wahodd ei chariad i'r tŷ a mynd i mewn i un stafell fawr nad oedd neb o'r teulu yn ei defnyddio – y Neuadd oedd yr enw arni. Gwyddai'r ddau y caent lonydd yno. Ac fe gawsant – am awr neu ddwy. Yna, yn sydyn, dyma'r ddau yn clywed sŵn crio ysgafn:

> 'Yn araf, goleuodd yr ystafell, a gwelsant ferch ieuanc, mewn gwenwisg glaerwen, yn eistedd mewn cadair ac yn wylo. Dechreuodd eu cyfarch gyda'r llinellau hyn:
>
>> Pa bryd y daw Llwyd fy nghariad yn ôl?
>> Rhyw leidr a'i dygodd draw dros y ddôl;
>> Rwy'n chwilio amdano bob nos a bob dydd,
>> Gan ddisgwyl i'r Arglwydd ei roddi yn rhydd.
>
> Yr oedd chwys fel afonydd yn rhedeg i lawr hyd gorff y llanc, a'r ferch mewn llesmair yn ei freichiau. Yn araf, cododd y ddrychiolaeth a chwythodd anadl ryfedd i'w hwynebau. Aeth allan, nid drwy y drws ond trwy y mur, fel angel. Cryfhaodd y ddau wedi derbyn yr

anadl ddieithr. Aeth y ddau allan, ond ni chymerai yr eneth y byd am ddod yn ôl, gwrthododd yn bendant. Gorfu i'r llanc ifanc ei chario i'w gartref. Ac yno y bu, yn forwyn dda, ac yn eneth dda a phrydweddol. Ym mhen dwy flynedd priododd y llanc a hithau gan ymsefydlu i ffermio yn ei gartref ef. Ac o'r briodas honno y tarddodd un o deuluoedd parchusaf Uwchaled.'

John Morris Jones, Aeddren, a gofnododd yr hanes rhyfeddol hwn.[22] Fel un a faged ar fferm gyfagos Arddwyfan, mi wyddwn ei fod wedi clywed llawer o sôn am Ysbryd Hendre Ddwyfan. Mi wyddwn hefyd ei fod yn gybyddus iawn â llên a llafar ei fro, ac arferwn ofyn iddo gofnodi rhai o'r traddodiadau a'r hanesion ar bapur. Gwnâi yntau hynny gyda'i garedigrwydd nodweddiadol. Wedi derbyn hanes Ysbryd Hendre Ddwyfan ganddo, fe'i holais pa mor wir, yn ôl ei farn ef, oedd y traddodiad? Sicrhaodd fi ei fod. Pwy oedd y mab fferm, gofynnais iddo. A'i ateb: mab Ty'n Rhedyn, ger Gaerfechan. Mae'r tŷ yn furddun heddiw. Disgynnydd o'r briodas hon oedd Syr John Cecil Williams. Gallai John Morris Jones hefyd gadarnhau'r traddodiad am gladdu 'Hen Lwyd yr Hendre'. Tua'r flwyddyn 1924 yr oedd gweithwyr McAlpine yn adnewyddu ffordd yr A5 ger Hendre Arddwyfan a daethant o hyd i fedd 'ar ganol y groesffordd. Anfonwyd at Syrfewr ffyrdd sir Ddinbych, y diweddar Capt Evans, a gorchmynodd ef fod y bedd i'w selio i fyny ar unwaith gyda cherrig a sment.'

Clywais draddodiad i geffyl gael ei gladdu 'o dan garreg yr aelwyd' yn Hendre Arddwyfan. Ond dyma'r cofnod sydd gan John Morris Jones, Aeddren: 'Cofiaf i'r perchennog wneud atgyweiriadau i'r tŷ, tua'r flwyddyn 1920. Codasant lawr y Neuadd gan ei fod wedi braenu, ac er eu syndod, daethant ar draws dau fedd ceffyl yn ochr ei gilydd.' Roedd hi'n arfer gynt i osod penglogau ceffylau yn ofalus o dan loriau tai wrth eu hadeiladu neu'u hatgyweirio. Y mae gennym yn Amgueddfa Werin Cymru sawl tystiolaeth o hynny. Gwneid yr un modd, ar adegau, mewn eglwysi a beudai. Fel arfer, penglog y ceffyl yn unig, nid y corff cyfan, a osodid yn y llawr. Roedd y ceffyl, fel y gwyddom, yn anifail cysegredig yn yr hen oes. Cofiwn am Riannon yn chwedlau'r Mabinogi: Epona, duwies y ceffylau. A'r gred oedd fod penglog y ceffyl yn swyn – yn fodd i ddiogelu adeilad a theulu rhag melltith ac ysbrydion drwg. Un sylw pellach. Pan oedd Roland Jones (Rol) yn atgyweirio'r tŷ yn Hendre Arddwyfan tua'r flwyddyn 1960, darganfu ran o benglog ceffyl wedi'i chuddio yn nenfwd y parlwr, sef yr hen 'neuadd'.

Ofn yr anwybod: hen goelion ac arferion gwerin

Pobl yn credu mewn ysbrydion a hen swynion, megis penglogau ceffylau. Ofergoeliaeth, meddech. Ie, o bosib. Ac eto, mae'n well gen i ddefnyddio'r term 'hen goelion gwerin', yn hytrach nag ofergoelion. Mae'n well gen i hefyd sôn am duedd gynhenid dyn ar hyd y canrifoedd ac ar bum cyfandir i gredu bod yna rai pethau sydd y tu hwnt i'r deall dynol. Hynny, yn fwy na dim, sy'n ei arwain i gredu mewn Duw: yr ysbryd daionus, creadigol, bendithiol; a chredu mewn Diafol: yr ysbryd drwg, dinistriol sy'n melltithio. Nid yw'r hyn sy'n realiti i un person yn realiti i bawb arall. Mewn gair, nid yw coel neu gredo yn ddim amgenach nag ymgais un oes i fynegi agwedd ar y gwirionedd. Gan hynny, y mae credoau dyn yn newid o genhedlaeth i genhedlaeth, ond y mae'r gwirionedd yn ddigyfnewid. Yn yr Hen Destament, sylwn ar ddyn dro ar ôl tro yn offrymu ac aberthu anifeiliaid i fodloni Duw. Ond daeth Iesu i'n dysgu mai'r unig offrwm sydd ar Dduw ei angen yw ein calonnau ni yn aberth byw ar allor gwasanaeth. Gall yr hyn sy'n goel gysegredig gan rai fod i eraill yn ddim amgenach nag ofer-goel, hen goel gwrach. Yn wir, gall rhai o'n credoau mwyaf cysegredig ni heddiw gael eu hystyried yfory yn ddim ond megis ofergoelion.

Yr ydym bellach wedi hen anghofio bod ein hynafiaid gynt yn arfer â chofleidio a chusanu pren, er mwyn ennyn bendith duw'r goedwig. Ac eto, y mae llawer iawn o bobl hyd heddiw yn dal i gyffwrdd pren, neu ddweud *'touch wood'* – dim ond 'rhag ofn'. Felly, yn union, yr ydym yn parhau i 'groesi ein bysedd', er mwyn sicrhau lwc dda, neu i wneud arwydd y groes wrth fynd ar ein llw, rhag ofn temtio ffawd – yr hyn a alwai'r Groegwyr yn *deisidaimonia*: 'ofn y duwiau'. Ac yr oedd ofn a breuder bywyd yn rhywbeth byw iawn i'n hynafiaid: ofn afiechyd, haint a marwolaeth; ofn ansicrwydd, anffrwythlondeb a thlodi; ac, yn fwy na dim, ofn yr anwybod. Yn gymysg â'r ofn roedd hiraeth: hiraeth am sicrwydd, llawenydd, tangnefedd, bodlonrwydd, gwynfyd a pharadwys – *pleroma* y Groegwyr; 'Ynys Afallon' y Celtiaid; 'gwlad yn llifeirio o laeth a mêl' yr Israeliaid.

Roedd haearn wedi'i buro yn y tân wrth gael ei baratoi, felly fe gredid gynt ei bod yn lwcus i osod pedol ar ddrws tŷ neu feudy, ac yn arbennig ar ffurf 'u' er mwyn 'dal y lwc'. Yn yr un modd, roedd esgid gynt yn symbol o ffrwythlondeb ac o selio cytundeb – fel yn yr Hen Destament. (Yn ôl un ddamcaniaeth, mae'r agoriad i'r esgid yn cynrychioli'r agoriad i'r groth.) Hyn sy'n egluro paham fod tystiolaeth ar gael yn Uwchaled, fel mewn rhannau eraill o Gymru, o guddio esgid (esgid plentyn fel arfer) y tu ôl i'r lle tân, canolbwynt yr aelwyd. Defod ydoedd i hyrwyddo ffrwythlondeb ac i sicrhau dedwyddwch y teulu. Nid oes raid inni heddiw wrth hen arferion a defodau megis gosod pedol haearn ar ddrws neu guddio esgid. Ac eto, yr ydym yn parhau i gyflwyno pedolau arian i'r pâr ifanc adeg priodas ac i glymu hen esgidiau y tu ôl i'w cerbyd wrth iddynt adael am eu mis mêl, a'r cyfan er mwyn – ie, dymuno 'lwc dda'.

Manylais ar rai o hen goelion ac arferion ein cyndadau fel hyn, nid er mwyn ceisio cyfiawnhau unrhyw ddefnydd o swynion na chred yn y goruwchnaturiol, fel y cyfryw. Manylais er mwyn ceisio deall yn well paham fod cymaint o drigolion cylch Uwchaled, fel cylchoedd eraill, wedi gwneud defnydd o swynion ac wedi credu yn y goruwchnaturiol a'r paranormal. Bydd y sylwadau hefyd, mi obeithiaf, yn berthnasol wrth ystyried mewn pennod arall fel y bu i gymaint o bregethwyr a moesegwyr fynegi gwrthwynebiad mor chwyrn i 'arferion llygredig yr oes'.

Ebol du Glan Ceirw

Cyn gadael ffermdy hynafol Hendre Arddwyfan a'r sôn am ysbryd a phenglogau ceffylau, rhaid cyfeirio at un dystiolaeth eithriadol o ddiddorol arall. Tystiolaeth ydyw sy'n adlewyrchu'r parch mawr a oedd gan ein hynafiaid at y ceffyl – tystiolaeth Robert Evans, Gwern Nannau, Llangwm, am geffyl du Glan Ceirw – y lle agosaf i Hendre Arddwyfan. Gan Emrys Owen, Bryn Nug, Cerrigydrudion (Bryn Nannau, Llangwm gynt), y cefais i'r hanes. Cafodd yntau ef gan Dafydd Evans (1909-86), mab Robert Evans, a thystiai fod yr hanes gan ei dad yn 'wir bob gair'. Yn sicr, o'r hyn a glywais i am onestrwydd ac unplygrwydd cymeriad Robert Evans, ni fyddai neb am eiliad yn amau geirwiredd ei dystiolaeth.

Bu Robert Evans yn gweithio yng Nglan Ceirw, ac yr oedd yno ar un adeg, meddai Robert Evans (nid oes sicrwydd o'r cyfnod), 'ebol du, smart'. Roedd pawb yn meddwl y byd o'r ebol hwn ac edrychent ymlaen at glywed clep ei bedolau pan ddychwelai i'r buarth. Ond bu'r ebol du farw, ac fe'i claddwyd mewn cae 'rhwng Glan Ceirw a giât Rhos-wair'. A hyn sy'n rhyfedd: gwnaed bedd

Sem Jones, Felin Pen-y-gaer, yn sgwrsio gyda'r awdur, 25 Ebrill 1969.
Llun trwy garedigrwydd Amgueddfa Werin Cymru.

mor fawr i'r ceffyl du fel y cafodd ei gladdu yn sefyll ar ei bedwar troed 'yn yr harnais a rhesel o wair o'i flaen'.

Teulu Hendre Arddwyfan a 'Sem Jones, Felin'

Un chwaer a thri brawd, mwyn a charedig, oedd yn byw yn Hendre Arddwyfan o fewn fy nghof i: Olwen, Maredudd, Stanley a Llywelyn (Jones). Am rai blynyddoedd arferem gerdded ar hyd y llwybr o'r Hafod i Tŷ Cerrig er mwyn dal y bws i fynd i'r ysgol yng Ngherrigydrudion. Yn ddiweddarach, a thrwy gydol y blynyddoedd yn Ysgol Ramadeg Llanrwst, cerdded heibio Felin Pen-y-gaer at Groesffordd Hendre Ddwyfan oedd y drefn, ac yn achlysurol caem sgwrs gyda'r tri brawd a chwaer wrth basio

119

heibio'r tŷ. Hyd yn oed yng nghanol prysurdeb gwaith a chynhaeaf, sgwrs ddifyr, dawel, hamddenol, fel pe bai yfory ddim i ddod.

O Hendre Arddwyfan ceir ffordd braf, ond digon cul a throellog mewn mannau, yn arwain i Lanfihangel Glyn Myfyr. Ac ar hyd hon yr awn ni yn awr. Ym mhen rhyw hanner milltir wedi dringo'r allt o'r Hendre, cyrhaeddwn Felin Pen-y-gaer, ar y dde, hen felin flawd wedi rhoi'r gorau i falu ers blynyddoedd lawer. Jessie (o Lerpwl) a Sem Jones a'r plant oedd yn byw yn y Felin. Gweithiai Sem Jones 'ar y ffordd' – ar y Cyngor Sir – ac weithiau cawn ei gwmni wrth gerdded adre o'r ysgol i fyny'r allt o'r Hendre. Cwrddwn ag ef yn aml hefyd wrth fynd trwy fuarth y Felin am 'Rhafod. Rhaid oedd oedi bryd hynny am sgwrs. Doedd neb yn pasio heibio Sem Jones. Hyfryd i mi yw'r cof am ei gwmni. Rwy'n ei weld yn awr. Pwtyn byr ac wyneb crwn, coch, llawn; dau lygad dyfriog, o'r golwg bron, ac yn pefrio yn ei ben; llais cynnes, ond nid bob amser mor glir â hynny, ac yn enwedig oherwydd ei fod yn ddieithriad braidd yn gwenu neu'n chwerthin wrth siarad. Ar wynt a glaw byddai ganddo, fel arfer, sach i gysgodi ei sgwyddau. Pobl, nid llyfrau oedd ei ddileit: pobl, pethau a digwyddiadau. A dawn naturiol ganddo i fynd i fyd plentyn.

'Be f'est ti'n neud yn yr ysgol 'na heddiw, dwed?'

'Wel ...'

'Go dda ... Glywest ti am ...'

Yna sgwrs braf a rhoi'r byd yn ei le. Chlywais i erioed mo Sem Jones yn dweud gair sâl am neb. Diffuant, unplyg a chymwynasgar. Dyn y sedd gefn, bychan o ran corff, ond calon fawr.

Foty Arddwyfan, 'Rhafod, a Michael D Jones

Drwy fuarth y Felin yr awn ninnau yn awr ac i fyny, heibio hen Chwarel y Foty, i 'Rhafod, fy nghartref. Yn 'Rhafod yr ymgartrefodd William Jones, 'Ci Glas', hyd nes priodi yn ganol oed. Foty Arddwyfan oedd enw'r hen dŷ. Fe'i defnyddid wedyn i ladd moch ac i gadw pob math o drugareddau. Galwem ef ar un adeg yn 'gut maip'. Perthynai'r fferm gynt i Michael D Jones, a chlywais fy mam yn sôn fel y byddent yn arfer â mynd i'r Bala i 'dalu rhent' i'r hen Feical D'. Yn 1868 adeiladodd Ann a Michael D Jones dŷ newydd nobl a'i alw yn 'Rhafod. Ar y garreg ar dalcen blaen y tŷ sillefir yr enw yn ' 'Rhavod', gyda 'v', fel yng ngwyddor y Wladfa. Roedd y

Michael D Jones (1822-98), Y Bala, yn ei
'het lwyd a'i siwt o wlân cartref'.

Wladfa Gymreig ym Mhatagonia wedi'i sefydlu dair blynedd yn gynharach, yn 1865, ac ef, fel y gwyddom, oedd un o'r prif sefydlwyr. Michael D Jones hefyd a adeiladodd ffermdy cyfagos Bryn Llys. Roedd ganddo gyswllt clòs â'r ardal ac â'r achosion Methodistaidd yno, gan gynnwys Cefn Nannau, Llangwm.

Pen-y-gaer a Chaer Caradog

Ond gadael yr Hafod yn awr sy raid, ac yn ôl â ni at y Felin. Dal ar y dde yno a dringo ar i fyny nes dod at Ben-y-geurydd: Pen-y-gaer Isa a Phen-y-gaer Ucha. Mae'r Parchg Harri Parri yn ei ysgrif, 'A Sut Ma'ch Tad' (cyfrol 2), wedi tynnu darlun byw o gymeriad Isaac Jones, Pen-y-gaer Isa. Un sylw ychwanegol. Byddai ef a minnau yn ystod blynyddoedd olaf ei oes yn cael ambell sesiwn o 'siarad mewn barddoniaeth'. Roedd Isaac Jones wedi cael ei argyhoeddi ei fod yn fardd – bardd cocos, mae'n wir. Ond bardd ydi bardd – fel yr awgrymais wrtho rywdro! Ac yr oedd hyn yn ei blesio yn arw. Roedd

Ffynnon 'Rhafod, Ebrill 1969.

wedi cael gwrandawr brwd a rhywun a oedd yn gweld gwerth yn ei gampweithiau llenyddol, a hyd yn oed yn mynd i'r drafferth i'w cofnodi ar bapur. Arferai Laura, gwraig Isaac Jones (a chwaer Sem Jones, Felin), helpu fy mam yn achlysurol gyda gwaith tŷ yn 'Rhafod. Roedd hi a'i chwaer fyddar, Gwladys, y ddwy ffeindia' ar wyneb daear, a chynnes iawn bob amser oedd y croeso ar aelwyd Pen-y-gaer.

Ger Pen-y-gaer ceir tro ar y chwith i Ffordd Felin Bwlch a phentref Cerrigydrudion. Yr ydym hefyd yng ngolwg Pen Mownt, neu Gaer Caradog, y bryngaer enwog o gyfnod y Celtiaid Cynnar ac Oes yr Haearn. O Ben Mownt ceir golygfeydd bendigedig: Y Foel Goch, Garn Brys ac Eryri. Ond dal ar y dde a wnawn ni heibio ffermydd Tŷ Hen a Thŷ Mawr, eto ar y dde, nes dod at Faes Gwyn a Bryn Llys ar y chwith.

Llanfihangel Glyn Myfyr a Fron Dirion

Dilyn y ffordd gul wedyn gyda gofal nes cyrraedd Llanfihangel Glyn Myfyr, ger Capel Maes-yr-odyn, a adeiladwyd yn 1816. Oedi yma am ychydig a chofio – cofio am rai o enwogion niferus yr ardal: Owen Jones, 'Owain Myfyr' (1741-1814), o Ddyddyn Tudur: prif sefydlydd

Laura ac Isaac Jones, Pen-y-gaer.

Cymdeithas y Gwyneddigion, un o brif noddwyr llenyddiaeth Gymraeg, a chyd-olygydd y gyfrol fawr, *The Myvyrian Archaeology* (1801-07); Hugh Jones, 'Huw Myfyr' (1845-91); Cadwaladr Lloyd (g. 1805), Rhiw Goch, un o ŵyr pwysicaf Methodistiaeth Dosbarth Cerrig-ydrudion; a Robert Jones, 'Bob Traian' (1894-1957): bardd, cerddor, ac arian byw o gymeriad.

O droi i'r ffordd fawr am Gerrigydrudion fe welwn dŷ Fron Dirion, ar y chwith, cartref gweinidogion Methodistiaid Calfinaidd Llanfihangel a Llangwm (a Thŷ Mawr a Dinmael yn ddiweddarach). Ar gyfer y Parchg J R Jones yr adeiladwyd ef, ac yn y tŷ hwn y

Owen Jones, 'Owain Myfyr' (1741-1814).

gwnaeth y paratoi trylwyr a oedd mor nodweddiadol ohono drwy gydol ei weinidogaeth faith a chyfoethog, 1907-1949. Ni allaf feddwl am fodd gwell i ddwyn y bennod hon i ben na thrwy oedi ger Fron Dirion, ymdawelu, cofio am J R Jones a phob un o'r gweinidogion ffyddlon eraill a fu'n ei ddilyn, a dweud yn syml: diolch.

Gallwn yn awr ddychwelyd i Langwm, naill ai drwy Gerrig-ydrudion neu yn ôl heibio Felin Pen-y-gaer at groesffordd Hendre Arddwyfan. A dyma ni, unwaith yn rhagor, a'n golwg tuag at Gapel y Cefn. A bellach, mi ŵyr y darllenydd, rwy'n gobeithio, paham y dewisais yn bennawd i'r bennod hon y geiriau sydd ar gofgolofn Syr John Cecil Williams ym Mynwent yr Eglwys, Cerrigydrudion: 'FY MRO, FY MRAINT'.

5
'Llangwm, saffrwm o serch':
Tirwedd, Llwybrau a Phlanhigion

'Yn Llangwm, saffrwm o serch'. Y bardd Bedo Aeddren (*fl.* 1500) piau'r llinell hon, mewn cywydd o'i eiddo lle mae'n mynegi ei hiraeth am ei gariad.[1] Y mae'n llinell addas iawn hefyd fel pennawd i'r bennod hon. Saffrwm y Gwanwyn (*Crocus vernus*); Saffrwm Noeth-flodeuog, neu Saffrwm yr Hydref (*Crocus nudiflorus*); a Saffrwm y Gweunydd (*Colchicum autumnale*): tri math o saffrwm, y blodyn bychan nad yw'n tynnu fawr o sylw ato'i hun. Eto, gyda'i liwiau tyner, hyfryd, a cheinder a symlrwydd ei ffurf, y mae'n harddu maes a gardd. Y mae hefyd yn tyfu ar fwy nag un adeg o'r flwyddyn. Fe'i gwelir yn y gwanwyn pan fo'r ddaear yn deffro, ac fe'i gwelir yn

Saffrwm

yr hydref pan fo'r ddaear yn paratoi at dymor y gorffwys yn y gaeaf.

Megis yr hyfrydwch o syllu ar glystyrau o saffrwm, felly yr hyfrydwch o rodio yn ardal Llangwm a'r cyffiniau a mawrygu ei phrydferthwch naturiol, gydol y flwyddyn. Dyfynnwyd eisoes gwpled Trebor Roberts:

> Ac o gymoedd tlawd y werin,
> Harddaf man yw'r hen Gwm Eithin.

A dyma linellau agoriadol cywydd Lewis T Evans (1882-1975) i Uwchaled, a enillodd iddo gadair Eisteddfod Llangwm, 1954:

> Dymunol mynd am ennyd
> I'm trigle ym more 'myd,
> Lle taena'r grug ei hugan
> Ar bob uchel oriel lân;
> Perffaith lawrlenni porffor –
> Mae'u hail hwy yn nhemlau Iôr?
> Drostynt ar ei hynt ehêd
> Iach awelon Uwchaled...

'Yr wyt yn ddarn ohonof...'

Y mae'r bardd William Jones (1907-64), Hafod yr Esgob, Nebo, yntau wedi mynegi'n ddiffuant iawn ei serch dwfn at fro ei febyd, a'r geiriau cofiadwy yn fynegiant gloyw hefyd i brofiadau cymaint o'i gyd-ardalwyr yn Uwchaled:

> Yr wyt yn ddarn ohonof,
> Dy ffeg, a'th frwyn a'th gawn,
> Dy fencydd a'th siglennydd,
> Dy rug a'th briddyn mawn;
> Dy foelni a'th gadernid di
> Roes drydan yn fy esgyrn i.

Rhan annatod o brydferthwch yr ardal yw amrywiaeth cyfoethog y tirwedd. Teithiwn ar hyd yr A5 o gyfeiriad Pentrefoelas am Gerrigydrudion, ac fe sylwn ar unwaith ar y 'brwyn' a'r 'siglennydd', y 'priddyn mawn' a'r 'moelni' y cyfeiriodd William Jones atynt yn y pennill uchod o'i gerdd 'Nebo'. A sylwi hefyd nad oes yma fawr o goed. Chwedl yr hen bennill a ddyfynnwyd eisoes: 'Yng Ngherrigydrudion y coedydd sydd brinion...' Ond fel y cyrhaeddwn i gyffiniau Llangwm, daw mwy a mwy o goed i'r golwg. Ambell goeden unig, megis Masarnen, Onnen a Derwen, ond, yn bennaf, gwelwn glystyrau o goed hwnt ac yma. Rhed Afon Ceirw drwy ran helaeth o'r plwyf, ac ar hyd glannau'r Ceirw, o Gerrigydrudion i'r Glyn, tyf amrywiaeth mawr o goed a mân lwyni. I'r dde a'r chwith o bobtu'r afon gwelir hefyd sawl coedwig neu goedlan, ac ambell 'nyrs' mwy diweddar. I gyfeiriad pentref Llangwm sylwn, er enghraifft, ar goed Garthmeilio, a phe baem yn oedi o flaen Capel Cefn Nannau i werthfawrogi'r olygfa braf o'n blaenau, gwelwn goed Arddwyfan, Tŷ Cerrig a Thŷ Gwyn rhwng aceri o dir glas ar y llechweddau. Yna wrth deithio ar hyd ffordd yr A5 i gyfeiriad Tŷ Nant a'r Glyn Diffwys yr ydym wedi'n hamgylchynu ag amrywiaeth rhyfeddol o goed, llwyni a blodau gwyllt sy'n tyfu ar y creigiau o bobtu inni ac yn y ceunant mawr sydd uwchben Afon Ceirw.

Sylwodd Owen Jones yntau ar amrywiaeth y tirwedd ym mhlwyf Llangwm. Meddai wrth ysgrifennu yn ail gyfrol ei lyfr *Cymru*:

'Y mae ansawdd y tir, yn ogystal â nodwedd golygfeydd plwyf Llangwm, yn dra amrywiaethol. Ceir yma agos i 4000 o erwau o frasdir, cyfaddas i gynhyrchu grawn o wahanol fathau; oddeutu 2000 o fawndir; a phorfeldir; a 500 erw yn orchuddedig gan goed, yn cynnwys ffynidwydd, derw, &c. Cyfyd yma amryw fryniau uchel-gribog; ac anfynych y gwelir llannerch fwy rhamantus na'r Glyn Diphwys, lle y mae rhaiadr gwyllt, yn disgyn gyda mawreddusrwydd cyffrous. Llawer arlunydd a roddodd holl fedr ei bwyntel ar waith, i bortreadu y bont gerllaw y rhaiadr hwn.'[2]

Coed a phlanhigion Pont y Glyn

Oedwn am ychydig, felly, ar Bont y Glyn i werthfawrogi un o'r golygfeydd mwyaf cofiadwy ym myd natur. Sylwn ar unwaith ar yr amrywiaeth o goed sy'n tyfu ar y llechweddau creigiog o bobtu'r afon: Onnen, Derwen, Criafolen, Masarnen, Llwyfen, Collen, a rhagor. A sylwi hefyd ar yr amrywiaeth dibendraw o blanhigion a blodau sy'n tyfu yn y pridd llaith ac yng nghysgod y coed a'r llwyni. Wrth syllu dros ganllaw'r bont gerrig ym mis Gorffennaf 1995, gwelais, er enghraifft, ddigonedd o Ddail Tafol ac Iorwg neu Eiddew, ond fe welais hefyd blanhigion megis: Llysiau'r Llwynog neu Ddail Robin (*Geranium robertianum*, 'Herb-Robert'), a Choedfrwynen Fawr (*Luzula sylvatica*, 'Great Woodrush'). Ar ganllaw'r bont, yr ochr allan iddi, tyfai blodyn hardd o'r enw Gwylaeth y Fagwyr (*Mycelis muralis*,

Pont y Glyn Diffwys

O ddarlun dyfrliw gan H Gastineau. Atgynhyrchwyd ar
gyfer ei argraffu/gwerthu gan Jones & Co., Temple of the
Muses, Finsbury Square, Llundain, 1831.

'Wall Lettuce'). Ar y bont ei hun, yr ochr i mewn i'r canllaw, neu wrth ei hymyl, tyfai blodyn melyn o'r enw Cartheig (*Lapsana communis*, 'Nipplewort'), ac un bach pinc o'r enw Helyglys Llydanddail (*Epilobium montanum*, 'Broad-leaved Willowherb'). Ar ganllaw'r bont hefyd tyfai tri math o redyn bychan: Llawredynen y Fagwyr (*Polypodium vulgare*, 'Polypody'); Duegredynen Gwallt y Forwyn (*Asplenium trichomanes*, 'Maiden-hair Spleenwort'); a Duegredynen Ddu (*Asplenium adiantum-nigrum*, 'Black Spleenwort').

'Troell y Corun yn galed iawn...'

O fwrw'n golygon ar y ffriddoedd a'r moelydd yn ardal Llangwm, daw pennill arall o eiddo William Jones, Nebo, i'r cof. Er mai at ardal Rhydlydan, ger Pentrefoelas, y cyfeiria'r pennill hwn, y mae yr un mor addas i ddisgrifio'r ucheldir ym mhlwyf Llangwm:

> Porfa gwta'r Garn a'r Giler
> Sydd yn hir yn graenu anner;
> Lle bu'r eira'n aros hwyaf,
> Mae yr haf yn aros leiaf.

Cofiwn hefyd un hen bennill arall. (Fe'i cofnodwyd gennyf yn ardal Mynydd Hiraethog, ond ni wn ai perthyn i'r ardal honno a wna ai peidio.)

> Lladd y gwair â'r bladur blwm
> Ar rosydd llwm, mynyddig;
> Troell y Corun yn galed iawn
> A'r wana'n llawn o gerrig;
> Ni chawn arfod yn fy myw
> Gan fonau'r eithin Ffrengig.

Brwynen Droellgorun (*Juncus squarrosus*, 'Heath Rush') yw'r enw swyddogol Cymraeg ar Droell y Corun. Y mae'n frwynen galed sy'n tyfu ar dir uchel, megis rhosydd, ac yn troelli wrth ichi geisio'i thorri – yn union fel twffyn o wallt yn troelli ar gorun eich pen, megis llyfiad buwch neu lyfiad llo. Eithin Ffrengig yw eithin mawr, bras (*Ulex europaeus*). Ond rhannol wir yw'r pennill hwn bellach am Langwm a'r cyffiniau, oherwydd yn ystod yr hanner canrif ddiwethaf fe losgwyd llawer iawn o'r eithin a'r grug ar y llechweddau, ac yna eu haredig, gan droi 'rhosydd llwm, mynyddig' yn dir glas, maethlon. Gwnaed hynny, er enghraifft, yn 'Rhafod, fy nghartref i, yn nechrau'r pumdegau. Llosgwyd y mynydd, ei aredig a'i ail-hadu.

Oes yr Iâ, bryniau a moelydd a chraig y garreg las

Nid prydferthwch yr hyn a wêl y llygad a hyfrydwch y funud awr yn unig sydd i'w brofi yma yn ardal Llangwm. Pan gerddwn y tir a syllu ar y coed a'r caeau, y dolydd a'r bryniau, gwyddom hefyd ein bod yn rhan o hanes cynnar iawn. Y mae patrwm y coed a'r blodau, er enghraifft, yn rhan o esblygiad naturiol dros gyfnod maith. Yn wir, yn ôl tystiolaeth ffosilau, gwyddom fod planhigion blodeuol wedi tyfu ar y ddaear ers tua chanol y cyfnod Mesosöig, rhyw 100 miliwn o flynyddoedd yn ôl. Rhedyn a choed conifferaidd oedd yn bodoli, yn bennaf, cyn hynny. Tua 2 filiwn o flynyddoedd yn ôl, yn Oes yr Iâ, disgynnodd y tymheredd yn syfrdanol, a bu raid i goed a phlanhigion addasu er mwyn gallu goroesi'r gaeafau oerion, megis coed yn bwrw'u dail yn yr hydref, a phlanhigion lluosflwydd yn bwrw'r gaeaf o dan wyneb y tir.

Bryd hynny yr oedd y rhan fwyaf o ddaear Cymru wedi'i gorchuddio gan drwch o rew, a dim ond copaon mynyddoedd uchel yn y golwg. Tua 10,000 o flynyddoedd yn ôl, fodd bynnag, dechreuodd yr hin liniaru, ac y mae effaith y cynhesu graddol hwn i'w weld ar dirwedd ardal Llangwm a'r cyffiniau heddiw: dolydd a chaeau gleision llawr gwlad; nentydd a mân gymoedd. Ac yn gwasgodi'r cyfan: nifer helaeth o ffriddoedd, moelydd a bryniau. Uwchben Tŷ Nant: Mwdwl Eithin (1542 troedfedd) a Chadair Dinmael; uwchben pentref Llangwm: y Foel Goch (2004 troedfedd), Pen y Cerrig Serth, Pigyn Benja, a'r Garnedd Fawr. Yn wahanol i fynyddoedd uchel ysgythrog Eryri, yr oedd y cyfan o'r bryniau a'r moelydd hyn unwaith wedi'u gorchuddio ag iâ. Wrth i'r hin gynhesu ac i'r rhew gilio, cawsant eu llyfnhau a'u ffurfio i'r hyn ydynt heddiw.

Y mae natur ddaearegol y tir hefyd yn dyst iddo unwaith gael ei orchuddio gan rew a dŵr. Yn bennaf, craig waddodol yw'r ddaear yn yr ardal hon: shalen, sef carreg las wedi'i ffurfio o dan ddŵr wrth i ronynnau a phridd llaith, neu fwd, gael eu gwaddodi yn haen ar ôl haen a'u gwasgu'n graig. Dyna paham y mae shalen yn hollti'n rhwydd. ('Llechen wedi'i siomi!' yw un disgrifiad da ohoni a glywais gan y Dr Goronwy Wynne.) Perthyn y creigiau hyn yn fras i'r Oes Balaeosoig ac, yn fwy penodol, i'r Cyfnod Silwraidd (tua 440 miliwn o flynyddoedd yn ôl). Gellir cymharu creigiau gwaddodol (shalen) â'r creigiau ignëaidd, megis gwenithfaen –

carreg galed a ffurfiwyd wrth i fagma neu lafa poeth ffrydio allan drwy gramen y ddaear yn ystod gweithgaredd folcanig, megis mynydd tanllyd.

'Gwaedgoch ei brig – degwch bro': coed brodorol a choed dwad

Gyda diflaniad Oes yr Iâ, tyfodd mwy a mwy o goed. Erbyn tua 5000 o flynyddoedd ·yn ôl yr oedd tua thri chwarter tir Cymru wedi'i orchuddio gan goed, sef y cyfan ac eithrio tir uchel, dros 2000 troedfedd, neu dir gwlyb iawn. Bryd hynny byddai Uwchaled, mae'n bur sicr, wedi'i orchuddio'n gyfan gwbl gan goed. Pinwydden a Bedwen oedd i'w gweld, yn bennaf, yng Nghymru ar y dechrau, tua'r cyfnod 8000-6000 Cyn Crist. Tua 6000-5000 Cyn Crist, Pinwydden a Chollen oedd amlycaf. Yna, yn ystod oddeutu 5000-500 Cyn Crist, yr oedd coed llydan-ddail, megis y rhai a ganlyn yn gyffredin iawn: Derwen, Llwyfen (Elm) a Chollen. Felly hefyd y Bisgwydden (Lime), Gwernen (Alder) ac Onnen. Gorchuddid rhan helaeth o'r tiroedd uchel (hyd at oddeutu 2000 troedfedd) yn y cyfnod hwn gan goed Pinwydd a Ffawydd (Beech). Yn ystod y cyfnod diweddar, o tua 500 Cyn Crist ymlaen, rhai o'r coed amlycaf oedd: Derwen, Ffawydden, Bedwen a Gwernen. O tua 5000 o flynyddoedd yn ôl dechreuwyd clirio'r fforestydd, yn bennaf er mwyn datblygu'r tir amaethyddol, sicrhau diogelwch rhag anifeiliaid gwylltion, paratoi ffyrdd, ac i gynhyrchu tanwydd, megis golosg ar gyfer gweithio haearn. Bellach, ychydig iawn o'r coedwigoedd cynnar sydd wedi goroesi.

Rhennir coed i ddau brif ddosbarth: coed brodorol a choed dwad. Y mae'r naill fath a'r llall i'w gweld yn helaeth yn Llangwm a'r cyffiniau heddiw, weithiau ar wahân, dro arall yn gymysg â'i gilydd. Er enghraifft, coed brodorol, megis Bedwen, Derwen, Llwyfen, Collen, Criafolen, Helygen, Gwernen, Pisgwydden, a'r Ddraenen Wen. Coed dwad, er enghraifft, yw'r Fasarnen (Sycamorwydden), Castanwydden ('pren concars'), Ffawydden (Beech), Llarwydden (Larch), a choed conifferaidd, bytholwyrdd, gyda'u dail main fel nodwydd: Pinwydden, Sbriwsen a Ffynidwydden (Fir).

Un o'r coed brodorol mwyaf diddorol yn y fro yw'r Griafolen neu'r Gerddinen (*Sorbus aucuparia*, 'Mountain Ash' neu'r 'Rowan Tree'). Fe'i disgrifiwyd gan Eifion Wyn fel hyn:

> Onnen deg a'i grawn yn do; – yr adar
> A oedant lle byddo;
> Wedi i haul Awst ei hulio,
> Gwaedgoch ei brig – degwch bro.

Fe gredid gynt fod y Griafolen, fel Pren Celyn, yn fodd i ddiogelu'r tŷ a'r teulu rhag melltith ac anffawd. Fe'i gwelir, felly, yn aml yn tyfu wrth hen annedd-dai. Mewn rhai rhannau o'r wlad fe'i gelwir yn Bren-Cas-Gan-Gythrel. Un gred yw i'r Diafol gael ei grogi ar y pren hwn. Cred arall yw mai o'r Griafolen y gwnaed croes Iesu Grist a bod y ceirios coch yn cynrychioli ei ddafnau gwaed.

'Yng ngwyrth yr haul, y glaw a'r pridd...': o Fron Dirion i Fryn Llys, a thaith yr hen weinidog ffyddlon

Ar y 4ydd o Orffennaf 1995 treuliais ddiwrnod cofiadwy iawn yn dilyn rhai o'r llwybrau yr arferai aelodau Capel Cefn Nannau eu defnyddio wrth gerdded i'r moddion. A dyna oedd y drefn bryd hynny, wrth gwrs, cyn dyddiau'r cerbyd modur: cerdded, a hynny weithiau deirgwaith ar y Sul, ac yna wedyn ar noson waith. Wrth ddilyn rhai o'r llwybrau y diwrnod hwnnw hyfrydwch arbennig i mi oedd cael cwmni'r cerddor a'r botanegydd, y Dr Goronwy Wynne, Licswm, awdur y gyfrol safonol *Flora of Flintshire* (Gee, 1993). Ni allaf yma ond rhoi rhagflas yn unig o'r cyfoeth o flodau a phlanhigion sy'n tyfu ar ochrau'r cloddiau yn y fro hon. Y mae, fodd bynnag, reswm da dros wneud hynny yn y llyfr hwn – dau, yn wir. Rheswm personol yw'r un cyntaf: cefais i, fel eraill o blant Uwchaled, fy magu i werthfawrogi prydferthwch byd natur. Yr oedd bri, er enghraifft, bob blwyddyn ar y gystadleuaeth yn Sioe Llangwm a Sioe Cerrig: 'Casgliad o Flodau Gwylltion'. Byddem fel plant hefyd yn sychu blodau a phlanhigion, eu gosod gyda mawr ofal rhwng cloriau llyfr ac yna, hyd y gallem, yn rhoi enw ar bob un. Ond y rheswm pennaf yw hwn: o adnabod pobl y fro a sgwrsio â hwy, mi wn eu bod hwy a'u hynafiaid wedi byw mewn cymundeb agos â byd natur. Stori a chân, emyn a phregeth, blodyn a phlanhigyn – 'mae'r oll yn gysegredig', a gallai llawer un ddiolch gyda'r bardd I D Hooson am:

> ...beth o'r rhin
> A rydd y ddaear fyth i'w phlant
> Yn si y dail a murmur nant,
> Yng ngwên blodeuyn ar y ffridd,
> Yng ngwyrth yr haul, y glaw a'r pridd...[3]

Y Parchg J R Jones a Smot, y ci, ger
ei gartref, Fron Dirion, Llanfihangel
Glyn Myfyr.

Un a fyddai wedi diolch llawer am y wyrth hon ydoedd y
Parchg J R Jones. Os gwyddai rhywun beth oedd gwerth cerdded
maith filltiroedd, myfyrio ar y daith, a mawrygu cân adar a
blodau'r maes – J R Jones oedd hwnnw. Bron drwy gydol ei
weinidogaeth, 1907-49, bu'n cerdded o Lanfihangel Glyn Myfyr i
Gapel y Cefn ac yn ôl, Sul, gŵyl a gwaith, haf a gaeaf. O Fron
Dirion heibio Bryn Llys a Maes Gwyn, Tŷ Mawr a Thŷ Hen,
Penygeurydd a Felin Pen-y-gaer, hyd at Bont Hendre Arddwyfan.
Rhagddo wedyn heibio Glan Ceirw nes cyrraedd Capel y Cefn.
Dyma'r ffordd hefyd y byddai teuluoedd Pen-y-gaer, Felin Pen-y-
gaer, Hendre Arddwyfan a Gwern Nannau wedi ei dilyn. Byddai
teuluoedd Plas Nant, Glyn Nannau a Bryn Nannau hwythau yn
ymuno â'r un ffordd yn agos i Bont Hendre.

Bysedd y Cŵn a Throed y Ceiliog; Melyn yr Eithin a Sawdl Crist

Wedi teithio i fyny'r allt hir o Lanfihangel, y mae'n bryd inni gymeryd hoe fach. A dyna a wnaethom rhwng Bryn Llys a Maes Gwyn, a sylwi ar ychydig lathenni o dyfiant toreithiog yn y cloddiau bob ochr i'r ffordd. Dyma rai o'r planhigion a welsom y diwrnod hwnnw o Orffennaf yn yr union fan hon.

1. Dail Tafol.
2. Ysgall.
3. Bysedd y Cŵn (gelwir hefyd: Clatsh y Cŵn, Gwniadur Mair, Menyg Mair, Menyg y Llwynog a Menyg y Tylwyth Teg).
4. Dant-y-llew.
5. Llus.
6. Blodau'r Menyn.
7. Tresgl y Moch (neu Melyn yr Eithin: *Potentilla erecta*, 'Tormentil').
8. Llwynhidydd (*Plantago lanceolata*, 'Ribwort Plantain'; gelwir hefyd: Llwyn y Neidr, Sawdl Crist a Llysiau'r Ais).
9. Pysen y Ceirw (*Lotus corniculatus*, 'Common Bird's-foot-trefoil'; perthyn i deulu'r meillion; gelwir hefyd: Ffa Ieir, Troed y Deryn, Ewinedd y Gath, Bacwn ac Ŵy, Ystlys y Waun).
10. Ytbysen y Ddôl (*Lathyrus pratensis*, 'Meadow Vetchling').
11. Tagwyg Bysen (*Vicia cracca*, 'Tufted Vetch').
12. Gorthyfail (neu Cegiden Fenyw, *Anthriscus sylvestris*, 'Cow Parsley').
13. Efwr (*Heracleum sphondylium*, 'Hogweed', neu 'Cow Parsnip'; gelwir hefyd: Cecsen, Panasen y Cawr a Moronen y Meirch).
14. Briwydden y Rhosdir (*Galium saxatile*, 'Heath Bedstraw').
15. Pengaled (*Centaurea nigra*, 'Common Knapweed'; planhigyn â phen caled, porffor iddo).
16. Byswellt (*Dactylis glomerata*, 'Cock's-foot'; gelwir hefyd: Troed y Ceiliog a Grugwellt).
17. Ceirchwellt Tal (*Arrhenatherum elatius*, 'False Oat-grass').

Pupur y Fagwyr (*Sedum acre*), Hendre Arddwyfan, 4 Gorffennaf 1995.

18. Brigwellt Cudynnog (*Deschampsia cespitosa*, 'Tufted Hair-grass').

O Fryn Llys a Maes Gwyn ymlaen â ni heibio Tŷ Mawr a Thŷ Hen at Felin Pen-y-gaer. Oddi yno i lawr Allt Hendre, gan ddilyn y nant y bu Syr John Rhŷs yn holi tybed ai Dwyfan oedd yr enw arni gynt. O bobtu'r nant ceir amrywiaeth o goed, megis Masarn, Gwern, Cyll, Helyg, Drain Gwynion a Drain Duon. Yn tyfu ar ben wal gerrig yn agos i dŷ Hendre Arddwyfan sylwn ar un hen blanhigyn traddodiadol a thra diddorol, sef Pupur y Fagwyr (*Sedum acre*, 'Biting Stonecrop'), blodyn melyn ag iddo ddail bychan crwn, tew, sy'n dal llawer o ddŵr. Dyna paham y gall dyfu ar le sych, megis ar ben wal gerrig. O wasgu'r dail a phrofi'r sudd, mae blas pupur arno.

Fe ellid nodi llawer iawn o blanhigion a blodau diddorol sy'n tyfu yn y gwrychoedd a'r cloddiau o bobtu'r ffordd o Bont Hendre a heibio Glan Ceirw. Am y tro, fodd bynnag, bodlonwn ar gyfeirio'n unig at y gwrych rhwng Gwern Nannau a'r tro am Gapel y Cefn. Y tyfiant mwyaf amlwg ynddo yw'r Helygen Grynddail Fwyaf (*Salix caprea*, 'Goat Willow'), gyda'i dail crwn, meddal.

135

Y Llyn Tro ar waelod Llwybr Hyll, ger Capel Cefn Nannau, 4 Gorffennaf 1995.
Ar y dde, gwelir y Llwynhidydd (*Plantago lanceolata*), Blodyn y Mwnci (*Mimulus guttatus*) a Bysedd y Cŵn.

Llwybr Tŷ Cerrig, Llyn Tro a'r Llwybr Hyll

Ambell dro, ac yn arbennig pan fyddai arno angen ymweld â theuluoedd, arferai J R Jones gerdded y daith i Gefn Nannau drwy droi ar y chwith wedi mynd heibio Maes Gwyn a dilyn wedyn hen ffordd drol, neu ffordd las, drwy dir Tŷ Mawr a 'Rhafod, ac i gyfeiriad Penrhwylfa. Yna ar hyd Llwybr Foty i fuarth Tŷ Cerrig, a galw yn y tŷ , fel arfer, am sgwrs a phaned. Mawr fyddai'r croeso iddo gan Sarah a Robert Owen a'r plant. Weithiau byddai wedi gwlychu'n socen dail, a bryd hynny arferai gael benthyg dillad Robert Owen. Âi'r gweinidog ffyddlon wedyn rhagddo ar ei siwrnai i'r capel, ac erbyn y byddai'n galw yn Nhŷ Cerrig ar ei ffordd yn ôl, byddai'r dillad, siawns, wedi sychu.

Trwy fuarth Tŷ Cerrig yr aem ninnau fel teulu o 'Rhafod i'r capel cyn inni brynu'r cerbyd modur cyntaf. Cerdded ar hyd Cae Bach a

136

Blodyn y Mwnci (*Mimulus guttatus*),
ar lan Afon Ceirw, ger Pont Tŷ Gwyn.
Llun gan Goronwy Wynne,
4 Gorffennaf 1995.

Chae Newydd at y Giât Goch. I lawr wedyn i fuarth Tŷ Cerrig ar hyd llwybr digon serth a chul, a thrwch o redyn o boptu iddo am ran o'r flwyddyn. Y mae Tegwyn ac Eifion, fy mrodyr hŷn, yn cofio'r siwrneiau hynny yn well na mi, ond y mae gennyf innau frith gof am un prynhawn crasboeth o haf. Mynd yn llaw fy nain a chlamp o neidr yn croesi'r llwybr. O leiaf, roedd hi'n ymddangos yn fawr i bwt o hogyn fel fi bryd hynny. Ni chofiaf yn union beth ddigwyddodd wedyn, ond roedd gan fy nain ffon i'w helpu i gerdded, ac y mae'n sicr fod gwybod am y ffon a gwybod hefyd fod Nain hefo mi, wedi tawelu fy ofnau.

O fuarth Tŷ Cerrig byddem yn croesi'r A5 a dilyn y Ffordd Gul nes dod at y bompren dros Afon Ceirw. Yna, canlyn yr afon ar hyd Ddôl Tŷ Cerrig nes dod at y llyn tro wrth waelod Llwybr Hyll.

137

Byddai gennym ni blant ofn ar ein calonnau wrth fynd heibio'r afon yn y fan hon, oherwydd inni gael ein dysgu fod y dŵr yno yn troi ac yn troi, a'r llyn yn ddiwaelod. Dringo wedyn y pwt o lwybr serth, a elwid gan bawb yn Lwybr Hyll, drwy'r penwar, a chroesi'r ffordd gefn o Ystrad Bach. A dyna ni wrth y giât i Gefn Nannau a'r capel. Ar wahân i deuluoedd 'Rhafod, Tŷ Cerrig (a Phenrhwylfa ar un adeg cyn iddo fynd yn furddun) dyma'r llwybr a ddefnyddid hefyd gan deulu Arddwyfan a Thŷ Gwyn.

Ceir mwynglawdd o blanhigion a choed yn tyfu ger Llwybr Hyll. Ar lan yr afon, yn agos i'r llyn tro ar waelod y llwybr, er enghraifft, sylwn ar flodyn diddorol iawn sy'n hoff o dyfu mewn lle gwlyb: Blodyn y Mwnci (*Mimulus guttatus*). Yn ei ymyl, gwelwn y Llwynhidydd. O bobtu'r llwybr, tyf yr Onnen a'r Wernen, y Fedwen Arian, y Fasarnen a'r Helygen Gyffredin, neu Helygen Olewydd-ddail (*Salix cinerea* subs. *oleifolia*, 'Rusty Willow').

'Rwan, Alice, at yr organ 'ne': croeso i blant ar aelwydydd y fro

Cerdded drwy fuarth Tŷ Cerrig ac ar hyd y Ffordd Gul at y Llwybr Hyll – dyna'r siwrnai i ni o 'Rhafod i'r capel, felly, cyn dyddiau'r cerbyd. Ambell dro byddem yn cael gwahoddiad i ginio, neu de, rhag gorfod cerdded bob cam adre a dod nôl wedyn i'r capel mewn pryd erbyn yr oedfa ddau neu chwech. Digwyddai hynny yn arbennig pan fyddai 'cwarfod plant' neu ryw gyfarfod arall rhwng yr oedfaon. Cynnes iawn oedd y croeso bob amser ar adegau felly yng Nghefn Nannau, Ystrad Bach a Bryn Hyfryd, ger y capel.

Roedd dau dŷ ym Mryn Hyfryd. Yn un ohonynt roedd Elizabeth a Robert Jones yn byw, ac atynt hwy yr awn i, fel arfer. Cof plentyn yn unig sydd gennyf, ond y mae dau atgof arbennig yn aros: cofio gweddïau dwys Robert Jones yn y capel, a chofio wyneb crwn hardd Mrs Jones a'i gwên garedig. Soniodd fy mrawd Eifion wrthyf amdano ef, mewn cyfnod ychydig yn gynharach, yn mynd at Mrs Williams, Brynhyfryd, i aros ar ei ffordd adre o'r ysgol yn Llangwm er mwyn gallu mynd i 'gwarfod plant' neu 'gwarfod darllen' yn y capel. Byddai Mam wedi gofalu ei fod yn rhoi 'hanner dwsin o wye' iddi wrth basio heibio'r tŷ yn y bore. Yn wir, roedd hi'n arferiad yn ein teulu ni, fel gyda chymaint o deuluoedd eraill yr ardal, i beidio, os oedd hi'n bosibl, â mynd i unrhyw gartref yn waglaw. Hyd at y diwedd, byddai Mam yn dweud wrthym yn aml

Elizabeth a Robert Jones, Brynhyfryd, ger Capel Cefn Nannau.

os oedd un ohonom ar gychwyn i ymweld â rhywun: 'cer â tun ffrŵt efo ti', neu 'cer â chydig o wye'.

Yn yr atgofion a sgrifennwyd gan fy mrawd, Tegwyn, y mae yntau yn dwyn i gof y croeso brwd a gâi rhwng dwy oedfa; er enghraifft, yn Ystrad Bach. Y mae'n werth hefyd dyfynnu un sylw pellach o'i eiddo. Ar ôl te byddai David Jones yn dweud:

'Rwan, Alice, at yr organ 'ne inni gael canu.'

'A chanu fyddai yno hyd nes y gwelent aelodau yn cerdded am y capel, ac amser wedi hedfan i rywle.'[4]

Croeso a charedigrwydd ar ddydd Sul – ac felly ar ddiwrnod gwaith. Y mae gan fy mrodyr hŷn a minnau atgofion braf am y daith o fuarth Tŷ Cerrig i fyny'r llwybr igam-ogam i 'Rhafod. Hyfryd bob amser oedd y croeso gan Sarah a Robert Owen, Jane ac Oliver Hughes, ar ein ffordd adre o'r capel ac o'r ysgol. Ambell dro yn ystod yr wythnos byddem yn galw heibio Tŷ Cerrig i mofyn

Sarah Owen, Tŷ Cerrig.

bara ac unrhyw neges arall a oedd wedi cael eu gadael yno inni eu casglu. Cof da am Aeryn, fy mrawd, a minnau fwy nag unwaith yn methu'n lân â gwrthsefyll y demtasiwn i ddechrau pigo'r bara blasus, ac wedi dechrau, anodd ar y naw oedd rhoi'r gorau iddi, a'r twll yn y gornel yn mynd yn fwy ac yn fwy!

Yn aml iawn byddem yn gweld Robert Owen yn yr hofel ar y buarth, gyda'i dŵls saer bob amser yn daclus. Wrth siarad, tueddai i ddweud 'th' yn lle 's', ond yr oedd hynny i ni blant yn rhan o'i bersonoliaeth a'i sgwrs ddifyr. Arferai ofyn i'm brawd Eifion:

'Wyt ti wedi clywed y gog eto 'leni?'

'Na', atebai yntau.

Un flwyddyn penderfynodd fy mrawd ddynwared y gog ar y llechweddau uwchben Tŷ Cerrig, ac ail-bowtiodd y 'gw-cw' deirgwaith, cyn rhoi ras i lawr am y buarth.

'Wyt ti wedi clywed y gog?' holodd Robert Owen.

Robert Owen ac Oliver Hughes ar fuarth Tŷ Cerrig.

'Do', meddai Eifion.

'Wel, a finne hefyd, wath', meddai Robert Owen, 'ond mae hi 'di cael dipyn o annwyd er pan glyweth hi'n canu llynedd, wath!' A hwyl braf. Roedd y gath allan o'r cwd; gwyddai o'r gorau mai fy mrawd oedd wedi dynwared y gog![5]

Rhonwellt-y-Cadno Cymalog a Chegid y Dŵr: O Dŷ Nant i Gapel y Cefn

Y mae amryw o aelodau Capel Cefn Nannau heddiw yn byw yng nghyffiniau Tŷ Nant. Ac felly yr oedd hi ar ddechrau'r ganrif a chyn hynny. Yr Adroddiad cynharaf a welais sy'n cynnwys rhestr o enwau'r aelodau yw'r un am y flwyddyn 1902. Bryd hynny yr oedd y teuluoedd a ganlyn o ardal Tŷ Nant yn mynychu Capel Cefn: Pig y Bont, Brynffynnon, Tŷ Tan y Berllen, Ty'n Ddôl, Disgarth (ni wahaniaethir rhwng Disgarth Ucha a Disgarth Isa), Cae Fadog, Ty'n-y-fron, Pen-dre (cartref fy nhad) a Thy'n Pistyll. Dyma un atgof gan fy mrawd Tegwyn:

'Roedd John Morris yn gymydog i ni ym Mhen-dre... Yr hyn a gofiaf gyntaf am Gapel y Cefn oedd mynd yn llaw John Morris, Ty'n-y-fron a'm tad. Daw i gof iddo rannu fferins a gwneud hwyl efo fi. Hefyd cof am yr hetiau duon caled oedd mor ffasiynol gan nifer o'r dynion

141

yn y cyfnod hwnnw yng nghanol y tri degau. Cofiaf yr orymdaith yn cerdded am y capel, llawer efo ffyn neu ambarel, a'r merched mewn dillad llaes ac esgidiau duon uchel dros eu fferau.'[6]

Cerdded i Gapel y Cefn o Dŷ Nant dros Bont Tŷ Gwyn, wrth gwrs, a heibio Ystrad Bach. Ar y daith hon eto fe sylwn ar amrywiaeth mawr o blanhigion ar ochrau'r ffyrdd. Oedwn am ennyd, er enghraifft, ar Bont Tŷ Gwyn, ac fe welwn amryw o blanhigion ar lan yr afon sy'n nodweddiadol o dyfiant mewn lle llaith, megis Blodyn y Mwnci a Chegid y Dŵr (*Oenanthe crocata*, 'Hemlock Water-dropwort'). Gwelwn amryw fathau o weiriau hefyd, megis Maeswellt Cyffredin (*Agrostis capillaris*, 'Common Bent'); Ceirchwellt Tal (*Arrhenatherum elatius*, 'False Oat-grass'); Maswellt (*Holcus lanatus*, 'Yorkshire-fog'); Cynffonwellt Elinog, neu Rhonwellt-y-Cadno Cymalog (*Alopecurus geniculatus*, 'Marsh Foxtail'), a Phefrwellt, neu Gorswellt Amryliw (*Phalaris arundinacea*, 'Reed Canary-grass').

O Ffordd Fain i Ystrad Bach; dros Gamfa Nyrs i Gefnydd Ystrad Fawr; cwmwl yn torri a llifddyfroedd Llangwm

Teithiai teulu Fron Isa i'r capel ar hyd y Ffordd Fain a heibio Ystrad Bach. Heibio Ystrad Bach hefyd y deuai teuluoedd Llwyn Saint ac Ystrad Fawr. Ond am y teuluoedd a oedd yn byw yn nes i ganol

Llifogydd Llangwm, ger Pen y Bont, Gorffennaf 1907.

Effaith y llifogydd ar y ffordd ger Pen y
Bont. Yn y darlun: un o deulu
Garthmeilio (?)

pentref Llangwm, megis Tŷ Newydd, Fron Llan a'r Post, fe
deithient hwy dros Bont y Capel, ger y Felin. Yna, yn fuan wedi
pasio'r fynedfa am Garthmeilio, troi ar y chwith dros Gamfa Nyrs
(Nyrs Garthmeilio). Croesi wedyn ar hyd Cefnydd Ystrad Fawr, a
thrwy Gae Sgubor, nes dod i fuarth Cefn Nannau ac i olwg y capel.

Prin, fodd bynnag, y byddai neb o drigolion pentref Llangwm
wedi gallu cerdded i Gapel y Cefn un Sabath ym mis Gorffennaf,
1907. Dyna'r diwrnod y torrodd cwmwl uwchben Cwmllan. A dyma
ddyfyniadau o adroddiad llawn am yr alanas gan un sy'n galw'i hun
yn 'Iolo' yn y newyddiadur *Yr Wythnos a'r Eryr*, 31 Gorffennaf 1907.

'...Fel un prin o allu ymgeisiaf roddi i chwi fyr hanes am y cenllif a
ddaeth i lawr y Sabath cyn y diweddaf, yr hyn fydd ar gof yr oll sydd
fyw, ac na welwyd ei gyffelyb yn y bröydd hyn... Yr oedd y dydd

hwn yn ferw i gyd wrth edrych ar eiddo yn cael ei ysgubo dros y lle gan y dymestl a'r dyfroedd mawrion, a chan adael pawb mewn cyffro. Ond cafwyd, drwy drugaredd, fywyd pawb wedi ei ddiogelu yn y rhyferthwy. Mae olion diamheuol o doriad y cwmwl ar ochr ddeheuol y mynydd i ffermdy Cwmllan... Bûm yn llygad dyst o'r llannerch y gwnaed yr hafoc. O Gwmllan i lawr i Lanrafon y gwnaed y golled fwyaf gan yr aber Cemig sydd yn tarddu wrth droed Mynydd Cwmllan. Dinistriwyd pontydd a mynedfeydd i lawr i'r Llan. Trodd yr afon allan yn y pentref am nad oedd lle i'r dyfroedd fynd drwy Bont y Jubilee, ac hefyd gwnaed difrod mawr i'r ffordd o hynny hyd Ben y Bont, yr hwn le oedd bron â boddi cyd-rhwng y ddwy afon, sef Medrad a Chemig...

Yr oedd yma fel deufor gyfarfod a hwnnw yn ei gynddaredd, a chododd y cenllif i bwynt uchel. Holl gynnwys yr iard goed [iard goed y Seiri Cochion] yn nofio, a chafwyd colledion trymion ar y coed ac hefyd eiddo personol Mr William Jones. Yn anffodus, yr oedd un o'r gwartheg heb fod yn iach yn y beudy gerllaw. Dihangfa gyfyng drwy rwystrau, neu buasai wedi boddi. Dydd Gwener dilynol bu farw'r anifail, yr hwn oedd yn werth arian mawr. Credaf fod y dŵr yn dair llath a hanner o wely yr afon gerllaw. Mewn canlyniad, gellir credu am y colledion trymion o'r Henblas i lawr i'r Hendre, Llwynmali, ac hefyd dolydd gweiriog Ystrad Fawr, Llwyn Saint a Glanrafon, y cyfryw sydd wedi eu gwneud yn berffaith ddiwerth ar wair, ŷd, tatws a swêds. Yn sicr, mae y colledion yn ddifrifol iawn. Ond y mae yn elfen o gysur fod gennym yn ein plith fonheddwr yn dirfeddiannwr, ac un sy'n gallu cydymdeimlo â phawb mewn cyfyngder, fel mae wedi addo yn barod, ac yn sicr o gyflawni ei addewid, o wrando eu cwynion, ac hefyd eu helpu ymhob ystyr...'

Mantell y Forwyn a Llau'r Offeiriad; Clust Llygoden y Felin a Chrafanc y Frân: y gwrychoedd a'r fynwent ger Capel y Cefn

Dyna ni erbyn hyn wedi dilyn y prif lwybrau sy'n arwain i Gapel Cefn Nannau. Ddoe: cerdded ar ddwy droed. Heddiw: cyrraedd yn gyfforddus mewn car. Ond yr un yw'r nod. Y mae bendith i'w derbyn hefyd hyd yn oed heb fynd i mewn i'r addoldy o gwbl, oherwydd y mae'r hen arferiad o oedi y tu allan i'r capel am sgwrs yn parhau, yn enwedig ar ôl yr oedfa neu'r ysgol Sul. A phrin fod yr un capel wedi'i adeiladu mewn llecyn mor ddymunol, ar godiad tir. Ffynnon ar y bryn. Y tu ôl inni y mae fferm Cefn Nannau a'r coed yn cysgodi'r tŷ. O'n blaenau, ychydig i'r chwith, gwelwn lechweddau coediog Arddwyfan a thir Tŷ Cerrig, ac o'r golwg, yn uwch i fyny eto, mae tir 'Rhafod. O'n blaenau ac i'r dde mae tir Tŷ Gwyn ac Ystrad Bach a'r ffermydd i gyfeiriad Tŷ Nant a Dinmael. Yma yn y llecyn hyfryd hwn rhwydd iawn yw gwerthfawrogi cyfoeth a phrydferthwch byd natur. Am ran olaf y bennod hon, felly, estynnaf wahoddiad ichwi ddod gyda mi ar hyd y pwt o ffordd (rhyw gan llath neu lai) sy'n arwain o Giât Cefn Nannau, ger y Llwybr Hyll, at y capel ac yna i'r fynwent. Y mae'r gwrych bob ochr i'r ffordd yn nodweddiadol o wrychoedd llawn tyfiant yr ardal amaethyddol hon. Dyma, felly, fras restr – a bras restr yn unig, wrth gwrs – o'r planhigion a'r blodau a welodd y Dr Goronwy Wynne a minnau yn tyfu ynddo, 4 Gorffennaf 1995. Dechreuwn drwy sylwi ar y gwrych sydd yr ochr chwith inni, ac sy'n amgáu rhan o Ros Dan Capel, Ystrad Bach. Mewn rhai mannau o'r gwrych mae'r tir yn bur wlyb.

1. Draenen Wen.

2. Mieri.

3. Rhosyn Coch Gwyllt.

4. Rhosyn Gwyn Gwyllt.

5. Dail Tafol.

6. Bysedd y Cŵn.

7. Danadl Poethion.

8. Helyglys Hardd (*Chamerion angustifolium*, 'Rosebay Willowherb'). Gelwir hefyd: Blodau Santes Fair, Llysiau'r Clochdy, Milwr Coch, Procer Coch, Tanchwyn a Thanllys.

9. Efwr (*Heracleum sphondylium*, 'Hogweed'). Gelwir hefyd: Bras Gawl, Cecsen, Moron y Meirch, Moron y Moch, Panasen y Cawr, Pannas Gwyllt a Phannas y Fuwch.

10. Ysgallen y Gors (*Cirsium palustre*, 'Marsh Thistle'). Gelwir hefyd: Marchysgall y Gors ac Ysgallen Gweirglodd Wlyb.

11. Blodyn y Mwnci (*Mimulus guttatus*).

12. Blodyn Ymenyn (*Ranunculus acris*, 'Meadow Buttercup').

13. Llau'r Offeiriad (*Galium aparine*, 'Cleavers' neu 'Goosegrass'). Gelwir hefyd: Bwyd Gwyddau, Cariadwyr, Cynga'r Coed, Cynna, Gwlydd y Perthi, Llau'r Perthi a Llysiau'r Hidl. Pan gerddai'r offeiriad gynt tua'r eglwys,

145

byddai ffrwythau bychain crwn y planhigyn hwn yn glynu yn ei wisg laes. Arferai plant dynnu ei goes drwy eu galw yn 'Llau'r Offeiriad', a dyna sut y cafwyd yr enw lliwgar hwn.

14. Ysgawen. Yn ôl traddodiad, ar bren Ysgawen y crogodd Jiwdas, a dyna paham, meddir, ei fod yn bren mor feddal ac eiddil.

15. Helygen Grynddail Fwyaf.

16. Maswellt (*Holcus lanatus*, 'Yorkshire-fog'). Sylwyd ar o leiaf wyth math gwahanol o wair yn tyfu yn y gwrych yr ochr hyn i'r ffordd. Dyma'r cyntaf, ac y mae enwau'r lleill yn dilyn.

17. Pawrwellt Hysb (*Anisantha sterilis*, 'Barren Brome').

18. Ceirchwellt Tal (*Arrhenatherum elatius*, 'False Oat-grass').

19. Byswellt (*Dactylis glomerata*, 'Cock's-foot').

20. Rhygwellt Lluosflwydd (*Lolium perenne*, 'Perennial Rye-grass').

21. Gweunwellt Llyfn (*Poa pratensis*, 'Smooth Meadow-grass'). Gelwir hefyd: Gwellt y Gweunydd.

22. Gweunwellt Unflwydd (*Poa annua*, 'Annual Meadow-grass').

23. Pefrwellt (*Phalaris arundinacea*, 'Reed Canary-grass'). Tyf y gweiryn hwn yn amlwg iawn mewn lle gwlyb, a dyna paham y'i gelwir weithiau hefyd wrth yr enwau: Cawnwellt a Chorswellt Amryliw.

Wrth ochr y gwrych hwn, ar y chwith wrth fynd i fyny i gyfeiriad y capel, ceir llain cul o dir a ddefnyddir ar y Sul ac adegau eraill i barcio cerbydau. Oherwydd ei fod mewn mannau o natur wlyb, rhoddwyd haen neu ddwy o raean arno, lai na blwyddyn cyn hynny, ac y mae'r tyfiant ar y llain hwn yn nodweddiadol o blanhigion – llawer ohonynt yn chwyn – sy'n tyfu'n gyflym ar dir newydd. Dyma, felly, rai o'r planhigion hynny, ond ni nodir y planhigion a enwyd eisoes wrth gyfeirio at y gwrych.

24. Chwyn Afal Pinwydd (*Matricaria discoidea*, 'Pineappleweed').

25. Llwynhidydd Mawr (*Plantago major*, 'Greater Plantain'). Enwau eraill arno yw: Cabaits y Llawr, Dail Llydan y Ffordd a Llyriad Cynffon Llygoden.

26. Cribell Felen (*Rhinanthus minor*, 'Yellow-rattle'). Gelwir hefyd: Arian Cor, Arian Gweirwyr, Arian Gwion, Arian y Pladurwr, Arian y Meirch, Clych y Meirch, Coden Grimp, Cribell Ceiliog, Pensiarad a Thegan y Baban. Pan fo pen y

Uchod: Capel Cefn Nannau a'r tir o'i amgylch.
Llun gan Trebor Roberts, Cerrigydrudion, Tachwedd 1995.
Isod: Yr olygfa o Gapel Cefn Nannau yn yr haf. Tŷ Cerrig, ar y chwith,
a Thŷ Gwyn, ar y dde.
Llun gan Goronwy Wynne, 4 Gorffennaf 1995.

Gribell Felen yn aeddfedu a'r hadau yn sychu, maent yn ysgwyd y tu mewn i gwdyn bychan y ffrwyth ac yn gwneud sŵn ratlan, yn union fel tegan baban, 'rattle'. Y mae'r Gribell Felen yn tyfu'n amlwg mewn hen weiriau, megis gwair rhos.

27. Helyglys Llydanddail (*Epilobium montanum*, 'Broad-leaved Willowherb').

28. Gludlys Coch (*Silene dioica*, 'Red Campion'). Gelwir hefyd: Blodeuyn Rhudd, Blodyn Crach, Blodyn Neidr, Blodyn Taranau, Botwm Mab Ifanc, Ceiliog Coch, Llys yr Ychen a Llysiau Robin.

29. Clust Llygoden y Felin (*Cerastium tomentosum*, 'Snow-in-summer'). Y mae enw lliwgar y planhigyn hwn, fel cymaint o blanhigion eraill, yn ei ddisgrifio i'r dim. Y mae iddo ddail blewog llyfn, megis llygoden, a blodyn llwyd-wyn, yr un lliw â llwch y blawd yn disgyn ar 'Lygoden y Felin'. Blodyn wedi dianc o ardd gyfagos yw hwn, mae'n debyg.

30. Gwalchlys Llyfn (*Crepis capillaris*, 'Smooth Hawk's-beard').

31. Llygad y Dydd.

32. Crafanc y Frân (*Ranunculus repens*, 'Creeping Buttercup'). Perthyn i'r un teulu â Blodyn Ymenyn, ond bod ei goesyn yn dewach ac yn fwy sgwâr.

33. Gweunwellt Unflwydd (*Poa annua*, 'Annual Meadow-grass').

Y mae'r clawdd a'r gwrych ar y dde i'r ffordd sy'n arwain at y capel yn amgáu rhan o Ffridd Foty Bach, Cefn Nannau, neu Gae Dan Capel, fel y'i gelwir heddiw. Mae'r tir yma yn llawer sychach nag wrth ochr y gwrych ar y chwith. Gwelir y Ddraenen Wen yn amlwg yn hwn eto. Felly hefyd nifer o blanhigion a enwyd eisoes wrth sôn am y gwrych ar y chwith. Ond dyma rai ychwanegol, nas cyfeiriwyd atynt hyd yn hyn.

34. Pengaled ('Common Knapweed').

35. Llygad Doli (*Veronica chamaedrys*, 'Germander Speedwell'). Gelwir hefyd mewn gwahanol ardaloedd yn Graith Unnos, Derlys Gwyllt, Llygad Glas, Llygad y Deryn Bach, Llygad y Gath, Llygad y Tarw, Llygad yr Angel, Llysiau Llywelyn, Rhwyddlwyn Blewynog a Rhwyddlwyn y Ddeilen Ddu Dda.

36. Serenllys Gwelltog (*Stellaria graminea*, 'Lesser Stitchwort'). Gelwir hefyd: Manllys y Neidr, Serenllys y Bryniau, Serenllys y Gors a Thafod yr Edn Leiaf.

37. Serenllys Mawr (*Stellaria holostea*, 'Greater Stitchwort'). Gelwir hefyd: Bara Can a Llaeth, Bara Caws a Llaeth, Blodau'r Neidr, Bwyd y Gog, Bwyd y Neidr, Llysiau Clee, Llysiau'r Glust, Serenllys y Gwrych ac yn Fotwm Crys – y blodyn hwnnw, wedi iddo sychu, sy'n clecian wrth ichi wasgu'r ffrwyth.

38. Llawredynen y Fagwyr (*Polypodium vulgare*, 'Polypody').

39. Meillionen Goch (*Trifolium pratense*, 'Red Clover'). Gelwir hefyd yn Glofer Coch.

40. Meillionen Wen (*Trifolium repens*). Gelwir hefyd: Meillion Gwyn, Meillionen Olwen, Meillionen Wen y Waun a Bara Caws y Defaid. Ein henwau ni, blant, ar y ddau fath o feillion ydoedd: 'Siwgr Coch' a 'Siwgr Gwyn'.

41. Milddail (*Achillea millefolium*, 'Yarrow'). Gelwid hefyd yn Llysiau'r Gwaedlin a Llys y Gwaedlif, oherwydd iddo gael ei ddefnyddio'n helaeth gynt i atal gwaed rhag llifo. Fe'i defnyddid, er enghraifft, gan filwyr ar faes y gad. Arferai'r Derwyddon hwythau ddefnyddio'r ddeilen i ddarogan y tywydd.

42. Pig-yr-Aran Disglair (*Geranium lucidum*, 'Shining Crane's-bill'). Gall y planhigyn hwn dyfu mewn mannau heb fawr o bridd, a dyna paham fod ei ddail yn goch ambell dro.

43. Suran y Cŵn (*Rumex acetosa*, 'Common Sorrell'). Gelwir hefyd: Suran y Frân, Suran y Maes a Suran y Waun.

44. Eurinllys Trydwll (*Hypericum perforatum*, 'Perforate St John's-wort'). Gelwir hefyd yn Gymraeg yn Llysiau Ioan, oherwydd, yn ôl un ddamcaniaeth, ei fod yn blodeuo tua'r un adeg â Gŵyl Sant Ioan, 24ain Mehefin. Coel arall yw fod y smotiau coch ar y dail yn arwyddo Gwaed Ioan Fedyddiwr. Pe baem yn dal y ddeilen rhyngom a'r golau, gwelem fod ynddi lu mawr o fân dyllau, a dyna paham y gelwir y planhigyn hwn gan rai yn Cantwll. Enwau eraill arno yw: Ysgol Fair ac Ysgol Grist. Fe'i defnyddid i wneud eli at wella briwiau ar groen ac i wneud trwyth i'w yfed at wella'r nerfau.

Carreg fedd
Oliver Hughes,
Tŷ Cerrig, ym
Mynwent Capel
Cefn Nannau,
Awst 1995.

Llysiau Pen Tai
(*Sempervivum
tectorum*) ar wal
Mynwent Capel
Cefn Nannau,
Awst 1995.

45. Melynydd (*Hypochoeris radicata*, 'Cat's-ear'). Gelwir hefyd: Clust y Gath a Melynydd Hir Wreiddiog.

46. Briwydden y Rhosdir (*Galium saxatile*, 'Heath Bedstraw'). Mae'r blodau bychain gwynion hyn yn tyfu ar le sych, megis ar ben wal gerrig.

47. Marchredynen (*Dryopteris filix-mas*, 'Male-fern'). Gelwir hefyd: Rhedyn y Cadno.

48. Ytbysen y Ddôl (*Lathyrus pratensis*, 'Meadow Vetchling'). Gelwir hefyd: Ffacbysen y Weirglodd a Phupys y Waun.

49. Tresgl y Moch (*Potentilla erecta*, 'Tormentil'). Gelwir hefyd: Blodyn Iesu Grist, Melyn y Gweunydd, Melyn y Twynau a Melyn yr Eithin.

A dyma ni wedi cael bras-olwg ar gynnwys diddorol y gwrych bob ochr i'r ffordd at Gapel Cefn Nannau. Awn yn awr i'r fynwent: mynwent fechan, daclus. Fel mewn cymaint o fynwentydd eraill, y mae'r cen yn drwch ar rai o'r cerrig llechi cynharaf. Mae'r cen yn amlwg hefyd ar rannau o'r wal gerrig sy'n amgylchynu'r fynwent. Yn wir, fe ddywedwn i, nad yw bro Uwchaled yn brin o gen, ac y mae hyn yn arwydd o ddilygredd cymharol – yr awyr yn weddol bur a llaith. Ond gadawn y cen yn llonydd, am y tro, a dweud gair am y tir. Er bod y borfa wedi'i thorri ychydig wythnosau yn gynt, roedd hi'n bosibl adnabod amryw byd o'r planhigion a dyfai ym mynwent Capel y Cefn. Dyma, felly, restr o'r rhai amlycaf.

1. Melynydd neu, fel y'i gelwir yn aml, 'Clust y Gath' (*Hypochoeris radicata*). Roedd y fynwent ar y 4ydd o Orffennaf 1995 yn llawn o'r blodyn melyn hwn. Mae'i ddail yn tyfu'n isel gyda'r ddaear, ac felly nid yw torri'r borfa yn aml yn amharu ar ei dwf.

2. Llygad y Dydd.

3. Meillionen Goch.

4. Meillionen Wen.

5. Pengaled (*Centaurea nigra*, 'Common Knapweed').

6. Crafanc y Frân (*Ranunculus repens*, 'Creeping Buttercup').

7. Blodyn Ymenyn (*Ranunculus acris*).

8. Llwynhidydd (*Plantago lanceolata*). Y Llwynhidydd cyffredin yw hwn, a phen caled iddo. Ceir dros ugain o wahanol enwau arno yn Gymraeg, er enghraifft: Ceiliog a'r Iâr, Dail Ceiliog, Dail Llwyn y Neidr, Dalen Gryman, Llwyn Hidl, Llysiau yr Ais, Pennau'r Gwŷr, Sawdl Crist ac Ysgallenllys.

9. Llwynhidydd Mawr (*Plantago major*). Gelwir hefyd: Cabaits y Llawr, Dail Llydan y Ffordd a Llyriad Cynffon Llygoden.

10. Mantell Fair (*Alchemilla vulgaris*, 'Lady's-mantle'). Blodyn gwyrdd-felyn a'r ddeilen fel mantell. Enw cyffredin arall arno yw Mantell y Forwyn. Gelwir hefyd: Mantell y Côr, Palf y Llew a Throed y Llew.

11. Efwr (*Heracleum sphondylium*, 'Hogweed').

12. Milddail (*Achillea millefolium*, 'Yarrow').

13. Fioled Bêr (*Viola odorata*, 'Sweet Violet'). Gelwir hefyd: Craith Unnos, Crinllys, Crinllys Pêr, Esgidiau'r Gog, Meddyges Wen, Millyn Glas, Millyn Gwyn a Millynen.

14. Ysgallen y Gors (*Cirsium palustre*).

15. Llaethysgallen (*Sonchus oleraceus*, 'Smooth Sow-thistle'). Gelwir hefyd: Mochysgallen, Ysgallen y Moch ac Ysgallen Goch. Enw arall yw Llymeidfwyd. Pan dorrir coesyn y planhigyn daw sudd gwyn allan ohono.

16. Maswellt (*Holcus lanatus*, 'Yorkshire-fog').

17. Ceirchwellt Tal (*Arrhenatherum elatius*, 'False Oat-grass').

18. Byswellt (*Dactylis glomerata*, 'Cock's-foot').

19. Gweunwellt Unflwydd (*Poa annua*, 'Annual Meadow-grass').

20. Maeswellt Cyffredin (*Agrostis capillaris*, 'Common Bent-grass'). Gelwir hefyd yn Gawn Pensidan.[7]

6
Plwyf Llangwm a Hen Farwniaid Dinmael

Fel y gŵyr y cyfarwydd yn dda, wrth gwrs, plwyf yn hen gwmwd Uwchaled yw Llangwm. Perthynai'r cwmwd hwn gynt yn y Canol Oesoedd i Rufoniog, un o bedwar cantref y Berfeddwlad neu Wynedd Is-Conwy. Fe'i gelwid hefyd ar adegau yn Uwchmynydd. Bryd hynny roedd y ffiniau yn cyfateb yn nes i'r ucheldir y cyfeirir ato heddiw fel Isaled, neu Fro Hiraethog, nag i'r Uwchaled presennol. Ymestynnai o gymer afonydd Aled ac Elwy, islaw Llanfair Talhaearn, i fyny hyd at darddiadau'r ddwy afon, y naill yn Llyn Aled a'r llall uwchlaw Gwytherin.

Wedi'r Deddfau Uno yn 1536 ac 1542 daeth Uwchaled yn enw ar ran ddeheuol yr hen sir Ddinbych, yn cynnwys plwyfi Cerrigydrudion, Llanfihangel Glyn Myfyr, Llangwm, Pentrefoelas (Tir Abad) ac Ysbyty Ifan (Tir Ifan). Nid casgliad o blwyfi yw Uwchaled, fel y cyfryw, fodd bynnag, ond ardal, ac y mae'r ardal honno'n aml yn croesi ffiniau i rai plwyfi eraill cyfagos. Ardal, felly, yn ymestyn o Faerdy, Dinmael, Cwm Main a Betws Gwerful Goch yn y dwyrain, i Gefn Brith, Glasfryn, Rhydlydan, Pentrefoelas ac Ysbyty Ifan yn y gorllewin; o Hafod Elwy, Pentrellyncymer a Llanfihangel Glyn Myfyr yn y gogledd, i Dŷ Nant, Llangwm, Gellïoedd a Chwm Penanner yn y de. Ac yn y canol, mwy neu lai, pentref Cerrigydrudion.

Poblogaeth a threfi degwm

Yn 1801, y flwyddyn pan adeiladwyd y capel cyntaf ym mhlwyf Llangwm, sef Cefn Nannau, cyfanswm trigolion y plwyf oedd 850. Ddeugain mlynedd yn ddiweddarach, yn 1841, ac eglwys Cefn Nannau erbyn hyn wedi ei hen sefydlu yn dilyn gweinidogaeth frwd y Parchg John Roberts (1753-1834), dim ond cynnydd o 12 oedd yn y boblogaeth (862). Gwelwyd peth cynnydd eto erbyn 1861 (986). Erbyn 1891, fodd bynnag, a phum mlynedd cyn adeiladu'r capel newydd yng Nghefn Nannau, roedd gostyngiad amlwg yn rhif y boblogaeth (816), a gostyngiad eto erbyn 1901 (775). Yn 1991, cyfanswm y boblogaeth oedd 522, a 148 yn ddi-Gymraeg.

Yn ôl Cyfrifiad 1841 perthynai naw trefgordd neu dre-ddegwm (*township*) i blwyf Llangwm. Dyma restr ohonynt, ac yn dilyn yr enwau nodir cyfanswm y tai ymhob un (hynny yw, tai a phobl yn byw ynddynt), nifer y dynion, ac yna, yn y drydedd golofn, nifer y merched.

	Tai	Dynion	Merched
Cefn Cymer:	24	56	63
Disgarth:	17	38	50
Llan (Tre-llan):	32	88	86
Llangwm:	44	119	129
Llys Dinmael:	15	41	37
Moelfre:	14	42	41
Nant Heulog [Cysulog?]:	12	32	40
Pen-y-foel [Penyfed]:	15	38	45
Rhos y Manbrych:	11	39	33

Camsillafiad yw Pen-y-foel am Penyfed. 'Nant Hanley' (ac nid Nant Heulog) yw'r ffurf a roddir gan Owen Jones yn ei gyfrol *Cymru*.[1] 'Stryd Elog' yw'r ffurf gan D R Thomas yn ei gyfrol, *The History of the Diocese of St. Asaph* (1911).[2] Dyna'r ffurf a nodir hefyd gan Edward Lhuyd (1660-1709), yr ysgolhaig Celtaidd mawr.[3] Sillefir yr enw Rhos y Manbrych gan Edward Lhuyd fel hyn: Rhos y maen-brych.

Yn ôl Owen Jones roedd plwyf Llangwm (yn 1875) yn cynnwys 10,578 o erwau.[4] Erbyn 1911, yn ôl D R Thomas, roedd yn cynnwys 15,000 erw, ac oddeutu ei hanner yn dir amaeth.[5]

Edward Lhuyd (1660-1709) a phlwyf Llangwm

Ceir gwybodaeth ddiddorol a gwerthfawr iawn am blwyf Llangwm yn yr atebion a gafodd Edward Lhuyd, dri chan mlynedd yn ôl, i'r 'parochial queries' a anfonwyd ganddo at offeiriaid ac eraill ym mhlwyfi Cymru. Dyma rai eitemau. (Fe'u rhifir gennyf i er mwyn hwylustod.)

1. *Y Pynt*: i. Pont y Maerdy ar Geirw qwarter milhdir odhiar y Kymmer ychod [Kevn Kymmer, un o'r trefi degwm]. ii. Y Bont Newydh ar Geirw vilhdir yn ywch. iii. Pont Disgerth hanner milhdir yn ywch na'r bont newydh. iv. Pont Voelvre hanner m. yn ywch na phont Disgerth.

2. *Y Tai Kyvrivol*: i. Maesmor. ii. Dwyvan. iii. Garthmeilio. iv. Hendre.

3. *Other Houses are*: i. Lhwyn dedwydh. ii. Ayrdhrein. [Aeddren] iii. Ystrad. iv. Y Groes Vaen. v. Dol y penna. vi. Y Gaer Gerig. vii. Y Tai mawr.

4. Bryn y Krogwr: a small Tumulus where malefactors were heretofore executed. Q [uaere] Bryn Owen a Tumulus at Ystrad.

5. There was a Beacon at Cader Dhinmael.

6. Mem. Myrdhyne [Murddun] Lhadron yng Hoed Bedrwn Gwalch.

7. Mae Kroes ar y Garreg big yn Stryd Elog.

8. Meini'r Beirdh ar Gader Dhinmael yn ymyl y Mwdwl Eithin. Pymp neu chwech o gerrig yn gae Kwmpas.

9. Krochon o brês a gawd mewn mownog yr Ordh dhy o lyn piser kegvain etc.[6]

Enwir hefyd bedair afon yn yr atebion a roddwyd i Edward Lhuyd: Alwen, Ceirw, Lleidiog a 'Nant y Lhan q. nom: i geirw wrth vryn Owen 2 vilhdir ywch'. Nant y Llan, fe ymddengys, felly, oedd yr enw gynt ar y nant fechan sy'n llifo drwy bentref Llangwm ac a elwir heddiw yn Nant Cemig.

Alltudio Liwc Ffridd Gwair i Awstralia am ddwyn dafad

Fe ellid ysgrifennu llawer am ddigwyddiadau a wnaeth argraff ddofn ar drigolion plwyf Llangwm. Cyfeiriwyd yn fyr eisoes at rai ohonynt, megis Helynt y Degwm. Yn y fan hon, fodd bynnag, dyma ddwyn i gof bedwar digwyddiad a fu'n destun braw a dychryn i'r ardalwyr.

Nid oes gennyf ddyddiad pendant i'r digwyddiad cyntaf, ond y mae'n ein hatgoffa yn fyw iawn mor galed oedd bywyd gynt i rai pobl ac mor annheg oedd y gyfraith. Sôn y mae'r hanes am ŵr o'r enw Liwc a oedd yn byw yn Ffridd Gwair, ger Aeddren a Nant yr

Hengwm, uwchben Nant-y-pyd. Murddun yw heddiw. Roedd yn bur dlawd ac fe 'ddwynodd ddafad Aeddren a'i lladd i gadw ei deulu rhag llwgu. Roedd y ddafad wedi dod i'r gadlas i fwyta ei wair prin. Cafwyd ef yn euog ac fe'i trawsgludwyd i Awstralia. Trowyd ei wraig a'i blant o'r ffarm, a buont yn byw mewn math o gwpwrdd o dan Ty'n-y-ffridd am beth amser. Daeth plant Liwc ymlaen yn y byd, ond aflwyddiannus iawn fu teulu pwy bynnag oedd ffarmwr Aeddren y pryd hynny.'[7]

Llofruddiaeth Henry Lloyd

Y mae'r ail hanesyn yn ymwneud â llofruddiaeth, er nad oes gennyf unrhyw fanylion pellach namyn y nodyn byr hwn yn *Seren Gomer* (1882): 'Llofruddiaeth debygol. Corff gweithiwr o'r enw Henry Lloyd a gafwyd ar fryn Llangwm, yn agos i Gorwen, a'r gwddf wedi ei dorri o glust i glust. Gwelwyd gwaed tua 12 llath oddi wrth y corff, yr hyn sydd wedi peri y dyb mai ei lofruddio a gafodd.'[8]

'Charles Tân'

Un mlynedd ar ddeg yn ddiweddarach cyflawnodd Charles Jones, pedair ar hugain mlwydd oed, gyfres o droseddau, a hynny mewn amser mor fyr, na fu dim tebyg iddynt yn yr ardal na chynt nac wedyn. Rhwng hanner nos a phedwar o'r gloch bore Iau, 2 Tachwedd 1843, aeth y llanc hwn ati i roi adeiladau ar dân mewn un ar ddeg o ffermydd yng nghylch Llangwm, Llanfihangel Glyn Myfyr a Cherrigydrudion. Dyma enwau'r ffermydd a'r canlyniad.

1. *Gaer Gerrig*: ŷ beudai a'r ysgubor. Llosgwyd wyth o'r buchod i farwolaeth.

2. *Groes-faen*: y beudy a'r ysgubor. Mygodd chwech o loeau a bu farw'r gwas hefyd, Robert Roberts, tua 24 mlwydd oed, yn y mwg yn ceisio'u hachub.

3. *Tŷ Nant Plasau*: llosgwyd yr ysgubor a'r beudy ac un llo.

4. *Plasau*: y beudy a'r ysgubor.

5. *Tŷ Gwyn*: y beudy, yr ysgubor a'r ŷd.

6. *Pen-y-gaer*: y stabl.

7. *Maes Gwyn*: y beudy, yr ysgubor a'r stabl.

8. *Tai Draw*: Cerrigydrudion: y beudy a'r ysgubor.

9. *Pen-y-graig*: y beudy a'r ysgubor.

10. *Perthillwydion*: y beudy, yr ysgubor a'r stabl.

11. *Glan-y-gors*: y beudai, yr ysgubor, y stabl a'r troldy.

Sut y gallodd Charles Jones, neu 'Charles Tân', fel y'i galwyd wedyn, gychwyn tanau mewn cymaint o ffermydd mewn amser mor fyr, sy'n ddirgelwch. Fodd bynnag, tua chwech o'r gloch y prynhawn dydd Iau bythgofiadwy hwnnw fe'i daliwyd ger Y Bala, ac aed ag ef i garchar Rhuthun. Cafodd ddedfryd o garchar am oes, ond bu farw'n fuan wedyn. Ymddengys mai newydd gael ei ryddhau o garchar yr oedd Charles pan aeth ati i roi adeiladau'r ffermydd ar dân. Credir mai ei fwriad wrth wneud hynny oedd i ddial ar ei berthnasau, oherwydd iddynt ei rwystro rhag dod i'w cartrefi.[9]

Y noson lawen drist olaf yn Foty'r Hendre

Cyn cloi'r adran hon o'r bennod, dyma gyfeiriad byr at y pedwerydd digwyddiad, a hwnnw'n ddigwyddiad trist iawn. Tua'r flwyddyn 1860 fe gynhelid noson lawen yn Foty'r Hendre, sy'n furddun heddiw ar dir Hendre Garthmeilio. Ond yn ystod yr holl hwyl a'r diddanwch fe losgodd merch fach chwech oed, a bu farw. A dyna'r noson lawen olaf i'w chynnal yn ardal Gellïoedd.[10]

Llys a charchar a chrocbren

Heddiw perthyn i blwyf Llangwm y mae ardal Dinmael a rhan o Gwm Main. Mewn cyfnod cynharach, fodd bynnag, ac yn sicr yn y Canol Oesoedd cyn y Deddfau Uno (1536/42), cyfeirir at Langwm fel Llangwm Dinmael, hynny yw: y llan (yr eglwys) yng nghwm Dinmael, neu y 'llan yn y cwm', ger Dinmael'.[11] Roedd Dinmael gynt yn gwmwd, neu arglwyddiaeth, ac yn cynnwys, yn ôl pob tebyg, blwyfi Llangwm, Llanfihangel Glyn Myfyr, a rhan o blwyf Cerrigydrudion.[12] Cynhwysai Deoniaeth Dinmael blwyfi Llangwm, Llanfihangel Glyn Myfyr, Betws Gwerful Goch a Cherrigydrudion.[13]

Yn wreiddiol, ymddengys mai rhan o Bowys oedd cwmwd Dinmael. Perthynai i Fadog ap Maredudd, Tywysog Powys, a rhoes Maredudd Ddinmael ac Edeirnion yn rhodd i'w fab anghyfreithlon, Owain Brogyntyn, yn 1160. Yn sicr, bu Dinmael am rai cenedlaethau wedi hynny yn eiddo i ddisgynyddion Owain

Brogyntyn, Arglwydd Dinmael ac Edeirnion. Disgrifir hwy yn nogfennau'r cyfnod fel 'penaethiaid' a 'barwniaid Cymreig'. Ym Maesmor yr oedd eu prif lys, a'r cyntaf o'r barwniaid i lywodraethu Dinmael oedd mab Owain Brogyntyn, sef Bleddyn ap Owain Brogyntyn, Arglwydd Dinmael a Rug. Y mae'r enw 'Dinmael' ei hunan, wrth gwrs, yn arwyddocaol. Yr un elfen sydd yn 'din' ag yn dinas, ac ystyr 'mael' yw tywysog.

Wedi i Gymru golli'i hannibyniaeth gyda marw Llywelyn ein Llyw Olaf, daeth Edeirnion yn 1284 i berthyn i sir frenhinol Meirionnydd, o dan lywodraeth y brenin Edward I, a Dinmael i berthyn i Arglwyddiaeth Dinbych, o dan lywodraeth Henry de Lacy, Iarll Lincoln. Ond yn Ninmael, fel yn Edeirnion, llwyddodd y barwniaid Cymreig i gadw'u hannibyniaeth, a thalu gwrogaeth mewn enw yn unig i'r goron. Roedd ganddynt eu llysoedd barn eu hunain, carchar a chrocbren. Cyfeirir yn y dogfennau cynnar at 'liberas furcas', sef yr hawl i grogi drwgweithredwyr. Roedd gan y barwniaid hawl hefyd i gadw holl eiddo drwgweithredwyr.

Yn ogystal â'r crogwr ym Maesmor, cyflogid maer i gasglu rhenti ac i weinyddu'r tiroedd. A dyna arwyddocâd y gair 'Maerdy' sy'n enw heddiw, wrth gwrs, ar y dreflan fechan ger Dinmael. Enwau eraill lleol sydd, yn ôl traddodiad, yn dwyn i gof y bennod hon yn hanes cynnar y fro yw Llys Dinmael a Llysan, yn Ninmael, a Chaer Dial a Chastell Erw Dinmael, uwchben Llangwm.[14] Roedd hi'n arfer hefyd i gasglu tâl gan y tenantiaid a'r trigolion am fwydydd a nwyddau arbennig, megis blawd ac ymenyn, fel yr hen arfer yn y cyfreithiau Cymreig o ddarparu 'gwestfa' i'r brenin ar adegau neilltuol o'r flwyddyn.[15] Ymhlith yr hawliau eraill a oedd yn eiddo i'r barwniaid yr oedd yr hawl i orfodi dirwy o bum swllt ar unrhyw un nad oedd yn 'macsu cwrw ar Ŵyl Puredigaeth Mair Fendigaid' (ail o Chwefror). Roedd hyn yn y cyfnod 1449-70, ac yn arian mawr iawn yr adeg honno.[16]

Owain Brogyntyn a'i ddisgynyddion, ac 'uchelwyr Uwchaled'

Roedd gan Bleddyn ap Owain Brogyntyn, Arglwydd Dinmael a Rug, un mab o'r enw Owain. Cafodd Owain yntau dri mab: Gruffydd, Hywel, a Llywelyn, ac un ferch, Nest. Ganwyd pedwar mab i Gruffydd o'i ail briodas, sef Hywel, Madog, Llywelyn ac

Arfbais canghennau o Deulu'r Llwydiaid yn Uwchaled (er enghraifft, Maesmor, Llwyn Dedwydd a Gaer Gerrig), disgynyddion Rhirid Flaidd, Owain Brogyntyn, a hen Farwniaid Dinmael.

Owain Hen, ac un ferch, sef Generys. Daeth Generys i'r 'Ddwyfaen', Llangwm, i ddiweddu ei hoes, a gelwid y fan lle trigai yn 'Furiau Generys'.[17] Yn ôl rhai o'r achau roedd ei brawd, Llywelyn, yn byw yn Llysan. Roedd yn fardd ac yn offeiriad a chedwir cerddi o'i waith yng Ngholeg Iesu, Rhydychen. Priododd Owain Hen, brawd arall Generys, â Lowri, merch Madog, disgynnydd i Ririd Flaidd, a ganwyd iddynt dri mab: Owain Fychan, Hywel a Llywelyn. Yn ôl un llyfr achau derbyniodd Owain Fychan drefgordd 'Ddwyfaen' a thri thyddyn ym Mhenyfed a Llysan. Â 'Ddwyfaen', neu 'Arddwyfaen', y cysylltir disgynyddion Owain Fychan wedi hynny, a daeth Gaer Gerrig yn eiddo disgynyddion Llywelyn, ei frawd. Gruffydd, trydydd brawd

Generys, oedd Gruffydd ap Hywel, Maesmor, a chanwyd nifer o gerddi iddo gan y beirdd, yn eu plith: Gutun Owain, Tudur Penllyn, Lewis Glyn Cothi, Hywel Cilan a Thudur Aled. Cyfansoddodd Gutun Owain, er enghraifft, gywydd iddo ar ran John Hanmer, yn gofyn am gael benthyg ceffyl. Ceir cywydd iddo hefyd o waith Tudur Penllyn yn gofyn am fwa, gan ddisgrifio'r noddwr fel hyn:

> Esgwier aml ei geraint,
> Enaid barwniaid a'i braint.[18]

Ac meddai Tudur Aled amdano yn ei gywydd marwnad iddo: 'Mil yn wylo ym mlaen Alwen'.[19]

Dyna geisio crynhoi mewn ychydig baragraffau dros ddwy ganrif o hanes, a bwrw cipolwg – a hwnnw'n gipolwg bras iawn - ar swyddogaeth bwysig Dinmael a'r barwniaid yn hanes cynnar plwyf Llangwm. Bellach, nid oes ond dyrnaid o enwau lleoedd i'n hatgoffa o'r canrifoedd pell yn ôl hynny. Ciliodd hefyd y teuluoedd uchelwrol – disgynyddion y barwniaid – a fu'n byw yn rhai o ffermdai a mân blastai'r fro. Daeth arweinwyr newydd a gwahanol. Ac eto, ni allaf lai na chofio i Medwyn Jones gyfeirio at 'Uchelwyr Uwchaled!' yn ei is-bennawd i'w awdl 'Y Gwladwr' (ac ef biau'r ebychnod).[20]

7
'Gwlad Telyn, Englyn a Hwyl'

Croeso a charedigrwydd bro – rhai o rinweddau amlwg trigolion Llangwm a'r cylch y soniwyd amdanynt eisoes. Cyfeirir at yr un nodweddion yn llinell olaf soned fuddugol W E Williams i 'Fro Uwchaled', sef testun y soned yn un o eisteddfodau Cymdeithas Addysg y Gweithwyr, Uwchaled, 1942. Yr oedd W E Williams ar y pryd yn athro ysgol yn Ninmael (bu yno'n brifathro uchel ei barch o 1928 hyd 1946).

> Bro unigeddau maith y grug a'r brwyn,
>> Lle crwydra'r gwynt di-ffrwyn dros erwau moel,
> Heb gysgod perth na gwrych na deiliog lwyn,
>> A'r 'coedydd yma'n brin', os gwir y goel.
> Cyfoeth ni roed i'r fro, ond aur ei mawn
>> Ac arian glych Plu'r Gweunydd ar y waun,
> A hawlia porfa grin yr hesg a'r cawn
>> Holl ddycnwch eidion du i ennill graen.
> Ond llif yng ngwaed y plant yr unrhyw nwyd
>> Fu'n tanio awen Perthillwydion gynt,
> A nodau'r hen wrthryfel eto a gwyd
>> O Lan-y-gors i leisio yn y gwynt.
> Ac ar aelwydydd clyd mae'r heniaith gu
> A rhin hen letygarwch dyddiau fu.[1]

Yn y bedwaredd linell o'r soned hon ceir dyfyniad o'r hen bennill telyn:

> Yng Ngherrigydrudion y coedydd sydd brinion
>> Ar gloddiau yn llymion o gwmpas y Llan;
> Ni welir o Moelfre hyd dyrpeg Cernioge
>> Ddim deunydd par oge pur egwan.

Yn y ddegfed linell cyfeirir, wrth gwrs, at Edward Morris (1633-89), y bardd-borthmon o Berthillwydion, Cerrigydrudion. Yna, yn y ddeuddegfed linell, ceir cyfeiriad at John Jones, 'Jac Glan-y-gors' (1766-1821), y baledwr a'r diwygiwr gwleidyddol y soniwyd amdano eisoes. Cyfeirir at gartrefi'r ddau fardd, Edward Morris a John Jones, yn yr hen bennill:

161

Clecs y Fro

PAPUR BRO CWM EITHIN

RHIF 10
HAF
1994

PRIS: 25c

GWERSYLLA YN Y GOEDWIG

Dipyn bach yn ôl mi aeth dosbrth Mr Owain i Nant Bwlch yr Haearn. Fe gawsom sawl helfa drysor a fe enillodd fy nhim i unwaith. Croesom lyn gan ddefnyddio pont rhaff ac fe lyches i fy nhrowsus i gyd. Cysgom allan o dan y sêr yno. Cawsant hwyl yn y nos yn dweud joes in gilydd. Roedd Mrs Jones yn cwyno ei bod hi heb gysgu.

Yn y bore fe ddarganfododd Elgan ei fod o wedi coli ei gyllell boced. Ar ôl mynd adre fe welodd ei gyllell poced yn ei focs bwyd!!! Dyma lun o Dafydd yn edrych fel mwnci!

ASTUDIO'R SÊR

Yng nganol mis Mai fe aeth pawb o ddosbarth Mr Owain i Jordell Bank ger Manceinion. Yno roedd telescop enfawr. Roeddem ni yn lwcus oherwydd gwelsom y telescop yn symud. Ar ôl i ni gyrraedd gwelsom sioe o'r sêr ar do crwn.

CYFRIFIADUR NEWYDD

Dau fis yn ôl cawsom gyfrifiadur newydd o'r enw A5000. Mae n un handi ar y naw am wneud mapiau lliw o Ewrop, Cymru a Gledydd Prydain.

Dwi'n hoff iawn o wneud lluniau arno. Rhys Disgarth.

GWISG YSGOL

Mae gennym wisg ysgol efo logo wedi ei wneud gan Elin Howells. Mae ar ben y papur hwn. Mae'r wisg yn smart iawn. Mae telyn ar y logo - symbol o'n diwylliant a blodau'r eithin gan ein bod yn byw yng Nghwm Eithin.

Golygyddol

Eleni, Roanna a fi ydy'r Golygyddion. Llyr oedd y llynedd a bydd y tri ohonom yn gadael yr hen ysgol 'ma eleni. Trist iawn! Gobeithio y gwnewch chi fwynhau'r degfed rhifyn hwn. Mwynhewch o, a phob lwc i chi os ydych yn cystadlu yn Steddfod Llangwm!

Gwion

-1-

'Papur Bro Cwm Eithin', cynhyrchir gan blant Ysgol Llangwm.

Tai'n-y-foel a Thy'n-y-gilfach,
Llechwedd Llyfn sydd dipyn pellach;
Glan-y-gors a Pherthillwydion -
Dyna flodau Cerrig'drudion.

Yr Americanwr a'r 'centre of civilization'

A dyma yn awr newid cywair yn llwyr. Stori – a honno'n mynegi'n fyr a chryno gredo amryw byd o drigolion Llangwm ac Uwchaled a llawer un sy'n adnabod yr ardal yn dda – boed hi'n stori wir, neu beidio! Stori ydyw am Americanwr wedi dod ar ei sgawt i'r fro un diwrnod. (Dyw'r stori ddim yn nodi'n union i ble, fe allai mai i Langwm y daeth, ond does gen i ddim prawf o hynny! Stori yw stori, felly taw piau hi!) Fodd bynnag, fe gollodd yr Americanwr druan ei ffordd yn lân. Roedd hi'n oer a niwlog ac yn bwrw glaw mân, ac yntau wedi hen ddiflasu. Ymhen y rhawg cyfarfu â gwas fferm yn aredig, a gofynnodd iddo: *'Tell me old boy, which is the quickest way to civilization?'* Ac atebodd y gwas ef: *'You're right in the centre of it!'*

'Gwlad yr ymledu gorwelion': teyrnged D Tecwyn Lloyd

Byddai'r diweddar Dr D Tecwyn Lloyd wedi bod wrth ei fodd â'r stori yna, a byddai wedi'i hailadrodd gydag afiaith, ac yntau'n ben-storïwr – yn gyfarwydd – mor ardderchog ei hunan. Fe'i maged ef yn ardal Llawrybetws a Glanrafon, rhyw hanner y ffordd rhwng Corwen a Llangwm, ond roedd ei hynafiaid, o ochr ei dad a'i fam, o Uwchaled. Wedi ymddeol, symudodd i fyw i Faes-yr-onnen, yr hen Reithordy ym Maerdy, ger Dinmael. Mewn sawl sgwrs gofiadwy fe'i clywais yn sôn yn aml mor fawr ei edmygedd o drigolion Cwm Eithin. Roedd yn adnabod llawer o'r bobl y sonnir amdanynt yn y gyfrol hon yn dda, ac fe fynegodd ei edmygedd o drigolion Uwchaled yn groyw iawn mewn o leiaf ddau gyhoeddiad. I drigolion Uwchaled y cyflwynodd ei gyfrol gyntaf, sef *Erthyglau Beirniadol* (1946).[2] Am dymor o chwe blynedd, o ddechrau Hydref 1940 hyd ddiwedd Haf 1946, bu'n cynnal pum dosbarth nos yn yr ardal hon o dan nawdd Cymdeithas Addysg y Gweithwyr (WEA), yr union adeg yr oedd gan Gangen Uwchaled ei chylchgrawn bywiog ei hun, sef *Cefn Gwlad*, a Thecwyn, y darlithydd ifanc, brwd, yn un o'i brif hyrwyddwyr. Meddai yn ei gyflwyniad i *Erthyglau Beirniadol*:

'Yn y dosbarthiadau nos cwrddais â rhai o ddynion a merched gorau gwerin Cymru. Trwy gydol hir y rhyfel a'i holl rwystrau fe

Dosbarth gwnïo yn Ysgol Llangwm, tua 1916.
Yr athrawes: Jane Winnie Roberts, Dolpennau, Dinmael. Yr
ail res, o'r chwith: Elizabeth Jones, Arddwyfan; Annie
Humphries, Bryn Hyfryd(?); Elizabeth Jones, 'Rhafod (mam
yr awdur).

gadwasant fflam diwylliant ynghynn, a rhywfodd, fe ddeuthum i
deimlo mai'r bobl hyn a'u tebyg dros Gymru i gyd, eu diwyrni a'u
ffydd hwy sy'n bwysig, ac mai gennyf i a'm tebyg y mae'r gwaith
anodd o ddysgu ac ymwyleiddio. Dywedaf felly wrth bobl Uwchaled
o waelod calon: buoch yn dda ac yn hael, yn orhael wrthyf...'[3]

Yna mae'n enwi rhai o aelodau'i ddosbarthiadau, ac meddai
ymhellach am y gwyrda hyn a'u tebyg:

'Pobl Uwchaled a goreuon pobl Cymru. Hebddynt, ni wladychir bro
ac ni chyfanheddir gwlad. Rhoes y rhain i gyd lawer mwy i mi nag
y gallaf i byth obeithio ei ad-dalu a bydd gennyf ddyled bythol
iddynt. Iddynt hwy ac i Uwchaled y cyflwynaf y llyfr hwn fel ernes
o'm parch a'm gorhoffedd o'r fro a'r cwbl a fu ac y sydd ynddi
heddiw. Na foed machlud i'w ffyniant.'[4]

Ddeng mlynedd ar hugain yn ddiweddarach ymhelaethodd D
Tecwyn Lloyd ar y sylwadau hyn mewn ysgrif odidog iawn, 'Bod
yn Uwchaled'.[5] Ynddi mae'n sôn amdano'n ymweld â'r fro am y
tro cyntaf yn hogyn ifanc yn 1926 ar ei ffordd i Eisteddfod fawr

Plant Ysgol Llangwm, 1917, ar fuarth yr Ysgol, o flaen 'Tŷ'r Hers', ger Mynwent yr Eglwys.

Rhes flaen, o'r chwith: ?; Ernest Thomas, Tŷ Ucha; Frank Owen, Tŷ Gwyn; Andrew Jones, Felin Pen-y-gaer; Edward Thomas, Tŷ Ucha; Edward Boner Jones, Fron Haul; Frank Williams, Pen 'Rardd; Arthur Edwards, Ty'n Felin; Robert Evan Hughes, Canol Llan.

Ail res: Gertie Owen (Hughes), Cwmllan; Annie Lizzie Williams, Pen 'Rardd; Sybil Eccelshaw, Pen 'Rardd; Maggie Owen (Jones), Cwmllan; Mary Winnie Hughes, Canol Llan; Mabel Jones, Felin Pen-y-gaer; Maggie Jones Owen, 'Rhafod; Gwladys Jones, Felin Pen-y-gaer; Annie Humphreys, Bryn Hyfryd; Dinah Jones, Parc Gwern Nannau; Jennie Mary Thomas (Jones), Tŷ Ucha; Megan Hughes (Jones/Abraham), Siop y Llan; Annie Mary Jones (Williams), Fron Haul; Nesta Owen, Cwmllan.

3edd res: Nellie Owen (Roberts), Tŷ Gwyn; Annie Jones (Roberts), Ty'n Celyn; Elin Edwards, Ty'n Bryn; John Morris Jones, Arddwyfan; Thomas Thomas, Tŷ Ucha; John Hugh Hughes, Canol Llan; Dafydd Evans, Gwern Nannau; William Edwards, Ty'n Bryn; Robert David Roberts, Parc Gwern Nannau; John David Jones, Fron Haul; Jennie Jones, Arddwyfan; Lizzie Owen (Jones), 'Rhafod; Jane Winnie Roberts, Dolpennau (Athrawes).

Rhes ôl: Mr Parry (Prifathro); Emlyn Jones, Bryn Fawnog; William Elfet Evans, Tŷ Capel; Gwilym Hughes, Siop y Llan; Owen Owen, Tŷ Cerrig; William David Owen, Tŷ Gwyn; George Eccleshaw, Pen 'Rardd; Evan Owen, Tŷ Cerrig; Robert Evans, Tŷ Capel.

Plant Ysgol Llangwm. 1936-7.

Rhes flaen, o'r chwith: Glyn Morris, Ty'n Foelas; Hywel Morris Jones, Llwyn Mali; Thomas Vaughan Roberts, Fron Isa; Tecwyn Hughes, Pen-y-gob; Idris Jones, Cartref; Robert David Davies, Cefn Nannau; Wyn Jones, Henblas; Emyr Jones, Gellïoedd Ucha.

Ail res: Ifor Jones, Ty'n y Gwern Nannau (Parc); Laura Winnie Owen, Bryn Nannau; David W Jones, Pig-y-bont (Felin Pen-y-gaer); Jennie Jones, Henblas; Emyr Evans, Llwyn Saint; Doris Hughes, Pen-y-gob; Idris Jones, Tŷ Ucha; Eunice Jones, Tai Ucha; Noel Thomas, Tŷ'r Ysgol; Annie Lloyd Williams, Cwmllan; Emyr Williams, Cwmllan.

3edd res: Thomas Jones, Ty'n y Gwern Nannau (Parc); Robert H Jones, Pig-y-bont (Felin Pen-y-gaer); Emrys Jones, Ty'n y Gwern Nannau; Tegwyn Jones, 'Rhafod; Victor Ainsworth, Lodge; Idwal Jones, Henblas; Gwynfryn Williams, Is-y-coed; Iorwerth Hughes Jones, Ceseilgwm; Gwilym Thompson Jones, Canol Llan (?)

4edd res: Elw(yn) Jones, Henblas; Mary Swancote Edwards, Tŷ Newydd; Alice Gwendoline Jones, Henblas; Jane Elinor Owen, Tŷ Cerrig; Ceirwen Owen, Bryn Nannau; May Ainsworth, Lodge; Margretta Vaughan Williams, Fron Haul; Annie Ainsworth, Lodge; Ann Jane Jones, Tai Ucha; Laura Jane Jones, Pant Glas; Mair Ellen Davies, Gellïoedd Ganol; Jane Elin Davies, Cefn Nannau; Eluned Jones, Tŷ Hen (Athrawes).

Rhes gefn: Mable Roberts (Athrawes); Trefor Morris, Ty'n Foelas; Sulwyn Edwards, Tŷ Newydd; Gwilym Jones, Bryn Ffynnon; Goronwy Hughes, Pen-y-gob; Eirwyn Jones, Ty'n Celyn; Rob(ert) Jones, Canol Llan; Brynle Hughes, Ty'n Bryn; S Hefin Jones, Gellïoedd Ucha; Gwilym Thomas (Prifathro).

Pentrefoelas, un o'r eisteddfodau rhyfeddol hynny a gynhaliwyd yn yr ugeiniau pan gynigid cannoedd o bunnau yn wobrau i gorau, a rheini yn tyrru yno o bell. Dyma un atgof ganddo am ei ymweliad cyntaf.

'Draw ymhell i'r gogledd rwy'n cofio gweld, am y tro cyntaf erioed, fynyddoedd mwy na dim a welswn cynt, uwch, ac hefyd peryclach a ffyrnicach eu golwg. Newydd basio Cernioge Mawr oeddem ni, decini, a dyna lle'r oeddynt, – mynyddoedd Eryri a chadernid Gwynedd yn eu holl annibyniaeth ysgythrog, oer, llwydlas: tywysogion oesol mynyddoedd Cymru. Rhaid bod y gweld hwn yn brofiad ysgytiol; cyn hyn, y Berwyn oedd fy mynydd 'mawr' ac yr oeddwn yn ei weld o ffenest fy nghartre bob dydd. Ond y diwrnod hwnnw, dyma weld mynyddoedd y gwyddwn ar unwaith eu bod yn fwy, yn llawer mwy. Wrth groesi Uwchaled y bore hwnnw o haf ym 1926, deuthum i gwrdd â graddfa fwy ar bethau; mewn amrantiad, megis, fe ledwyd fy myd a'm hunan ymwybod... Efallai yn wir mai yn awr yr wyf yn gweld fod y digwyddiad hwn ym 1926 yn rhyw fath o ragargoel, o ddarogan neu rag-lun o'r hyn oedd Uwchaled i fod i mi pan ddeuai'r iawn amser i hynny. Canys megis ag mai o ucheldir Cernioge a Rhydlydan y newidiwyd fy mesur o bethau trwy weld copaon Eryri, felly y bu Uwchaled i mi am gyfnod o chwe blynedd yn wlad yr ymledu gorwelion a darganfod profiadau a gwybodau na wyddwn amdanynt o'r blaen.'

'Nyth hen yr heniaith annwyl...'

'Gwlad yr ymledu gorwelion' – ni ellid cael gwell disgrifiad o Uwchaled – nac unrhyw ardal ddiwylliedig arall yng Nghymru, o ran hynny – na'r geiriau hyn. Dyna'r union brofiad a gafodd y Parchg Huw Roberts yntau pan ddaeth i fyw i'r fro ac yn weinidog ar eglwysi MC Cefn Nannau, Llangwm, a Maes-yr-odyn, Llanfihangel Glyn Myfyr. Dyma un cywydd byr o'i eiddo sy'n mynegi'i hoffter mawr o'r ardal:

> Uwchaled wych, hael dy hedd,
> I afallon efeillwedd:
> Gweiriau ar lawr, gorau'r wlad,
> Yn gnwd ir o gain doriad,
> A phreiddiau hyd y ffriddoedd,
> Afrifed yn ged ar goedd.

Plant Ysgol Llangwm, 1969/70.

Rhes flaen, o'r chwith: Catrin Jones, 'Rhafod; Gareth Owen, Bryn Nannau; Dylan Hughes, Tŷ Cerrig; Gwennol Jones, Aeddren; y diweddar Huw Eryl Owen, Tyddyn Eli; Iwan Davies, Cefn Nannau; Dewi Jones, Disgarth Isa. *Rhes ôl:* Eamon Morris, Glanffrwd; Arwel Jones, Tŷ'r Ysgol; Kathy Davies, Lodge; Mererid Jones, Tŷ Newydd; Carys Williams, Disgarth Ucha; Eryl Vaughan Roberts, Fron Isa; Gwynfryn Owen Jones, 'Rhafod; y diweddar Alwyn Owen, Bryn Nannau.

Wlad dda'i rhin, ei gwerin goeth
A gafwyd iddi'n gyfoeth.
Yn dŵr i'r gwan, dewrwyr gynt
Dros ryddid roes o'r eiddynt.
Nyth hen yr heniaith annwyl,
Gwlad telyn, englyn a hwyl,
Hon a ymlŷn â mawl Iôr,
Wrth ddiwylliant, wrth allor.

Haf enaid, nef ei hunan,
Ddoi o fyw yn hedd y fan.[6]

'Nyth hen yr heniaith annwyl...' Y mae'r geiriau hyn yn arbennig o wir am ardal Llangwm heddiw. Er i nifer o Saeson symud yma i fyw, erys o hyd yn un o gadarnleoedd y Gymraeg, a phob plentyn yn yr ysgol yn siarad yr Iaith neu, o leiaf, yn cael eu 'boddi' yn yr Iaith, ac ymhen dim – diolch i'r athrawon brwd a'u gweledigaeth iach – yn datblygu'n Gymry glân, gloyw. Adlewyrchir brwdfrydedd a gweithgarwch yr athrawon a'r plant yng nghylchgrawn yr ysgol: *Clecs y Fro*. Disgyblion yr ysgol sy'n gyfrifol am gynnwys a gosod y cylchgrawn bywiog ac ardderchog hwn. Cyhoeddir dau rifyn y flwyddyn, fel arfer. Ymddangosodd y rhifyn cyntaf ym mis Ionawr, 1988, a hyd yn hyn (Ionawr, 1996) cyhoeddwyd 11 rhifyn.

'Yn y llaw fach mae'r holl fyd'

Bûm yn ymweld fwy nag unwaith yn ddiweddar â phob un o ysgolion Uwchaled, a mawr yw dyled yr ardal i'r athrawon am eu gwaith ardderchog. Felly yn Ysgol Llangwm. Y mae yma ymroddiad nodedig, a hyfryd yw cael dal ar y cyfle hwn i ddweud: diolch o galon. A'r un modd i'r rhieni a'r Llywodraethwyr am eu cefnogaeth barod hwythau. Dal ar y cyfle hefyd i ddymuno'n dda iawn i'r ysgol yn y dyfodol, yn ddisgyblion, athrawon a chynorthwywyr: y Prifardd Robin Llwyd ab Owain (prifathro); Rhian Jones (dirprwy); Amanda Lloyd; Mallt Davies Jones; Ffion Roberts; Ceinwen Padan; Eleri Wyn Yaxley, a phawb arall nad wyf wedi'u henwi sy'n gefn i'r ysgol mewn unrhyw fodd.

Arwyddair yr ysgol yw llinell ragorol o gynghanedd gan Robin Llwyd ab Owain: 'Yn y llaw fach mae'r holl fyd'. A pha arwyddair gwell i unrhyw ysgol? Cofiwn yr hen ddihareb Tseineaidd: 'Ni all y tywyllwch eithaf ddiffodd y gannwyll leiaf '. Cofiwn eiriau Syr Owen M Edwards: 'Gall dyn mawr weithio mewn cylch bychan' (*Er mwyn Cymru*, Wrecsam, 1922, 56). Cofiwn eiriau Waldo: 'Daw dydd y bydd mawr y rhai bychain, Daw dydd ni bydd mwy y rhai mawr...' A chofio hefyd ddau ddywediad o eiddo un o wŷr enwog Uwchaled ei hun, y Parchg J T Roberts: 'Pobl sy'n gweld ymhell sy'n deall orau ystyr yr hyn sydd yn eu hymyl'; 'nid swm bychan o bethau mawr yw bywyd, ond swm mawr o bethau bychan.'

Un enghraifft dda yn Llangwm o wireddu arwyddair yr ysgol yw'r gwaith eithriadol o ddiddorol a wnaed yn ddiweddar gan y plant ar hanes rhai o gartrefi'r ardal, ac yn arbennig oddeutu cyfnod Cyfrifiad 1891. Ar y gweill ceir llyfryn sy'n seiliedig ar y wybodaeth

Plant Ysgol Llangwm yn cyflwyno 'Drama'r Geni' i breswylwyr cartref yr henoed, Cysgod y Gaer, Corwen, Nadolig 1977.
Llun gan Evan Dobson.

Rhes flaen, o'r chwith: Lucinda Griffiths, Garthmeilio; Maria [?], Ty'n Ffridd; Nerys Jones, Parc; Marian Jones, Tŷ Golau; Undeg Jones, Aeddren Ucha; Lona Padan, Ty'n Fron; Amanda Lloyd, Gerlan; Bedwyr Jones, Aeddren Isa; Eurgain Jones, Aeddren Ucha; Elliw Owen, Tyddyn Eli; Arwel Jones, Parc; Ian Roberts, Bryn Hyfryd.

Rhes ôl: Sally Norkie, Y Post; Nia Jones, Parc; Tracey Lloyd, Gerlan; Lynn Roberts, Brynhyfryd; Manon Jones, 'Rhafod; Osian Jones, 'Rhafod; Gwennan Jones, Disgarth Isa; Ian Norkie, Y Post; Siân Owen, Tyddyn Eli; Robert Norkie, Y Post; Glesni Jones, Tŷ Golau; Nest Davies, Cefn Nannau.
Prifathro: Gareth Hughes. Athrawes: Mrs Nansi Morris.

a gasglwyd. Bwriedir ei gyhoeddi, a hynny a ddylid. Gwelais rannau ohono eisoes, ac y mae'n gyfraniad gwerthfawr. Ar gyfer paratoi'r llyfryn hwn, megis y cylchgrawn, *Clecs y Fro*, gwneir defnydd helaeth o'r cyfrifiadur. Ardderchog yw gweld plant ysgol fechan fel Llangwm yn cael pob cyfle i feistroli technoleg gyfoes byd y cyfrifiaduron. Cael cyfle hefyd i ddysgu a deall mwy am fyd gwyddoniaeth yn gyffredinol, tra ar yr un pryd yn rhoi'r sylw haeddiannol i feysydd megis hanes a chelfyddyd, llên a chân.

170

Ysgol Llangwm a'r buarth chwarae, 1978.
Llun gan Jeremy Finlay, Llundain.

Yn groes i'r duedd ddiweddar mewn nifer o ysgolion gwledig yng Nghymru, bu cynnydd sylweddol yn ystod y blynyddoedd diwethaf hyn yn nifer y plant yn Ysgol Llangwm. Dyma rai ffigyrau: 1917: 44; 1920: 51; 1949: 18 (effaith y rhyfel); 1952: 49; 1960: 40; 1968: 36; 1985: 17; Ionawr, 1996: 54 (yn cynnwys 5 o blant meithrin). Ar wahân i enw da yr ysgol a chyfraniad hollbwysig yr athrawon, y mae o leiaf ddau brif reswm am y cynnydd hwn. Yn gyntaf, y mae gwaith ar gael o fewn cyrraedd i'r mwyafrif o deuluoedd ifanc y fro. Ceir bri o hyd ar amaethyddiaeth fel y prif ddiwydiant, a da gweld bechgyn ifanc yn cael dilyn eu rhieni ar y ffermydd. Ceir bri hefyd ar grefft a masnach a mân ddiwydiannau eraill sy'n fodd i sicrhau gwaith. A'r ail reswm: polisi rhagorol Tai Clwyd, gyda chefnogaeth Cyngor Bro Llangwm, yn adeiladu nifer o dai cymen yn y pentref a'u gosod i Gymry Cymraeg neu drigolion lleol. A dyma gyfle i mi, ar glawr, i ddiolch yn ddiffuant iawn i'r Cyngor am ei welediad a'i gymwynas, ac yn arbennig i Mr Emrys Jones a fu ar flaen y gad gyda'r ymgyrch hon, fel gyda'r ymgyrch i gael neuadd deilwng i'r pentref.

Ysgol Llangwm: ystafell dosbarth y plant hŷn, 1978.
Prifathrawes: Nansi Morris.
Llun gan Jeremy Finlay, Llundain.

'Eisiau wyth niwrnod i'r wythnos yng Nghwm Eithin'

Dyna ddau brif reswm. Ond tybed nad oes yna drydydd, ac efallai mai hwn yw'r rheswm pwysicaf un: y mae Llangwm yn lle braf a difyr iawn i fyw ynddo. 'Gwlad telyn, englyn a hwyl...', meddai'r Parchg Huw Roberts. Gwir bob gair. Ni fu yn Llangwm erioed fwy o fri ar gerdd dant a cherdd dafod, canu ac adrodd, côr a drama, darlith a chyngerdd, celfyddyd a chrefft. A bri hefyd ar dynnu coes a gwneud castiau, megis ar noson cyn priodas neu'n gynnar yn y bore. Yn *Y Cyfnod* a'r *Corwen Times*, papur wythnosol a gyhoeddir gan Wasg y Sir, Y Bala, ac yn *Y Bedol*, y papur bro misol, cyhoeddir hefyd o dro i dro gerddi yn adrodd am droeon trwstan rhai o drigolion y fro. A'r cyfan yn ddrych o gymdogaeth glòs.

Ar y deunawfed o Fawrth 1965 cyhoeddwyd erthygl yn *Y Cymro* yn rhoi portread o'r bwrlwm diwylliannol yn ardal Llangwm, y stori gan Dyfed Evans a'r lluniau gan Geoff Charles. Pennawd yr erthygl honno

Plant Ysgol Llangwm, Haf 1994.

Rhes isaf, o'r chwith: David Green, Hendre Garthmeilio; Catrin Ifan, Cwm Cemig; Melangell Owen, Penyfed; Mirain Jones, Rhydolwen; Awen Jones, Awel-y-ddôl; Lois Hughes, Erw Fair; Huw Jones, Llain Wen.

Ail res: Guto Lynch, Bryn Ffynnon; Lowri Stubbs, Lodge; Grisial Ifan, Cwm Cemig; Alwyn Dylan, Awel y Ddôl; Manon Celyn, Garthnant; Heledd Llwyd, Fron Llan; Ceri Thomas, Cartref; Angharad Medi Williams, Garth Gwyn; Lowri Hughes, Ystrad Fawr.

3edd res: Elgan Morris, Glasgoed; Linor Llwyd Williams, Fron Llan; Meleri Wyn Williams, Garth Gwyn; Kirsten Loach, Ceseilgwm; Miriam Francis Davies, Gellïoedd Ucha; Arfon Glanli Thomas, Cartref; Iona Jane Davies, Tŷ Gwyn; Elain Gwenllian Hughes, Erw Fair; Osian Tryweryn Jones, Llain Wen; Mari Fflur Jones, Bryn Medrad.

4edd res: Ifor Aled Hughes, Ystrad Fawr; Dyfan Aled Jones, 'Rhafod; Siôn Lynch, Bryn Ffynnon; Ynyr Yaxley, Tŷ Gwyn Llan; Michael Rhys Stubbs, Lodge; Meirion Morgan Dewsbury, Ty'n Ffridd; Iwan Gruffydd Jones, Garthnant; Heather Green, Hendre Garthmeilio; Roanna Dewsbury, Ty'n Ffridd.

Rhes ôl: Robin Llwyd ab Owain, Prifathro; Rhys Williams, Disgarth Ucha; Dafydd Yaxley, Tŷ Gwyn Llan; Gwion Rhys Jones, Rhydolwen; Ioan Llyr Smallwood, Bron Graig; Elliw Medi Jones, 'Rhafod; Marisa Loach, Ceseilgwm; Nia Eleri Hughes, Ystrad Fawr; Lowri Ann Evans, Pen 'Rardd; Amanda Lloyd, Gerlan (Gweinyddes Feithrin); Rhian Jones, Bryn Medrad (Athrawes).

Côr Undebol Gellïoedd, tua 1910.

Arweinydd (ar y chwith): Edward Jones, Pant Glas. Blaenor (ar y dde): John Jones, Aeddren Isa.

Rhes flaen, o'r chwith: Maggie Evans, Tŷ Capel, Gellïoedd; Elin Evans, Tŷ Capel; Catherine Alice Hughes, Pen-y-gob.

Ail res: Maggie Jones, Rhydolwen; Grace Jones, Garthmeilio; Edith Mary Owen, Canol Llan; Elizabeth Jones, Ty'n Groes; Mary Jones, Ty'n Groes; Kate Jones, Ty'n Ffridd; Kate Parry Edwards, Tŷ Newydd.

3edd res: Nin Jones, Ty'n Groes; Lizzie Parry Edwards, Tŷ Newydd; Polly Hughes, Pen-y-gob; Mary Jones, Rhydolwen; Jane Ann Evans, Tŷ Capel; Annie Owen, Cwmllan; Maggie Jones, Ty'n Groes; Laura ('Lwl') Owen, Cwmllan.

Rhes ôl: Thomas Thomas, Ty'n Celyn; William Hugh Jones, Ty'n Foelas; David Jones, Llwyn Mali; Thomas Jones, Henblas; Edward Parry Edwards, Tŷ Newydd; William Jones, Ty'n Celyn; Neli Hughes, Pen-y-gob; Katie Evans, Tŷ Capel.

yw dyfyniad o eiriau un o'r trigolion, sef 'Eisiau Wyth Niwrnod i'r Wythnos yng Nghwm Eithin.' A heddiw, ddeng mlynedd ar hugain yn ddiweddarach, byddai'r pennawd yr un mor addas.

Bu traddodiad cerddorol cyfoethog iawn yn Llangwm, a bri arbennig ar gorau cymysg a chorau meibion.[7] Yn saithdegau

174

cynnar y ganrif ddiwethaf roedd Thomas Roberts, Gwern Nannau, yn arwain y Côr Cymysg. (Roedd ef yn aelod yng Nghapel Cefn Nannau a chawn gyfeirio eto at ei gyfraniad.) Wedi hynny bu aelodau o Deulu'r Seiri Cochion a'u disgynyddion yn amlwg fel arweinyddion corau a phartïon yn Llangwm hyd heddiw. Cawn sôn gryn lawer yn y gyfrol hon am gyfraniad teuluoedd i fywyd diwylliannol a chrefyddol y fro, a phriodol iawn yma yw dweud gair am y teulu arbennig hwn – teulu nodedig am eu talent gerddorol, eu gwaith fel seiri coed medrus, a'u gwallt coch.[8] Rhieni'r Seiri Cochion oedd William Jones, Tan-y-fron, Maerdy, ac Elizabeth (Williams), Caer Hendre, Aber-erch, ger Pwllheli. Ganed iddynt naw o blant, ac yr oedd pump ohonynt yn seiri, fel eu tad: William, John, Dafydd, Hugh, ac Owen.

Teulu'r Seiri Cochion a thraddodiad cerddorol

Mab i William, yr hynaf o'r plant, oedd y cerddor dawnus David Jones (1883-1944), Pen y Bont, Llangwm, tad Emrys Jones, a'i chwaer Mrs Eirlys Lewis Evans, Y Rhyl. Yn ogystal â'i waith fel saer, roedd John, yr ail fab, yn ffariar, a rhoddai gynnig hefyd yn achlysurol ar wneud pwt o rigwm. Dafydd oedd y trydydd o'r Seiri Cochion – Dafydd Jones (1850-1936), Bryn Saint, Cerrigydrudion. Bu ef yn arweinydd Côr Cymysg enwog Cerrigydrudion, a chawn gwrdd ag ef eto yn rhinwedd ei waith yn adeiladu capel newydd Cefn Nannau yn 1896. Roedd Hugh, chweched plentyn William ac Elizabeth Jones, yn denor adnabyddus, ac enillodd fedal arian Eisteddfod y Golomen Wen, Penbedw (Birkenhead). Oddeutu 1890 symudodd i fyw i Dy'n y Foelas, Llangwm.

Yr ieuengaf o'r Seiri Cochion oedd Owen Jones (1858-1922). Fel ei frodyr hŷn, Dafydd a Hugh, fe'i ganed yntau yn Nhy'n Pistyll, Llangwm, ond erbyn 1871 roedd y teulu wedi symud i fyw i Ganol Llan. Bu Owen yn ddiwyd yn cynnal dosbarth tonic sol-ffa yn y pentref, a dywedir nad oedd ond dwy ar bymtheg oed pan dderbyniodd wahoddiad i arwain Côr Cymysg Llangwm. Cyfeilydd y côr bryd hynny oedd Esther Margaret Roberts, merch y Parchg Ellis Wyn Roberts, 'Elis Wyn o Wyrfai' (1827-95), rheithor Eglwys Llangwm. A hi, yn y man, ddaeth yn wraig iddo. Priodwyd hwy yn 1880, ac wedi cyfnod yn Lerpwl aeth y ddau i fyw i Dy'n y Foelas, Llangwm. Yn 1890 symudodd y teulu i Fryngwyn,

175

Côr Cymysg Llangwm, tua 1960.

Rhes flaen, o'r chwith: Beti Jones, Henblas; Mrs Williams, Pen 'Rardd; Maggie Roberts, Fron Isa; Anwen Jones, Pen y Bont; Selina Jones, Ystrad Bach; Robert Ellis, Tan Graig (Llechweddfigyn) (Arweinydd); Mary Jones Williams, Cerrigydrudion (Unawdydd); Margaret Jones, Pen 'Rardd; Nora Jones, Corwen; Jane Evans, Gwern Nannau; Mary Jones, Gwylfa.

Ail res: Hester Claude Munro (Jones); Heulwen Jones, Tŷ Ucha; Glenys Owen, Bryn Nannau; Dorothy Hughes (Jones), Tŷ Gwyn Llan; Vera Evans, Bugeilfod; Dilia Williams, Disgarth Ucha; Ann Lloyd Jones, Cwm Main; Margaret Jones, Llwyn Mali; Heulwen Jones, Aeddren Isa; Jennie Jones, Fron Llan.

3edd res: Aerwyn Jones, Aeddren Isa; Dei Lloyd Jones, Cwm Main; Jane Evans, Tyddyn Eli; John Roberts, Ty'n Celyn; Dafydd Evans, Gwern Nannau; Beryl Jones, Nant-y-pyd; Glenys Jones, 'Rhafod; [?]; Anwen Owen, Glanrafon; Olwen Jones, Nant-y-pyd.

Rhes ôl: Robert Jones, Fron Llan; Trefor Hughes, Vicarage; John Owen, Llys Dinmael Isa; Dafydd Evans, Tyddyn Eli; Albert Jones, Ty'n 'Ronnen; Emrys Owen, Bryn Nannau; Ellis Gwyn Jones, Tan-y-coed; Emrys Jones, Pen y Bont; John Morris, Yr Efail, Tŷ Nant; y Parchg Wyn Evans, Bugeilfod; Tom Davies, Llys Dinmael Ucha.

Llanegryn, ac Owen erbyn hyn yn oruchwyliwr ar stad Cyrnol Wyn ym Mheniarth. Yn fuan wedi symud sefydlodd gôr cymysg yn Llanegryn, a bu'n arwain y côr adnabyddus hwn hyd flwyddyn ei farwolaeth (1922).

Yr oedd dau fab Owen ac Esther Jones yn faritoniaid dawnus, ac un ohonynt, William Ellis (neu 'W E', fel y'i gelwid), ymhlith prif sefydlwyr Cymdeithas Alawon Gwerin Cymru yn 1908. John Owen (1884-1972) oedd enw'r mab arall. Wedi graddio, fel ei frawd, ym Mangor, a gweithio fel athro ysgol am rai blynyddoedd, enillodd ysgoloriaeth i Goleg Cerdd Brenhinol Llundain, a daeth yn adnabyddus fel canwr proffesiynol dan yr enw Owen Bryngwyn. Cynigir ysgoloriaeth i fyfyriwr o Gymru gan y Coleg Cerdd Brenhinol er cof amdano. Y mae enw Owen Bryngwyn hefyd yn Llyfr Coffa y Cerddorion yng Nghapel y Cerddorion yn Eglwys y Bedd Sanctaidd yn Llundain.

Wedi i Owen Jones, tad Owen Bryngwyn, symud o Langwm i Lanegryn yn 1890, daeth ei frawd, Hugh Jones, i'r adwy a bu'n arwain Côr Cymysg Llangwm am oddeutu deng mlynedd ar hugain. Dyma'r cyfnod pan ddaeth Côr Llangwm, fel Côr Cymysg Cerrigydrudion, o dan arweiniad Dafydd Jones, brawd Hugh Jones, i gryn enwogrwydd. Dilynwyd Hugh Jones fel arweinydd gan ei fab yng nghyfraith, Hugh Roberts, Bryn Nannau, ac wedi hynny gan ei nai, David Jones, Pen y Bont. Wedi'r flwyddyn 1930 bu amryw o gerddorion y cylch yn arwain y Côr Cymysg: David Williams, ysgolfeistr Llangwm; Robert Ellis, Llechweddfigyn; Owen Hughes, Pen-y-gob; Ifor Hughes, Ystrad Fawr; Mary Jones, Cerrigydrudion; ac Emrys Jones, Pen y Bont.

Ym mynwent Capel Gellïoedd ceir y cwpled a ganlyn ar garreg fedd Robert Ellis (bu f. 5 Hydref 1972 yn 81 mlwydd oed):

Mwyn iddo angerdd cerddor
A gwledd cynghanedd y côr.

Y mae'r geiriau hyn yn addas iawn hefyd, dybiwn i, i gofio cyfraniad pob un a fu'n arwain corau a phartïon gyda brwdfrydedd ac ymroddiad yn ardal Llangwm ar hyd y blynyddoedd. Yn sicr, y maent yn briodol iawn i gofio cyfraniad nodedig David Jones, Pen y Bont. Yn 1930 yr oedd ef yn gyd-ysgrifennydd ac yn brif sefydlydd Eisteddfod Gadeiriol Llangwm,

Côr Meibion Llangwm, ger capel Gellïoedd, ar gychwyn i Eisteddfod y Groglith, Llandderfel, 1936.

Rhes flaen: Richard Davies, Llys Dinmael Ucha; Tom Jones, Ty'n Ffridd; William D Owen, Tŷ Gwyn; Evan P Edwards, Tŷ Newydd; Bertie Jones, Tŷ Tan Dderwen; David Jones, Pen y Bont (mewn sbectol dywyll, Arweinydd); John Owen Jones, Plas Nant; Albert Jones, Ty'n 'Ronnen; Ifor Hughes, Ystrad Fawr; Roland ('Rol') Jones, Ty'n Groes; Edward Jones, Hendre Garthmeilio; David J Davies, Pant Glas; Oliver Hughes, Ystrad Fawr.

Rhes ôl: Thomas W Jones, Ty'n Pistyll; William E Williams, Fron Haul; Cadwaladr Davies, Tŷ Tan Dderwen; Dafydd Evans, Gwern Nannau; R Vaughan Williams, Pen-Isa'r-Mynydd, Y Ddwyryd (gwas yn Arddwyfan); Joseph Davies, Aeddren Isa (Llanrhaeadr-ym-Mochnant); Thomas W Jones, Plas Nant; Gwilym Thomas (Ysgolfeistr a Chyfeilydd y côr); Robert Gruffydd Jones, Bryn Ffynnon; Gyrrwr y Bws; Owen Hughes, Pen-y-gob.

y gyntaf o'r eisteddfodau enwog a gynhelir bob blwyddyn mewn pabell eang ar y Sadwrn olaf ym mis Mehefin. Yn arbennig ar gyfer yr eisteddfod gyntaf honno yn 1930 y sefydlodd David Jones Gôr Meibion Llangwm, a bu'r côr hwn mewn bod fyth oddi ar hynny.

Yn 1944, wedi marw disyfyd David Jones, dilynwyd ef fel arweinydd gan Thomas William Jones, Ty'n Pistyll, ac yna Ifor Hughes, Ystrad Fawr. Mrs Bethan Smallwood yw'r arweinydd presennol, a bu'r Côr o dan ei harweiniad hi yn arbennig o

Côr Meibion Llangwm, 1990.
Llun gan Elsa Frischer.

Rhes flaen, o'r chwith: Robert D Davies, Cefn Nannau; Iorwerth Jones, Tŷ Golau; Bob Edwards, Gaerfechan; Ellen Ellis, Llaethwryd (Cyfeilyddes); Bethan Smallwood, Bron Graig (Arweinyddes); W Emrys Jones, Pen y Bont (Unawdydd); Aerwyn G Jones, Aeddren Ucha; Robert G Jones, Disgarth Isa.

Ail res: Gwyndaf Jones, Llwyn Saint; Hefin Jones, Cwm Penanner; Tecwyn Evans, Graig Adwy Wynt; Emrys Jones, Parc; Oliver Roberts, Cerrigydrudion; Alun Roberts, Padog; Rheinallt Jones, Cwm Penanner; Geraint Williams, Disgarth Ucha; Hywel Hughes, Ystrad Fawr; Glyn Jones, Y Bala.

3edd res: Ted Davies, Melin-y-wig; Caereini Roberts, Glasfryn; Wyn Williams, Pentrefoelas; Neville Owen, Llanfihangel Glyn Myfyr; Merfyn Evans, Llanfair Dyffryn Clwyd; Arwel Jones, Arddwyfan; Iolo Hughes, Erw Fair; Berwyn Hughes, Ystrad Wen.

4edd res: Wyn Thomas, Y Bala; Trefor Jones, Nant-yr-helyg (Bryn Ffynnon gynt); Gwilym Richards, Pentrellyncymer; Elwyn Ashford, Cynwyd; Gwilym Watson, Ystrad Bach; Gareth Evans, Cwm Cemig; Gwilym Jones, Cwm Penanner; Elfyn Jones, Garthnant; Dewi P Jones, Bryn Medrad; Eilir Jones, Aeddren Isa.

Rhes ôl: Ieuan Williams, Fron Llan; Gwilym A Jones, Y Bala; Hefin Williams, Cwm Tirmynach; Eilir Rowlands, Cefnddwysarn; Glennydd Evans, Groes-faen; Lloyd Jones, Cerrigydrudion; Ifor Thomas, Nebo; Eurwyn Thomas, Pentrefoelas; Emyr Jones, Cerrigydrudion.

Plât ar achlysur dathlu hanner canmlwyddiant Aelwyd yr Urdd, Llangwm. Arno ceir llun o'r Neuadd Fach ac englyn o waith Trefor Jones.

lwyddiannus, gan gynnwys ennill droeon yn yr Eisteddfod Genedlaethol. Bu hefyd ym Mafaria, Yr Almaen, ac yna, ym mis Medi 1994, bu Côr Sangerrunde Mittich, Bafaria, ar ymweliad cofiadwy iawn ag ardal Llangwm. Cyfeilydd ymroddedig Côr Meibion Llangwm ers dros ddeugain mlynedd yw Mrs Ellen Ellis, Llaethwryd, Cerrigydrudion. Mrs Rhian Jones yw is-arweinydd y Côr.

'Cwm cerddgar, llengar Llangwm...'; Aelwyd ac Adran yr Urdd

O ddiwedd y chwedegau ymlaen bu bri mawr hefyd ar gorau meibion a chorau cymysg cangen Llangwm o Aelwyd yr Urdd. Dyna pryd y sefydlodd Emrys Jones Gôr Meibion yr Aelwyd ac, yn fuan wedyn, sefydlodd Bethan Smallwood Gôr Cymysg. Am rai blynyddoedd hyd ganol yr wythdegau bu'r ddau gôr o dan ofal Mrs Rhian Jones, merch yng nghyfraith Emrys. Wedi hynny arweiniwyd

180

Côr Plant Llangwm, tua 1952-4.

Rhes flaen, o'r chwith: Gwilym Davies, Tegla; Carol Jones, Tan-y-coed; Eluned Owen, Glanrafon; Eirlys Davies, Tŷ Gwyn; Margaret Glenys Jones, 'Rhafod; Glenys Jones, Glasgoed; Beryl Jones, Nant-y-pyd; Arwel Owen, Tŷ Newydd; David Jones, Tan-y-coed; Ifan Jones, Tan-y-coed.

Ail res: Gwynfor Evans, Gwern Nannau; Aelwyn Owen, Glanrafon; Llinos Hughes, Y Post; Llinos Davies, Tŷ Gwyn; Carol Lloyd, Tŷ Ucha; Margaret Jones, Llwyn Mali; Anwen Owen, Glanrafon; Einir Hughes, Y Post; Glyn Jones, Tan-y-coed; Robert Gwyndaf (Jones), 'Rhafod; (y diweddar) Emyr Owen, Glanrafon.

Rhes ôl: Blodwen Jones, Garth Gwyn; Gwenfyl Roberts, Ty'n Celyn; Beti Jones, Henblas; Mrs Ruth Winifred Jones, Ty'n 'Ronnen (Arweinyddes); Aeryn Owen Jones, 'Rhafod; (y diweddar) Aled Owen, Pen-llwyn.

y corau gan Mrs Meinir Lynch, chwaer Bethan, dwy ferch Gwyneth a Trefor Jones, Brynffynnon, Gellïoedd gynt, a'r ddwy yn perthyn i'r un teulu â Thomas Roberts, Gwern Nannau, arweinydd cyntaf Côr Cymysg Llangwm. Y maent o'r un llinach hefyd â Thomas Jones, Isgaer Wen, cerddor dawnus. Merch Thomas Jones oedd Gaerwen Jones a roes gyfraniad arbennig o werthfawr i ardal Uwchaled fel cyfeilydd a hyfforddwraig ar y piano am flynyddoedd maith.

Er pan sefydlwyd Aelwyd yr Urdd yn Llangwm yn 1941 bu iddi swyddogaeth hollbwysig fel cyfrwng i hybu diwylliant ymhlith y

181

Parti Cerdd Dant Cwm Eithin, tua 1952-4, yn ymarfer yng Nghapel
Cefn Nannau.

O'r chwith: Emrys Jones, Pen y Bont (Arweinydd); Emyr Jones, Gellïoedd
Ucha; Emrys Owen, Bryn Nannau; Ifor Jones, Parc; Robert Gwilym Jones,
Parc; Robert David Davies, Cefn Nannau; Oliver Hughes, Tŷ Cerrig;
Cadwaladr Davies, Tŷ Tan Dderwen; Dafydd Evans, Gwern Nannau; Ifor
Hughes, Ystrad Fawr; Owen Huw Owen, Plasau; Emyr P Roberts,
Heulfre; Hefin Jones, Gellïoedd Ucha; T Vaughan Roberts, Fron Isa.

to ifanc, a phan ddathlwyd hanner can mlynedd sefydlu'r Aelwyd
yn 1991, mynegodd Trefor Jones, Brynffynnon, ddyled yr ardal iddi
yn yr englyn hwn:

> I roi arlwy'n awr hirlwm – bu i'r Urdd
> Hybu'r Iaith â'i bwrlwm,
> A'i hwyl hi a fu ynghlwm
> Â'n llawengerdd yn Llangwm.

Gŵyr pawb sy'n dilyn Eisteddfodau'r Urdd mor aml y gwelir
aelodau o Aelwyd Llangwm ar y llwyfan – yn gorau ac yn bartïon.
Ac eto, er ennill yn aml, nid yr ennill sydd bwysicaf, dybiaf i, ond
y boddhad o gystadlu – 'llawengerdd', chwedl Trefor Jones, neu i
ddyfynnu unwaith yn rhagor linell Huw Roberts am Uwchaled:

182

'gwlad telyn, englyn a hwyl'.

Y mae hyn yr un mor wir hefyd am gorau a phartïon y plant iau sy'n perthyn i Adran yr Urdd yn Llangwm ac a fu'n cystadlu'n gyson yn yr eisteddfodau Cylch a Sir ac yn y Genedlaethol. Hyfryd yr atgof am gerdded y ddwy filltir faith o'm cartref ar fferm 'Rhafod i fod mewn pryd i'r 'practis côr'. Roedd hyn, rwy'n brysio i ychwanegu, yn y dyddiau braf, pell yn ôl hynny yn y pumdegau, cyn i'r llanc a ystyriai ei hun ar y pryd yn dipyn o adroddwr sylweddoli na allai braidd ganu un nodyn mewn tiwn! Ond dyna un o nodweddion hyfforddwyr corau a phartïon plant ardal Llangwm: y croeso cynnes; y gwahoddiad i bob plentyn ymuno; gweld llygedyn o obaith yn y canwr sobraf!

Bu amryw yn hyfforddi'r plant dros y blynyddoedd, gan gynnwys yr athrawon ysgol, ond y ddau a fu'n bennaf gyfrifol yw Emrys Jones gyda'r canu a Mrs Dorothy Jones, Tŷ Newydd, gyda'r adrodd. Daliaf innau ar y cyfle hwn i ddiolch o galon iddynt hwy, ac eraill nad wyf wedi'u henwi, a'r un modd i arweinyddion y partïon a'r corau ieuenctid ac oedolion, am eu cymwynas nodedig. Mawr ein dyled iddynt. 'Cwm cerddgar, llengar Llangwm...', meddai Emrys Jones mewn englyn i'w fro. Hir y parhao felly.

Mewn dwy ysgrif: 'Teulu a Thelyn' a 'Traddodiad y Gwŷr wrth Gerdd yn Nyffryn Clwyd a Bro Hiraethog', cefais gyfle eisoes i sôn am ddileit mawr ardalwyr Llangwm a'r cylch mewn cerdd dant. Cyfeiriaf yn unig yn y fan hon, felly, at y nifer helaeth o unigolion sy'n canu penillion ac at ddau barti adnabyddus iawn. Yn 1948 sefydlodd Emrys Jones 'Barti Llanciau Llangwm'. Bu Côr Meibion neu Barti Cwm Eithin, fel y câi ei alw wedyn, am flynyddoedd yn rhoi pleser di-gymysg i gynulleidfaoedd niferus, o bell ac agos. Yna yn 1980 sefydlodd Rhian Jones barti 'Blodau'r Eithin', gan ennill y prif wobrau yn y Gwyliau Cerdd Dant a'r Eisteddfod Genedlaethol.

Difyrru'r amser: adrodd a drama

Dyna gipolwg ar y diddordeb brwd yn Llangwm mewn canu a cherdd dant. Gallem hefyd ychwanegu canu gwerin ac, yn sicr, rhaid sôn am adrodd. Bu yma dros y blynyddoedd sawl parti cyd-adrodd yn cystadlu yn eisteddfodau'r Urdd, Eisteddfod Llangwm, eisteddfodau lleol cyfagos ac, wrth gwrs, yng nghwarfodydd bach neu gwarfodydd llenyddol capeli'r cylch. Cyfeiriwyd eisoes at

Parti cydadrodd y merched (ac un hogyn
bach dewr yn eu canol!) ar ddiwrnod
Eisteddfod Llangwm, tua 1956-7.

Llun gan Gwynn Evans, Y Bala.

Rhes flaen, o'r chwith: Alwena Williams, Disgarth
Ucha; Ethel Davies, Tŷ Gwyn; Dilys Jones, Pen
'Rardd.

Rhes ôl: Eira Wyn Jones, Tan-y-coed; Elena
Hughes, Y Post; Dafydd Morris Ruggiero, Ty'n
Ffridd; Megan Davies, Tŷ Gwyn.

Hyfforddwraig: Dorothy Hughes.

gyfraniad Mrs Dorothy Jones yn hyfforddi'r plant. Un o'r rhai a
fu'n ddiwyd iawn yn hyfforddi partïon hŷn yw Vaughan Roberts,
Fron Isa, sy'n byw erbyn hyn ym Murmur y Nant, Llangwm.

Yn y fan hon efallai y caf ychwanegu gair o brofiad personol. Tua'r

Parti cydadrodd y bechgyn ar ddiwrnod Eisteddfod Llangwm, tua 1956/7.

Llun gan Gwynn Evans, Y Bala.

Rhes flaen, o'r chwith: John Trefor Jones, Pen 'Rardd; Dewi Prys Jones, Pen y Bont; Gwilym Lloyd Davies, Tŷ Gwyn; Gareth Morgan, Ty'n-y-felin. *Rhes ôl:* Robert James Williams, Gellïoedd Ucha; Trebor Lloyd Evans, Gwern Nannau; Heddwyn Ellis, Tŷ Capel Gellïoedd; Gwynfor Evans, Tyddyn Eli. Hyfforddwraig: Dorothy Hughes.

blynyddoedd 1956-9 cefais fraint arbennig, sef cael ymuno â'm brodyr hŷn, Tegwyn, Eifion ac Aeryn, i ffurfio parti cyd-adrodd – 'pedwarawd', os oes hawl gan adroddwyr fenthyg term o fyd y cerddorion! Cof da gennyf am gystadlu yn rhai o gwarfodydd bach yr ardal, megis Cwarfod Wesle, Tŷ Nant, a mentro hefyd i rai eisteddfodau pellach ym Mro Hiraethog a Dyffryn Clwyd. Dau o'r

Parti Cydadrodd Aelwyd yr Urdd, Llangwm, tua 1957-9.
Hyfforddwr: T Vaughan Roberts, Fron Isa.
O'r chwith: Meirion W Roberts, Fron Isa; Eifion Jones, 'Rhafod; D Gerallt
Owen, Tŷ Newydd; Aerwyn G Jones, Aeddren; Aeryn O Jones, 'Rhafod;
Aelwyn Owen, Glanrafon; Tegwyn Jones, 'Rhafod; J Trebor Roberts, Fron Isa.

darnau a gyflwynem oedd emyn Moelwyn: 'Pwy â'm Dwg i'r Ddinas
Gadarn...', a'r ddeuddegfed bennod o Lythyr Paul at y Rhufeiniaid:
'Am hynny, yr wyf yn atolwg i chwi, frodyr, er trugareddau Duw,
roddi ohonoch eich cyrff yn aberth byw, sanctaidd gan Dduw...'

Ar wahân i'r fendith ysbrydol amlwg o gyflwyno darnau mor
odidog â'r rhain, roedd dysgu'r cyfan ar y cof yn ddisgyblaeth
ardderchog: dysgu llefaru'n glir ac ystyrlon; dysgu sut i gyfleu
neges darn yn ddiffuant ac yn fyw; a magu hyder i ymddangos ar
lwyfan gerbron cynulleidfa. Ni chofiaf i adeg nad oedd sôn ar yr
aelwyd gartref am adrodd ac eisteddfod. Canu, yn bennaf, oedd
pethe fy mam, ac emyn a thôn yn arbennig, a thonc yn y parlwr ar
y piano. Ond adrodd a phrydyddu oedd dileit mawr fy nhad. Bu'n
adrodd ac yn beirniadu lawer pan oedd yn iau.

Cafodd dysgu darnau ar y cof i'w hadrodd, yn fy achos i, o leiaf, un dylanwad pwysig iawn arall: bu'n fodd i ymddiddori o ddifrif mewn barddoniaeth a barddoni, a chael crap go dda ar y cynganeddion yn ifanc iawn. Cofiaf, er enghraifft, ddotio wrth glywed y cytseiniaid yn clecian yng nghywydd 'Y Gof', Gwilym Hiraethog:

> Chwythu'i dân dan chwibanu
> Ei fyw dôn wna y gof du...

neu yng ngherdd odidog T Gwynn Jones: 'Cwymp Caersalem':

> Caersalem lân, Caersalem!
> Gwelir hi fel disglair em...

Ond y mae un peth pwysig eto heb ei ddweud am werth adrodd a chyflwyno ar goedd ddarnau diddorol a gwerthfawr o farddoniaeth a rhyddiaith Gymraeg mewn eisteddfod, cyngerdd a noson lawen. A dyma yw hynny: y pleser di-gymysg a roir i eraill – yr un modd yn union ag wrth ganu. Fel y gŵyr unrhyw adroddwr llwyddiannus yn dda (a'm brawd Aeryn gystal â neb, os caf enwi un o drigolion Llangwm), gwefr arbennig yw ymdeimlo ag ymateb brwd y gwrandawyr: codi pont rhwng perfformiwr a'i gynulleidfa; creu perthynas agos, gynnes. Sylw ar adegau i addysgu a chyflwyno gwybodaeth, moesoli neu ddychanu, ond pwys bob tro ar ddifyrru (di-fyrru: byrhau'r amser). Yn union fel dweud stori'n grefftus a byw. Rhoi boddhad i eraill – y wobr orau sydd i'w hennill.

Y mae'r hyn a ddywedwyd am adrodd uchod yr un mor wir am ddrama. Hwyl yn paratoi; hwyl yn cyflwyno ar noson y perfformiad terfynol; a'r gynulleidfa'n mwynhau bob munud o'r hwyl. Ni fu gwyliau drama yn Uwchaled a'r cyffiniau erioed mewn mwy o fri. Bu gan Langwm, fel ardal, a'r capeli sawl cwmni ar hyd y blynyddoedd, a'r dramâu a ddewisir bob amser yn rhai difyr a gwerth eu cyflwyno.

Y Gorlan Ddiwylliant

Yn 1934, fel y crybwyllwyd eisoes, addaswyd yr hen Ysgol Gerrig ar ganol y llan fel canolfan ddiwylliannol ac, er mor fychan ydoedd, bu'n gartref i Aelwyd yr Urdd a sawl gweithgarwch arall am flynyddoedd. Cynhaliwyd llawer o weithgareddau hefyd yn yr ysgol bresennol – yr Ysgol Frics fel y gelwid hi gynt. Wedi hynny (1964) cafwyd neuadd dros dro mewn cae ger yr Ysgol. Yna, yn 1984, agorwyd y neuadd newydd yn Llangwm – y Gorlan Ddiwylliant

Teulu 'Rhafod, Llangwm, tua 1955.
Rhieni: Elizabeth a John Hugh Jones. *Plant: rhes flaen (o'r chwith):* Rhiannon Owen a Margaret Glenys; rhes ôl: Aeryn Owen; Tegwyn; Eifion; Robert Gwyndaf.

yw'r enw cymwys a roed iddi – ac y mae ynddi weithgareddau bron bob nos o'r wythnos, ac yn arbennig yn ystod tymhorau'r hydref, y gaeaf a'r gwanwyn. Defnyddir rhan ohoni hefyd fel ysgol ddyddiol.

Dyma ragflas o'r gweithgareddau amrywiol a gynhelir yn y Gorlan Ddiwylliant. Ar nos Lun (ac weithiau ar nos Iau): ymarfer gan y Côr Meibion. Yr ail nos Fercher yn y mis: Sefydliad y Merched. Y drydedd nos Fercher yn y mis: Merched y Wawr. Y bedwaredd nos Fercher yn y mis: y Cyngor Bro. Y nos Wener gyntaf yn y mis yw noson Aelwyd yr Urdd, ac ar nos Sul, fel arfer, y bydd aelodau'r Aelwyd yn cyfarfod i ymarfer at eisteddfodau, cyngherddau a dramâu. Bydd yr Aelwyd yn defnyddio'r Neuadd hefyd ar gyfer chwaraeon, megis snwcer, tennis bwrdd, a dartiau, pan fo nosweithiau rhydd ar gael. Un o gyfarfodydd mwyaf diddorol y flwyddyn yw cyngerdd blynyddol yr Adran a'r Aelwyd, fel arfer yn y gwanwyn.

Defnyddir y Neuadd bob Sadwrn olaf ym mis Mehefin i baratoi bwyd ar ddiwrnod pwysig Eisteddfod Llangwm, o dan nawdd Capel y Groes, a'r dydd Sadwrn olaf ym mis Awst fe'i defnyddir i arddangos cynnyrch gardd, coginio a gwaith llaw ar ddiwrnod y Sioe Gŵn, o dan nawdd yr Aelwyd. Ddwywaith y flwyddyn daw gwirfoddolwyr ynghyd i 'blygu'r *Bedol*', y papur bro. Ddwywaith y flwyddyn hefyd bydd gwirfoddolwyr yn tapio cynnwys *Y Bedol* ar gyfer y deillion. Defnyddir y Gorlan Ddiwylliant, yn ogystal, i gynnal llu mawr o gyfarfodydd achlysurol eraill; er enghraifft, Ymryson y Beirdd, dawnsio gwerin, darlithoedd, dramâu, gyrfa chwist, gyrfa chwilod ('beetle drive'), nosweithiau dathlu, arwerthiannau at achosion da, a boreau coffi i gefnogi'r Ysgol Feithrin.

Cawn sôn eto am Gymdeithas Capel Cefn Nannau sy'n cwrdd, fel arfer, ar yr ail nos Wener yn y mis. Unwaith bob pythefnos, ar nos Iau, daw capeli'r Groes a Gellïoedd ynghyd, ar yn ail, i gynnal eu Cymdeithas hwythau. Yn y gwahanol gapeli, wrth gwrs, y cynhelir y rhan fwyaf o gyfarfodydd Cymdeithas Cefn Nannau, y Groes a'r Gellïoedd. Yn achlysurol, fodd bynnag, defnyddir y Neuadd; er enghraifft, i gynnal cyngherddau a dramâu. A dyna addasrwydd enw'r Neuadd: 'Y Gorlan Ddiwylliant', a ddewiswyd gan John Morris Jones, Aeddren, Gellïoedd. Corlan – lle daw pobl yr ardal ynghyd i gyd-fwynhau a chyd-werthfawrogi.

'Addysg yw bywyd': Dosbarthiadau WEA a'r cylchgrawn *Cefn Gwlad*

Ar hyn o bryd nid oes ddosbarth WEA (Cymdeithas Addysg y Gweithwyr) yn Llangwm ei hun, ond cafwyd rhai eithriadol o lwyddiannus yn y gorffennol. Teg cydnabod, fodd bynnag, mai'r pedwardegau oedd oes aur y WEA yn y fro. Erbyn 1941-42 roedd cymaint â phymtheg dosbarth yn Uwchaled a'r cylch. Dyma'r adeg yr oedd Cymdeithas Addysg y Gweithwyr, Uwchaled a'r Cylch yn cyhoeddi ei chylchgrawn arbennig, sef *Cefn Gwlad*. A chylchgrawn ardderchog ydyw, yn fwynglawdd o ddefnyddiau diddorol a gwerthfawr, wedi'u paratoi gan aelodau'r dosbarthiadau. Arwyddair y cylchgrawn oedd geiriau R T Jenkins: 'Addysg yw bywyd'. Cyhoeddwyd chwe rhifyn: 1940-41; 1941-42; 1942-43; 1943-44; 1947-48; 1952-53 (Rhifyn Coffa i Amryw o Wŷr Enwog y Cylch, wedi'i olygu gan Gruffydd Hughes, 'Myfyr y Gadair', Dinmael). Cyhoeddwyd hefyd rifyn arbennig o'r cylchgrawn yn 1983. O bryd i'w gilydd cynhaliodd Adran Efrydiau Allanol, Prifysgol Cymru, Bangor, gyfres o ddarlithoedd mewn cydweithrediad â Chymdeithas Addysg y Gweithwyr, Cangen Uwchaled. Pedair noson o ddarlithoedd, o dan yr enw 'Gŵyl y Brifysgol', mewn deg canolfan. Addas iawn, felly, fydd cloi'r bennod hon drwy enwi'r darlithwyr a thestunau'r darlithoedd mewn tair o'r gwyliau hyn: 1966, 1967 a 1970. Wrth wneud hynny daw i gof unwaith eto deyrnged D Tecwyn Lloyd i drigolion y bro y cyfeiriodd ati fel 'gwlad yr ymledu gorwelion':

Betws Gwerful Goch: 'Un o Feirdd Sir Ddinbych', Dr R Geraint Gruffydd; 'Iaith y Bardd', Bedwyr Lewis Jones; 'Astudio Cymdeithas', Yr Athro Huw Morris-Jones.

Cerrigydrudion: 'Enwau Lleoedd', Yr Athro Melville Richards; 'The Background of Uwchaled', D Tecwyn Lloyd; 'The Historian as Detective', Yr Athro A H Dodd; 'Yr Eisteddfod yn yr 20g.', Frank Price Jones; 'Athrylith', Dr Glyn Penrhyn Jones.

Dinmael: 'Di-boblogi Cefn Gwlad', C R Williams; 'Mudiadau Adfywio mewn Cristionogaeth Fodern', Dr R Tudur Jones.

Glasfryn a Chefn Brith: 'Llywodraeth Cymru, Heddiw ac Yfory', Dr Cyril Parry; 'Crwydro sir Ddinbych', Frank Price Jones.

Llanfihangel Glyn Myfyr: 'Y Rhyfel Degwm', Frank Price Jones (hefyd yn Ysbyty Ifan a Melin-y-wig); 'Geiriau'r Alawon Gwerin', Cynan (hefyd ym Mhentrefoelas); 'Bwyta'n Ddoeth i Fyw yn Iach', Dr Eirwen Gwynn.

Llangwm a Gellïoedd: 'Y Bardd yn ei Weithdy', Dyfnallt Morgan (cynhaliwyd yng Nghapel Cefn Nannau); 'Cyfrolau Atgofion', Dafydd Glyn Jones; 'Hen Ganu'r Cymru', E Gwyndaf Evans.

Melin-y-wig: 'Amser', Dr Dewi Morris; 'Hanes Cymru yn y Ganrif Ddiwethaf, 1870-1970', Bryn Lloyd Jones.

Nebo: 'Meddygaeth Gymharol', W Humphrey Jones; 'Y Llenor a'r Ddrama', Emyr Humphreys (hefyd ym Mhadoc).

Pentrefoelas: 'Tocyn i'r Lleuad', Dr Eirwen Gwynn; 'R Williams Parry', Bedwyr Lewis Jones.

Ysbyty Ifan a Phadog: 'Teuluoedd Dolgynwal', Enid Pierce Roberts.

8
Eisteddfod, Gŵyl ac Ymryson

Dyma ni bellach wedi codi cwr y llen ar beth o hanes a diwylliant ardal Llangwm. Yn y penodau nesaf carwn sôn mwy am ddiddordeb llawer iawn o'r trigolion mewn barddoniaeth a rhyddiaith, celf a chrefft. Hefyd mewn perfformio a chystadlu. Yn y bennod gyntaf hon, felly, rhai sylwadau ar y diddordeb mawr mewn cystadlu, boed mewn eisteddfod gadeiriol neu 'gwarfod bach', Gŵyl Ysgol Sul neu Ymryson y Beirdd.

Eisteddfodau Uwchaled

Prin fod ardal yng Nghymru sy'n enwocach am ei heisteddfodau nag Uwchaled.[1] Cyfeiriwyd yn fyr eisoes at Eisteddfod Gaer Gerrig (1895-96), Eisteddfod nodedig Pentrefoelas (1920-26), ac Eisteddfod Gadeiriol Llangwm (sefydlwyd: 1930). Rhwng 1919 a 1922 cynhaliwyd pedair eisteddfod lwyddiannus iawn o dan nawdd Capel Wesle, Tŷ Nant. Cyfeirir at yr eisteddfodau hyn fel Eisteddfodau Penyfed, oherwydd mai mewn sied wair ar y fferm hon (cartref David Ellis, y 'bardd a gollwyd') y cynhaliwyd hwy. Enillwyd cystadleuaeth y prif adroddiad yn eisteddfod 1921 gan Bob Lloyd, 'Llwyd o'r Bryn'. Yn eisteddfod 1922 enillwyd cystadleuaeth y ddeuawd agored gan Dafyd Jones, Pen y Bont, a Hugh Roberts, Bryn Nannau (aelod yng Nghapel Cefn Nannau).

Os byr fu parhad Eisteddfod Penyfed, nid felly Eisteddfod Pentrellyncymer, o dan nawdd Capel Hermon, yr Annibynwyr. Bu hon mewn bri o ddechrau'r ugeinfed ganrif hyd y pedwardegau. Cynhelid hi am nifer o flynyddoedd yn sied wair fferm Tŷ Gwyn. Cynhaliwyd hi hefyd rai troeon yn ystod y blynyddoedd olaf mewn pabell; yn sied Pentredraw; yng Nghapel Tŷ'n Rhyd, Cerrig; ac yng Nghapel Hermon. Yn cystadlu'n gyson a llwyddiannus yn yr eisteddfod hon yr oedd Côr Meibion Pentrellyncymer, o dan arweiniad William Charles Edwards, Pentredraw. Un flwyddyn enillwyd cystadleuaeth yr unawd o dan 25 mlwydd oed gan Thomas Jones, Plas Nant, Llangwm, a David Lloyd, y tenor adnabyddus, yn ail.

EISTEDDFOD
GADEIRIOL
LLANGWM
a gynhelir
Dydd Sadwrn, Gorffennaf 1af, 1933
(Dan nawdd Cymdeithas Pobl Ieuainc y Groes).

Llywyddion—

Prynhawn am 1 o'r gloch:
HUGH EVANS, YSW., Lerpwl.

Hwyr am 5.30 o'r gloch:
FRANK DAVIES, YSW:, Caerdydd.

Arweinydd a Beirniad yr Adrodd:
MR. BOB LLOYD (Llwyd o'r Bryn).

Beirniaid Cerdd:
J. OWEN JONES, YSW., B.Mus. (Dunelm), F.R.C.O., Penycae
OWEN WILLIAMS, YSW., L.T.S.C., Eglwysbach.

Cyfeilwyr:
G. PELEG WILLIAMS, YSW., A.L.C.M., L.T.C.L.,
Pentrefoelas; a
H. JONES EDWARDS, YSW., Bettws G.G.

Trysorydd: R. Jones, Ty'nyffridd.

CERDDORIAETH.

	£	s.	d.
1. Cor Cymysg, heb fod dan 25ain mewn rhif, "Gwywa y Gwelltyn" ("Gair ein Duw": Dr. Hopkin Evans. Gwobr	7	0	0
a Chadair Dderw Gerfiedig i'r Arweinydd.			
2. Parti Meibion, heb fod dan 25ain mewn rhif, "Milwyr y Groes" (Protheroe). Gwobr	6	6	0
a Set o Carvers i'r Arweinydd (Rhoddedig).			
3. *Cor Plant heb fod dan 20 mewn rhif, a than 16eg oed, "Siglo, siglo" (T. O. Hughes). Gwobr ...	3	0	0
a Bathodyn Canol Aur (Rhoddedig).			
Ail Wobr	1	0	0

Rhestr gyflawn o'r Testunau i'w cael gan yr Ysgrifenyddion. Pris 2g.; drwy'r post 2½g.

Ysgrifenyddion—W. Jones, Ty'nycelyn, Llangwm Corwen.
D. Jones, Penybont, Llangwm, Corwen.

Hysbyseb o'r *Seren.*

192

Plant o'r ardal yn canu penillion yn Eisteddfod Llangwm, 1978.
Gwenllian Dwyryd yn cyfeilio a'r Parchg Huw Jones yn arwain.
Llun gan Jeremy Finlay, Llundain.

O Bentrellyncymer i Lanfihangel Glyn Myfyr, bro Owen Jones, 'Owain Myfyr' (1741-1814), a fu mor gefnogol i eisteddfodau'r ddeunawfed ganrif. Cefnogwr arall i'r eisteddfod oedd Ellis Roberts, 'Elis Wyn o Wyrfai', a fu'n rheithor yn Llanfihangel (1866-72). Yn ystod y cyfnod hwn (er enghraifft, yn 1872) cynhelid eisteddfod yn Llanfihangel, ac yntau yn un o'r prif hyrwyddwyr. Yna, yn 1888, sefydlwyd Eisteddfod y Calan yn Llanfihangel, a bu hon mewn bri hyd ddiwedd saithdegau'r ugeinfed ganrif, ac wedi hynny ar raddfa lai. Cadwaladr Lloyd, neu Gadwaladr Llwyd, oedd y prif ysgogydd. Fe'i ganed ef yn 1805, ym Maes-yr-odyn, a bu'n byw hefyd am flynyddoedd yn Rhiw Goch. Gŵr dysgedig iawn, cerddor galluog a thipyn o fardd. Ei brif amcan yn sefydlu Eisteddfod y Calan oedd hyrwyddo crefydd, llenyddiaeth a cherddoriaeth. Buom ni, fel teulu, yn mynd yn gyson i'r eisteddfod hon, megis eraill o deuluoedd Capel Cefn Nannau. Cof da am

Un o eisteddfodau capel y Wesleaid, Tŷ Nant, yn sied wair Penyfed, 1919-22.

Lwyd o'r Bryn wedi cerdded am rai milltiroedd yn galw heibio ein cartref yn 'Rhafod, ac un o'm brodyr hŷn yn ei ddanfon i Lanfihangel yn y car. Ef, wrth gwrs, oedd yr arweinydd a'r beirniad llên ac adrodd. Arweinydd ardderchog arall am flynyddoedd oedd y dihafal Robert Jones, 'Bob Traian' (1894-1957).

Cadwaladr Llwyd hefyd oedd prif sefydlydd Cyfarfod Llenyddol a Cherddorol Methodistiaid Calfinaidd Dosbarth Cerrigydrudion. Yn Uwchaled, o leiaf, dyma'r gyntaf o'r eisteddfodau ar yr un patrwm ag yr ydym ni yn gybyddus ag ef. Y gyntaf – ac un o'r rhai pwysicaf hefyd. Cyfeirid at yr eisteddfod hon fel 'Cyfarfod Mawrth', oherwydd mai ar Ddydd Gŵyl Dewi y cynhelid hi. Yn ôl adroddiad manwl yn *Yr Wythnos* am gyfarfod 1894, sefydlwyd yr eisteddfod yn 1866. Daeth i ben, fe ymddengys, yn gynnar ddechrau'r ganrif hon. Diddorol yw sylwi mai 'Cyfarfod Llenyddol', neu 'Gyfarfod Llenyddol a Cherddorol' yw'r enw a ddefnyddir, bron yn ddieithriad, nid 'eisteddfod'. Dyma ddyfyniad o'r adroddiad yn *Yr Wythnos*, 10 Mawrth 1894, sy'n nodi amcanion

194

y cyfarfod. Y pennawd yw: 'Cyfarfod Llenyddol a Cherddorol Methodistiaid Calfinaidd Dosbarth Cerrig-y-druidion'.

> 'Y mae dathlu "Dydd Gŵyl Dewi Sant", mewn rhyw wedd neu'i gilydd, wedi myned yn beth cyffredin ym mhob lle o'r braidd erbyn hyn. Ond ers blynyddoedd lawer bellach y mae "Gŵyl y Cennin" yn ddydd ag yr edrychir ymlaen tuag ato gyda dyddordeb nodedig gan Ysgolion Sabothol y Dosbarth uchod. Cedwir ef yn ddydd o ŵyl cyffredinol, a chydymgynullir arno i wledda mewn mwynhad ar gynnyrch llafur ac ymchwiliad yn yr Ysgol Sabothol a chyfarfodydd daionus eraill a gynhelir yn y gwahanol ardaloedd yn ystod tymor y gauaf.
>
> Dygir y symudiad bendithiol hwn ymlaen o dan nawdd Cyfarfod Ysgolion, a hynny yn ddi-fwlch ers ysbaid wyth mlynedd ar hugain bellach, er diwyllio a hyrwyddo ymlaen lenyddiaeth ysgrythurol yn y Dosbarth. Cynhelir y cyfarfod crybwylledig yn flynyddol yng Nghapel Ty'n Rhyd, Cerrig-y-druidion, lle yr ymgynulla cannoedd o ddeiliaid ac aelodau ffyddlawn gwahanol Ysgolion Sabothol y Dosbarth, yn gystal â llawer o ddosbarthiadau pell ac agos ereill, oherwydd y mae enw "Cyfarfod Mawrth Cerrig-y-druidion" wedi myned erbyn hyn yn enw cyffredin ac adnabyddus ar holl aelwydydd yr amgylchoedd a'r wlad yn gyffredinol.'

Fel y gellid disgwyl roedd y prif bwyslais yn y cyfarfodydd hyn ar osod testunau crefyddol neu foesol eu natur. Disgrifiad 'T Jones', y gohebydd, o gyfarfod 1894 yw 'dyddorol a chwaethus'. Llifon oedd beirniad y farddoniaeth, a dyma'r testunau. Pryddest: 'Y Sabath Cyntaf'; penillion: 'Ananias a Saphira'; englyn: 'Egwyddor'; traethawd: 'Ein Manteision fel Cymry i Ymddyrchafu yn Foesol a Gwladwriaethol'. Ceid hefyd bedair beirniadaeth ar yr 'Arholiad' ysgrifenedig a gynhelid rai wythnosau cyn yr ŵyl, ar gyfer yr oedrannau o dan 12, 16, 21, a thros 21. Y maes llafur oedd penodau neilltuol o Lyfr yr Actau.

Un nodwedd arbennig yn eisteddfodau'r ganrif ddiwethaf a dechrau'r ganrif hon oedd anerchiadau'r beirdd. Yn Uwchaled, un o'r prif gyfarchwyr oedd Robert Williams, 'Myfyr Alwen' (1859-1922). Prin yr âi eisteddfod heibio na fyddai ef a'i awen barod ar waith. Fe'i ganed mewn tŷ bychan, sy'n furddun bellach, ger hen Gapel Ty'n Rhyd, Cerrigydrudion, ac yno y bu'n dysgu plant yr ardal i ganu sol-ffa. Treuliodd ran olaf ei oes yn byw yn Fron Goch, Betws Gwerful Goch. Crydd ydoedd wrth ei grefft, ond bu hefyd am blwc yn gwerthu te hyd y wlad. Dyma bennill agoriadol ei anerchiad i 'Gyfarfod Llenyddol Dosbarth Cerrig-y-druidion', 1894:

> Wrth weld "Dydd Gŵyl Dewi" yn gwawrio eleni,
>> Ni allwn ddim tewi gwneud cân,
> I'n cylchwyl fawreddog, a'i phlant sydd alluog,
>> I synnu gwŷr enwog yn lân.
> Mae yma gantorion a beirdd a llenorion,
>> Yn ferched a meibion, wrth gwrs,
> Fu'n treulio nosweithiau yn nhir myfyrdodau,
>> Er ennill y gwobrau i'r pwrs.

Yr oedd hefyd, ar brydiau, feirdd yn dal ar y cyfle i gyfarch yn answyddogol, a chael tipyn o hwyl braf yr un pryd. Dyma englyn a luniodd Isaac Jones, Hendre Ddu, Pentrellyncymer, i gystadleuaeth y corau yn un o'r eisteddfodau hyn:

> Bu mesur ar bob miwsig – a hirwaith
>> Y corau trybeilig;
> Curo wnaeth Côr y Cerrig,
> Malu'n wael wnaeth Melin-wig.

Cyfeiriwyd at un côr arall yn 'canu fel cân cacynen!' Llangwm, o dan arweiniad Hugh Jones, Ty'n y Foelas, a enillodd gystadleuaeth y corau meibion yn 1894. Fel y nodwyd eisoes, roedd Côr Cymysg eithriadol o lwyddiannus yn Llangwm, o dan arweiniad Hugh Jones, ac yr oedd Côr Llangwm (megis Côr Cerrig) yn amlwg ymhlith yr enillwyr yng Nghwarfod Mawrth Ty'n Rhyd. Yn ôl adroddiad yn *Y Goleuad*, 11 Mawrth 1871, er enghraifft, Côr Llangwm, yn canu 'Yr Haf' a 'Teilwng yw'r Oen', oedd yn fuddugol y flwyddyn honno, a Chôr Cerrig yn ail. Roedd ffon yn wobr i'r arweinydd. Yn yr un eisteddfod enillwyd y wobr gyntaf a'r ail yng nghystadleuaeth cyfansoddi tôn gan y cerddor dawnus, Thomas Roberts, Gwern Nannau.

I gloi'r sylwadau hyn, rhown gyfle i 'dad y Cwarfod Mawrth', Cadwaladr Llwyd, ddweud gair, fel y gwnâi yn aml yn y cyfarfodydd hynny. Rhoes ei wasanaeth parod fel beirniad, mewn mwy nag un maes, bu'n arweinydd, a bu hefyd drwy gydol yr adeg yn dal ar bob cyfle i annerch ac annog, a hynny, yn ôl pob sôn, yn frwd iawn. Dyma, felly, ddyfyniad o adroddiad am Gwarfod Mawrth 1872, blwyddyn yr oedd Ieuan Gwyllt yn 'brif feirniad yr Ŵyl':

'Yna anerchiad llawn o dân gan Mr Lloyd, Llanfihangel. Dywedai mai llenyddiaeth yw y peth goreu a fedd cenedl; fod llawer o bethau eraill yn diflannu, ond lle y mae llenyddiaeth goeth a dyrchafedig, fod honno yn gadael ei hôl ar y byd. Y mae oracl Delphi wedi myned er ys oesoedd yn rhy ddelphaidd i ddweud gair; y mae y llwybrau i ben Parnasws wedi hen lasu, a dyfroedd Helicon wedi hen sychu,

Y Diafol yn Ffair Gorwen Fawrth – yr un noson ag y cynhelid eisteddfod ar yn ail flwyddyn yng Nglanrafon a Dinmael.
O ddarlun du a gwyn gan Ifor Owen, Llanuwchllyn. Cyhoeddwyd y llun hwn a'i lun o 'Helynt y Degwm' yn *Y Pethe*, gan Llwyd o'r Bryn (Gwasg y Bala, 1955).

ond y mae llenyddiaeth Groeg yn fyw, ac fe symudodd y llenyddiaeth hon y byd yn ei flaen.'[2]

Er i Gyfarfod Llenyddol Dosbarth Cerrigydrudion ddod i ben ddechrau'r ganrif, cynhaliwyd cyfresi o eisteddfodau eraill llewyrchus iawn yn y pentref hwn hyd at o leiaf ganol y ganrif, a pharhaodd rhai o gyrddau cystadleuol y capeli hyd at ein dyddiau ni.

Un o'r eisteddfodau mwyaf llwyddiannus oedd Eisteddfod Gadeiriol Wesleaidd Cerrigydrudion, a gynhaliwyd am rai blynyddoedd ar ddechrau'r ganrif. Yn hen Gapel Ty'n Rhyd, ar ddydd Gwener y Groglith, 1899, y cynhaliwyd yr eisteddfod gyntaf. 'Sabath' oedd testun y traethawd, a'r enillydd oedd Thomas Hughes, Fron Isa. 'Proffesor O M Edwards, Rhydychen', oedd llywydd cyfarfod y prynhawn yn 1901, sef yr ail eisteddfod. Cynhaliwyd hon mewn 'pabell eang'. Y flwyddyn ganlynol roedd y Prifathro John Rhŷs yn un o lywyddion y dydd. Yn y cyflwyniad i Raglen y Dydd yr eisteddfod hon ceir y nodyn diddorol ac arwyddocaol hwn:

'Hyd ym mhell i'r ganrif o'r blaen cynhelid yma Ŵyl Mabsant ar y 22ain o Orffennaf, ond mae'r cynulliadau hynny wedi gorfod rhoi lle i'w gwell – y Cwrdd Llenyddol a'r Eisteddfod.'[3]

Bu gan Gapel MC Jeriwsalem hefyd eisteddfod lwyddiannus ar ddydd Gŵyl Sant Steffan yn y tridegau. Rhwng 1936-39, cynhaliwyd eisteddfod yng Ngherrigydrudion ar raddfa lawer iawn mwy, a D J Hughes, Ysgrifennydd eisteddfodau dechrau'r ganrif, yn amlwg wrth y llyw. Yna, yn y pedwardegau, cynhaliwyd rhai eisteddfodau cadeiriol yn y Neuadd (hen Gapel Ty'n Rhyd) yng Ngherrigydrudion, o dan nawdd Cangen Cylch Uwchaled o Gymdeithas Addysg y Gweithwyr.[4]

I gloi'r adran hon o'r bennod bresennol, cyfeiriaf at rai eisteddfodau a gynhaliwyd yn Ninmael. Cynhaliwyd, er enghraifft, eisteddfod mewn pabell ar dir Cysulog ym mis Mehefin 1898. Eisteddfod arall o dan nawdd eglwysi Methodistiaid Calfinaidd Dosbarth Cerrigydrudion oedd hon. Yna, yn 1902, ceir sôn am eisteddfod ar noson Ffair Fawrth, Corwen. Y prif amcan, bid siwr, oedd swcro'r ieuenctid i ddod adre'n gynnar, rhag cael eu temtio'n ormodol gan bleser a gwagedd y ffair. Wedi bwlch o rai blynyddoedd, ail-ddechreuwyd cynnal Eisteddfod Nos Ffair

Pedwarawd buddugol yn Eisteddfod Genedlaethol yr Urdd, Bro
Colwyn, 1986.
O'r chwith: Dewi Jones, Disgarth Isa; Ann Watson, Ystrad Bach; Siân
Mererid Jones, Tŷ Newydd; Iwan Davies, Cefn Nannau. Hyfforddwr: y
diweddar Robert Griffith Jones, Disgarth Isa.

Gorwen Fawrth yn Ninmael, bob yn ail flwyddyn â Glanrafon. Yn
chwarter cyntaf y ganrif (er enghraifft, yn 1916) bu gan Ddinmael
eisteddfod hefyd ar ddydd Calan.

Gŵyl yr Ysgol Sul

Dyna gipolwg ar rai o eisteddfodau cylch Uwchaled. Gellid
ysgrifennu llawer rhagor am eu harwyddocâd a'u cyfraniad
gwerthfawr i fywyd diwylliannol y fro, ond rhaid ymatal. Bodlonaf
ar wneud un sylw yn unig. A dyma yw hwnnw: bron yn
ddieithriad, eglwysi anghydffurfiol yr ardal a fu'n ddiwyd yn
trefnu'r eisteddfodau. Hyd yn oed yn achos rhai o'r eisteddfodau
mwyaf – eisteddfodau ardal gyfan – pobl a oedd yn amlwg yn eu
gwahanol gapeli, gan fwyaf, oedd swyddogion ac aelodau'r
pwyllgorau. Rhaid cofio hefyd am gyfraniad gwerthfawr unigolion
a berthynai i'r eglwys wladol. Heddiw ceir enghraifft nodedig yn y
cylch o aelodau un capel, cymharol fychan o ran rhif, yn
ysgwyddo'r baich o gynnal gŵyl eithriadol o lwyddiannus, sef
Eisteddfod Gadeiriol Llangwm, o dan nawdd Capel y Groes.

Dwy darian Gŵyl yr Ysgol Sul, Dosbarth Cerrigydrudion,
a enillwyd gan Ysgol Sul Capel Cefn Nannau, 1953-63, 1976-90.

O gofio, felly, am swyddogaeth ganolog yr eglwysi yn cynnal y
traddodiad eisteddfodol yn Uwchaled, nid yw'n anodd amgyffred
paham   y   penderfynodd   Cyfarfod   Ysgolion   Dosbarth
Cerrigydrudion sefydlu 'Gŵyl yr Ysgol Sul', Mawrth 1953. Enw
arall arni yw 'Gŵyl Ieuenctid Methodistiaid Calfinaidd Dosbarth
Cerrigydrudion.' Yn wir, y mae'r ŵyl lwyddiannus hon yn union
yn llinach Cyfarfod Llenyddol a Cherddorol Dosbarth
Cerrigydrudion, gan mlynedd a mwy yn ôl. Er 1953 cynhaliwyd yr
ŵyl yn gyson, fel arfer ar nos Wener, ym mis Tachwedd. Ar y
dechrau cynhelid hi yn Neuadd Hen Gapel Ty'n Rhyd, ac yna, bron
yn   ddieithriad,   yng   Nghanolfan   Addysg   Uwchaled,
Cerrigydrudion. Yn ystod y blynyddoedd cyntaf roedd oedran y
cystadlu yn gyfyngedig i 15 i 30. Yn ddiweddarach gostyngwyd yr
oedran i 12. Marciau, nid gwobrwyon ariannol, oedd i'r
buddugwyr, a tharian i'r Ysgol Sul uchaf ei marciau, i'w chadw
dros dro am flwyddyn, gydag enw pob Ysgol fuddugol arni.
Trefnid y marciau, yn ôl canran y nifer o aelodau, er mwyn rhoi

200

pob cyfle i Ysgolion Sul bychan o ran nifer. Enillwyd y darian gyntaf, am y blynyddoedd 1953-63, gan Ysgol Sul Cefn Nannau, Llangwm. Yn wir, Llangwm a fu'n fuddugol bob blwyddyn, ac eithrio 1954 a 1963. Enillwyd yr ail darian (1964-75) gan Ysgol Sul Tŷ Mawr, Cwm Penanner, a'r drydedd (1976-90) eto gan Gefn Nannau. Gwnaed cymwynas gan T Vaughan Roberts drwy ysgrifennu hanes cryno sefydlu'r Ŵyl Ysgol Sul, yn y gyfrol *Ŷd Cymysg*. Dyma ddyfyniad byr o'r ysgrif honno:

'Diau fod i ŵyl o'r fath, sef gŵyl gystadlu, ei gwendidau... Ond gŵyl gartrefol ydyw a llawer yn teimlo'u traed ar lwyfan gwasanaeth am y tro cyntaf. Bu rhai yn enillwyr yn yr Eisteddfod Genedlaethol. Do, fe roddodd fywyd newydd yng ngwaith yr ifanc ym mro Uwchaled a chryfhaodd hefyd y ddolen rhyngddynt a'u heglwysi, a chyfoethogwyd y cylch yn gyffredinol; ymledodd gorwelion eu gwasanaeth. O'r ŵyl gyntaf... ni roddwyd y cystadlaethau yn agored, ond mewn eithriadau prin. Bu'r safon yn uchel bob tro...

Bu pwyllgor yr ŵyl yn ddoeth yn dewis ein pobl ifanc yn arweinyddion. A llawenydd ydoedd eu gweled yn arwain yn urddasol, chwaethus a doeth... Pob clod iddynt. Rhestr o ysgrifenyddion Gŵyl yr Ysgol Sul [hyd at 1964]: Tegwyn Jones, Llangwm; Dilys Vaughan Evans, Y Gro; G Haf Hughes, Dinmael; Peter Hughes, Cerrig; Maldwyn Morris, Y Gro; Rhianwen Jones, Llanfihangel; Mair Morris, Cefn Brith; Gwynfor Roberts, Rhydlydan; Ellen Ellis, Tŷ Mawr. Priodolir llwyddiant Gŵyl yr Ysgol Sul i fesur mawr i'w hysgrifenyddion effro a gweithgar.'[5]

Yn 1991 gweithredwyd newid pur sylfaenol ym mhatrwm yr ŵyl. Rhoddwyd y gorau i'r elfen gystadleuol, a'r drefn bellach yw gwahodd pob Ysgol Sul yn y Dosbarth i gyflwyno rhaglen, tua chwarter awr o hyd, ar thema arbennig. A dyma, mi gredaf, enghraifft dda o eglwysi ar derfyn yr ugeinfed ganrif yn ymateb yn effro i bosibiliadau a her newydd. Ar nos Wener, fel arfer, y cynhelid yr Ŵyl, ond ym mis Tachwedd, 1995, cynhaliwyd hi am y tro cyntaf ar nos Sul. Trosglwyddwyd yr elw i Elusen Uwchaled. Daliaf innau ar y cyfle hwn, ar ran holl drigolion Uwchaled a'r cylch, i ddymuno'n dda iawn i bob un o Ysgolion Sul y Dosbarth: Cefn Brith; Cefn Nannau, Llangwm; Cynfal, Melin-y-wig; Dinmael; Y Gro, Betws Gwerful Goch; Jeriwsalem, Cerrigydrudion; Maes-yr-odyn, Llanfihangel Glyn Myfyr; Rhydlydan; a Thŷ Mawr, Cwm Penanner. A'r un modd, i ddymuno'n dda iawn hefyd i holl Ysgolion Sul ac eglwysi eraill y fro, o ba enwad bynnag. Daw geiriau Waldo i'r cof:

> Mae rhwydwaith dirgel Duw
> Yn cydio pob dyn byw;
> Cymod a chyflawn we
> Myfi, Tydi, Efe...

'Pawb yn ei Dro'

Newid cywair yn awr a gair byr am gyfarfodydd hwyliog a phoblogaidd iawn a gynhelid yn arbennig yn ystod pumdegau hyd saithdegau'r ganrif hon. Yr enw ar y nosweithiau difyr hynny oedd 'Pawb yn ei Dro', ac fe'u cynhelid, fel arfer, o dan nawdd Cymdeithasau rhai o gapeli'r fro. Ambell waith byddid yn rhannu'r gynulleidfa yn ddau dîm: y merched yn erbyn y dynion. Dyna, er enghraifft, a wnaed pan aeth Cymdeithas Capel y Groes i Gellïoedd, nos Iau, 10 Chwefror 1977.[6] Dro arall rhennid y gynulleidfa yn dri thîm. Dyna ddigwyddodd yng Nghefn Nannau, 9 Ionawr 1970, pan oedd Trefor Jones, Gellïoedd, yn feistr. Yn aml iawn, fodd bynnag, y drefn oedd i un eglwys gystadlu yn erbyn tîm o eglwys arall. Nos Wener, 12 Mawrth 1976, er enghraifft, daeth timau o eglwysi Dinmael a Thŷ Mawr, Cwm Penanner, i gystadlu yng Nghapel Cefn Nannau mewn noson wedi'i threfnu gan Gymdeithas Capel y Cefn. Wrth y llyw roedd John Morris Jones a'i fab Eilir.

Dyma'r math o gystadlaethau a gaed yng nghyfarfodydd 'Pawb yn ei Dro': brawddeg neu frysneges o air neu enw arbennig; brawddeg a phob gair yn dechrau â llythyren arbennig; llinell goll neu limerig; 'cocosgerdd' (er enghraifft, 'potel ddŵr poeth'); dweud stori ar destun penodol (er enghraifft, ar achlysur priodas); araith fyrfyfyr fer (tua munud a hanner) ar destun gosodedig – heb ailadrodd y gair 'mae' mwy na theirgwaith; a dadl, neu ddrama fer, ychydig funudau. Dyma'r math o destunau gogyfer â'r gystadleuaeth dra phwysig hon: trafaeliwr yn ceisio gwerthu hwfer i wraig tŷ, a dadl rhwng mab a merch ifanc newydd briodi beth i'w brynu: ai peiriant golchi llestri, ynteu set deledu.

Ymryson y Beirdd

O 'Bawb yn ei Dro' i Ymryson y Beirdd. Unwaith eto, pwys ar gystadlu, ond, yn bennaf oll, ar y mwynhad. Mwynhad i'r beirdd a mwynhad i'r gynulleidfa. Bydd pobl y 'pethe' yng Nghymru yn gwybod o'r gorau fod yn Uwchaled, Edeirnion a Phenllyn nythaid o feirdd. Gwlad lle ceir bri ar Ymryson a Thalwrn. Y mae gan Langwm dîm ar Dalwrn y Beirdd heddiw ac, ar un adeg, bu rhai o feirdd Llangwm yn perthyn i dîm a oedd hefyd yn Ninmael.

Mewn ysgrif werthfawr yn *Awelon Uwchaled*, adroddodd Emrys Jones hanes dechrau Ymryson y Beirdd yn Llangwm a'r cyffiniau yn gynnar yn y pumdegau.[7] Bryd hynny roedd galw mawr am wasanaeth Parti Penillion Llanciau Llangwm (a fedyddiwyd yn ddiweddarach yn Barti Cwm Eithin). Emyr Roberts, Dinmael, oedd arweinydd y noson, fel arfer, ond pan fethai ef â dod, deuai Bob Lloyd, 'Llwyd o'r Bryn', i'r adwy. A mawr oedd yr hwyl ar y siwrneiau hynny. Roedd gan rai o aelodau'r parti eisoes ryw grap ar y gynghanedd, ac un aelod, o leiaf, sef Dwalad Davies, Tŷ Tan Dderwen, yn gryn bencampwr. Ar y daith arferai Llwyd o'r Bryn osod tasgau. Un dasg oedd cynganeddu enwau'r pentrefi a'r trefi yr aent heibio iddynt: 'Rhaid yw mynd drwy Rydymain'; 'I Gorwen af i garu'; 'Hen falwen Pentrefoelas'. Tasg arall oedd cynganeddu enwau tai a ffermydd ardal Llangwm: 'Gwerthu mulod Garthmeilio'; 'Ninety pounds am Nant-y-pyd'; 'Hen frain oesau Fron Isa'.

Yn y man daeth Llwyd o'r Bryn i Langwm i gynnal dosbarthiadau dysgu'r cynganeddion. Roeddwn i bryd hynny yn rhy ifanc i fynychu'r dosbarthiadau, ond rwy'n cofio fy mrodyr Tegwyn ac Eifion yn sôn wrthyf am yr hwyl ac am rai o'r llinellau a gyfansoddwyd gan yr aelodau. Dyna'r adeg hefyd y dechreuwyd cynnal Ymryson y Beirdd yn yr ardal. Nid wyf wedi anghofio'r fraint fawr a gefais pan oeddwn yn hogyn ifanc, pymtheg i un ar bymtheg mlwydd oed, sef cael gwahoddiad i ymuno â thîm Capel Cefn Nannau (neu ardal Llangwm – nid wyf yn siwr bellach pa un). Ond rwy'n cofio'n burion mai yn Ninmael yr oeddem y noson honno, mai Llwyd o'r Bryn oedd y Meuryn, ac mai cystadlu ar y mesurau caeth oedd fy ngorchwyl i. A chofio hefyd pwy oedd fy ngwrthwynebydd clên – y Parchg Robin Williams. Roedd ef ar y pryd yn weinidog yn Ninmael a Glanrafon, ac yr oedd yntau, fel llawer un o'i flaen ac ar ei ôl a ddaeth i fyw i Uwchaled, wedi dal dôs go dda o'r clwyf barddoni.

Rhoes Ymryson y Beirdd gyfle da i feirdd yr ardal loywi'r awen, a chyfle ardderchog hefyd i amryw byd o ddarpar brydyddion

Bob Owen, Croesor, a Bob Lloyd, 'Llwyd
o'r Bryn', dau a fu'n cynnal dosbarthiadau
nos yn Llangwm ac Uwchaled.

ymddiddori o'r newydd mewn barddoniaeth. Ar ben hyn oll, wrth
gwrs, deil yr Ymryson, fel y Talwrn, i roi oriau lawer o bleser i bobl
y fro. A dyma un enghraifft yn unig o'r hwyl a'r tynnu coes. Dan
Puw, Cystyllen (Castell Hen), Y Parc, yn Feuryn mewn Ymryson
arbennig ac yn derbyn y cwpled gogleisiol hwn gan un o'r beirdd:

Saith o wartheg Castell Hen
Fethodd lenwi gwaelod stên!

Bu gan Langwm, fel ardal, dîm Ymryson y Beirdd. Yn aml iawn

hefyd bydd timau gan bob un o'r capeli, a'r capeli wedyn yn cystadlu yn erbyn ei gilydd. A dyma unwaith eto sylwi ar un ystyriaeth bwysig sy'n amlwg ddigon bellach o ddarllen y bennod hon, sef y ddolen gydiol glòs rhwng crefydd a diwylliant, capel a chymdeithas. Ar 26 Chwefror 1976, er enghraifft, aeth tîm o'r Gymdeithas yng Nghapel Cefn Nannau i Gellïoedd i gystadlu yn erbyn y tîm cartref a thimau o'r Groes a Dinmael. A dyma enwau aelodau tri thîm o'r tri chapel yn Llangwm a fu'n cystadlu mewn Ymryson yng Ngellïoedd, 19 Ionawr 1995: Capel y Groes: Dewi Jones, Emrys Jones, Huw Dylan Jones ac Islwyn Morgan; Capel Gellïoedd: Eilir Jones, Llyr Jones, Gwion Lynch a Meinir Lynch; Capel Cefn Nannau: Dorothy Jones, Eifion Jones, Tegwyn Jones a Vaughan Roberts.[8]

Cyfarfod cystadleuol – cyfarfod llenyddol – cyfarfod bach

Cyfeiriwyd eisoes at gyfraniad holl bwysig y capeli yn cynnal a chefnogi llu mawr o eisteddfodau yn Uwchaled o ail hanner y bedwaredd ganrif ar bymtheg ymlaen. Dyma'r union gyfnod hefyd y bu gan y capeli eu cyfarfodydd cystadleuol eu hunain, a pharhaodd y rhain mewn bri hyd heddiw mewn nifer o gapeli'r fro. Fe'u cynhelir, fel arfer, o dan nawdd y Gymdeithas sy'n perthyn i'r capel, a cheir o leiaf dri enw arnynt: 'cyfarfod cystadleuol', 'cyfarfod llenyddol', a 'chyfarfod bach'. Y 'cwarfod bach', fel y dywedir ar lafar, o bosibl, yw'r enw mwyaf poblogaidd. Yn sicr, y mae'n enw sy'n cyfleu yn dda ei union natur – cyfarfod cystadleuol cartrefol ei naws, yn bennaf ar gyfer plant ac oedolion y capel lle cynhelir ef. Un o'i nodweddion amlycaf, fodd bynnag, yw'r gefnogaeth a roddir iddo gan gapeli cyfagos. Capeli Groes a Gellïoedd, er enghraifft, yn cefnogi Capel Cefn, a Chapel Cefn, yn ei dro, yn cefnogi'r Groes a Gellïoedd. Defnyddir yr enw 'cyfarfod llenyddol' yn aml hefyd. Nodwedd amlwg arall yw'r cyfle a roddir i bobl ifanc weithredu fel swyddogion, cyfeilyddion ac arweinyddion.

Er y cyfeirir at gyfarfod cystadleuol y capeli fel 'cwarfod bach', nid bychan yw rhif y cystadlaethau. Y mae'r rhychwant yn eang, a'r nod yw cynnig rhywbeth at ddant pawb. Os oes awydd arnoch berfformio'n gyhoeddus, yna gellwch fentro canu neu adrodd. Os gwaith llaw yw eich dileit, gellwch roi cynnig ar goginio, gwau, gwnïo, arlunio, ffotograffiaeth, neu unrhyw un o'r cystadlaethau yn adran celf a chrefft. Yna, wrth gwrs, y mae cyfle hefyd ichi fynd ati i gyfansoddi a rhoi'r awen ar waith yn adrannau barddoniaeth a llên, boed linell goll neu frysneges, englyn neu delyneg.

Yn adrannau llên a barddoniaeth ceir, fel arfer, lawer iawn o hwyl a thynnu coes. Y mae pawb yn adnabod ei gilydd, felly fe fydd y cystadleuwyr yn dal ar bob cyfle i gyfeirio at bersonau a digwyddiadau lleol, ac yn arbennig at droeon trwstan. Gwneir hynny, er enghraifft, gyda chystadlaethau megis: brawddeg neu frysneges o air neu enw arbennig sydd wedi'i ddewis; brawddeg neu frysneges a phob gair yn dechrau â llythyren arbennig; llinell goll neu limerig; triban, englyn a cherdd gocos. Yn aml iawn yng nghystadleuaeth y llinell goll neu'r limerig, dewisir llinellau agoriadol â blas lleol arnynt, a mawr yw'r edrych ymlaen at y feirniadaeth. Ambell dro, bydd rhai cystadleuwyr yn mentro tynnu coes yn o eger, ond fe wnânt hynny oherwydd eu bod yn nabod y person o dan sylw. Dyma ychydig enghreifftiau o linellau cyntaf limrigau a osodwyd mewn cystadlaethau yn ddiweddar yn rhai o gyfarfodydd llenyddol Uwchaled, neu Ymryson y Beirdd.

> Cyfarfu blaenoriaid Cefn Nannau...
>
> Cyhoeddodd Golygydd *Y Faner*
> Ryw stori am fro Cwm Penanner...
>
> Aeth tenor pur enwog o Walia
> I ganu 'da'r Côr i Bafaria...
>
> Mae ambell i strôc anghyffredin
> Yn goglais trigolion Cwm Eithin...
>
> Aeth ffermwr o ardal Hiraethog
> I'r Cerrig i chwilio am swynog...
>
> Lle da am ddifyrrwch yw Llangwm
> I dreulio nosweithiau o hirlwm...

Caf sôn eto yn y bennod nesaf am Gyfarfod Llenyddol Capel Cefn Nannau. Cynhelir cyfarfodydd cystadleuol Capel y Groes a Gellïoedd bob yn ail flwyddyn, yn y naill gapel a'r llall. Y pennawd uwchben yr adroddiad llawn yn *Corwen Times*, 18 Mawrth 1994, yw: 'Cyfarfod Bach Gellïoedd'. Dyma'r frawddeg gyntaf: 'Nos Iau, Chwefror 17, cafwyd cyfarfod llwyddiannus iawn a chystadlu brwd, yn enwedig gyda'r plant'. Yn yr un papur, flwyddyn yn ddiweddarach, 3 Mawrth 1995, y pennawd yw: 'Cyfarfod Cystadleuol Capel y Groes, Llangwm'. Brawddeg agoriadol yr adroddiad yw: 'Caed cyfarfod llwyddiannus a hwyliog nos Wener, Chwefror 17, gyda chystadlu brwd am dros chwe awr'. Mewn rhifyn o'r *Wythnos*, ddechrau Mai 1895, ceir adroddiad am 'gyfarfod llenyddol a cherddorol' a gynhaliwyd yng Nghapel Gellïoedd, gan mlynedd yn ôl, 1 Mai 1895. Yn ystod y cyfarfod hwn cafwyd 'cân gan Mr R Roberts, Tai'r Felin'.

Yn nes i'n cyfnod ni bu'n arfer gan Gellïoedd, hyd at yn ddiweddar iawn, gynnal 'Pabell Lên', am yn ail â'r cyfarfod llenyddol. Ar wahân i anerchiad y llywydd, prif gynnwys y noson yw beirniadaethau – a rheini yn rhai difyr dros ben – ar gystadlaethau yn adran barddoniaeth, llenyddiaeth, gwaith coed, gwaith metel, arlunio, coginio, gwau a gwnïo. Bu'r nosweithiau hyn yn rhai arbennig o hwyliog, a llawer iawn o'r gwaith llaw a'r cyfansoddiadau llenyddol a barddonol yn wir werthfawr. At y Babell Lên yng Ngellïoedd y lluniodd Trefor Jones, Bryn Ffynnon, rai o'i gywyddau gorau. Testun y cywydd y bu'n fuddugol arno ym Mhabell Lên, Mawrth 1981, er enghraifft, yw 'Llythyr at Ddyn y Dreth Incwm'.[9]

9

'Cwarfod Bach' Capel y Cefn

Yn y bennod ddiwethaf cawsom ragflas o'r bri sydd yn Llangwm a'r cylch ar gystadlu. Yn y bennod hon fe sylwn yn arbennig ar un cyfarfod cystadleuol ac ar un capel yn benodol, sef Capel Cefn Nannau. Ni wn yn union pa bryd y cynhaliwyd cyfarfod cystadleuol yno gyntaf. O gofio, fodd bynnag, am bwysigrwydd y Cyfarfod Mawrth i eglwysi MC Dosbarth Cerrigydrudion yn ail hanner y ganrif ddiwethaf, mae'n sicr nad oedd cystadlu, ac ymarfer ar gyfer y gwahanol gystadlaethau, yn beth dieithr i'r aelodau yn y cyfnod hwn. Dyna hefyd yw'r dystiolaeth a gawn o ddarllen yr adroddiad manwl a gyhoeddwyd yn *Yr Wythnos*, rhifyn 8 Rhagfyr 1894. Adroddiad ydyw o 'gyfarfod llenyddol' llwyddiannus iawn a gynhaliwyd yng Nghefn Nannau. Aeth y gohebydd, 'Un Oedd Yno', i'r drafferth i nodi pob cystadleuaeth a gafwyd yn y 'cyfarfod llenyddol' hwn – dyna'r enw bryd hynny – yn ogystal â nodi enwau'r buddugwyr. Oherwydd hynny, ceir darlun gwerthfawr o'r math o gyfarfodydd cystadleuol a gynhelid yn y capeli dros gan mlynedd yn ôl. O sylwi ar natur y cystadlaethau, y mae'n amlwg ddigon mai prif amcan cynnal cyfarfodydd fel hwn oedd i ddyrchafu crefydd a moes.

Cyfarfod Llenyddol, 1894

Cyn 1894 mae'n fwy na thebyg fod y cystadlaethau yn gyfyngedig, yn bennaf, i blant ac oedolion Capel y Cefn. Yn 1894, fodd bynnag, yn ôl brawddeg gyntaf yr adroddiad, dyma dorri cwys newydd.

'Cynhaliodd y Methodistiaid Calfinaidd y lle uchod [Llangwm] eu cyfarfod llenyddol nos Wener diweddaf, pryd y daeth cynulliad da ynghyd. Lled bryderus ydoedd llawer am lwyddiant y cyfarfod hwn, oherwydd mai dyma y cyntaf a gynhaliwyd ar gylch mor eang, ac hefyd byrdra yr amser er pan ddaeth y testynau allan; ond siomwyd pawb ar yr ochr oreu, fel erbyn dydd y prawf yr oedd oddeutu triugain a deg o gystadleuwyr wedi dyfod i'r maes, ac yr oedd yn amlwg fod llafur mawr wedi ei gymeryd gan y llenorion a'r cerddorion. Gyda llaw, os deil y cerddorion i fyned rhagddynt, bydd safon cerddoriaeth ym mhen ychydig flynyddoedd wedi codi yn fawr.'[1]

Arweinydd y cyfarfod oedd y Parchg David James, gweinidog Capel y Cefn, a dechreuwyd am 5.30pm. Cafwyd benthyg 'offeryn' ar gyfer yr eitemau cerddorol gan T H Jones, 'Ironmonger', Cerrigydrudion. Yn ychwanegol at y cystadlaethau, cafwyd datganiad gan Gôr Meibion Llangwm o'r gân 'Atgofion Dedwydd'. Er bod rhai enwau o ardaloedd Llanfihangel Glyn Myfyr, Cerrigydrudion a Glasfryn ymhlith yr enillwyr, aelodau Capel Cefn Nannau eu hunain oedd mwyafrif mawr y cystadleuwyr. Perthynent i deuluoedd sydd wedi bod yn amlwg ym myd crefydd a diwylliant yn ardal Llangwm am gan mlynedd a mwy, hyd heddiw. Dyma, felly, yn awr restr o'r cystadlaethau ynghyd ag enwau'r buddugwyr.

Adrodd Emyn 312: i. Annie Jones, Pen-dre.

Areithio 'Ananias a Saphira': i. R Jones, Aeddren.

Arholiadau

1. 'Hanes Iesu Grist': i. George Hughes, Llanfihangel; ii. Johny Jones, Gwern Nannau.
2. Dan 16: i. J S Jones, Ystrad Bach.
3. Dan 21: i. Miss Annie Jones, Ystrad Bach.
4. Dosbarth Hynaf: i. Robert Roberts, Ystrad Bach; ii. Thomas Hughes, Fron Isa.

Canu

1. Unawd i blant, 'Cân y Fronfraith':
   i. Mary Jones, Gwern Nannau;
   ii. J S Jones, Ystrad Bach.
2. Unawd, 'Deigryn ar Fedd fy Mam':
   i. Mrs Jones, Pen-y-gaer.
3. Tonau 'Builth' a 'Llansannan':
   i. Parti R Jones, Pen-y-gaer.
4. Deuawd, 'Y Ddau Forwr':
   i. R Jones, Pen-y-gaer, a D Jones, Ystrad Bach.
5. Unawd Bâs, 'Llongau Madog': R Jones, Pen-y-gaer.
6. Pedwarawd, tôn 'Amsterdam': Parti R Jones, Pen-y-gaer.
7. Unawd, 'Hyd Fedd hi Gâr yn Gywir':
   D Jones, Glyn Nannau.
8. Côr Meibion, 'Awn i Ben y Wyddfa Fawr':
   i. Côr Llangwm; ii. Côr Cerrig.

Dyma a ddywed 'Un Oedd Yno' am y gystadleuaeth hon: 'Daeth dau gôr i'r maes: Llangwm, dan arweiniad J H Jones, a Cerrig, dan arweiniad D Davies. Y beirniad wrth draddodi ei feirniadaeth a ddywedai fod y côr diweddaf wedi canu mewn gwell amseriad, ond fod y cyntaf yn feddiannol ar leisiau mwy pur, a'u bod wedi cadw mewn tune, tra yr oedd yr olaf wedi newid y cyweirnod lawn hanner tôn, felly dyfarnwyd Llangwm yn orau.'

Llenyddiaeth
1. 'Cynllun-lythyr oddi wrth ferch at ei rhieni' (16 wedi cystadlu):
   i. Miss Humphreys, Y Felin, a Miss Hughes, Tyddyn Tudur, Llanfihangel; ii. Miss Hughes, Fron Isa a Miss Thomas, Glanaber.
2. Traethawd, 'Job yn ei Adfyd a'i Lwyddiant':
   i. Mrs Jones, Hendre Arddwyfan;
   ii. Miss Jones, Ystrad Bach.
3. Prif Draethawd, 'Yr Ysgol Sabothol fel moddion i wrthweithio llygredigaethau'r oes':
   i. R Roberts, Ystrad Bach; ii. Miss Davies, Cefn Nannau.
4. 'Ateb 6 o gwestiynau ar y pryd':
   i. J O Jones, Llanfihangel.
5. Penillion, 'Yr Iesu a Wylodd':
   i. J W Jones, Glasfryn; ii. C Davies, Tŷ Nant Plasau.

'Cyfarfod Cystadleuol' 1922

Dilynwyd yr un patrwm â chynt, mwy neu lai, i'r cyfarfodydd cystadleuol yn ystod chwarter cyntaf yr ugeinfed ganrif, ond ychwanegwyd rhagor o gystadlaethau yn yr adran adrodd. Diddorol sylwi hefyd fod cystadleuaeth 'pencil sketch' wedi'i chynnwys, er enghraifft, ar raglen 1922. O gofio am ddiddordeb mawr y Parchg J R Jones mewn arlunio a llythrennu, nid yw hyn, wrth gwrs, yn fawr o syndod.

Yn ôl adroddiad gan ohebydd sy'n galw ei hun 'Un Oedd Yno', a gyhoeddwyd yn *Y Seren*, cynhaliwyd 'cyfarfod cystadleuol' – dyna'r enw y tro hwn – yng Nghapel Cefn Nannau, nos Fawrth 10 Ionawr 1922, o dan nawdd 'Cymdeithas y Bobl Ieuainc'. Dechreuwyd drwy ganu 'tôn gynulleidfaol', a therfynwyd drwy ganu 'Henffych i Enw Iesu Gwiw'. Yr arweinydd oedd John

Williams, Cae Fadog; beirniaid cerdd: John Hugh Jones, Ystrad Fawr, a William Owen, Llwyn Saint; beirniad adrodd: E P Roberts, Bronant, Tŷ Nant; arholiadau: y Parchg J R Jones; cyfeilydd: Miss Alice Jones, Ystrad Bach. Yn ôl rhestr enwau'r buddugwyr, gellid tybio nad oedd y cyfarfod hwn (yn wahanol, er enghraifft, i un 1894) yn 'agored i'r byd'. Y mae enwau'r cystadleuwyr a'r enillwyr, fodd bynnag, yn eithriadol o ddiddorol a gwerthfawr wrth ystyried parhad yr etifeddiaeth ddiwylliannol a chrefyddol yng Nghapel Cefn Nannau. Plant, wyrion ac wyresau, neu berthnasau, i'r personau a enwir ymhlith y cystadleuwyr yng nghyfarfod 1922 yw llawer iawn o'r rhai sy'n ffyddlon yng Nghapel y Cefn heddiw. Iddynt hwy, fel i drigolion ardal Llangwm yn gyffredinol, nid enwau ar bapur yn unig sydd yn rhestr y buddugwyr. Y mae pob enw yn gysylltiedig â theulu ac anwyliaid a fu'n ddiwyd, ddyfal, yn cynnal y dreftadaeth. Hyfryd y cof amdanynt.

Adrodd
1. Dan 14: i. David Evans, Gwern Nannau; ii. Maggie Jones Owen, 'Rhafod, a John Morris Jones, Arddwyfan; iii. Evan W Owen, Tŷ Cerrig, Arthur Edwards, Ty'n Felin, a Francis Owen, Tŷ Gwyn.
2. Dan 18: i. Alice Jones, Ystrad Bach, a Lizzie Owen, 'Rhafod; ii. Nellie Owen, Tŷ Gwyn, a Jennie Jones, Arddwyfan.
3. Prif Adroddiad: i. John H Jones, Pen-dre; ii. Nellie Owen, Tŷ Gwyn; iii. Alice Jones, Ystrad Bach, a Lizzie Owen, 'Rhafod.

Arholiadau
1. Dan 10: i. Francis Owen, Tŷ Gwyn.
2. Dan 13: i. David Evans, Gwern Nannau; John M Jones, Arddwyfan, a Maggie Jones Owen, 'Rhafod; ii. Frank Williams, Cefn Nannau; Arthur Edwards, Ty'n Felin, a Willie O Hughes, Fron Isa.
3. Dan 16: i. Jennie Jones, Arddwyfan, a Lizzie Owen, 'Rhafod; ii. Lizzie Jones, Arddwyfan, ac Owen R Owen, Tŷ Cerrig.
4. Dan 21: i. Nellie Owen, Tŷ Gwyn, a John Evans, Gwern Nannau; ii. Alice Jones, Ystrad Bach; Thomas A Roberts, Fron Isa, a John H Jones, Pen-dre; iii. Robert M Jones, Disgarth Ucha.

211

5. I bob oed: i. William Jones, 'Rhafod; ii. David Jones Owen, Tŷ Gwyn.

Cerddoriaeth

1. Unawd dan 14: i. Maggie Jones Owen, 'Rhafod; ii. David Evans, Gwern Nannau, ac Evan W Owen, Tŷ Cerrig; iii. Arthur Edwards, Ty'n Felin, a Francis Owen, Tŷ Gwyn.
2. Unawd dan 18: i. Nellie Owen, Tŷ Gwyn; ii. Alice Jones, Ystrad Bach, a Lizzie Jones, Arddwyfan.
3. Deuawd dan 18: i. Alice Jones, Ystrad Bach, a Nellie Owen, Tŷ Gwyn; ii. Lizzie Owen a Maggie Jones Owen, 'Rhafod; iii. Jennie Jones a Lizzie Jones, Arddwyfan.
4. Unawd i bob oed: i. Robert Thomas Jones, Tŷ Gwyn; ii. Mrs A J Edwards, Tŷ Newydd, a Miss R W Roberts, Bryn Nannau.
5. Deuawd i bob oed: i. John W Jones, Cae Fadog, a Mrs Jones, Ystrad Bach.
6. Pedwarawd (pedwar parti yn cystadlu): i. Parti Robert Thomas Jones, Tŷ Gwyn.

Pencil Sketch: i. a ii. Evan W Owen, Tŷ Cerrig; iii. Owen R Owen, Tŷ Cerrig.

Caniadaeth y cysegr a William Jones, 'Ci Glas'

Bu cyfarfodydd cystadleuol Capel Cefn Nannau yn ystod hanner cyntaf yr ugeinfed ganrif, mae'n amlwg, yn rhai llwyddiannus iawn. Yn wir, erbyn y tridegau cynhelid mwy nag un cyfarfod llenyddol y flwyddyn. Cyfarfodydd cyfyngedig i aelodau'r capel oedd y rhain, fel y Band of Hope gynt oedd mewn bri ar un adeg. Ceir cyfeiriad byr at y cyfarfod hwnnw, er enghraifft, gan y Parchg J R Jones yn Llyfr Cofnodion yr Eglwys am y flwyddyn 1915. Mrs Jones, Ystrad Fawr, oedd un o'r rhai a ofalai amdano y flwyddyn honno. Dyma'r hyn a sgrifennodd J R Jones yn y Llyfr Cofnodion am gyfarfodydd llenyddol y capel yn y flwyddyn 1933:

'Y llecyn goleu yn ein holl waith drwy ysbaid y flwyddyn yw y Cyfarfodydd Llenyddol a gynhelir yn ysbaid y gaeaf yn awr ac yn y man. Cynhelir hwy bob rhyw chwe wythnos. Cymerir y dysgu atynt gan frodyr a chwiorydd, a chlywir ynddynt waith [a wnaed] gartref ac yn yr Eglwys. Tybed a oes eglwys mor fach ei rhif a all gynnal cyfarfodydd o'r fath heb alw am gymorth oddi allan. Cymerir rhan ynddynt o'r plant lleiaf i'r aelodau hynaf.'[2]

212

Plas Nant, Llangwm, cartref William Jones, 'Ci Glas'; Thomas W
Jones, canwr, a John Owen Jones, saer.
Yn y drws: Elizabeth (chwaer hynaf William Jones) a John Jones, ei phriod.

Mewn nodyn cyffelyb am y flwyddyn 1937 cyfeiria J R Jones yn
benodol at un o brif fanteision cynnal y cyfarfodydd llenyddol.

> 'Caed pedwar Cyfarfod Llenyddol yn ysbaid y flwyddyn gan feibion
> a merched yr Eglwys. Credwn mai'r cyfarfodydd syml hyn yw'r
> cyfraniad gore i ganiadaeth y cysegr. Beth bynnag arall a ddaw'n
> dda drwyddynt, gloewir ein mawl a deffroir ynom awydd addoli.'[3]

Cawn sôn eto am gyfraniad clodwiw arweinyddion y gân yng
Nghapel Cefn Nannau. Yn y bennod hon talwn deyrnged i un gŵr a
wnaeth gyfraniad nodedig yn ystod chwarter cyntaf y ganrif hon i
hyfforddi plant ac ieuenctid yr eglwys mewn elfennau cerddoriaeth.
Carwn, fodd bynnag, i'r deyrnged fod yn gyfrwng diolch hefyd i bawb
arall yng Nghapel y Cefn sydd hyd y dydd heddiw wedi rhoi bri ac
urddas ar ganiadaeth y cysegr. Enw'r gŵr yw William Jones, neu, fel y'i
hadwaenid gan bawb gynt: William Jones, 'Ci Glas' (1872-1941).

Fe'i maged ar aelwyd Plas Nant, Llangwm, yn bennaf gan ei
chwaer hynaf, Elizabeth. Yr oedd, felly, yn ewyrth i'm nain, merch

213

William Jones (1872-1941), gyda'i 'gi glas'
enwog a rhai o'r cwpanau a enillodd.

Elizabeth Jones, Plas Nant, ond ystyriai hi fel chwaer hoff. Yn lled
fuan wedi iddi briodi yn 1901, symudodd yntau i fyw ati hi a'i
phriod ar fferm 'Rhafod, cartref fy mam. Ac yno y bu am dros ugain
mlynedd, yn porthmona, yn rhedeg cŵn defaid, yn fawr ei
wasanaeth i Gapel y Cefn, ac yn cyflawni llu o gymwynasau i
drigolion y fro. Ar y 9fed o Ragfyr 1925, ac yntau dros ei hanner cant,
priododd â Margaret Jane Jones, Llwyn Dedwydd. Symudodd yno i
fyw, gan ymaelodi yn Ninmael. Dyma'r nodyn a sgrifennwyd gan J
R Jones yn Llyfr Cofnodion Eglwys Cefn Nannau ar derfyn 1925:

'Yn ysbaid y flwyddyn symudodd Mr William Jones, 'Rhafod, i
Ddinmel, oherwydd ei briodi â Miss M J Jones, Llwyn Dedwydd, Tŷ

Nant. Am flynyddoedd lawer bu'n dra ffyddlon i ganiadaeth y Cysegr. Bu'n dechrau canu am ysbaid pymtheg mlynedd, fwy neu lai. Disgyblodd yr ifanc yn elfennau Cerddoriaeth a magodd do o gerddorion da. Mynnodd osod y rhan hon o wasanaeth y Cysegr ar wastad uchel. Fel arwydd o barch yr Eglwys iddo, ac yn arbennig y bobl ifanc, cyflwynwyd iddo Awrlais gwych yn rhodd ar ei ymadawiad.'[4]

Ceir adroddiad am briodas William Jones hefyd yn *Y Seren* ac yn *Baner ac Amserau Cymru*. Gyda'r adroddiad yn y *Faner* cyhoeddir cân a gyfansoddwyd yn arbennig gan Thomas Jones, Cerrigelltgwm: 'Cyfarchiad Priodasol i'm Hen Gyfaill William Jones'. Canwyd hi ar achlysur yr anrhegu gan David Jones, Pen y Bont. Cyfeiria'r pennill cyntaf at 'William gynt mewn cŵn dreialon / Fu'n corlannu defaid ...' Bellach, mae yntau wedi'i gorlannu![5]

Yn naturiol, cefais lawer o hanes 'Yncl Wiliam' gan fy mam. A llawer o'i hanes hefyd trwy garedigrwydd Ifor Jones, Llanrwst. Bu ef yn gweithio iddo am rai blynyddoedd yn Llwyn Dedwydd, pan oedd yn fachgen ifanc, ac yr oedd yn meddwl y byd o'i feistr. Roedd yntau yn hoff iawn o'r hogyn. Yn wir, aeth un neu ddau i dybio bod Ifor yn fab i William Jones, a chafodd ei alw rai troeon yn 'Ifor, Ci Glas'!

Yr oedd William Jones yn arwr mawr hefyd gan y diweddar John Morris Jones, Aeddren (mab Arddwyfan). 'Y Cymeriad Mwyaf Diddorol y Gwn i Amdano' oedd un o'r testunau yng Nghwarfod Bach Cefn Nannau, 1971, a John Morris Jones a enillodd. Y person y dewisodd sôn amdano ydoedd William Jones, a dyma ddetholiad o'r ysgrif honno. Y mae'n ein hatgoffa o gymwynasau parod gŵr i'w fro. Y mae hefyd yn enghraifft deg o'r deunydd diddorol a gwerthfawr sy'n ffrwyth cystadlaethau yng nghyfarfodydd cystadleuol Cefn Nannau a chapeli eraill y gymdogaeth. Cyhoeddwyd yr ysgrif yn gyflawn yn *Yr Ysgub*, cylchgrawn eglwysi MC Cefn Nannau, Cwm Penanner a Llanfihangel (rhif 29, Gaeaf 1971).[6]

'Fe welwch i mi roi 'Ci Glas' mewn cromfachau ar ôl enw'r gŵr annwyl a diddorol uchod. Wrth yr enw 'Ci Glas' yr oedd darn mawr o'r wlad yn ei adnabod. Yr oedd wedi dod i amlygrwydd mawr ym mlynyddoedd cyntaf y ganrif hon oherwydd iddo ennill llawer iawn o wobrau gyda'r ci nodedig hwnnw; yn wir, yr oedd yn adnabyddus i Ogledd Cymru a rhan helaeth o Loegr a'r Alban. Enillodd lond cwpwrdd o gwpanau am ei orchestion yn y sioeau cŵn. Cof gennyf iddo unwaith gael llythyr o'r Alban wedi ei gyfeirio fel hyn: 'Mr W Jones, Cae Glas or Ci Glas, Corwen, Wales'.

John Morris Jones, Arddwyfan (Aeddren wedi hynny) gyda 'chi glas' William Jones.

Wedi iddo fod yn gwasanaethu ar ffermydd, daeth yn fuan iawn i fod yn hwsmon neu bailiff i wraig weddw, ar fferm Tŷ Nant Llwyn. Bu'n ŵr defnyddiol iawn yno, a daeth llwyddiant i'r weddw a'r plant. Ond yr oedd yr elfen prynu a gwerthu yn gryf iawn ynddo, a daeth yn fuan i fyw yn gyfangwbl ar y gwaith hwnnw. Wedi'r cyfnod llwyddiannus yn Nhŷ Nant Llwyn, daeth i gymryd ei gartref yn Foty Arddwyfaen, neu yr Hafod, fel y gelwir y lle yn awr, a dyna lwcus a fu Achos y Methodistiaid Calfinaidd yng Nghapel Cefn

Nannau! Rwyf fel pe yn ei glywed y munud hwn yn cymryd rhan gyhoeddus yn y cyfarfod gweddi. Byddai wedi dethol emynau canadwy a darllenai ddarn diddorol o'r Beibl, ac yna gweddi ddistaw – prin y gallech ei glywed. Ond fel arweinydd y gân y cofir ef fwyaf gan bawb. Ni wn pa bryd y dewiswyd ef; yn codi y canu y cofiaf fi ef. Roedd ganddo gyfarfod i'r plant am un o'r gloch bob Sul trwy y flwyddyn, i ddysgu y Tonic Sol-ffa, a chododd do ar ôl to o blant, a fu wedi hynny yn arwain gyda cherddoriaeth yn eu gwahanol gylchoedd. Bron na ellwch chi nabod heddiw y plant a fu dan ei ddisgyblaeth, er eu bod i gyd yn bobl mewn oed erbyn hyn.

Rwy'n cofio i mi sylwi lawer gwaith, er nad oeddwn ond plentyn, y byddai casgliad nos Sul yn aml at wahanol achosion: 'casgliad rhydd' y byddent yn ei alw. O dair ceiniog i fyny i swllt fyddai pawb yn ei roi, ond gwelais William Jones lawer gwaith yn rhoi papur degswllt, ac wedi gwasgu hwnnw'n fychan fel na welai neb ei fod yn ei roi ar y plât. Pan ddaeth i fyw i'r Hafod, aeth i Gapel Cefn, ond gadawodd ei docyn aelodaeth yn Ninmael. Dywedir mai y rheswm am hyn oedd – fod derbyn blaenoriaid i fod yn Cefn, a bod ganddo eisiau i'r gwaith hwnnw fyned drosodd; yna ar ôl i'r dewis fod, daeth â'i docyn i'r Cefn. Yr oedd rhyw wyleidd-dra ynddo; nid oedd arno eisiau ei wthio ei hun yn gyhoeddus... Byddai Cyfarfod Ysgol yn cael ei gynnal yn y Cefn, unwaith bob blwyddyn a hanner, ac arferid gwneud cinio i'r cynrychiolwyr yn festri'r capel. William Jones fyddai bob amser yn rhoi cig (bîff) at yr amgylchiad. Roedd yn haelionus tu hwnt at achosion crefyddol...

Dyma bwyntiau oedd yn gwneud i mi edrych ar William Jones fel y dyn mwyaf diddorol a gyfarfûm erioed: 1. Yr oedd yn ffrind calon i blentyn, llawer swllt a roddodd yn fy llaw, ac yr oedd swllt yr adeg honno yn swllt. 2. Edmygwn ei ddawn a'i amynedd i hyfforddi plant yn y Tonic Sol-ffa. 3. Byddwn yn falch pan fyddai yn dweud hanes ei deithiau porthmona, byddwn trwy hynny yn dysgu am ardaloedd nad oeddwn erioed wedi cael y cyfle i fynd iddynt. Pan fyddai gwraig weddw, neu deulu tlawd, eisiau prynu buwch, at William Jones yr aent, am y rheswm y caent yr amser a fynnent i dalu, a chlywais am fwy nag un teulu yn methu â thalu ac yntau yn maddau. Byddai yn gofyn i mi weithiau wneud ychydig o drefn ar ei lyfr cownt, ei lyfr prynu a gwerthu, a synnwn at ei ddynoliaeth dda. Gadawodd ei ôl mewn daioni yn drwm ar ardal Llangwm, a diolchaf finnau am y fraint o gael adnabod cymeriad mor ddiddorol.'

Thomas William Jones, Plas Nant

Yr oedd William Jones, 'Ci Glas', yn frawd i nain Thomas William Jones, 'Tom Plas Nant' (1910-85). Bydd pobl ardal Llangwm yn cofio amdano ef fel cymeriad ar ei ben ei hun: diddorol, unplyg a ffraeth. Un noson yn y festri fach yng Nghefn Nannau roedd hi'n amser dechrau'r oedfa ac, yn anarferol iawn, dim un blaenor yn bresennol. Toc dyma Tom yn sibrwd o'r cefn: 'Dwi'n cynnig bod ni'n cael cyfarfod i ddewis blaenoriaid!' A hwyl fawr, wrth gwrs. Ond fe gofiwn amdano hefyd fel y gŵr a oedd yn meddu ar un o'r lleisiau cyfoethocaf. Cyfeiriwyd eisoes ato'n ennill yn erbyn David Lloyd mewn eisteddfod ym Mhentrellyncymer.

Pan oedd Tom yn fachgen ifanc ac yn gweithio yn Ystrad Bach, dyma Mrs Jones yn ei berswadio i roi cynnig ar yr unawd yng Nghyfarfod Llenyddol Capel Cefn. Emyn mawr Edward Jones, Maes-y-plwm, Llanrhaeadr Dyffryn Clwyd, oedd y darn prawf: 'Cyn llunio'r byd, cyn lledu'r nefoedd wen ...' Cytunodd, ond roedd yn nerfus iawn. Ar ganol yr ail bennill, penderfynodd adael y sêt fawr. Ond fe barhaodd i ganu nes cyrraedd cefn y capel, a'r gynulleidfa yn eu dyblau yn chwerthin ac wedi dotio at y llais nodedig. William Jones, 'Ci Glas', oedd y beirniad y noson honno. Wedi hynny, bu Tom yn canu llawer yng nghwarfodydd bach y cylch ac yng Nghôr Llangwm. Mae rhai o'r to hŷn yn yr ardal yn cofio'n dda amdano yn canu, er enghraifft, y ddeuawd 'Lle Treigla'r Caveri' gyda Dafydd Jones, Glyn Nannau. A chofio hefyd rai o'r unawdau yr arferai eu canu, megis: 'Y Marchog', Joseph Parry, geiriau gan John Lodwick; 'Arthur yn Cyfodi', W S Gwynn Williams, geiriau gan Silyn; 'Bryniau Aur fy Ngwlad', T Vincent Davies, geiriau gan Dyfed; 'Mab yr Ystorm', W Bradwen Jones, geiriau gan T Gwynn Jones; 'Y Tair Mordaith', R S Hughes, geiriau gan Dyfed; 'Y Mab Afradlon', Osborne Roberts, geiriau gan Daniel Ddu o Geredigion; 'Yr Ornest', William Davies, geiriau gan Edward Edwards ('Morwyllt'); 'Pa Le Mae'r Amen', Ap Glaslyn, geiriau gan Gwyrosydd; ac 'Aros Mae'r Mynyddau Mawr', Meirion Williams, geiriau gan Ceiriog. Canai hefyd, wrth gwrs, lawer iawn o emynau. Trwy garedigrwydd Mrs Hester Claude Jones, gweddw Tom, cefais weld ei gasgliad o unawdau a chaneuon. Y mae'n gasgliad ardderchog, yn cynnwys rhai ugeiniau o eitemau.

Thomas W Jones, 'Tom Plas Nant' (1910-85),
yn hogyn.

Un sylw pellach. Nid hap a damwain yw etifeddu llais godidog
a diddordeb byw mewn canu. Fel gyda chymaint o bersonau eraill
yn yr ardal, roedd canu a dileit mewn canu yn rhywbeth teuluol.
Yn achos Tom Plas Nant, roedd y diddordeb yn amlwg ar ochr ei
dad, John Jones, a William Jones, 'Ci Glas', ei hen ewyrth. Felly
hefyd ar ochr ei fam, Maggie Jones. Ei thaid hi (tad ei mam) oedd
Thomas Edwards (bu farw 1898, yn 74 mlwydd oed), Ty'n Rhos,
Cwm Penanner. Ef oedd awdur y dôn 'Ty'n Rhos' a alwyd wedyn

yn 'Gwinllan'. Arferid ei chanu'n aml ar eiriau emyn Pantycelyn: 'Pererin wyf mewn anial dir...'

Yr oedd Tom Plas Nant yn cynrychioli to o gantorion dawnus a oedd bryd hynny yn aelodau yng Nghapel Cefn Nannau. Yn aml byddai cymaint â phump neu chwech o fechgyn ifanc yn cystadlu mewn cwarfod bach yng nghystadleuaeth yr unawd, a phob un yn cyflwyno caneuon safonol. Dyma enwau rhai ohonynt, ac yr oedd eraill, bid siwr: David a John Evans, Gwern Nannau; John Morris Jones, Arddwyfan; Robert Thomas Jones, Tŷ Newydd; Thomas Jones, Plas Nant; Frank Owen a William David Owen, Tŷ Gwyn. Yr oedd bryd hyn hefyd do o ferched ifanc a oedd yn ymddiddori'n fawr mewn canu ac yn rhoi yn hael o'u dawn a'u gwasanaeth yn y capel ac 'wrth yr offeryn' – yr organ. Perthynent i deuluoedd megis Arddwyfan, 'Rhafod, Tŷ Gwyn ac Ystrad Bach.[7]

Cwarfodydd Bach 1945-95

Am ran olaf y bennod hon dyma fwrw golwg ar hynt Cyfarfod Cystadleuol Cefn Nannau am yr hanner canrif ddiwethaf. Bu peth newid dros y blynyddoedd, fel y gellid disgwyl. Ond yr un yw'r cyfraniad gwerthfawr a wnaed ganddo o flwyddyn i flwyddyn. Y gair allweddol, mi gredaf, yw cyfle. Yn bennaf oll, rhoes gyfle i bawb yn yr eglwys, o'r ieuengaf i'r hynaf, i ymarfer a gloywi pa ddawn bynnag a roed iddynt. Yr oedd y darnau prawf a'r testunau bron yn ddieithriad wedi'u gosod. Golygai hynny fod yn rhaid dysgu o'r newydd. Ac yn y dysgu – yr ymdrech – yr oedd y budd a'r fendith. A dyna'r patrwm hyd heddiw. Cyfle i hybu talent. Cyfle hefyd i fynegi mawl a chlod i Dduw am bob rhodd a bendith. O'r deuddeg cystadleuaeth yn adran gerdd rhaglen cyfarfod llenyddol Tachwedd 1995, er enghraifft, y mae deg ohonynt o'r *Detholiad* neu'r *Atodiad* (*Detholiad o Emynau a Thonau* a gyhoeddir bob blwyddyn gan yr Eglwys Bresbyteraidd a'r Eglwys Fethodistaidd, a'r *Atodiad* i Lyfr Emynau a Thonau y Methodistiaid Calfinaidd a Wesleaidd, 1985). Ceir cyfle pellach yn yr adran adrodd i ddysgu llefaru'n glir a chyflwyno neges yn ddiddorol a byw. Yn adrannau llên a barddoniaeth rhoddir cyfle i'r llenor a'r bardd fynegi ei weledigaeth. Cyfle hefyd yn adrannau gwaith llaw, celf a chrefft i roi bri ar y cain a'r prydferth.

Nodwyd eisoes i gyfarfod cystadleuol 1922 gael ei gynnal 'o dan nawdd Cymdeithas y Bobl Ieuainc'. A dyna fu'r drefn wedi hynny.

Dyma, er enghraifft, y manylion ar glawr rhaglen cyfarfod 1946: 'Rhestr Testunau Cyfarfod Cystadleuol Llangwm (a gynhelir o dan nawdd Cymdeithas y Bobl Ieuainc) yng Nghapel MC, Cefn Nannau, Nos Gŵyl Dewi, Mawrth 1, 1946.' Hyd heddiw, pobl ifanc a fu wrth y llyw gyda'r cyfarfodydd llenyddol. Adeg cyfarfod 1946, er enghraifft, Robert Gwilym Jones, Disgarth Ucha (bryd hynny), oedd Llywydd y pwyllgor; T Vaughan Roberts, Fron Isa, oedd yr Ysgrifennydd; a John Owen Jones, Plas Nant, oedd y Trysorydd.

Argraffwyd rhaglen 1946 a'i chyhoeddi. Erbyn hyn, mae'n amlwg, roedd y cyfarfod yn fwy agored i eglwysi eraill cyfagos. A dyna fu'r patrwm wedyn hyd heddiw – capeli'r cylch yn cefnogi ei gilydd. Dyblygu ychydig gopïau o'r rhaglen a'i rhoi mewn da bryd i ysgrifenyddion neu selogion capeli'r ardal. Yr unig eithriad ar raglen 1946 yw fod cystadlaethau'r 'Arholiadau' yn 'gyfyngedig i Gapel MC Cefn'. Arholiadau ysgrifenedig oedd y rhain, yn dilyn yr un maes â'r 'Arholiad Sirol', ac yn seiliedig, fel arfer, ar benodau neilltuol o'r Beibl. Ers blynyddoedd bellach, ni chynhwysir cystadlaethau o'r fath.

Ar wahân i'r Arholiadau, 26 o gystadlaethau a gafwyd yng nghyfarfod 1946: 14 yn adrannau cerddoriaeth ac adrodd, a'r gweddill wedi'u rhannu'n gyfartal rhwng barddoniaeth, gwaith coed, arlunio a choginio. A dyna un gwahaniaeth amlwg rhwng cyfarfodydd hanner cyntaf y ganrif a chyfarfodydd ail hanner y ganrif, sef y cynnydd amlwg yn nifer y cystadlaethau. Gwelir y cynnydd amlycaf yn adrannau barddoniaeth a llên, celf a chrefft, a gwaith llaw. Gyda'r cystadlaethau yn yr adran gerdd, yn arbennig, fe ddiogelwyd y wedd grefyddol a Christnogol. Drwy'r cynnydd yn nifer y cystadlaethau mewn adrannau eraill, rhoddwyd mwy a mwy o bwys ar y wedd ddiwylliannol. O ran ystyried cyfraniad cyfoethog y cyfarfodydd llenyddol, fodd bynnag, gellir dadlau mai dianghenraid a chamarweiniol yw tynnu llinell derfyn bendant rhwng y naill a'r llall – crefydd a diwylliant. 'Mae'r oll yn gysegredig' ac yn fodd i ddyrchafu bywyd.

Ers rhai blynyddoedd bellach cynhelir Cwarfod Bach Cefn Nannau ym mis Tachwedd. Yn rhaglen y cyfarfod a gynhaliwyd nos Wener, 10 Tachwedd 1995, cafwyd 81 o gystadlaethau, wedi'u dosbarthu'n bymtheg adran, ar gyfer yr oedran ifancaf 'o dan 4' i 'agored': cerdd: 12; cerdd dant: 1; offerynnol: 1; adrodd: 8; barddoniaeth: 8; rhyddiaith:

Rhestr Testunau

Cyfarfod Cystadleuol
LLANGWM

(a gynhelir o dan nawdd Cymdeithas y Bobl Ieuainc).

Yng Nghapel M.C., Cefnanau
Nos Gwyl Dewi, Mawrth 1, 1946

Drysau'n agored am 5; i ddechrau am 5-30 o'r gloch.
Mynediad i mewn: 1/6; Plant 6c.

Llywydd:—D. W. JONES, Ysw., Maesmorfychan, Maerdy.

Arweinydd:—WM. OWEN, Ysw., Brynhir, Llanfihangel.

Beirniad Cerdd:—TECWYN ELLIS, Ysw., B.A., Llandrillo.

Beirniad Adrodd a'r Farddoniaeth:—
JOHN LLOYD, Ysw., Penybryn, Llawrybettws.

Cyfeilyddes:—Mrs. GRIFFITHS, Rhydywernen, Maerdy.

Swyddogion y Pwyllgor:—

Llywydd:—Mr. R. Gwilym Jones, Disgarth Ucha.

Trysorydd:—Mr. John O. Jones, Plas Nant.

Ysgrifennydd:—
Mr. T. VAUGHAN ROBERTS, Fron Isa, Tynant.

Argraffwyd yn Swyddfa'r "Seren," Bala. Tel. 29.

7; coginio: 8; gwnïo: 8; gwau: 6; ffotograffiaeth: 1; arlunio: 6; crefft: 6; gwaith coed: 4; cerfio: 3; ysgrif addurnedig: 2.

Cyfrifiadur hud a lledrith yn dal dynion drwg

I egluro pennawd yr adran sy'n cloi'r bennod hon, gwahoddaf chwi i gael cip ar gynhyrchion barddoniaeth a llenyddiaeth cwarfod bach a gynhaliwyd yng Nghefn Nannau, nos Wener, 11 Tachwedd 1994.

Trwy garedigrwydd Mererid Williams, ysgrifenyddes Cymdeithas Capel Cefn Nannau y flwyddyn honno, cefais weld yr holl gyfansoddiadau llenyddol buddugol. Yn gyntaf, felly, cystadleuaeth y limerig: cyfansoddi tair llinell at y ddwy a osodwyd eisoes. O blith y cynigion gorau, dyma un ohonynt - celwydd golau bendigedig! (Eiddo Dorothy Jones.)

> Roedd merched y Llan awydd slimio,
> Ac aethant i Gorwen i nofio,
>> I fewn dros eu pennau,
>> Nes cododd y tonnau –
> A boddi dwy fuwch yn Llandrillo!

Dyma'r dasg a osodwyd yng nghystadleuaeth y llinell goll:

> Llwm yw'r ffriddoedd uwchben Aeddren,
> Bygwth eira y mae'r wybren...

Testun y gân gocos oedd 'Sioe Llangwm', a chafwyd llawer o hwyl a thynnu coes yn y ddwy gerdd, y naill gan Dorothy Jones (buddugol) a'r llall gan Tegwyn Jones. Dyma ddyfyniad byr o'r gerdd fuddugol:

> Emrys Pen Bont yw'r pen efo nionod,
> Ond Aeryn yw'r boi efo rhosod.
> Blodfresych a chennin –
> Wel, Yaxley yw'r brenin;
> Ond mae swedjen gan Islwyn
> Yn toddi fel menyn.
> Blodau ffenest mewn pot?
> Jane Tŷ Cerrig yn ennill y lot!

Testun yr englyn oedd 'Capel Cefn Nannau'; y tri thriban: 'Methodist, Annibynnwr a Bedyddiwr'; a'r gân o dan 25 oed: 'Yr Aelwyd' neu 'Clwb Ffermwyr Ifanc'. 'Yr Hen Dŷ Gwag' oedd testun y gerdd o dan 12 oed, a dyma ddyfyniad byr o'r cerddi gafaelgar a ddaeth i'r brig. Yn gyntaf, pennill olaf cerdd Nia Hughes, Ystrad Fawr:

> Lle tân yn llawn llwch a cherrig,
> Y nenfwd wedi dymchwel ac yn beryg;
> Grisiau i'r llofftydd wedi braenu –
> Dyna yw hanes cartrefi Cymru.

Dyma bennill agoriadol cerdd Heledd Owen, Hendre Arddwyfan:

Noson dywyll oer, yn ddu fel y fagddu,
Sŵn gwdi-hw'n y coed,
Gwynt oer yn chwyrlïo'r dail,
Ias oer i lawr fy nghefn ...

A dyma ddiweddglo cerdd Iona Davies, Tŷ Gwyn:

Dim ffenestr, dim grisiau,
Ond sŵn y gwynt yn chwyrlïo,
Fel sŵn llygod yn pitran-patran
Ar loriau yn y distawrwydd.

Yn dilyn, wele restr o'r cystadlaethau rhyddiaith yn yr un cyfarfod. Dan 6: llun a brawddeg, 'Fy hoff Anifail'; dan 9: 'Y Cyfrifiadur'; dan 12: 'Pe cawn adenydd ...'; dan 16: 'Stori'n defnyddio unrhyw ddihareb Gymraeg fel thema'; dan 25: 'Llangwm – ei fanteision a'i anfanteision'; brawddeg allan o'r enw 'Murmur y Nant'; stori fer: 'Aeth Wil rownd y gornel'.

I roi pen ar fwdwl y bennod hon, felly, fe hoffwn gyhoeddi'r stori fuddugol gan Elain Hughes, Erw Fair, yn y gystadleuaeth o dan naw oed. Y mae'n enghraifft ragorol o ddychymyg byw plentyn ar waith. Ond y mae hefyd yn ffrwyth profiad o fod mewn dosbarth yn Ysgol Llangwm lle cyflwynir y plant, o dan gyfarwyddyd y Prifathro, Robin Llwyd ab Owain, i fyd technolegol y cyfrifiadur. Yr ydym wedi symud ymhell o gystadlaethau cyfarfodydd llenyddol dechrau'r ganrif gyda'u pwyslais ar grefydd a moes. Ac eto, mewn un ystyr, nid mor bell â hynny. Y mae'r stori hon yn ffordd plentyn o dan naw oed o fynegi'n gynnil ac ardderchog iawn un gwirionedd sy'n ddigyfnewid, sef fod drygioni yn cael ei gosbi, ac mai ein gwaith ni yw ceisio sicrhau bod y da yn trechu'r drwg. Yr un genadwri yn union ag eiddo Paul gynt pan ddywedodd ar derfyn y ddeuddegfed bennod o'i lythyr at y Rhufeiniaid: 'Na orchfyger di gan ddrygioni, eithr gorchfyga di ddrygioni trwy ddaioni.'

'Y Cyfrifiadur'

Does gen i ddim cyfrifiadur, ond mae gan yr Ysgol gyfrifiadur arbennig iawn. Mae yn un hud a lledrith ac yn gallu gwneud swynau hud a lledrith arnoch chi. Bydd Mr Owain yn rhoi swyn arnom ni yn aml er mwyn i ni wneud ein gwaith yn dda a chyflym. Os yden ni yn blant drwg bydd Mr Owain yn pwyso'r llythyren 'll' ar y cyfrifiadur, a byddwn yn cael ein troi yn lyffantod, a byddwn yn rampio o gwmpas y dosbarth ac yn crawcian dros y lle.

224

Un diwrnod, fe fuodd tri bachgen (OND WNAI DDIM DWEUD PWY OEDDEN NHW!) yn cambihafio. Yn sydyn, dyma'r tri ohonyn nhw yn cael eu tynnu i mewn i'r cyfrifiadur ac yn cael eu bwyta mewn chwinciad chwannen! 'Mae hi yn ddistaw yma rwan', meddai Mr Owain, 'fe gawn ni lonydd rwan i wneud ychydig o waith.' A bu yn rhaid iddyn nhw aros yn y cyfrifiadur tan amser mynd adref.

Un noson, fe adewais i fy nillad nofio yn yr Ysgol. Felly, mi oeddwn i yn gorfod mynd i'r Ysgol i'w nôl nhw. Pan oeddwn yn mynd i nôl fy mhethau nofio, fe wnaeth y Gofalwr gau y drws arnaf. Clywais sŵn y goriad yn troi yn nhwll y clo. Roedd gen i ofn, ac aeth ias oer lawr fy asgwrn cefn. Roedd hi bron yn chwech o'r gloch ac roedd hi yn nosi yn gynnar. Yn sydyn clywais sŵn traed. 'O, diolch byth', meddais wrthyf fi fy hun, 'mae'n rhaid bod y Gofalwr wedi dod i nôl rhywbeth.' Ond y funud nesa clywais sŵn ffenestr yn torri'n deilchion a llais cras rhyw ddyn yn dweud: 'Quick there is nobody here'. Roeddwn wedi dychryn am fy mywyd, ac fe ês i guddio y tu ôl i'r cyfrifiadur. Daeth y dynion drwg i fewn i'r ystafell a dod at y cyfrifiadur. Neidiais allan o'm cuddfan a phwyso'r llythyren 'll' yn y cyfrifiadur. Trodd y ddau ddyn drwg yn lyffantod bach gwyrdd, gwallgo a blin, oedd yn fy llygadu yn gas. Clywais sŵn y Gofalwr yn agor y drws ac yn gweld y ffenestr wedi torri. Dywedais y stori wrth y Gofalwr. Ffoniodd y Gofalwr y plismon a dweud yr hanes. Dwedodd y plismon: 'Mae'r cyfrifiadur yma yn un handi iawn i ddal dynion drwg fel y rhain, dwi'n meddwl gofyn wrth Mr Owain am ei brynu.' Ond dydw i ddim yn meddwl wnaiff Mr Owain byth ei werthu o.

10
Y Cwlwm sy'n Creu:
Beirdd a Llenorion

Eisoes cawsom ragflas o ddiddordeb byw pobl Llangwm a'r cylch mewn barddoniaeth a barddoni. Yn y bennod hon cawn fanylu ymhellach ar y gweithgarwch hwn a rhoi peth sylw hefyd i ryddiaith. Dyma, felly, ar y dechrau fel hyn, ddal ar y cyfle i wneud tri sylw sydd, yn fy marn i, yn ganolog i'r drafodaeth.

Yn gyntaf, gweithgarwch cymdeithasol, yn bennaf, oedd barddoni a llenydda. Felly heddiw. Er bod gwerth llenyddol amlwg i lawer o'r cynnyrch, ei werth pennaf yw fel drych o fywyd y gymdeithas. Barddoniaeth a rhyddiaith 'at iws' yw llawer ohono: cynnyrch beirdd ac ysgrifenwyr yr ardal ar gyfer pobl yr ardal. Hyd yn oed gyda chyfansoddiadau mwy llenyddol, neu gyffredinol eu natur (llawer ohonynt, megis telynegion, sonedau, englynion, ysgrifau a storïau a fu'n destunau eisteddfodol), y mae'r prif bwys, gan amlaf, ar y boddhad. Boddhad i'r awdur ei hun yn y broses o greu, a'r boddhad i'r gynulleidfa wrth wrando neu ddarllen. Dileit mewn pennill a chân, neu bwt o ysgrif. Sôn yr ydym am y bardd a'r llenor yn ei gymdeithas, nid am y bardd a'r llenor yn ei gell. Beirdd a llenorion yn gwasanaethu eu cymdogaeth. Yn wir, prin y byddai'r mwyafrif o'r awduron hyn am arddel yr enw bardd o gwbl. 'Prydydd', efallai, neu enwau megis: 'bardd gwlad', 'bardd bro', 'tribannwr', 'limrigwr' a 'rhigymwr'. Yn sicr, anaml iawn y defnyddir y gair 'llenor' – y mae'n llawer rhy ddyrchafedig. 'Awdur', 'sgwennwr', 'ysgrifwr', 'gohebydd' – ie, o bosib. Ac eto, i drigolion yr ardal yn gyffredinol, bardd yw bardd ac awdur yw awdur. Wedi dweud hynyna, fodd bynnag, rhaid ychwanegu fod ymhlith cyfansoddiadau beirdd a llenorion Cwm Eithin lawer o ddeunydd sydd o werth llenyddol, yn ogystal â chymdeithasol. Cynhwyswyd rhai cerddi ac ysgrifau eisoes mewn blodeugerddi.[1]

Yr ail sylw yw hwn: er nad pawb sy'n barddoni a llenydda, y mae gan bron bawb yn yr ardal ddiddordeb mewn barddoniaeth a llenyddiaeth – o ryw fath. Pawb at y peth y bo. Y mae llawer un, er enghraifft, yn ymddiddori mewn limerig a thriban, pennill ac englyn. Eraill wrth eu bodd yn darllen cerddi troeon trwstan ac ysgrifau coffa yn *Y Cyfnod*, neu'r *Corwen Times*, a'r papurau bro. A pha syndod? Cerddi ac ysgrifau am bobl y maent hwy yn eu hadnabod, neu wedi clywed sôn amdanynt, yw'r rhain. A dyma ni'n ôl at y gymuned léol glòs – y gymdogaeth.

A dyma'r trydydd sylw: ceir pob cefnogaeth a chyfleusterau i hybu a chynnal y diddordeb mewn barddoni, llenydda, ysgrifennu – pa air bynnag a ddewiswn. Gellir nodi tair gwedd arbennig i'r swcwr hwn. Soniwyd eisoes am un ohonynt, sef y bri ar gystadlu mewn eisteddfod, cyfarfod llenyddol ac Ymryson. Yr ail wedd yw hon: y galw am wasanaeth. Fel y mae meddyg bro 'ar alwad', felly'r bardd a'r ysgrifwr. Bydd pobl yr ardal yn disgwyl cân am dro trwstan, cerdd ar achlysur priodas, ac ysgrif i goffáu'r marw. Beirdd a llenorion a gohebwyr y gymdogaeth yn cyd-ddathlu ac yn cyd-alaru gyda'u pobl eu hunain. Dyma'r cwlwm sy'n creu.

Ystyriaeth hollbwysig arall, wrth gwrs, yw'r cyfle a roed i'r ardalwyr i ddarllen llawer iawn o gynnyrch y beirdd, yr awduron a'r gohebwyr lleol. Roedd hynny, yn bennaf, mewn cyfnodolion wythnosol: *Yr Wythnos*, 1880-98; *Yr Eryr*, 6 Mehefin 1894-21 Rhagfyr 1898; *Yr Wythnos a'r Eryr* (y ddau bapur wedi uno ynghyd), 4 Ionawr 1899-28 Medi 1921; *North Wales Times*, 27 Ebrill 1895-3 Awst 1957; *Denbighshire Free Press*, 7 Ionawr 1888-3 Awst 1957; *Denbighshire Free Press and North Wales Times*, 10 Awst 1957-; *Y Seren*, 11 Ebrill 1885-1974; ac yn ein dyddiau ni, *Y Cyfnod* neu'r *Corwen Times*. Y mae cyfle hefyd yn y papurau bro misol: *Y Bedol*, papur cylch Rhuthun, Uwchaled ac Edeirnion, a *Pethe Penllyn*. Ceir colofn farddol yn y naill bapur a'r llall: 'Trin Geiriau', o dan ofal Eifion Jones, Llangwm, yn *Y Bedol*, a 'Teulu'r Talwrn', o dan ofal William Jones, Cefnddwysarn, yn *Pethe Penllyn*. Soniwyd eisoes am *Cefn Gwlad*, Cylchgrawn Cangen Uwchaled o Gymdeithas Addysg y Gweithwyr, 1940-53. Cyfeiriwyd hefyd at *Lên y Llannau*, 1958-. Rhwng 1961-82 cyhoeddwyd 59 rhifyn o'r *Ysgub*, cylchgrawn eglwysi Cefn Nannau, Llanfihangel Glyn Myfyr a Chwm Penanner. (Ymunodd Dinmael hefyd â'r Ofalaeth yn 1979.) Fel y caf sôn eto yn y bennod nesaf, cyhoeddwyd llawer o ddeunydd diddorol a gwerthfawr yn y cylchgrawn arbennig hwn.

Yn aml iawn fe gyhoeddir yn y papur newydd fersiwn ysgrifenedig o'r coffâd a draddodwyd mewn gwasanaeth claddu. A dyma un enghraifft arall o'r ddolen glòs sy'n clymu eglwys a chymdeithas. O wythnos i wythnos cyhoeddir yn *Y Cyfnod* a'r *Corwen Times* deyrngedau i'r ymadawedig, ac fe garwn ddal ar y cyfle hwn i ddiolch yn ddiffuant iawn i Wasg y Sir, Y Bala, am y gymwynas hon. Y mae'r ysgrifau coffa hyn yn chwarel gyfoethog, ac ni all yr un hanesydd ysgrifennu am Benllyn, Edeirnion ac Uwchaled heb roi'r sylw dyladwy iddynt. Cyhoeddir ysgrifau coffa hefyd yn *Y Bedol* a *Pethe Penllyn*, ond y mae'r rhain, o reidrwydd, yn fyrrach. Cefais gyfle eisoes yn y gyfrol *Gŵr y Doniau Da* i dalu teyrnged i'r diweddar Barchg J T Roberts a fu'n ysgrifennu i'r wasg leol am dros ddeugain mlynedd.[2] Boed i'r deyrnged honno a'r geiriau hyn yn awr fod yn gyfrwng i mi ddiolch yn ddiffuant iawn i ohebwyr wythnosol a misol y wasg yn Uwchaled heddiw am eu mawr gymwynas. A'r un modd i weinidogion ac eraill sy'n cyhoeddi ysgrifau coffa.

Miss Rawson, yr athrawes, a 'Lewis Coes Bren'

Dyfynnwyd eisoes o waith rhai awduron rhyddiaith yr ardal, gan gynnwys ysgrifau a storïau a fu'n fuddugol mewn cystadlaethau eisteddfodol. Yn Eisteddfod Llangwm, 1981, testun cystadleuaeth y traethawd agored oedd 'Ysgol Llangwm'. Mrs Eirlys Lewis Evans, Y Rhyl (Pen y Bont, Llangwm, gynt) oedd yn fuddugol, a chyhoeddwyd ei thraethawd yn *Llên y Llannau* y flwyddyn ganlynol (tt. 61-71). Ysgrifennodd Dafydd Evans, Gwern Nannau, Llangwm, yntau draethawd cynhwysfawr a diddorol iawn ar gyfer y gystadleuaeth hon. Dyma rai dyfyniadau o'r traethawd hwnnw. Yn gyntaf, dau hanesyn difyr am Miss Rawson, yr athrawes, a Lewis, y sgwlyn a'i 'goes gorc'. Yna, atgof melys am garedigrwydd plentyn tuag at Dafydd Evans ar ei ddiwrnod cyntaf yn yr ysgol.

> 'Miss Rawson: Prif Athrawes (1889)... Yr oedd ganddi ddylanwad ar ei phlant a gallai ddefnyddio'r ffon, a hynny heb lol. Ond clywais i un bachgen gymeryd meddiant o'r ffon a chwipio ei dwyrain â hi! Gallaf ddweud mwy am 'Lewis Coes Bren', fel y'i gelwid, ond coes gorc oedd ganddo, i fod yn fanwl. Yr oedd Mr T Lewis yn cael ei dâl cyntaf yn 1901. Yr oedd Tŷ Newydd yn dafarn yr adeg honno ac ymwelai yno yn dra chyson. Deheuwr oedd Lewis. Galwai ar y plant i ddod at eu gwersi ar derfyn amser chwarae, rhedai y plant am yr

ysgol, ac yntau yn sefyll ger y drws, gan weiddi: 'Last one catches it!' A rhoddai gic ym mhen ôl yr olaf â'i goes gorc. Yr oedd ganddo air na chlywais neb yn ei ddweud, sef y gair 'cythrwm'. Un prynhawn, yr oedd tri o'r bechgyn wedi gwneud rhyw ddrwg, a chawsant eu cadw i mewn ar ôl i'r plant eraill fynd adref. Dyma enwau'r tri: J D Davies (tad R D Davies, sydd yn amaethu Cefn Nannau yn awr); Tom Lewis, Lodge; nid wyf yn siwr o'r trydydd. Y gosb a gawsant oedd ysgrifennu brawddeg. Dywedai Lewis frawddeg wrthynt, a thra byddent hwy yn ysgrifennu, darllenai ef ryw lyfr iddo ei hun. Yna gwaeddai: 'Last word', ac un ohonynt yn dweud y gair olaf. Digwyddodd hyn am bump i chwech o weithiau. Blinodd Tom Lewis arno, a phan ddywedodd Lewis 'last word', atebodd Tom: 'Chwaden feddal ystwyth yn nofio'n gyflym tros wyneb y dŵr!' 'Be gythrwm wyt ti'n 'i ddweud, fachgen?', meddai'r hen Lewis. Yna dywedodd dri gair: 'Stand, forward, home'.

Yr oedd bachgen yn bwyta siocled yn y dosbarth. Cipiodd Lewis y siocled oddi arno. Gwylltiodd y bachgen; rhuthrodd o'i sedd, a chafodd afael yn siaced y sgŵl o'r tu ôl, a'r ddau yn mynd o amgylch yr ysgol, a'r bachgen yn cicio'r hen Lewis yn ei dîn gan weiddi: 'Yr wyf yn rhoi wythnos o *notice* iti!' A waeth i mi ddweud yn blaen, Bob, fy mrawd, oedd y bachgen. Nid wyf yn gwybod beth a ddigwyddodd wedyn...

Mr Williams a ddaeth yn athraw yn lle Mr Lewis, tua 1903. O Loegr y daeth ef i Langwm, ac aeth yn ôl i Loegr. Ni bu ei arhosiad yn Llangwm yn hir. Yr oedd yn ŵr wedi graddio yn llawer uwch na Lewis, ac yn athro da iawn yn ôl tystiolaeth fy mrodyr. Ar ôl i Mr Williams fynd o Langwm, Mr Henry Parri a ddaeth yn brifathro i'r Llan, tua 1904. Gŵr o Lanllechid oedd Henry Parri, ac yn athrawes yr oedd Miss Williams, hithau o'r un ardal ag ef. Dyna pryd y dechreuais i fy ysgol yn bedair oed yn 1914. Cofiaf fynd yn nwylo fy nau frawd, ac wedi cael fy nillad gore i fynd. Pan wrth Bont y Felin, daeth bachgen o gyfeiriad y Siop, bachgen mawr, cryf, ac yr oedd ei ofn arnaf. Gofynnodd i fy mrodyr: 'A yw hwn yn frawd i chwi?' 'Ydyw', atebasant hwythau. Aeth i'w boced a thynnu paced o fferins, a gofyn i mi: 'Wyt ti am fferen?' Ciliodd yr ofn, a chefais i a fy mrodyr fferen ganddo. Mae'n rhyfedd fel yr erys tro caredig yn y cof. Cyrraedd y Llan, a Parri yn cerdded i fyny lawnt yr Ysgol a golwg od ar ei wyneb, un llygad bron â chau a lliw glas oddi amgylch y llygad. Ond erbyn deall, wedi cael colyn gan wenynen yr oedd. Dywedodd rhyw air neu ddau wrthyf. Ni chofiaf beth a ddywedodd, ond hoffais ef. Ac ysgolfeistr da oedd Mr Parri.'[3]

Cyn gadael Ysgol Llangwm, un dyfyniad byr o draethawd Eirlys Lewis Evans. Y mae'n hanesyn difyr sy'n adlewyrchu anwybodaeth lwyr rhai athrawon ysgol ar ddiwedd y ganrif ddiwethaf a dechrau'r ganrif hon o fywyd ardal wledig, megis Llangwm. Fe wyddai plant Cwm Eithin o'r gorau beth oedd ystyr yr ymadrodd: 'buwch yn gofyn tarw'. Ond nid felly Miss Rawson!

> 'Mae'n debyg i un o'r bechgyn fod yn absennol o'r ysgol un bore Llun, a hithau yn ei dull arferol yn gofyn:
>
> "Where were you this morning?" Ac yntau'n ateb:
>
> "Taking the cow to the bull."
>
> "Why didn't you take it yesterday when there was no school?" meddai hithau.
>
> "She didn't ask, Ma'm!" oedd yr ateb.'[4]

'Rwy'n gweld o bell ...': dawn a barn awduron ifanc

Dyna ychydig o atgofion dyddiau ysgol, dros dri chwarter canrif yn ôl. Gair byr yn awr am ddiddordeb y to iau mewn ysgrifennu rhyddiaith. Cyfeiriwyd eisoes at stori plentyn o dan naw oed: 'Y Cyfrifiadur'. Bodlonaf yma ar grybwyll dwy ysgrif gan frawd a chwaer o Fron Isa, Llangwm. 'Crwydro Un o Ardaloedd Uwchaled' oedd testun yr ysgrif o dan 16 oed yn Eisteddfod Llangwm, 1976, ac yn gyd-fuddugol yr oedd Eryl Vaughan Roberts. Dewisodd grwydro o Langwm i Ddinmael ac yn ôl. Dyma frawddeg neu ddwy yn unig o'r ysgrif ddiddorol hon:

> 'Gwyliau y Llungwyn ydoedd a minnau yn eistedd ar Bont y Llan yn cysidro pa ffordd fyddai orau i dreulio prynhawn... Un o'r adeiladau hynaf yn y Llan yw yr Eglwys ... gofidiaf beidio â chlywed yr hen gloch yn canu unwaith bob pythefnos fel y bu ers tro bellach... Un o drysorau yr Eglwys yw y ffenestr liw uwchben yr allor gan mai dim ond tair o'i math sydd yn y byd. Tra yn meddwl am y pethau yma i gyd yr oeddwn wedi cerdded cyn belled â Beudy Canol Llan, fel y gelwir ef gan y pentrefwyr, ac yn raddol yn dringo yr allt serth am Fron Ucha... Troi am Allt y Gaer a cherdded yn hamddenol o dan Lwyn Dedwydd a fu yn hen blasty nobl. Ymlaen am Fachddeiliog yn cysgodi o dan y coed – llecyn hardd i fyw ynddo. Dal i gerdded a'r haul yn fy nallu, cyrraedd Croesffordd y Garreg Lithrig... Cael seibiant ar ochr y ffordd o flaen Carreg-y-big... Cyrraedd Pont y Glyn Diffwys a meddwl am Mwrog druan yn cael ei fygwth gan ferthyron y degwm

y fro yma. Digon i mi oedd edrych dros y bont a fy mhen y ffordd iawn i fyny!... Brysio ymlaen heibio y ddau Ddisgarth ar y dde... Capel Cefn Nannau i'w weld yn y pellter ar ganol y caeau. Cyrraedd Ystrad Bach a throi am Langwm a'm camrau yn arafach yn awr ar ôl yr holl gerdded. Un neu ddau o geir dieithr yn fy nghyfarfod – mae'n siwr mai Saeson oeddynt yn mwynhau gweld yr ardal o'r car, ond llawer gwell gennyf fi oedd ei throedio hi... Myned heibio i Ben y Bont a hen weithdy 'Seiri Cochion Llangwm'. Gorffen fy nhaith yn y Llan, a'r Afon Cemig yn araf fynd ar ei thaith i lawr y dyffryn i ymuno â'r Ceirw yng nghwmni y Medrad. Gweld fy hun wedi treulio diwrnod y byddaf yn edrych yn ôl arno gyda balchder a mwynhad.'[5]

Testun yr ysgrif o dan 30 oed yn Eisteddfod Llangwm 1988 oedd 'Rwy'n Gweld o Bell', a'r buddugol oedd Llinos Fôn. Y mae dawn arbennig ganddi i sgrifennu'n fywiog a diddorol, gan fynegi ei barn heb flewyn ar ei thafod – am grefydd, am yr Iaith, am Langwm. Weithiau y mae'n sgrifennu yn ysgafn a dychanol, dro arall yn feirniadol. Ond bob amser yn onest a diffuant. A dyna brif ragoriaeth yr ysgrif. Nid oes raid cytuno â'i barn bob tro, ond y mae'n peri i'r darllenydd ei holi ei hun ac yn ennyn ymateb. Dyma ddau ddyfyniad byr, a geiriau y byddwn oll, rwy'n siwr, yn cytuno â hwy. Yr ail ddyfyniad sy'n cloi'r ysgrif.

'Mae cymwynaswyr y Gymraeg yn niferus, pawb wedi gwneud ei ran oherwydd nad ydynt am weld iaith hynaf Ewrop yn diflannu, ond y gwarth yw iddynt oll orfod dioddef gwawd eu cyd-genedl: Griffith Jones, Emrys ap Iwan, Saunders Lewis, Gwynfor Evans, Ffred Francis... Ond, yn yr un modd, y mae gennych benebyliaid megis Elwyn Jones, y Tori o 'Stiniog sydd yn mynnu eu sathru bob cynnig. Fe wnaeth ei ymosodiad diweddaraf yn Eisteddfod yr Urdd yn y Drenewydd ar ôl araith 'wleidyddol' y Parchg Elfed Lewys. Ers pa bryd y mae datgan y rheidrwydd i gael Deddf Iaith Newydd i warchod Iaith yn hiliol nac yn wleidyddol. Ydi, y mae'n gwneud i'ch gwaed ferwi...'

'... Mewn gwirionedd, y mae'r cyfan mor syml ag y mynegwyd ef ar droad y ganrif gan Emrys ap Iwan o flaen y Cyfarfod Misol: 'Cymraeg yng Nghymru, os gwelwch yn dda', ac yr wyf innau'n gobeithio fy mod yn 'gweld o bell' y dydd pan na fydd geiriau o'r fath yn angenrheidiol, ond yn cael eu cymeryd yn ganiataol.'

Un o sgrifenwyr ifanc mwyaf dawnus ardal Llangwm yw Siân Mererid Williams, Tinc yr Efail (Tŷ Newydd gynt). Hi a enillodd y

Siân Mererid Jones (Williams), enillydd
Medal Lenyddiaeth Eisteddfod yr Urdd,
Dyffryn Ogwen a'r Cylch, 1986.

Fedal Lenyddiaeth yn Eisteddfod Genedlaethol Urdd Gobaith
Cymru, Dyffryn Ogwen a'r Cylch, 1986, am ei nofel fer *Cadwynau
Papur*. Y mae'n nofel afaelgar wedi'i sgrifennu mewn Cymraeg
graenus. Y prif gymeriad yw gwraig ifanc a gollodd ei gŵr mewn
damwain a hithau'n feichiog ar y pryd. Thema'r nofel yw ymwneud
y wraig hon â phobl eraill, gan gynnwys ei mam-yng-nghyfraith,
wrth iddi ymdrechu i fagu plentyn un-rhiant. Gall cadwynau papur
fod yn hardd iawn, ond pethau digon brau a bregus ydynt. Y mae'r
awdur hithau wedi ymdrin ag ymateb y cymeriadau i wahanol
safbwyntiau a sefyllfaoedd yn gynnil a sensitif.

Morwyn deg mewn gwisg bob dydd

Yn ail ran y bennod hon cyfyngwn ein sylw yn arbennig i
farddoniaeth. Y mae'r pwynt cyntaf y carwn ei wneud wedi'i
awgrymu eisoes ar ddechrau'r bennod, sef nad duwies deg mewn
gwisg o sidan yn ei phalas grisial oedd yr awen, ond morwyn deg
mewn gwisg bob dydd ac yn barod ei gwasanaeth bob amser. Ac

232

CADWYNAU PAPUR

Sian Mererid Jones

Cyfrol Fuddugol Y Fedal Lenyddiaeth

yn y fan hon efallai y caf ddweud gair o brofiad personol. Cofio helpu fy mrawd Eifion yn fuan wedi iddo ef a'i briod, Iorwen, symud i fyw i Moelfre Fawr. Roeddwn i'n ddeunaw oed ar y pryd ac wedi clywed mai testun yr englyn mewn rhyw eisteddfod arbennig (ni chofiaf pa un bellach) oedd y 'Brain', a Llwyd o'r Bryn yn feirniad. Dyma benderfynu rhoi cynnig arni ar unwaith, ac wrth lifio coed ym Moelfre un prynhawn y lluniwyd yr englyn hwn:

> Hen adar bras ydyw'r brain, – adar gwawd,
> Adar gwyllt, amhersain;
> Ond er mor ddu a thruain,
> Ei adar Ef ydyw rhain.

Yng nghanol gwaith – rhoi bryd ar farddoni. Melys iawn hefyd yw'r cof am y sgyrsiau difyr gyda rhai o feirdd yr ardal. Boed ar ganol cae, ar y buarth, neu o flaen tanllwyth o dân ar yr aelwyd, yr un oedd y croeso. A braf oedd yr ymgom – am bennill, englyn a chynghanedd, eisteddfod a chwarfod bach: Dafydd Evans, Gwern Nannau; Caradog Hughes, Post, Tŷ Nant; Emrys Jones, Pen y Bont; Trefor Jones, Bryn Ffynnon; Eifion, fy mrawd, ym Moelfre. Ac eraill. Mynd i Moelfre un diwrnod, ac Eifion wedi llunio llinell glo dda i englyn i'r 'Clawdd Terfyn', ond y gweddill heb fod cystal. Hei ati wedyn i gyd-englyna, gan wneud defnydd o'r hen air 'dir', yn golygu 'anochel', 'gofidus o sicr'.

> Gwae'r dynged os briwedig, – dir yw'r boen
> Ddaw drwy'r bwlch adwythig;
> Ond hedd di-drosedd a drig
> O'i gadw yn gaeëdig.

233

Dro arall, cyd-gynganeddu i roi gwisg mor deilwng â phosibl i hir a thoddaid ar y testun 'Dymuniad':

> Am fy ngwlad annwyl fe allwn wylo,
> Gaeaf 'rôl gaeaf fu yn ei gwywo;
> Fe sugnodd ei nodd a'i hestroneiddio,
> Mor grin ei rhuddin wedi'r dadwreiddio.
> O, na welwn fugeilio – ei thir mwyn,
> A haul y gwanwyn i'w hailegino.

Pobl o'r un anian yn cyd-sgwrsio, cyd-drafod, cyd-ysbrydoli. Yr oedd y gweithgarwch beunydd-beunos hwn – ac y mae eto heddiw - yn eithriadol o bwysig er mwyn cynnal y bwrlwm creadigol yn Llangwm a'r cylch. Diolch amdano, a hir y parhao.

'Fe flinodd Siôn Tomos ar ffermio...': limerig, llinell goll a thriban

Tri mesur y mae pobl wrth eu bodd yn clywed enghreifftiau ohonynt yw limerig, llinell goll a thriban. O blith y rhai a fu'n cystadlu llawer ar limrigau a llinellau coll yr oedd y diweddar Trefor Hughes, Llangwm; Caradog Hughes (1907-84), Post Tŷ Nant; a John Morris Jones (1936-85), Aeddren, Gellïoedd (Cwm Cemig wedi hynny). Dyma un enghraifft o gynnig i orffen limerig gan John Morris Jones (ychwanegu tair llinell):

> Y dydd y priodais i Leisa
> Yn Swyddfa Cofrestrydd Y Bala,
> > Gwnes andros o gawl
> > Wrth gymryd y diawl –
> Mae'n gwrthod rhoi hawl imi fwyta.

Heddiw y mae Aerwyn ac Eilir, meibion John Morris Jones, yn cynnal y traddodiad. Dyma ddau driban yn unig o blith rhai ugeiniau a gyfansoddwyd gan Eilir Jones, Aeddren Isa. Y mae'r cyntaf yn olyniaeth yr hen ddywediadau a'r penillion i'r 'Trioedd'. Y mae'r ail ar destun bythol wyrdd – neu las! Ie, Margaret Thatcher. Y tro hwn, triban beddargraff iddi.

> Tri pheth sy'n ddrud bob amser:
> Rhy wyllt a cholli cwsmer;
> Ffermio tyddyn sydd ar graig,
> A chadw gwraig a hanner!

Caradog Hughes (1907-84), Y Post, Tŷ Nant.

Roedd prisiau pethau'n treblu
Pan oedd hi yn teyrnasu,
Ond yma mae mewn twll deg llath –
Rhag ofn i'r gath ddod fyny.

Cafodd fy nhad yntau, John Hugh Jones (1902-66), oriau o bleser yn cystadlu ar limrigau a llinellau coll, a chofnodwyd enghreifftiau lawer ganddo mewn llyfrau nodiadau a dyddiaduron. Dyma ei linellau olaf ar gyfer dwy limerig ac un llinell goll. Cyfansoddwyd yr ymgais gyntaf yn fuan wedi i'r Ail Ryfel Byd ddod i ben.

Daeth hedd o ryw fath i deyrnasu,
Rhoed y fidog a'r fagnel o'r neilltu;
    Ond mae llawer trwy'r byd
    Yn holi o hyd:
Gaed iawn digon drud am y gwaedu?

Fe flinodd Siôn Tomos ar ffermio,
A gwerthodd ei fferm a riteirio;
   A phrynodd rhyw le
    Yn ymyl y dre,
Hyd alwad y ne' i noswylio.

Tlawd yw'r ddôl ar ddechrau blwyddyn;
Tlawd yw'r aelwyd heb un plentyn;
Tlawd yw'r pen heb synnwyr ynddo –
Tlotach byd heb Grist i'w lywio.

Hynt a helynt dyn: geni a phriodi

Limrigau, llinellau coll, tribannau. Yr un mor boblogaidd yw cerddi i hynt a helynt dyn, boed lawen, boed leddf, o febyd i fedd: cerddi dathlu genedigaeth a phriodas; cerddi i goffáu'r marw; cerddi i ddigwyddiadau bob dydd; a cherddi troeon trwstan.

Cymharol ychydig yw nifer y cerddi i ddathlu genedigaeth. Nid felly ar achlysur priodas neu farwolaeth. Bob wythnos cyhoeddir cerddi o'r fath yn y *Corwen Times* a'r *Cyfnod*, ac yn y papurau bro, *Y Bedol* a *Pethe Penllyn*. Felly yn *Y Seren* gynt. Yn rhifyn 29 Mehefin 1957, er enghraifft, cyhoeddwyd pedair cerdd ar achlysur priodas Selina Jones, Ystrad Bach, Llangwm, a Gwilym Watson, Llanfihangel Glyn Myfyr: un gan Dafydd Evans, un gan Trefor Hughes, a dwy gan fy nhad, John Hugh Jones. (Yr oedd un o'r ddwy gerdd, mae'n sicr, wedi'i chyfansoddi ar ran rhywun arall, fel sy'n digwydd yn aml.) 'Un lon heb ei thirionach', meddai Dafydd Evans am Selina yn un o'i englynion. Ac meddai am Gwilym:

P'le ceid bachgen amgenach
I rwydo bun Ystrad Bach?

'Cŵyn y galon drom': cerddi coffa

O blith y nifer helaeth o gerddi coffa i drigolion ardal Llangwm, y mae amryw ohonynt yn gerddi i aelodau a chyn-aelodau Capel Cefn Nannau. Mwyfwy'r galar pan ddaw angau'n ddi-rybudd a chipio ymaith yr ifanc yng nghanol eu dyddiau.

Nos Fawrth, 21 Mehefin 1932, bu farw Maggie Jones Owen, 'Rhafod, chwaer fy mam, yn 22 mlwydd oed. Yr oedd gwasanaeth bedyddio fy mrawd, Eifion, yng Nghapel y Cefn yr union adeg pan ddaeth neges i gyhoeddi'r newydd trist. Bu sôn am flynyddoedd lawer wedyn am y digwyddiad hwn. Ffarwelio â merch ifanc a fu'n ffyddlon iawn gyda'r Achos ac yn chwarae'r offeryn, a hynny ar yr union adeg pan dderbyniwyd i'r eglwys rodd o faban newydd. Yng nghanol bywyd y mae marwolaeth; yng nghanol marwolaeth y mae bywyd. Yn *Y Seren*, 13 Mai 1933, cyhoeddodd H Ll W Hughes, Geufron Fawr, gerdd goffa: 'Atgo Serch am Maggie Jones Owen'. Meddai'r bardd mewn un pennill: 'Mae'r olwyn yn nydd trallod / I'w gweld yn troi o chwith'. Ac mewn pennill arall meddai:

> Dangosir dyfnion greithiau
> Ac olion grymus siom;
> Dideimlad yw'r tymhorau
> I gŵyn y galon drom.

Y mae'r gerdd hon, er yn nodweddiadol o'i chyfnod, yn fynegiant dwys o hiraeth a cholled teulu, eglwys a chymdogaeth. Carwn, felly, i'r geiriau a ddyfynnwyd uchod, a'r gerdd gyfan, fod yn fynegiant hefyd o alar pob teulu yng Nghapel Cefn Nannau ac ardal Llangwm sydd wedi colli anwyliaid.

Yr oedd hi'n arfer, fel y gwyddom, yn y ganrif ddiwethaf a rhan gyntaf yr ugeinfed ganrif i deuluoedd drefnu i argraffu cerddi coffa a'u fframio. Gwnaed hynny, er enghraifft, gyda cherdd 'Atgo Serch', H Ll W Hughes, fel gydag amryw byd o'i gerddi coffa eraill.

Bu farw Ieuan, mab bach Luned a William David Owen, Tŷ Newydd, yn deirblwydd oed, 11 Chwefror 1942. Cyhoeddwyd penillion coffa iddo yn *Y Seren* gan Trefor Hughes, Llangwm. Pymtheng mlwydd oed oedd Alwyn Owen, Plas Onn, Cwm Penanner, pan fu farw drwy ddamwain, 11 Gorffennaf 1977. Mawr yr hiraeth amdano. A dyma ran o hir a thoddaid Eifion Jones iddo:

> Yn y Cwm tawel bu dwys ffarwelio,
> Ym mawl y werin roedd sŵn malurio ...
> Maith y graith o'i roi'n y gro – mor gynnar,
> Yn llain y galar, ni allwn goelio.

Mewn capel cymharol fychan o ran rhif, megis Cefn Nannau, y mae cadwyn glòs iawn yn clymu'r aelodau ynghyd. Pan dorrir un o ddolennau'r gadwyn, y mae gofid un teulu yn ofid eglwys gyfan. Medd yr hen air: 'Wrth rannu llawenydd, rydym yn ei ddyblu; wrth rannu galar, rydym yn ei haneru.' Y mae, felly, i gerddi coffa'r beirdd swyddogaeth bwysig: cyd-rannu gofidiau. Dyna geisiai Eifion,

Moelfre, ei wneud wrth ganu englynion a hir a thoddeidiau i gofio cyfeillion a chyd-aelodau hoff yng Nghapel Cefn Nannau. 'Ni alwyd neb anwylach', meddai am Robert Griffith Jones, Glanaber, Tŷ Nant (Disgarth Isa gynt), a fu farw, 13 Medi 1994, yn 61 mlwydd oed. Mor wir y geiriau. Mor wir hefyd am Oliver Hughes, Tŷ Cerrig, a fu farw mor annisgwyl o sydyn, 29 Tachwedd 1992, yn 74 mlwydd oed: gŵr addfwyn iawn, siriol, a charedig o galon:

Oes gyfan o gyfraniad, – ac wylwn
O'i gilio mewn eiliad;
I Oli fe ddaeth galwad
Oddi fry i dŷ ei Dad.

'Mi glywaf dyner lais...' : teulu Gwern Nannau

A dyma'r englyn a luniodd Eifion Jones i gofio'r bardd Dafydd Evans, Gwern Pennant, Llanbedr, ger Rhuthun, gynt o Wern Nannau, Llangwm, a fu farw 4 Awst 1986 yn 76 mlwydd oed:

Yno yn ei Wern Nannau – yn ei ddydd
Gwelodd werth y pethau;
Ei oes a roes i fawrhau
Y rhuddin ddaeth o'i wreiddiau.

Addas iawn yw sôn am 'wreiddiau' yn yr englyn hwn i goffáu Dafydd Evans. Crybwyllwyd enw'i dad, Robert Evans, eisoes. Un o blant y Diwygiad oedd ef. Dywedodd Evan Lloyd Jones, Arddwyfan, ac eraill wrthyf fel y gallai nodi'r dydd a'r awr y cafodd dröedigaeth. Byddai'n dweud yn aml ar ei weddi ddwys, gan daro'i law ar gefn y sedd: 'Yn y fan yma, yn y festri fach, O Arglwydd, y gwelais i'r goleuni'. Ni fu neb ffyddlonach nag ef wedi hynny i bethe'r Achos. Fel y tad, felly'r mab. Bu'n flaenor, yn ysgrifennydd eglwys, yn athro Ysgol Sul, ac yn fawr ei gefnogaeth i bob dim dyrchafol. Ar nos Sadwrn, arferai danio'r boelar i dwymo'r capel. Cerdded i'r Post yn Llangwm wedyn am sgwrs, ac ar ei ffordd adre 'rhuddo'r tân'. Yna codi'n gynnar am chwech bore Sul i roi proc i'r tân er mwyn gwneud yn siwr y byddai pawb yn gynnes.

Roedd Robert Evans, y tad, yn faswr da, ac yr oedd gan Dafydd Evans, yntau, lais cyfoethog. Felly'r meibion, Gwynfor a Trebor. Y mae'r englyn yn sôn hefyd am weld 'gwerth y pethau'. Dyna'n union a wnaeth Jane a Dafydd Evans: cyflwyno'r dreftadaeth i'w plant ac i eraill. Un o hoff emynau Jane oedd: 'O am nerth i dreulio

Jane a Dafydd Evans, Gwern Nannau.

nyddiau / Yng nghynteddoedd tŷ fy nhad...' ar y dôn 'Eifionnydd'. Un o hoff emynau Dafydd Evans oedd: 'Mi glywaf dyner lais / Yn galw arnaf i...', ar y dôn 'Sara'. Ffurfiodd ef a'r meibion driawd, a buont yn canu'r emyn hwn ac eraill droeon. Soniodd Trebor wrthyf hefyd fel yr oedd gan ei dad ffordd hyfryd o'i annog i ddod i'r capel: 'Dew, fydd 'ne ddim llawer yne, wsti', neu 'Dew, wyt ti'n lot o help efo'r canu; dwi'n clywed ti'n canu o'r sêt fawr, wsti'. Gweld gwerth.

Merch Cwm Main, Cwm Penanner, oedd Jane Evans, Gwern Nannau. Bu'n athrawes Ysgol Sul nodedig yng Nghapel y Cefn am flynyddoedd. Roedd hi'n gybyddus iawn yn ei Beibl a dawn arbennig ganddi i gyflwyno hanes a neges yn fyw i'r plant. Roedd hi yn gerddreg heb ei hail; cerdded i bob man, ac weithiau'n gwau dan gerdded. Ond yr oedd hi hefyd yn un o'r gwragedd ffeindia' yn yr ardal. Soniodd Evan Lloyd Jones wrthyf amdani'n cerdded bob cam i 'Rhafod ar Ddydd Calan: 'mynd â clennig – presante i'r plant'. Dod heibio Arddwyfan wedyn ar ei ffordd adre, 'ac weithie'n wlyb at ei chroen'. Roedd hi hefyd yn gefnogol i bob gwaith dyngarol ac yn flaenllaw iawn gyda gweithgarwch Sefydliad y Merched yn Llangwm. Pan symudodd hi a Dafydd Evans i fyw i Lanbedr Dyffryn Clwyd yn 1975, fe'i hanrhegwyd gan y Gangen â llyfr llofnodion. Dyma'r tri phennill – 'rhyw bwt', chwedl yr awdur – a gyfansoddwyd gan Dorothy Jones, Tŷ Newydd, i'w rhoi yn y llyfr hwnnw:

> Roedd 'na bedair Jane ers talwm
> A berthynai'i Sefydliad Llangwm:
> Jane Arddwyfan, Jane Tŷ Cerrig,
> Jane Tŷ Newydd – tair arbennig.
>
> Roedd 'na Jane hynotach eto,
> Ei gweithgarwch nid â'n ango:
> Jane Gwern Nannau, gerddwraig lawen,
> Heb ei gwell o Gaer i Gorwen.
>
> Wedi blwyddi o'i gwasanaeth,
> Ar ei hôl mor drist yw'r hiraeth;
> Ni cheir trefn ar fro Cwm Eithin
> Nes daw Jane i'w hen gynefin.

'Wyt gaer diwylliant gwerin...': cerddi cyfarch

O gerddi coffa i gerddi cyfarch. Cerddi anrhegu; cerddi teyrnged; cerddi ffarwelio; cerddi dathlu; cerddi i ddigwyddiadau achlysurol yn yr ardal – dyma eto fath poblogaidd iawn o ganu. Ac yma y mae'r gair 'canu' yn addas. Ambell dro cyfansoddir y geiriau ar fesur y gellir eu canu i gyfeiliant alaw adnabyddus. Ond canu'r geiriau neu beidio, y mae'r gerdd ei hun, bron yn ddieithriad, yn ganadwy – yn rhwydd i'w deall ar y gwrandawiad cyntaf. Deunydd llafar, yn ei hanfod, yw'r cerddi, a'r bont rhwng yr awdur a'i gynulleidfa yn hollbwysig. Yn ystod yr ugain mlynedd diwethaf canwyd cerddi gan amryw o feirdd y fro ar wahanol achlysuron. Dyma rai ohonynt: agor neuadd newydd Llangwm, 'Y Gorlan Ddiwylliant', 12 Mai 1984; dathlu canmlwyddiant Rhyfel y Degwm yn Llangwm, 27 Mai 1987; anrhegu Emyr P Roberts, Dinmael (1993) am ei gyfraniad i lywodraeth leol er 1949 (ar Gyngor Gwledig Hiraethog, Cyngor Sir Ddinbych a Chyngor Dosbarth Colwyn); anrhegu

Emrys Jones, Llangwm, am ei waith fel Clerc Cyngor Bro Llangwm am 50 mlynedd: 1944-94. Cyfeiriwyd eisoes at yr englynion i gyfarch Emrys Jones ar ddathlu hanner can mlynedd o wasanaeth fel Ysgrifennydd Eisteddfod Llangwm. Yn 1982 cafwyd nifer o englynion i gyfarch y cyhoeddiad *Llên y Llannau* yn bump ar hugain oed. Dyma baladr englyn Moi Parri (a fu'n brifathro yn Ysgol Llangwm am gyfnod):

> Ein llên yn stôr rhwng cloriau – yn waddol
> Blynyddol i'r oesau...

A dyma englyn toddaid Trefor Jones, Bryn Ffynnon:

> Wyt gaer diwylliant gwerin – a godwyd
> Yn gadarn i feithrin
> Afiaith yr heniaith a'i rhin – yn ei phyrth,
> A welwch chi wyrth? A glywch y chwerthin?[6]

Ceir hefyd nifer o gerddi sy'n adlewyrchu gwaith pobl y fro a'r cwlwm cymdogol. Diwrnod cneifio, diwrnod lladd mochyn, diwrnod dyrnu – yr arfer, wrth gwrs, oedd 'ffeirio', cyfnewid dwylo. A dyma ddau bennill o gerdd sy'n dwyn i gof y patrwm cymdogol hwn. Yr awdur yw William Parry, gŵr ifanc o Landrillo a ddaeth yn was i Dy'n Pistyll, Tŷ Nant. Ymunodd wedi hynny â'r heddlu. Y testun yw diwrnod cneifio ar un o ffermydd ardal Tŷ Nant. Y cyfnod yw rywdro oddeutu chwarter cyntaf y ganrif hon. Dau bennill yn unig a welais i, ni wn a oes rhagor.

> Daw diwrnod o gneifio, daw un o bob tŷ:
> Daw Wil o Dy'n Pistyll a'i bwt cetyn du;
> Daw Robert o Ddisgarth, dyn gore'n y fro,
> Ac Wmffre o Blodnant, fel dyn o'i go!

> Daw William Caeau Llyfnion gan gamu yn fras,
> A Huw Jones, Pen-dre, a'i ast fechan las;
> Daw gŵr o Ystrad Fechan gan edrych yn syn,
> Ac Ifan yr hogyn a Giaffar Tŷ Gwyn.[7]

Tynnu coes – heb dynnu'n groes: cerddi troeon trwstan

A dyma air byr yn awr am un math arall o ganu eithriadol o boblogaidd yn Llangwm, fel yn y gweddill o Uwchaled, Penllyn ac Edeirnion, sef cerddi troeon trwstan. Cerddi sy'n ddrych o gymdeithas glòs a chymdogaeth dda. Beirdd yn mentro tynnu coes – heb dynnu'n groes. Rai blynyddoedd yn ôl aeth llanc ifanc o ffarmwr o ardal Llangwm – aelod yng Nghapel Cefn Nannau – i garu un nos Sadwrn i ardal Llansannan. Dychwelodd yn y bore bach yn gysglyd iawn. Pan oedd ar fin cyrraedd adre, llithrodd ei gerbyd i'r ffôs. Aeth yntau ar ei union i fferm gyfagos, nid nepell o Gapel y Cefn, am gymorth i dynnu'r car yn rhydd gyda thractor. Daeth y wraig i'r drws mewn syndod, gan ofyn iddo a oedd 'buwch yn disgwyl llo' (arferai fynd i'r fferm hon i ofyn am help ar achlysur felly). Eglurodd ei helynt, a chododd gŵr y tŷ o'i wely. Gyda chymorth y tractor a'r cymydog caredig, roedd y cerbyd yn ddiogel o dan do mewn da bryd cyn i aelodau Cefn Nannau gyrraedd y capel erbyn yr oedfa ddeg. Ond fe glywodd fy nhad, John Hugh Jones, am yr helynt ac fe ysgrifennodd gerdd ddifyr yn adrodd yr hanes. Fe'i cyhoeddwyd yn *Y Seren*, a mawr fu'r hwyl a gafwyd o'i darllen.

Ar y pryd, nid hwyl oedd mynd yn sownd mewn ffôs. Ond dyna un o nodweddion amlwg cerddi troeon trwstan: troi trasiedi yn gomedi. Cael tipyn o ddifyrrwch ar ben digwyddiad sy'n aml yn ddigon difrifol. Nid hwyl, yn sicr, oedd i ŵr ar drothwy ei ddeg a thrigain mlwydd oed syrthio o ben llwyth o fyrnau gwair a disgyn a'i ben o fewn trwch asgell gwybedyn i un o olwynion y trelar. Dyna, fodd bynnag, a ddigwyddodd un mis Gorffennaf i'r diweddar Thomas Albert Roberts, Gwynnant, Llangwm, a Vaughan, Fron Isa, y mab, ar y pryd, yn gyrru'r tractor. Clywodd Dorothy Jones, Tŷ Newydd, am y ddamwain, a lluniodd bwt o gân. Cefais innau gopi ohoni gyda'r nodyn hwn gan yr awdur: 'Tipyn o sioc a gwely am rhyw ddeuddydd oedd yr unig ganlyniad. Roedd yn wyrth iddo ddod drwyddi gystal. Rhywbeth cocosaidd, byrfyfyr, i'w gyfarch ar ei ben blwydd a thipyn o dynnu coes yw hwn.'

Ai meipen, ai swedjen, ai bricsen,
Ai blocyn o bren –
Dywedwch mewn difri – yw deunydd ei ben?
Fe glywsom mewn syrcas am ddynion pur lew
Yn mentro rhoi'u pennau rhwng dannedd y llew,
Mae gennym yn Llangwm fil dewrach gŵr:
Rhoi ei ben dan y trelar heb flewyn o stŵr!
Yfory mae'n cyrraedd yr oedran teg,
Flaenor annwyl, o drigain a deg;
Nid oedran yw hwn, yn wir, yr hen sant,
I neidio o'r trelar, fel chwarae plant!

Er yr herian a'r smalio, 'rym yn hynod o falch
Mai clais yn unig yw clwyf yr hen walch.

242

'Impio i'r nos lampau'r ne': barddoniaeth Dafydd Evans, Gwern Nannau

Yn adran olaf y bennod hon carwn gyflwyno detholiad byr o gerddi tri bardd: dau aelod ac un cyn-aelod yng Nghapel Cefn Nannau. Dafydd Evans (1909-86), Llangwm, yw un ohonynt (symudodd i Lanbedr, Dyffryn Clwyd, 1975). Er na ddechreuodd farddoni yn ifanc iawn, yr oedd yn fardd cynhyrchiol, yn arbennig yn y mesurau caeth. Yr oedd hefyd yn gystadleuydd brwd a llwyddiannus, yn enwedig felly ar yr englyn. Cyhoeddwyd llawer o'i farddoniaeth yn y wasg leol, yn *Llên y Llannau*, ac mewn cylchgronau megis *Yr Ysgub* ac *Allwedd y Tannau*. Diogelwyd casgliad helaeth o'i gerddi hefyd gan y teulu.[8] Dyma ragflas o'r cynnwys.

Mawr oedd dyled Dafydd Evans i Langwm. Meddai yn y cyntaf o dri englyn ar y testun 'Bro fy Mebyd':

> Annedd wen fy rhieni...
> Anhepgor ei hangor hi.[9]

Mawr ei edmygedd hefyd o weinidogion y Gair a phawb arall a aberthodd dros heddwch, cariad a chyfiawnder. Mewn cadwyn o wyth englyn i Tom Nefyn cyfeiriodd ato yn llinell agoriadol yr englyn cyntaf fel: 'Cennad hedd fu'n cynnau tân – yr allor...' Ac meddai yn esgyll yr ail englyn wrth sôn amdano yn Edern:

> Ar ei ddeulin arddelodd
> Y wyrth fawr – roedd wrth ei fodd.[10]

Yr oedd gwir grefydd yn ganolog i'w fywyd, ac nid geiriau yn unig sydd mewn cwpledi o'i eiddo megis hwn:

> Os yw Duw'n hwyluso dyn,
> Doeth ydyw ar daith wedyn.

Nac ychwaith yn esgyll ei englyn i'r 'Gwaredwr' – un o gwpledi gorau'r bardd. Nid geiriau, ond profiad dwys:

> Mynnodd yng Ngethsemanne
> Impio i'r nos lampau'r ne'.[11]

Yn yr un modd mynegodd yn groyw ei wrthwynebiad i bob anghyfiawnder. Dyma bedair llinell yn unig o'i gywydd 'Y Negro':

Ni chei eistedd mewn heddwch –
Y lliw a'th geidw'n y llwch;
Dy ddal o dŷ addoli,
Dileu a dwyn dy hawliau di... [12]

'Draenen' oedd testun yr englyn yn Eisteddfod Genedlaethol Cymru, Y Bala, 1967, a daeth Dafydd Evans yn ail yn y gystadleuaeth honno:

Rwyf yn ddig wrth ei phigau, – ond wedyn
Daw adeg i faddau;
Daw Mai i'r rhod a'i mawrhau,
Dros ennyd, â rhosynnau.

A dyma ddau englyn ardderchog sy'n adlewyrchu'r hiwmor braf a welir yn rhai o'i gyfansoddiadau. 'Jonah' yw testun un ohonynt, ac enillodd y wobr gyntaf am hwn mewn cyfarfod llenyddol yng Nghapel Cefn Nannau, a'r Parchg Huw Roberts yn beirniadu:

Proffwyd a fu'n abwydyn – i archwaeth
Rhyw erchyll bysgodyn;
Doeth yw Duw, a daeth y dyn
I rodio ar dir wedyn!

Testun yr ail o'r englynion yw 'Y Gath':

Un all gydio llygoden – a chamu
Mor chwimwth â mellten;
Gall seinio alaw lawen,
Neu werthu'i pharch – nerth ei phen!

Cyfansoddodd y bardd-dyddynnwr o Wern Nannau hefyd nifer helaeth o gerddi rhydd: penillion, tribannau, emynau, sonedau, telynegion a thrïoledau. I gynrychioli'r corff hwn o ganu, dyma un delyneg o'i eiddo ar y testun 'Y Bluen Eira':

Fe'th welais di yn hofran
O'r wybren, ferch yr iâ,
A gwyddwn mai dy ddiben
Oedd selio bedd yr ha',
A rhai o'th chwiorydd, lili wen,
Gusanent dduliw wallt fy mhen.

Llawenydd i'm bryd hynny,
A minnau'n llencyn ffri,
Oedd gwylio'th ddawns wrth ddisgyn
A gweld dy geinder di;

A'th wylio eilwaith ar dy hynt
Yn cloi y fro dan arch y gwynt.

Ond mwyach, ni chaf gysur
    Pan ddeui ar dy rawd,
Mae'r ias sy'n dod i'th ganlyn
    Yn brathu drwy fy nghnawd.
Cuseni 'ngwallt, ond O, y briw,
Mae ef a thithau nawr 'run lliw.

'Sŵn cliced Foty Wynt': barddoniaeth Dorothy Jones, Tŷ Newydd

Dorothy Jones, Tŷ Newydd, yw'r ail fardd. Fe'i ganed yn ardal Trawsfynydd, a daeth i Langwm yn athrawes ifanc. Hyd nes ymddeol yn 1995 bu'n athrawes uchel ei pharch am nifer o flynyddoedd yn Ysgol Glan Clwyd. Rhoes flynyddoedd o wasanaeth gwir werthfawr hefyd yn hyfforddi plant ardal Llangwm i adrodd. Y mae'n beirniadu adrodd yn gyson mewn eisteddfodau, ac enillodd glod arbennig am gyfansoddi darnau adrodd i blant. Cawsom ragflas eisoes o'i dawn i ganu'n ysgafn a difyr i rai o'i chyd-ardalwyr, ond fe geir mewn rhai o'i cherddi eraill hefyd nodyn mwy difrifol a neges o bwys. Yn Haf 1974 aeth bws o Eglwys Cefn Nannau ar bererindod i fro Ann Griffiths, Dolwar Fach. Rhoes Dorothy fynegiant byw a chynnil o'r fendith a dderbyniwyd ar y daith honno. Meddai mewn un pennill:

    Yn oedfa'r Capel Coffa
      Trydanwyd ni
    Gan wefr y canu hwnnw
      O'i hemyn hi.

Y mae'n cloi'r gerdd gyda'r cwestiwn dwys hwn:

    Myfyrio wrth droi adre
      O droedio'r fan –
    A fu i'n dderbyn gronyn
      O angerdd Ann?[13]

Dyma yn awr ddwy delyneg o eiddo Dorothy – un yn sôn am dŷ gwag a'r llall am gartref croesawus.

Plant Adran yr Urdd, Llangwm, yn cychwyn i'r Eisteddfod Gylch ym Mhentrefoelas, 1956. Tynnwyd y llun o flaen y Neuadd Fach.

Rhes flaen, o'r chwith: Elena Hughes, Y Post; Eira Wyn Jones, Tan-y-coed; Gwynfor Jones, Glasgoed; Gwynfor Evans, Tyddyn Eli; Gareth Morgan, Ty'n Felin; Trefor Edwards, Bron Haul; Eleri Jones, Pen y Bont; Haf Jones, Tan-y-coed; John Trefor Jones, Pen 'Rardd; Dewi Prys Jones, Pen y Bont.

Ail res: Helen Jones, Glasgoed; Eluned Owen, Glanrafon; Eluned Williams, Disgarth Ucha; Aeron Morgan, Ty'n Felin; John Edwards, Bron Haul; Trebor Lloyd Evans, Gwern Nannau; Ann Lloyd Hughes, Vicarage; Carol Jones, Tan-y-coed; Arwel Owen, Tŷ Newydd.

3edd res: Heulwen Jones, Aeddren; Eleri Wyn Jones, Bryn Ffynnon; Edwina Jones, Plas Garthmeilio; Emyr Evans, Tyddyn Eli; Ieuan Jones, Gwylfa; Ieuan Evans, Tyddyn Eli; Margaret Jones, Llwyn Mali; Llinos Hughes, Y Post; Glenys Jones, Glasgoed; Anwen Owen, Glanrafon; Einir Hughes, Y Post.

Rhes ôl: Carol Lloyd, Aeddren Ucha; Gwyn Lloyd Jones, Plas Garthmeilio; Gwilym Armon Davies, Tegla; Robert Gwyndaf Jones, 'Rhafod; Dorothy Hughes, Hyfforddwraig; David Hywel Jones, Tan-y-coed.

Rhwd

Pan oeddwn i yn blentyn
    Rhwng bryniau Meirion gynt,
Roedd llawer un yn mynd a dod
    Drwy ddrws y Foty Wynt.

Cymdogion a thyddynwyr
    A ddeuent ar eu hynt,
Gan godi'r gliced wedi cnoc
    Ar ddrws y Foty Wynt.

Daeth coed i fro'r tyddynwyr,
    Gwael gysur oedd y bunt
Am droi ein cefn, a cholli byth
    Sŵn cliced Foty Wynt.

Ymlwybrais drwy y pinwydd
    Yng nghwmni trist y gwynt,
A gwelais fwlch a gwelais rwd
    Ar gliced Foty Wynt.[14]

Croeso

Doedd yno ddim carped coch
    Na ffanffer utgyrn na chlych,
Dim 'agor potel o win',
    Na lleisiau'n areithio'n wych,

Ond rhywun ar drothwy'r drws
    Yn gwylied fy ngham o draw,
A Mam yn dweud: 'Wel, mi ddoist –
    Tyrd, brysia i mewn o'r glaw'.[15]

Yn olaf, dyma garol a fu'n fuddugol yn eisteddfod Llangwm, 1978.
Fe'i dewisais yn arbennig oherwydd newydd-deb y mynegiant.

Proffes y Bugail

Roedd yn oer a diflas, fel pob rhyw nos,
Ninnau'n cwmanu uwch tân ar y rhos,
Pan welais y gwawl yn goleuo'r nen,
A theimlwn ysgafnder yn corddi 'mhen.

Ni allwn lefaru na chodi llaw,
Ond sefyll a syllu yn fud gan fraw,
Nes torrodd rhyw leisiau llon ar fy nghlyw:
'Nac ofna fugail, fe anwyd Mab Duw.'

247

'Dos draw tua'r stabl yng nghysgod y gwrych,
Mae'r Iesu bychan ym mhreseb yr ych,
A Joseff ei dad a'r Fendigaid Fair
Heb groeso iddo ond tipyn o wair.'

'Er ised ei gychwyn, bydd hwn yn Fawr,
Daw doethion i'w gyfarch cyn toriad gwawr;
A'i fam a ŵyr fod y bach yn y crud
Wedi'i anfon gan Dduw i achub y byd.'

Yna'n ddisymwth tawelodd eu cân,
A rhuthrais i'r stabl a'm calon ar dân;
Ac O! fy ngorfoledd wrth blygu'n y gwair –
Roedd stori'r angylion yn wir bob gair![16]

'Pan gelir poen y galon...': barddoniaeth Eifion Jones, Moelfre Fawr

Y trydydd bardd o Eglwys Cefn Nannau y carwn gyflwyno detholiad byr o'i waith yw fy mrawd, Eifion Jones, Moelfre Fawr, fferm ar fin yr A5 rhwng Llangwm a Cherrigydrudion. Fel fy mrawd hynaf, Tegwyn, dechreuodd farddoni yn ifanc. Roedd sôn a siarad am farddoniaeth ar yr aelwyd gartref, mewn dosbarth i ddysgu'r cynganeddion, ac mewn sgwrs bob dydd gydag amryw byd o'r ardalwyr. Y mae'n awdur nifer fawr o gerddi – caeth a rhydd: cwpledi, englynion, hir a thoddeidiau a chywyddau; llinellau coll, limrigau, hen benillion, tribannau, telynegion, emynau, caneuon a baledi. Bu'n cystadlu llawer mewn eisteddfod, ymryson a thalwrn. A dyma ddwy linell hwyliog a luniodd yn ateb i un dasg a roddai ddigonedd o raff i'r dychymyg:

Prynodd William Jones Moreia
Fotor beic i fynd i'r oedfa,
Wrth wneud *eighty* rownd rhyw drofa,
Aeth i'r nef y ffordd agosa!

O blith ei gerddi rhydd y mae gwerth arbennig yn ei gân ar achlysur dathlu canmlwyddiant Rhyfel y Degwm yn Llangwm, Mai 1987. Fel un enghraifft nodweddiadol i'w chynnwys yma, fodd bynnag, dewisaf y delyneg syml hon ar y testun 'Rhy Hwyr':

Un dydd o hafddydd gwresog,
  Roedd ffermwr Erw Fair
Yn brysur ar ei dractor
  Yn torri cae o wair;
Fe aeth pob peth yn hwylus iawn
O'r bore bach hyd ganol pnawn.

Ond toc, cwningen fechan
  A gododd yn ei braw,
I ddianc rhag y llafnau,
  Gan neidio yma a thraw.
Roedd ffrydlif gwaed ar weiriog ddôl
Yn dweud mai ofer troi yn ôl.

A dyma, yn awr, ychydig enghreifftiau o'i ganu caeth. Rhed rhan o Afon Ceirw drwy dir Moelfre Fawr, a chyfansoddodd Eifion gywydd i'r afon hon. Ynddo mae'n dwyn i gof beth o hwyl a helynt dyddiau mebyd ar ei glannau.

Fi dalai'r rhent yn blentyn
I roi llaw yn nŵr y llyn;
Brysiwn drwy'r coed heb oedi –
Roedd haul ar ei dyfroedd hi,
A physgod breision aflonydd
Yno'n gwau o dan y gwŷdd;
Cael sbort – pot jam a chortyn,
Atal rhai, ond dala run!

Dyfynnwyd eisoes rai o'i gerddi coffa. Y mae un o'i englynion, fodd bynnag, yn fwy personol fyth. Mewn Ymryson y Beirdd yn Ysbyty Ifan, 28 Hydref 1995, gofynnodd y Parchg John Gwilym Jones i'r beirdd lunio englyn yn cynnwys y llinell: 'Pan gelir poen y galon'. Gwnaeth Eifion englyn er cof am ei briod hoff, Margaret Iorwen Jones, a fu farw 20 Hydref 1993 yn 58 mlwydd oed:

'Pan gelir poen y galon', – yn gawod
  Daw gwewyr pryderon
I dristáu 'roriau hirion
O alaeth – hiraeth am hon.

I gloi'r detholiad hwn o gerddi rhai o feirdd ardal Llangwm – a Chapel Cefn Nannau yn arbennig – dyma hir a thoddaid o eiddo Eifion Jones. Y mae ganddo ef, fel y meibion, ddiddordeb mawr mewn garddio a thyfu llysiau, ond i ardd wahanol iawn y canodd yn y pennill a ganlyn. Y mae'n fynegiant byw o'i gredo bersonol a'i argyhoeddiadau crefyddol dwfn:

Gardd

Duw wnaeth y cyfan, ei thrin a'i phlannu,
A Duw â'i ofal wnaeth iddi dyfu;
Yna'n ei chanol rhoes ddyn i'w chwynnu;
Yno, heb achos, aeth hwn i bechu.
Daeth Crist i'r ardd i'w harddu, – ni wywodd –
Tyfodd, a rhodiodd i'n llwyr waredu.

11
Yr Ysgub

Enw: *Yr Ysgub*. Disgrifiad: Cylchgrawn eglwysi MC Cefn Nannau, Llangwm; Maes-yr-odyn, Llanfihangel Glyn Myfyr; a Thŷ Mawr, Cwm Penanner, Hydref 1961 hyd Haf 1979 (rhifynnau 1-51), ynghyd ag eglwys MC Dinmael, Gaeaf 1979 hyd Gaeaf 1982 (rhifynnau 52-59). Nifer rhifynnau'r flwyddyn: 2 neu 3. Maint, rhifau 1-39: cwarto; rhifau 40-59: A4. Nifer tudalennau ymhob rhifyn: 12-15. Cyfrwng cyhoeddi: dyblygu. Pris, rhifynnau cyntaf: 6c; rhifynnau olaf: 10c. Golygydd cyntaf: y Parchg Harri Parri.

Dyna rai ffeithiau moel am 59 rhifyn o'r *Ysgub*, cylchgrawn diddorol a gwerthfawr dros ben a gyhoeddwyd am gyfnod o un mlynedd ar hugain, 1961-82. Syniad y Parchg Harri Parri oedd cyhoeddi cylchgrawn o'r fath, a chyda'r brwdfrydedd a'r dalifyndrwydd sydd mor nodweddiadol ohono, gosododd sylfaen gadarn i'r cylchgrawn. Erbyn yr wythfed rhifyn, a'r un olaf iddo ef ei olygu (Mai 1964), nid aelodau'r dair eglwys yn unig oedd yn edrych ymlaen yn eiddgar at ei ddarllen. Prynid copïau hefyd gan amryw byd o bobl eraill o'r cylch. Dyma un sylw gan Harri Parri yng ngolygyddol yr ail rifyn, Ionawr 1962:

> 'Cariwyd yr *Ysgub* gyntaf ymaith gan li o frwdfrydedd a chroeso. Er mai rhyw bedwar ugain yw nifer teuluoedd yr Ofalaeth, gwerthwyd yn agos i dri chant o'r rhifyn cyntaf, a buasem wedi gwerthu llawer rhagor onibai i'r llawr dyrnu fynd yn wag. Y mae fy nyled yn fawr i bawb fu'n cario gwellt at yr *Ysgub* hon, ac i'r medelwyr ffyddlon sy'n cario'r *Ysgub* i'r byd.'

O'r cychwyn cyntaf, cafodd y golygydd bob cefnogaeth a chymorth gan swyddogion ac aelodau'r tair eglwys. Yn yr ail rifyn (Ionawr 1962), o dan y pennawd: 'Deuparth Gwaith yw ei Ddechrau', cyfrannodd Norman Evans, Bryn Llys, Llanfihangel Glyn Myfyr (Ysgrifennydd cyntaf Pwyllgor *Yr Ysgub*), nodyn cynhwysfawr yn cofnodi peth o hanes sefydlu'r cylchgrawn. Digwyddodd hynny, yn swyddogol, mewn cyfarfod o flaenoriaid y tair eglwys yng Nghefn Nannau, a Thomas Albert Roberts, Fron Isa, yn cadeirio. Yn y cyfarfod hwnnw soniodd Harri Parri am rai arbrofion newydd yr oedd ef eisoes wedi cael y fraint o'u sefydlu fel gweinidog yr Ofalaeth. Un ohonynt oedd rhoi cyfle i'r gynulleidfa yn Llanfihangel drafod y bregeth ar derfyn yr oedfa nos Sul. Arbrawf arall oedd 'Sul Pawb', sef oedfa gymun ar y Sul cyntaf ym mis Gorffennaf, ar y cyd rhwng y tair eglwys yng Nghwm Penanner, Llangwm a Llanfihangel. A dyma arbrawf newydd eto: sefydlu cylchgrawn arbennig i eglwysi'r Ofalaeth. A'i amcan? Yn gyntaf (a dyfynnu geiriau Norman Evans): 'ennyn diddordeb pobl ac aelodau nad ydynt yn ffyddlon i foddiannau'r eglwysi'. Yn ail, 'byddai yn cysylltu y rhai na fedrent fynd a dod i'r moddiannau, oherwydd gwaeledd a galwadau eraill'. Yn drydydd, 'byddai yn ffrwyth llafur eglwysi sy'n fyw i anghenion y cyfnod'.

Cyngor hen bysgotwr: 'cuddio eich hun a dangos yr abwyd'

Yn fyr, felly, prif nod *Yr Ysgub* oedd dolennu a chenhadu. Ymhelaethodd Harri Parri ar amcan a natur y cylchgrawn yn ei ysgrif olygyddol i'r rhifyn cyntaf (Hydref 1961):

'Dyma ysgub gyntaf y tymor wedi ei chlymu. Diolch o galon i bawb a fu'n lloffa yn y gwahanol feysydd – bu pob gwellltyn yn help. Fel y gwelwch, ŷd cymysg sydd yn yr ysgub hon, a chewch beth gwenith a haidd wedi eu cyd-rwymo. Os oes rhai efrau ymhlith y gwenith, gadewch iddynt a rhowch y bai ar y Gweinidog. Bellach yr ydym yn taflu'r ysgub i'r llawr dyrnu, a gwn y bydd llawer o siarad ddiwrnod dyrnu yn ei chylch. Mr Beirniad, cofiwch un peth: cylchgrawn i dair eglwys fach yng nghefn gwlad ydyw. Nid am fod *Y Llenor* wedi marw yr ydym yn dechrau cyhoeddi! Ŷd cartref sydd yn yr ysgub i gyd, ac eithrio dwy ysgrif fer... Hen ŷd y wlad sydd gennym.

Bydd ffermwyr Llŷn yn dweud mai'r dull gorau i gadw dafad rhag crwydro ydyw rhoi digon o borfa dan ei thraed. Porthiant i'r tair eglwys yw'r ysgub hon. Yn sicr, bydd bwyta yr un bwyd yn help i ddod â'r dair chwaer yn nes at ei gilydd. Gobeithio hefyd y bydd *Yr Ysgub* yn help i ddenu ambell ddafad i ddod yn amlach trwy ddrws y gorlan. Rhaid i'r *Ysgub* fod yn genhadwr.

Clywais am hen bysgotwr [gweinidog] yn ardal y chwareli yn dychwelyd adref ar ôl pnawn o enweirio, a hithau yn ddiwrnod heulog o haf. Daeth ffermwr bras, sgwrslyd, i'w gyfarfod a dechrau ei holi. Problem fawr yr amaethwr oedd sut y daliai bysgod â'r haul yn sgleinio ar y dŵr. Yr oedd gan y gweinidog ateb parod cyrhaeddgar a oedd yn ddameg ynddo'i hun: 'Y gamp, Wiliam Robaits', meddai, 'yw cuddio eich hun a dangos yr abwyd.'

A'r noson honno yn y Seiat, taniai Wiliam Robaits wrth sôn am guddio pysgotwr a thaflu abwyd:

> 'N'ad fod gennyf ond D'ogoniant
> Pur, sancteiddiol, yma a thraw...'

Gwyn fyd na bawn innau yn medru pysgota.'

'Oni heuir, ni fedir'

Lluniwyd clawr *Yr Ysgub* gan y Parchg Robin Williams a oedd yn weinidog ar y pryd yn Ninmael a Glanrafon, a'r darlun hwn a ddefnyddiwyd ar gyfer rhifynnau 1-52. Ynddo gwelir pregethwr yn sefyll mewn pulpud a phelydrau goleuni fel pe'n treiddio o'r Beibl agored. Yn y darlun hefyd gwelir teulu yn cerdded i mewn i'r capel: tad a mam, a baban yn ei breichiau, a hen ŵr: ffon yn un llaw a'r llall yn gafael yn llaw ei ŵyr.

Yn rhif 2 o'r cylchgrawn (Ionawr 1962) cyhoeddwyd ysgrif fer o eiddo Norman Evans, Llanfihangel: 'Goleuni'r Byd Ydwyf Fi', yn seiliedig ar y darlun hwn. Dyma ddyfyniad ohoni:

'A gawn ni ddal sylw ar ddarlun clawr *Yr Ysgub*. Mae yn llefaru llawer. Gwelwn yma dŷ i Dduw, ac allor sydd yn gwneud y lle yn gysegr. Mae cennad Duw yma yn cyhoeddi'r Gair, a hynafiaid, rhieni ieuanc, a phlant yn cyrchu tua'r Deml. Ydyw, mae disglair oleuni Duw yn goleuo i bawb a fyn ddyfod. Mae'r cennad yn cyhoeddi'r Newyddion Da. Beth yw ei destun, tybed? Awgrymwn iddo eiriau ein Harglwydd Iesu Grist: 'Goleuni y byd ydwyf Fi'... 'Y bobl a rodiasant mewn tywyllwch a glyn cysgod angau a welsant oleuni mawr.' Yn ei holl weithgareddau, goleuni oedd Crist, a gallai droi tŷ galar yn dŷ gwledd, gwneuthur y claf yn iach, a throi y caeth yn rhydd.

Mae yn ein bywydau ninnau, y gorau ohonom, alar a thywyllwch, a choleddwn feddyliau cyfeiliornus a throfaus. Ein hunig obaith yw i oleuni Duw yn Iesu Grist lewyrchu ynom, oherwydd trwy ei ras Ef daw ein holl gorff yn olau. 'O, Dduw, gwêl a oes ffordd anuwiol gennym, a thywys ni yn y ffordd dragwyddol.' 'Yr hwn a'm dilyno I, ni rodia mewn tywyllwch, eithr efe a gaiff oleuni y Bywyd.' Beth yw neges darlun clawr *Yr Ysgub* i chwi? A wnewch chwi ufuddhau a gweithredu yr hyn a welwch ynddo. 'Chwychwi oll, plant y goleuni ydych.' '

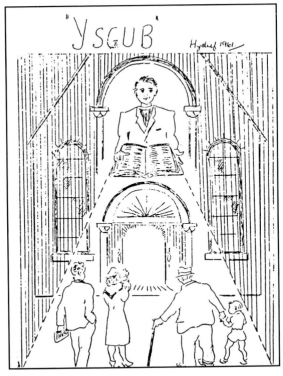

Clawr *Yr Ysgub*, rhifynnau 1-52, gan y Parchg
Robin Williams, Dinmael.

Erbyn rhifyn 52 (Gaeaf 1979) roedd Capel Dinmael wedi ymuno
â'r Ofalaeth. Yn y rhifyn hwn, felly, dyma ddal ar y cyfle i osod
cystadleuaeth i lunio clawr newydd. Y buddugol oedd Eifion Jones,
Moelfre Fawr, a defnyddiwyd ei gynllun ar gyfer rhifyn 53, ac wedi
hynny hyd y rhifyn olaf (59). Yn y darlun newydd gwelir un ysgub
fawr yn y canol, gyda'r ddihareb: 'Oni heuir, ni fedir'. Ymhob cornel
ceir ysgub lai yn cael ei chyflwyno gan bob un o'r pedair eglwys.

Yn ddi-os un o'r cyfraniadau pwysicaf ymhob rhifyn o'r *Ysgub* yw'r
'Nodion' o'r eglwysi. Gwnaed cymwynas arbennig gan y gohebwyr
drwy roi darlun cryno a chynhwysfawr o'r gweithgarwch eglwysig, o
dymor i dymor. Dyma enwau'r gohebwyr o Gefn Nannau. Rhifau 1-17
(1961-68): Jane Lloyd Evans, Gwern Nannau; rhifau 18-36 (1968-74): T

254

Clawr *Yr Ysgub*, rhifynnau 53-59, gan Eifion
Jones, Moelfre Fawr, Llangwm.

Vaughan Roberts, Fron Isa; rhifau 37-41 (1974-76): R Oliver Hughes, Tŷ
Cerrig; rhifau 42-44 (1976-77): Eifion Jones, Moelfre Fawr; rhifau 45-55
(1977-81): Eirwen Jones, 'Rhafod; rhifau 56-59 (1981-82): Selina Watson.
Adran bwysig arall ymhob rhifyn o'r *Ysgub* oedd 'Cornel y Plant'.

Trysorydd Pwyllgor *Yr Ysgub* drwy gydol y cyfnod y bu'n cael ei
chyhoeddi oedd Gwilym Jones, Blaen Cwm, Cwm Penanner
(Rhuthun heddiw). Ef hefyd a fu mor garedig ar y dechrau â rhoi
benthyg arian i brynu dyblygydd. Yn yr un modd bu'r *Ysgub* yn
ffodus iawn yn ysgrifenyddion y pwyllgor ac yn y llu o
wirfoddolwyr a fu'n cynorthwyo i gynhyrchu'r cylchgrawn. Cofiwn,

255

er enghraifft, am y teipyddion, ac yn arbennig: Mrs Nan Parri, Fron Dirion, Llanfihangel; Ifor Wnion Roberts, Fron Deg, Cerrigydrudion; a'r Parchg Glynne Hughes, Bron-y-graig, Cerrigydrudion.[1]

A dyma ddod at gyfraniad cwbl allweddol y golygyddion. Yn gyntaf, rhestr o'u henwau. Rhifau 1-8 (Hydref 1961 - Mehefin 1964): y Parchg Harri Parri; rhifau 9-11 (Hydref 1964 - Gaeaf 1965): Dorothy Jones, Tŷ Newydd, Llangwm; rhifau 12-47 (Haf 1966 - Gaeaf 1977): y Parchg Idwal Jones; rhifau 48-51 (Haf 1978 - Haf 1979): Eirwen Jones, Traian, Llanfihangel; rhifau 52-59 (Gaeaf 1979 - Gaeaf 1982): y Parchg Ifan Roberts. Yn ogystal â dod i'r adwy i olygu'r *Ysgub* wedi ymadawiad Harri Parri ac Idwal Jones, bu Dorothy Jones ac Eirwen Jones yn hael eu cyfraniad hefyd mewn meysydd eraill. Bu Dorothy Jones yn gofalu am 'Gornel y Plant', rhifau 1-8 (Hydref 1961 - Mehefin 1964), ac yn Ysgrifennydd Pwyllgor *Yr Ysgub*, rhifau 12-47 (Haf 1966 - Gaeaf 1977). Bu Eirwen Jones hithau yn gofalu am 'Gornel y Plant', rhifau 18-36 (Gwanwyn 1968 - Gwanwyn 1974).

'Gair o'r Sgubor': darlun o'r brenin, Siarl I, a thyddynnwr yn cydnabod hawl meistr tir

Eisoes cawsom ragflas o arddull fyw a diddorol Harri Parri yn ei ysgrifau golygyddol: 'Gair o'r Sgubor'. Y mae ganddo ddawn arbennig i gyfathrebu'n uniongyrchol ac effeithiol â'i ddarllenwyr. Y dull a ddefnyddir ganddo, bron yn ddieithriad, yw eglurebu – diriaethu profiad. Defnyddio hanesyn, stori a dameg. Tynnu mân ddarluniau, a'r rheini yn gymorth amhrisiadwy i gyflwyno'r un darlun cyflawn. Yr un darlun – yr un neges – sydd gan y golygyddion eraill hwythau. A dyma yw'r neges honno: fod gras a chariad Duw yn Iesu Grist ar waith yn y byd heddiw a bod i ninnau ran mewn cyflwyno'r gras a'r cariad hwnnw i eraill. Yng ngeiriau R H Jones (1860-1943), y bardd o Dal-y-cefn Ucha, Pentrellyncymer:

> Rhyw nefoedd wael yw eiddo'r dyn
> Fyn gadw'i nefoedd iddo'i hun.

Dyma ddau ddyfyniad yn unig o blith ysgrifau golygyddol Harri Parri. Am yr hanesyn cyntaf, awn i Loegr ac i gyfnod y Brenin Siarl I.

'Mae angen cynnig Crist i bobl ieuanc heddiw. Adroddir am baentiwr y gorchmynnwyd iddo dynnu darlun o'r Brenin Siarl I. Gwnaeth hyn, gan addurno'r darlun â blodau. Pan ddangosodd y darlun ar goedd, caed fod y blodau'n tynnu mwy o sylw na'r brenin. Duw a waredo ein heglwys ni a phob eglwys arall rhag rhoi'r blodau o flaen y Brenin. Dydi meddu cariad Crist ddim yn ddigon. Dydi medru cyfieithu Crist ddim yn llawer. Rhaid inni gynnig Crist, a chynnig Crist byw.'[2]

Hanesyn o Uwchaled yw'r ail un, a thyddynnwr, nid brenin, sydd yn y darlun hwn.

'Bu bywyd yn galed iawn yng Nghwm Eithin ar un cyfnod. Clywais am dyddynnwr a fethai'n lân â thynnu'r ddau ben llinyn at ei gilydd. Roedd yn arferiad gan ei feistr tir roi cinio bras i'w ddeiliaid wedi iddynt dalu eu rhent. Un tymor, methodd y tyddynnwr yn lân â chael y rhent i'w ddwylo... Serch hynny, aeth i'r cinio fel arfer. Cwestiwn y Sgweiar iddo oedd:

'Pam rwyt ti'n dod i'r cinio os na fedri di dalu dy ddyledion?'

'Rydw i'n dod, Syr, i gydnabod eich hawl chi', oedd yr ateb.

Cawsom ninnau Gyfarfodydd Diolchgarwch i'w cofio, a theimlwyd ias mewn aml i oedfa. Bu'r cynulleidfaoedd yn niferus a'r pyrsau'n drwm. 'Beth a dalwn i'r Arglwydd am ei holl ddoniau?' 'Ar enw yr Arglwydd y galwn.' Cydnabod ei hawl Ef arnom.'[3]

'O'r Sgubor': 'dagrau cariad'

O'r 59 rhifyn o'r *Ysgub* a gyhoeddwyd, golygwyd 36 ohonynt gan y Parchg Idwal Jones (rhifynnau 12-47, Haf 1966 - Gaeaf 1977). Bu'n olygydd rhagorol. Roedd graen ar bob dim a wnâi. Felly'r *Ysgub* o dan ei ofal ef. Yn ei lith olygyddol, 'O'r Sgubor', cynhwysai ymhob rhifyn bregeth fer neu homili. Yn y cyfraniadau gwerthfawr hyn y mae'r mynegiant yn gryno a chroyw, gan amlaf mewn brawddegau a chymalau byrion. Y mae'r neges hithau yn un ddiffuant, o'r galon – neges o obaith yn cyhoeddi'r newyddion da. Yn y rhifyn cyntaf un o'r *Ysgub* iddo ei olygu, testun ei homili yw: 'Canys nid oes arnaf gywilydd o Efengyl Crist'. (Rhuf. 1, 16) Y mae'n cloi ei sylwadau drwy ddweud: 'Ceir her ofnadwy yng ngeiriau'r Iesu: 'Canys pwy bynnag a fyddo cywilydd ganddo fi a'm geiriau, bydd cywilydd gan Fab y Dyn yntau hefyd'. Rhodder i ninnau'r weledigaeth fel na bo arnom gywilydd o Efengyl Crist.'[4]

Neges Nadolig sydd gan y Golygydd ar gyfer ei ddarllenwyr yn rhifyn Gaeaf 1966: 'A phan welsant y seren llawenychasant â llawenydd mawr dros ben.' (Math. 2, 10) Dyma ychydig frawddegau:

'Ymchwil y Pererinion. Yr Arweiniad Dwyfol i'r Pererinion Dwyreiniol. Ac onid dyna yw crefydd iawn? Gwir mai o Dduw y mae'r cyfan. Ef sy'n rhoi'r cam cyntaf bob tro, eto mae i ddyn ei ddyletswydd. Chwilio a dyheu am weld a chanfod. Felly'r pererinion hyn... [Ond] yn lle derbyn yr arweiniad, aethant i arwain eu hunain. O'r fath fethiant. Holi yn Llys Herod. Nid yno mae'r 'lle'. Wedi cefnu ar Herod a'i balas, 'gwelsant y seren' drachefn. A'r un arweiniad ydyw: 'Canys y seren a welsant yn y dwyrain a aeth o'u blaen hwy'... O dderbyn yr arweiniad, ni fethir... Rhaid wrth yr arweiniad. Dyrys yw'r ffordd a chymhleth yw'r daith. Ffordd heibio i Balas Herod ydyw, a'r perygl yn fynych yw loetran... Arwain y seren heibio i'r palas hyd 'y lle y mae y Mab Bychan'. O, na ddôi'r gweld hwn yn eiddo i ninnau yn ystod yr Ŵyl, a'r 'llawenydd mawr' yn rhan o'n profiad.'[5]

Yr oedd dawn arbennig gan Idwal Jones i grynhoi neges ei bregethau – ac felly ei gyfraniadau golygyddol i'r *Ysgub* – mewn pennau byrion, cofiadwy. Y mae'n agor ei sylwadau 'O'r Sgubor' yn rhifyn Haf 1969 gyda dyfyniad o lythyr a sgrifennwyd gan Martin Luther King yng ngharchar Birmingham, Alabama, 12 Mehefin 1963:

'Wylais o siom wrth weld llacrwydd yr Eglwys. Ond gallaf eich sicrhau mai dagrau cariad oeddynt. Ni all fod siom ond lle mae cariad dwfn. Rwy'n caru'r Eglwys. Sut y gallaf wneud dim arall? Gwelaf yr Eglwys fel corff Crist. Ond, yn sicr, mae barn Duw ar yr Eglwys, yn fwy nag erioed. Os nad yw'r Eglwys heddiw yn mynd i adfeddiannu ysbryd gobeithiol yr Eglwys Fore, fe gyll ei safle a bydd miliynau yn cefnu arni ac fe'i hystyrir fel clwb amherthnasol, heb ystyr o gwbl i'r ugeinfed ganrif.'

Symbylodd y geiriau hyn y Parchg Idwal Jones i fyfyrio o'r newydd ar hanes yr Eglwys Fore yn y Testament Newydd, a rhannodd ei fyfyrdod â darllenwyr *Yr Ysgub*, gan roi sylw arbennig i'r adnod: 'Ein cymdeithas ni, yn wir, sydd gyda'r Tad a chyda'i Fab ef, Iesu Grist.' 'Beth yw'r Eglwys?' gofynnodd. Crynhodd ei atebion i'r cwestiwn hwn o dan y tri phen a ganlyn:

1. *'Cwmnïaeth ydyw, nid capelyddiaeth –*
    "ein cymdeithas ni"... Cyfarfyddiad, nid cyfarfodydd... Tŷ Cwrdd. Man cyfarfod.'

2. *'Eneidiol ydyw, ac nid enwadol –*
    "ein cymdeithas ni gyda'r Tad a'i Fab ef, Iesu Grist." Rhywbeth

personal rhwng person a pherson. Mater o galon a chalon...
Enaid Eglwys, y wir gymdeithas, ydi cymeriadau ac nid
enwadaeth. Gwyrth greadigol yr Arglwydd Iesu Grist ydi ei fod
o'n codi cymeriadau ac nid capeli.'

3. *'Ffydd ydyw, ac nid ffrâm...*

Â y rhan helaethaf o'n hadnoddau i gynnal a chadw'r ffrâm...
Beth yw pob Moriah a Bethel a Sardis? Dim ond ffrâm. Os na
chawn ni afael ar y Ffydd, a'r Ffydd ynom ninnau, mi ddôn i
lawr ar y'n penna ni...'[6]

Un dull arbennig a ddefnyddiai Idwal Jones i gyflwyno'i neges yn
fyw a diddorol oedd drwy gyfosod dau ddarlun gwrthgyferbyniol.
Yn rhifyn Gwanwyn 1974 testun ei homili oedd dwy adnod, y naill
o'r Hen Destament, a'r llall o'r Testament Newydd. Dwy adnod a dau
ddarlun: Gardd Eden a'r Oruwchystafell. '... hi [Efa] a gymerth o'i
ffrwyth ef [sef y pren], ac a fwytaodd, ac a roddes i'w gŵr hefyd gyda
hi, ac efe a fwytaodd.' (Gen. 3, 6) '... yr Iesu a gymerth y bara, ac wedi
iddo ei fendithio, efe a'i torrodd ac a'i rhoddodd i'r disgyblion, ac a
ddywedodd: "Cymerwch, bwytewch, hwn yw fy nghorff." ' (Math.
26, 26) Fel hyn, o dan bedwar pen, y gwahaniaethodd Idwal Jones
rhwng y 'ddau gymeryd a'r ddau fwyta':

1. 'Anufudd-dod sy'n gyfrifol am un; mewn ufudd-dod y gwneir
y llall.'

2. 'Cynnen sy'n ganlyniad y cymeryd a'r bwyta yn Eden; cymod
sy'n ganlyniad y cymeryd a'r bwyta yn yr Oruwchystafell.'

3. 'Dwyn gwarth mae un; dangos gwerth y mae'r llall.'

4. 'Hunanoldeb sydd wrth wraidd y cyntaf; hunanaberth yw
sylfaen y llall.'

'Darfu y dydd a'i ludded...': ar daith i fro Tom Nefyn

Fel eraill a fu'n golygu'r *Ysgub*, yr oedd y Parchg Idwal Jones,
yntau, yn barod bob amser i fynegi gwerthfawrogiad o lafur
gweithwyr ffyddlon y cylchgrawn. Gŵr a wnaeth gymwynas
arbennig yn teipio'r cynnwys am nifer o flynyddoedd oedd Ifor
Wnion Roberts, Fron-deg, Cerrigydrudion, cyn-reolwr banc yn y
pentref. Pan fu farw, rhoes Idwal Jones deyrnged hael iddo yn
rhifyn Gaeaf 1970, gan ddefnyddio llythrennau'r gair BANC ar
gyfer pedwar pen:

B: 'Bonheddwr Cristnogol'.

A: 'Agosatrwydd arbennig'.

N: 'Noddwr parod'.

C: 'Cyfaill cywir'.[7]

Un o arwyr mawr Idwal Jones, a gŵr a gafodd ddylanwad neilltuol arno yn llanc ifanc oedd Tom Nefyn. Bu'n sôn llawer amdano mewn sgwrs ar aelwydydd Uwchaled ac yn y Seiat. Dyna hefyd yw testun ei ysgrif 'O'r Sgubor' yn rhifyn Gaeaf 1969. Ynddi mae'n dwyn i gof y wefr a deimlodd pan glywodd Tom Nefyn yn canu geiriau David Charles, Caerfyrddin:

> Diolch i Ti, yr hollalluog Dduw,
> Am yr Efengyl sanctaidd,
> Haleliwia, Amen.

Ar y 6ed o Fai, 1969, aeth aelodau Seiat Capel Cefn Nannau ar daith yng nghwmni'u Gweinidog i ymweld â mannau a fu'n rhan o bererindod ysbrydol Tom Nefyn yn Llŷn. Aed i Gapel y Pistyll, a chanu yno un o hoff emynau'r Efengylydd hoff:

> Os edrych wnaf i'r dwyrain draw,
> Os edrych wnaf i'r de,
> Ymhlith a fu, neu ynteu ddaw,
> Does debyg iddo Fe.

Heibio wedyn i Fodeilias, cartref Tom Nefyn, ac oedi wrth ei garreg fedd ym mynwent Capel Edern, maes ei weinidogaeth olaf. Dyma'r geiriau sydd arni:

> I gofio'n annwyl am y Parchedig
> TOM NEFYN WILLIAMS
> 1895-1958
> 'A boed i eraill trwof fi
> Adnabod cariad Duw'

O Edern i Rydyclafdy, lle y pregethodd ei bregeth olaf ar eiriau'r Iesu: 'Ond tydi pan weddïech, dôs i'th ystafell...' A chofio yno am englyn Evan Griffith Hughes o'i awdl goffa iddo:

> Darfu y dydd a'i ludded, – a darfu'r
> Straen dirfawr diarbed;
> I'r cwrdd fe ddarfu'r cerdded,
> Am Oen ei Dduw mwy ni ddwêd.[8]

Yn Rhydyclafdy hefyd (er na chrybwyllir hynny yn yr ysgrif olygyddol) y mae maen coffa i Tom Nefyn. Arno ceir y cwpled ardderchog hwn o englyn y Parchg William Morris, sy'n dweud calon y gwir amdano:

> Ac o'i bregethau i gyd,
> Y fwyaf oedd ei fywyd.

'O'r Sgubor': diwylliant a chrefydd, cyfiawnder a rhyddid, cariad a heddwch

Golygwyd wyth rhifyn olaf *Yr Ysgub* (Gaeaf 1979 - Gaeaf 1982) gan y Parchg Ifan Roberts. A dyma'r cyfnod, fel y nodwyd eisoes, yr ymunodd Dinmael â'r Ofalaeth. Un nodwedd werthfawr yn ystod tymor Ifan Roberts fel golygydd oedd y sylw a roddwyd i rag-hysbysebu cyfarfodydd a digwyddiadau. Hyn, wrth gwrs, yn fodd i ddynhau'r ddolen rhwng yr eglwysi ac i ddyfnhau tystiolaeth pob aelod. A dyna fu prif fyrdwn sylwadau golygyddol Ifan Roberts: apêl daer a diffuant gŵr ifanc yn ei Ofalaeth gyntaf ar i aelodau ei eglwysi wneud eu gorau glas i gyfoethogi eu bywydau ysbrydol. Gwelai berygl o roi gormod pwys ar ddiwylliant ar draul crefydd a'r bywyd Cristnogol. Ac nid oedd yn brin o ddweud ei farn yn blaen, yn ddewr ac yn onest, ar y mater hwnnw yn *Yr Ysgub*. Meddai yn ei ysgrif olygyddol gyntaf:

'Llawenhawn ar y naill law fod ardal Uwchaled yn parhau mor fyw yn ddiwylliannol, ond, ar y llaw arall, rhaid cofio nad clwb cymdeithasol yw'r Eglwys, ond cymdeithas o gredinwyr. Fy apêl daer yw ar i chwi ddangos yr un brwdfrydedd ynglŷn â bywyd ysbrydol yr Eglwys.'[9]

Meddai ymhellach yn rhifyn Hydref 1980: 'Bydd yn rhaid i ni hefyd ymroi mwy i fywyd yr Eglwys... Nid fy mwriad yw difrïo'r Cymdeithasau Llenyddol yn yr eglwysi o gwbl, ond onid yw ein blaenoriaethau yn anghywir?'[10] Yna, yn rhifyn Gaeaf 1981, ysgrifennodd y geiriau hyn:

'Bu'r wythnosau diwethaf yn rhai prysur dros ben, a gwelwyd gweithgarwch a brwdfrydedd mawr wrth baratoi ar gyfer y Cyfarfodydd Cystadleuol a Gŵyl yr Ysgol Sul... Ond rhaid cyfaddef hefyd fod ton o dristwch wedi dod trosof yn ystod misoedd Hydref a Thachwedd wrth ofyn i mi fy hun: pam tybed nad yw'r un brwdfrydedd ynglŷn â bywyd ysbrydol yr Eglwys?... Cymdeithas o

261

bobl sy'n addoli Duw yw'r Eglwys, yn byw i gyhoeddi Efengyl Iesu Grist, ac nid oes dim arall i ddod yn lle nac ar draws hynny. Ond, ysywaeth, bu rhai yn awyddus i roi'r cyfarfodydd gweddi heibio ar y Sul i ymarfer, a daeth llai i'r cyfarfodydd wythnosol, am ei bod yn bwysicach, mae'n debyg, yn eu tyb hwy, i ddod i ymarfer yn hwyrach.'[11]

Drwy gydol ei weinidogaeth fer yn Uwchaled, bu'r Parchg Ifan Roberts yn fawr ei ofal dros ei braidd. Mawr ei ofal hefyd, a mawr ei bryder, dros fuddiannau Cymru fel cenedl. Adlewyrchir hynny, er enghraifft, yn ei ysgrif olygyddol yn rhifyn Hydref 1980, ac fe dâl i bob un ohonom ddal gafael yn y geiriau hyn:

'Y mae tymor y Gaeaf gyda'i holl brysurdeb ar y trothwy unwaith eto, ac wrth edrych o'n hamgylch, argyfwng a welir ar bob llaw: argyfwng cymdeithasol gyda diweithdra yn cyrraedd ffigwr brawychus o uchel; argyfwng cenedl gyda'r frwydr dros Sianel Deledu Gymraeg a dyfodol ein Hiaith yn cyrraedd ei huchafbwynt; argyfwng yr Eglwys gyda'r dirywiad ysbrydol yn ein plith yn parhau. Hawdd iawn fyddai i ni ddigalonni'n llwyr ac anobeithio, ond rhaid cofio fod gennym ni yn bersonol ein cyfrifoldeb, a bod cyflwr ein cymdeithas, ein gwlad a'n Heglwys yn adlewyrchiad o'n cyflwr personol ni...

Bydd yn rhaid i ni hefyd wynebu realaeth sefyllfa'r Genedl. Hawdd iawn i ni mewn ardal fel hon yw cuddio ein pennau yn y tywod, gan dybio bod safle'r Iaith yr ydym yn ei siarad yn berffaith ddiogel i'r dyfodol. Ond peidiwn â'n twyllo ein hunain. Rhaid brwydro'n egnïol yn awr i sicrhau bod gwaith yn dod i'r ardal; fod cartrefi ar gael i'n pobl yn ein pentrefi; bod plant yn cael eu haddysgu drwy gyfrwng eu mamiaith; a bod cyfrwng mor ddylanwadol â theledu yn cael ei ddefnyddio fel arf, nid i ddinistrio'r iaith Gymraeg, ond i'w diogelu.'[12]

Bu'r Parchg Ifan Roberts hefyd yn fawr ei sêl dros heddwch. Dyma un dyfyniad o'i ysgrif olygyddol yn rhifyn Gaeaf 1981:

'Ychydig wythnosau yn ôl cafodd nifer ohonom y fraint o ymuno â'r orymdaith yn Llundain o blaid di-arfogi niwclear. Yr oedd yn brofiad gwefreiddiol gweld chwarter miliwn o bobl wedi ymgynnull yn Hyde Park. Aeth yr ymgyrch rhagddi i geisio sicrhau bod tir Cymru yn rhydd o arfau niwclear, a bellach dim ond un sir sydd heb ddod i benderfyniad ar y mater, sef Clwyd... Y mae'r siroedd eraill wedi ymateb yn gadarnhaol. Bydd y pwyllgor cyntaf sydd i drafod y mater yng Nghlwyd yn ymgynnull ar Ionawr 13, ac apeliaf at ddarllenwyr *Yr Ysgub* i ysgrifennu at Gadeirydd Pwyllgor Polisi a

Materion Cyffredinol, Cyngor Sir Clwyd... cyn y dyddiad uchod, yn cefnogi'r alwad i wneud Clwyd yn rhydd o arfau niwclear. Dylai'r Eglwys fod ar flaen y gad yn y frwydr hon.'[13]

O sôn am heddwch, addas iawn yn y fan hon yw nodi i Ifan Roberts yn rhifyn Gwanwyn 1980 o'r *Ysgub* gyhoeddi cyfieithiad Cymraeg Syr Thomas Parry o weddi fawr Sant Ffransis. Boed i'r weddi hon eto heddiw fod yng nghalonnau pob un ohonom.

> Arglwydd, gwna fi'n gyfrwng i'th heddwch Di,
> Fel lle bo atgasedd, y dygwyf fi gariad,
> Fel lle bo camwedd, y dygwyf fi ysbryd maddau...
>
> Arglwydd, par i mi ymdrechu yn hytrach
> I gysuro, nag i gael fy nghysuro,
> I ddeall, nag i gael fy neall,
> I garu, nag i gael fy ngharu.
>
> Oherwydd trwy roi y mae dyn yn derbyn;
> Trwy ei anghofio ei hun y mae dyn yn darganfod;
> Trwy faddau y mae dyn yn cael maddeuant;
> Trwy farw y mae dyn yn deffro i fywyd tragwyddol.[14]

'Oes, mae yna olau'

Yn arbennig yn ystod rhifynnau cyntaf *Yr Ysgub* o dan olygyddiaeth Harri Parri cafwyd cyfraniadau gan awduron o'r tu allan i gylch Uwchaled. Dyma rai ohonynt: 'Gair o'r Garreg Lefn', William Owen (athro ysgol ym Mhorthmadog, sawl cyfraniad);[15] 'Dwylo', Gareth Maelor Jones;[16] 'Y Tân sy'n Puro', Dafydd Henry Edwards;[17] 'Neges Heddwch', Meirion Lloyd Davies;[18] 'Asgwrn Cefn', Rhys ab Ogwen Jones;[19] 'O Fab y Dyn', George W Brewer;[20] 'Traddodiad Benthyg', D Tecwyn Lloyd.[21] Yn ysgrif Siân Elfyn Jones, Pontardawe, 'Tu ôl i'r Dorth', dyfynnir, yn addas iawn, englyn rhagorol T Llew Jones i'r 'ysgub':

> Mae hud yr hau a'r medi – a mawredd
>   Y tymhorau ynddi;
>   Deg ysgub, daw ŷd gwisgi
>   A bara can o'i brig hi.[22]

Yn rhifyn Mawrth 1963 cyhoeddwyd dwy gerdd o eiddo'r Prifathro Derec Llwyd Morgan: 'Duw, Cariad Yw' ac 'Oedfa Wlad'. Dyma'r ail gerdd:

Godro trydan ac ymdrech
Dal cwrdd hanner-wedi-chwech,
Tafod ifanc drosto Fe
Yn pregethu yn Esgairdawe.

Darllen emyn er mwyn saith;
Siom yn eu rhifo eilwaith.
Pedwar penelin ar ddeg
Yn pwyso pennau glandeg;
Penlinio'n gôr gweddïo –
Byrstio'r blwch a'i gyrraedd O.[23]

Cyhoeddwyd yn *Yr Ysgub* hefyd rai cyfraniadau gan drigolion Uwchaled nad oeddynt yn aelodau yn eglwysi'r Ofalaeth. O blith gweinidogion y fro cafwyd ysgrif, er enghraifft, gan y Parchg I Wynn Evans, gweinidog Capel y Groes a Gellïoedd. Ei theitl yw 'Profiadau Pererin', ac ynddi y mae'n adrodd hanes ei daith anturus yn un o gwmni o heddychwyr ifanc a gyfarfu yn San Ffransisco ym mis Rhagfyr 1960. Oddi yno, teithiwyd 6,000 o filltiroedd bob cam i Foscow, er mwyn cyflwyno neges heddwch.[24]

Yn rhifyn cyntaf *Yr Ysgub*, Hydref 1961, y mae gan un o gyn-weinidogion Uwchaled, sef y Parchg Robin Williams, Penrhyndeudraeth, hanesyn byr, diddorol iawn. Y pennawd yw: 'Oes Mae Yna Olau'. Hen ŵr y Tŷ Capel wedi bod yn 'glanhau'r gwydrau, trimio'r wic, a goleuo'r capel at gyrddau'r gaeaf ers dros ddeugain mlynedd'. Un noson – noson seiat – dychwelodd adre mewn gwendid dwys, a dechreuodd amau a oedd wedi goleuo'r capel ai peidio.

'Rhaid oedd gwneud yn siwr. Gydag ymdrech fawr, cododd o'i chwys a'i wendid at y setl, yna at y drws; wedyn pwyso'n drwm ar y wal nes dod i olwg y Deml. Syllodd i gyfeiriad y capel, ac mewn llawenydd gwelodd y ffenestri yn pelydru'n ddisglair felyn i'r tywyllwch. "Oes", meddai'r hen frawd yn uchel wrtho'i hun, "oes, mae yna olau"... Gyda'i frawddeg olaf yn y byd hwn, fe lefarodd wirionedd bythol. Edrych ar Deml yr Arglwydd yn y nos a dweud gyda boddhad dwfn: "Oes, *mae* yna olau".'

O'r harbwr i'r môr mawr

Yn ychwanegol at y 'Nodion o'r Eglwysi', cafwyd cyfraniadau gwerthfawr a diddorol iawn gan nifer o aelodau'r Ofalaeth. O blith cyfraniadau o eglwysi Cwm Penanner, Dinmael, a Llanfihangel, fe ellid dyfynnu llawer. Rhaid bodloni, fodd bynnag, ar un enghraifft yn unig. Dewisaf yr eitem fer hon oherwydd ei bod yn ddameg ac yn her i bob un ohonom, her i beidio â gorffwys ar ein rhwyfau, ond i ddyblu diwydrwydd a phrynu'r amser. Pennawd y cyfraniad yw 'Myfyr', a'r awdur yw Mrs G [Aurwen] Jones, Blaen Cwm, Cwm Penanner (Rhuthun bellach). Dyma ychydig frawddegau o'i hysgrif:

> 'Darllenais yn ddiweddar y sylw a ganlyn: "mai yn yr harbwr y mae'r llong yn ddiogel, ond nid i aros yn yr harbwr yr adeiladwyd hi"... Onid yw hyn yn wir gyda golwg ar fywyd hefyd. Tra y mae llong ein bywyd yn yr harbwr, yr ydym rywsut yn ddiogel... Y mae bywyd yn rhy werthfawr ac amser yn rhy brin i'w wastraffu... Esgus gwael yw dadlau fod ein hamser yn brin, ac aiff ein ffug brysurdeb yn esgus dros beidio gwneud dim yn aml... Felly, allan o'r harbwr gan wynebu môr bywyd yn ei her, ei dreialon a'i ofynion.'[25]

Cyhoeddwyd barddoniaeth, yn ogystal â rhyddiaith, ymhob rhifyn o'r *Ysgub*. Cynnyrch beirdd Capel Cefn Nannau yw llawer ohono, a dyfynnwyd nifer o'u cerddi hwy eisoes. O blith cerddi beirdd eglwysi eraill yr Ofalaeth, ac Uwchaled yn gyffredinol, rhaid bodloni ar ddyfynnu dau englyn yn unig. A dau englyn rhagorol ydynt, o eiddo Trefor Jones, Bryn Ffynnon, Gellïoedd.

Mam

Rhoed ystôr o dosturi – yn waddol
   Y rhinweddau iddi;
Ni welwn, er ymholi,
Un â gwedd mor deg â hi.

Cymydog

Yng ngwae ing cyfyng gyngor – y glŷn
   Yn glòs wrth fy ochor;
A'i law ef, pan eilw Iôr,
Afaela yn fy elor.[26]

'Llyn Tro'

Roedd gwahoddiad i bawb yn yr Ofalaeth, o'r ieuengaf i'r hynaf, gyhoeddi deunydd yn *Yr Ysgub*. A dyna, wrth gwrs, ran o werth y cylchgrawn: estyn cyfle. O blith plant ac ieuenctid Capel Cefn Nannau (yn ystod y blynyddoedd 1961-82), prin fod unrhyw un heb gyhoeddi naill ai gerdd neu ysgrif yn *Yr Ysgub* ryw dro. Yr un modd, o blith yr oedolion, cafwyd cyfraniadau gwir ddiddorol. Dyma ragflas yn unig.

Yn gyntaf, fodd bynnag, gair pellach am yr ysgogiad a roddai cylchgrawn o'r fath i bobl fentro rhoi gair ar bapur. Cyhoeddwyd yn *Yr Ysgub* rai ysgrifau gan bersonau na fyddai oni bai am y cyfle a'r gwahoddiad gan y Golygydd wedi meddwl o gwbl, o bosibl, am ysgrifennu. Fel siopwr a chwmnïwr difyr a charedig y cofiwn, yn bennaf, am John Wynne Hughes, Post, Llangwm. Eto, y mae gwerth arbennig i'w ysgrif fer yn rhifyn Gaeaf 1968, 'Myfyrdod', lle mae'n achub cam yr ieuenctid, ac yn ei ysgrif: 'Yr Hyn a Gred y Crynwyr' (Gaeaf, 1969).[27]

Cyfrannodd Mrs Jane Lloyd Evans, Gwern Nannau, fwy na neb o ysgrifau i'r *Ysgub*, ac y mae'r ysgrifau hynny yn rhai arbennig o addysgiadol a difyr. Dyma deitlau ychydig ohonynt, yn ôl trefn eu cyhoeddi. (Nodir rhif y cylchgrawn mewn cromfachau.) 'Martin Luther' (7); 'Thomas Charles' (18); 'Cymdogaeth Dda' (22); 'Handel' (23); 'Elizabeth Fry' (27); 'Evan Roberts, y Diwygiwr' (29); 'Taith Gyntaf Paul, y Cenhadwr' (35). Cyfrannwyd i'r *Ysgub* hefyd gan Dafydd Evans, priod Jane Lloyd Evans.

Un arall o flaenoriaid Capel Cefn Nannau a gyfrannodd ysgrifau gwerthfawr i'r *Ysgub* oedd Thomas Albert Roberts, Fron Isa. Yn rhifyn Haf 1966, er enghraifft, cyhoeddwyd crynodeb o'i anerchiad i Gyfarfod Dosbarth Llangwm – Cerrigydrudion, a gynhaliwyd yng Nghapel Cefn Brith, 13 Mehefin 1966. Teitl ei anerchiad oedd: 'Proffes Grefyddol: ei Hystyr'.[28] Yn rhifynnau 42-44 cyhoeddodd dair ysgrif ddifyr iawn ar dri chymeriad: Ted Smith, 'Sais'; Bob Price, 'Doctor'; ac Wmffre Jones.[29] 'Ar Lwybrau Amser' yw pennawd ei ysgrif hunangofiannol yn rhifyn Gwanwyn 1974. A dyma frawddeg neu ddwy o'i ysgrif 'Llyn Tro':

'A oes berygl i'n gwasanaethau cyhoeddus ar Ddydd yr Arglwydd fod yn "llyn tro" ac i ninnau foddi ynddo? Nid yr un dŵr sydd yn y llyn tro o hyd, ond tra yn y pwll try mewn cylch, a thuedda i golli ei flas... Llyn tro peryg iawn ydyw ofni mentro'r newydd. Ond tynnu fy het a wnaf i lawer llyn tro a geisiodd gadw afon bywyd rhag rhedeg yn rhy rwydd.'[30]

'Gneud ei ran yn ôl ei allu'

Rhoes *Yr Ysgub* lwyfan hefyd i T Vaughan Roberts, mab Thomas Albert Roberts, wneud defnydd o'r ddawn amlwg a roed iddo. Y mae'n awdur nifer o storïau byrion, a chyhoeddwyd un neu ddwy ohonynt yn *Yr Ysgub*; er enghraifft, 'Setlo'r Cownt' (Gaeaf 1977). Cyfrannodd hefyd ysgrifau treiddgar. Yn un ohonynt, 'Fy Nyled i'm Bro', y mae'n pwysleisio yr hyn a ddywedwyd eisoes yn y gyfrol hon, sef y cyfle a roddir yn yr ardal i bobl ifanc yn gynnar iawn i arddangos a datblygu eu doniau. Cyfeiria hefyd at y ddolen anwahanadwy sydd rhwng crefydd a diwylliant. Dyma ddyfyniad o'r ysgrif hon.

'Adnoddau a doniau lleol oedd ein harweinwyr yn yr Aelwyd, a'r tebyg yw i hyn brofi yn fendith mewn ffordd. Mae fy niolch yn gywir a diffuant i'r rhai hyn – y rhai a ymlafniodd mewn Aelwyd yn ddirwgnach. Roedd Aelwyd Llangwm yn yr 'Hen Siop Jones Elis' yn deilwng o'r enw 'aelwyd'. Un teulu dedwydd oeddym. Hon roddodd fwy nag un cyfle imi loywi fy noniau digon rhydlyd, rhyw faglu a ffwdanu a'r criw i gyd yn barod i'ch cynnal – hogiau bron i gyd. Nid am ei fod yn glwb cul, ond am y ffaith syml nad oedd llawer o ferched yn y cylch! [Cyfnod y pedwar degau a'r pumdegau.] Dyna'r esboniad mai gwragedd oddi allan sydd yn y rhelyw o'r cartrefi! Uwchlaw popeth, y mae un rhinwedd a berthyn i'r cylch, sef pwysigrwydd yr unigolyn mewn cymdeithas. Ni all neb ddweud am Aelwyd, côr na chapel na chafodd wahoddiad i wneud ei ran yn ôl ei allu. Ni welais erioed wahaniaeth dosbarth na chyfle i snobyddiaeth godi'i phen...

Sianel arall na chrybwyllais amdani hyd yn hyn oedd cyfraniad y capeli i'm bywyd. Cyn cof bûm yn cyfranogi o'r ffynnon yma, trwy oedfa, cwrdd gweddi ac Ysgol Sul. Yn y blychau hyn, chwedl T Rowland Hughes, y bûm yn derbyn fy ngwaddol ysbrydol. Trwy'r eglwysi anghydffurfiol hyn a'u gweithgareddau y deuthum i allu cysylltu Cristnogaeth a diwylliant ac i weld y modd y mae'r ddau yn cerdded law yn llaw.'[31]

Ffynnon yn goferu

Gŵr arall a gyfrannodd storïau ac ysgrifau arbennig o ddiddorol i'r *Ysgub* oedd y diweddar R Oliver Hughes, Tŷ Cerrig. Teitl un o'i storïau yw 'Camgymeriad' (Haf 1967). Teitl un o'i ysgrifau yw 'Y Siopwraig', portread byw ac eithriadol o ddifyr, yn brawf o'i ddawn ysgrifennu. Dyma'r paragraff agoriadol yn unig:

'Dynes fechan ag iddi ŵr llai – Jane a John Williams, neu, y rhan amlaf, 'yr Hen Siopreg a'r Siopwr Bach'. Dyna drigolion Siop Melin-y-wig yr adeg honno. Roedd y ddau dros eu trigain oed yr amser y soniaf amdano. Yr Hen Siopreg oedd y "main spring", a'r Siopwr Bach yn dipyn o 'peini iddi. Gweithiai yr hen wraig yn galed iawn;

ni welais hi erioed heb ei ffedog fras. Gwisgai sbectol bob amser, a honno hanner ffordd i lawr ei thrwyn. Oherwydd hyn, edrychai drosti yn amlach na thrwyddi.'[32]

Pennawd ysgrif arall o eiddo Oliver Hughes yw 'Gwasanaeth'. Teyrnged ddiffuant i ŵr nodedig iawn: Harry Edwards, Pen Llan, Betws Gwerful Goch.

'Melinydd, tyddynnwr a chwaraewr piano heb ei ail – y tri hyn, un oeddynt yn Harry Edwards... [Ef] fyddai'n cyfeilio yn eisteddfodau'r cylch, a gwyddai pob unawdydd a chôr gwerth eu halen am ei fedr a'i gywirdeb... Holaf heddiw: ar wahân i'w allu, beth oedd ei gyfrinach? Ei barodrwydd i wasanaethu. Gwyddai Harry Edwards yn well na neb "nad yw'r felin yn malu â'r dŵr sydd wedi mynd heibio".'[33]

Does ryfedd yn y byd fod yr ysgrif hon yn un mor ddiffuant 'Ei barodrwydd i wasanaethu', meddai'r awdur am Harry Edwards – dyna'n union un o brif nodweddion R Oliver Hughes yntau. Gŵr addfwyn iawn a siriol oedd ef, yn gwneud daioni yn dawel ddi-sôn-amdano, a'i gariad at arall fel ffynnon yn goferu.

'Gwefr y Fuddugoliaeth Fawr'

Yn olaf, detholiad o ddwy ysgrif fer gan un arall o ffyddloniaid Capel Cefn Nannau, sef Evan Lloyd Jones, Arddwyfan. Dwy ysgrif sy'n ddwy ddameg gwerth i ni heddiw ddal sylw arnynt. 'Beth am Wneud Syms' yw pennawd un ohonynt, ac ynddi y mae'r awdur yn adrodd stori – a stori addas iawn o gofio iddo ef fod yn Drysorydd Capel y Cefn am flynyddoedd.

'Stori ydyw am athrawes a gâi gryn drafferth i ddysgu'r plant sut i wneud y symiau bach a elwir yn ffracsions. Meddyliai am y dull yma heddiw ac am y dull acw fory. Ond yr oedd un bachgen bach yn dal yn anwybodus wedi wythnos o egluro. Un diwrnod galwodd yr athrawes y bychan at y ddesg, tynnodd oren o'i basged, yna cymerodd gyllell o'r cwpwrdd a thorri'r oren yn wyth darn. A gofynnodd i'r plentyn:

'*What shall I lose if someone takes one part of the orange away?*'

Atebodd yr hogyn, gan edrych ym myw ei llygaid:

'*You'll lose the juice, Miss!*'

Os na allai'r bychan ddeall cymhlethdod ffracsions, gwyddai fod posib colli pethau wrth ddosrannu.

Beth a gollwn wrth esgeuluso moddiannau?... Sawl oedfa y buom ynddi ers dechrau'r flwyddyn? Mae'n hawdd iawn cael yr ateb, dim ond adio, sybtractio, a gwneud ambell ffracsion. Ond beth, mewn gwirionedd, yw'r golled?

'You'll lose the juice, Miss!'

'You'll lose the juice, Sir!'

Cofiwch y stori.'[34]

Daeth *Yr Ysgub* i ben, Gaeaf 1982, a phan ddigwyddodd hynny, gallem ninnau ddweud: 'Ie, dyna golled.' Gwell gen i, fodd bynnag, fyddai dweud yn gadarnhaol: 'yn ystod 1961-82, tra cyhoeddid y cylchgrawn, dyna fudd a bendith a gafwyd'. Cafwyd darlun byw, cynhwysfawr, o fwrlwm gweithgarwch crefyddol a diwylliannol rhai o eglwysi Uwchaled am gyfnod o un mlynedd ar hugain. Rhoddwyd hefyd gyfle heb ei ail i lu mawr o unigolion y cylch ysgrifennu – i ddifyrru darllenwyr, i'w haddysgu ac, yn bennaf oll, i ddyfnhau profiad ysbrydol – yn gyfranwyr a darllenwyr. A chyda'r wedd ysbrydol hon y carwn gloi'r bennod bresennol, gan gyfeirio at un arall o ddamhegion Evan Lloyd Jones: 'Myfyrdod Dechrau Blwyddyn'. Y mae'r ysgrif yn seiliedig ar destun ei sgwrs wrth gyflwyno'i adroddiad ariannol i Eglwys y Cefn ar ddiwedd blwyddyn 1967. Yn ei gerdd 'Monastir', cyfeiria Cynan at y trysorydd a'i 'lith ariannol sych'. Mor wahanol oedd adroddiadau Trysorydd Capel Cefn Nannau! Yn rhan gyntaf ei ysgrif y mae'n sôn am Wembley a brwdfrydedd gemau pêl-droed. A dyma ddyfyniad o ddiweddglo'r ysgrif:

'Dowch hefo mi am egwyl i Lerpwl neu Fanceinion ar ddydd y gêm. Gwaedda'r cefnogwyr wedi i'w tîm sgorio: 'We want more – two, three, four'. Pobol yn methu cael digon ydi'r cefnogwyr, a'u cefnogaeth yn ddiarbed. Rhedant ar y cae ac atal y gêm am ychydig. Cofleidiant eu hedmygwyr. Teimlodd yr emynwyr wefr y Fuddugoliaeth Fawr:

Ni gawsom rai defnynnau i lawr,
Beth am yr awr cawn fynd i'r môr...

Methu â chael digon. Un arall yn methu â rhoi digon.

Mi ro'r cwbwl
Am gwmpeini pur fy Nuw

Ac Elfed yn sôn am y thril o fod yn y cwmni:

269

Mae munud yn Dy gwmni
Yn newid gwerth y byd...

Ac i mi, dyna yw Dechrau Blwyddyn, rhyw amser ychwanegol i chi a minnau.

Gadewch inni fel Eglwys ac ardal ddal ati i gefnogi'r Gorchfygwr a'i Achos Mawr, fel pobol:

1. yn methu â chael digon oddi wrth yr Achos;

2. yn methu â rhoi digon at yr Achos.

O wneud hynny, daw un peth arall: y wefr. Yna, nid gwella wnaiff pethau, ond newid. Ni bydd diwedd ar gefnogi Hwn.

Mhen oesoedd rif y tywod mân,
Ni bydd y gân ond dechrau.'[35]

12
Celf a Chrefft

'Cyfoeth pob crefft' a 'Gwell crefft na golud'. A gwir y gair. Bu yng Nghymru draddodiad maith a chyfoethog iawn o grefftwyr bro. Felly yn Uwchaled. Yn wir, y mae crefftwyr Llangwm a'r cylch ynddynt eu hunain yn destun cyfrol. Yn y bennod fer hon a'r nesaf, fodd bynnag, braidd gyffwrdd â'r maes yn unig a wneir ac ysgrifennu cyflwyniad byr i rai o'r lluniau a gyhoeddir.

'Caned y saer glodforus gainc...'

Cyfeiriwyd eisoes at Felin Llangwm a'r melinydd olaf a fu'n gweithio yno yn y pedwardegau: Arthur Jones, Tan-y-coed. Roedd ef hefyd yn drydanwr, ac yn saer coed a saer maen galluog. Heddiw, y mae'r meibion yn dilyn yn ôl traed eu tad ac yn grefftwyr dawnus.

Teulu arall o seiri galluog oedd teulu Plas Nant: John, neu Johnie Jones, a fu farw 6 Mehefin 1939 yn 56 mlwydd oed, a'r meibion: Thomas William Jones (bu farw 13 Awst 1985 yn 75 mlwydd oed), a John Owen Jones (g. 1908), Maes Aled, Cerrigydrudion. Bu farw 13 Mawrth 1996. Dyma frawddeg neu ddwy o'r coffâd i John Jones yn *Y Seren*:

> 'Saer coed oedd wrth ei alwedigaeth; gŵr gonest ei waith, a chred ei feistr ynddo heb erioed ei siomi. Dyn tawel ei fyd, gwên ar ei wyneb, a'i galon lydaned ag undyn byw o gymwynasgarwch a charedigrwydd. Tystia ei gymdogion yn unfryd am ei gwrteisrwydd a'i galon ddiragrith. Ffrind pawb, a phlant yn arbennig.'

Gallai ef, fel eraill o seiri'r fro, fod wedi dweud yng ngeiriau Iorwerth C Peate, awdur 'Carol y Crefftwr':

> Caned y saer glodforus gainc
> Wrth drin ei fyrddau ar ei fainc;
> Molianned cŷn ac ebill Dduw
> Am un a droes bob marw'n fyw.

John Jones (bu f. 1939), Plas Nant, Llangwm, saer coed.

'Giaffar'! John Morris, Yr Efail, Tŷ Nant

Crefftwr arall a allai fod wedi canu un o benillion carol Dr Peate – a hynny gyda'i lais tenor swynol – oedd John Morris, Yr Efail, Tŷ Nant (bu farw 25 Ebrill 1977 yn 74 mlwydd oed).

> A chwithau'r gofaint, eiliwch gân,
> Caned yr eingion ddur a'r tân;
> Caned morthwylion glod i Dduw
> Am un a droes bob marw'n fyw.

Brodor o Dan-y-fron, plwyf Llansannan, oedd John Morris, a bu yn of yn Efail Llangwm am 16 mlynedd cyn symud i Dŷ Nant. Yno y bu wedyn nes i'r efail honno gau yn Ebrill 1975. Er iddo golli un llygad drwy ddamwain yn yr efail pan oedd yn iau, yr oedd yn grefftwr campus. Ysgrifennodd Dafydd Evans, Gwern Nannau, draethawd cynhwysfawr a diddorol: 'Hen Ofaint Plwyf Llangwm', buddugol yn Eisteddfod Llangwm, 1977.[1] Meddai am John Morris yn y traethawd hwnnw: 'Yr oedd yn ŵr ifanc galluog, yn of crefftus, yn gerfiwr

John Owen Jones (1908-96), Plas Nant, saer coed.

gwych, yn arddwr medrus, ac yn un gwirioneddol dda am wneud ffon'. Yr oedd hefyd yn ddyn difyr iawn i fod yn ei gwmni. Y mae gan fy mrodyr a minnau, fel cymaint o drigolion Uwchaled, atgofion hyfryd am Efail Tŷ Nant. Rwyf fel pe'n clywed yn awr ei lais treiddgar yn galw pawb bron wrth yr enw 'Giaffar'! 'Sut mae Giaffar heddiw?' 'Faint sy arna'i ichi, John Morris?' 'O, tri swllt, Giaffar.'

Pan oeddwn oddeutu un ar bymtheg oed dechreuais gofnodi geiriau a dywediadau diddorol a glywn gan drigolion Uwchaled a ddeuai i'n cartref, neu pan awn innau i ymweld â chyfeillion ar eu haelwydydd. Rwy'n cofio'n dda un noson arbennig y bûm gyda'm rhieni ar aelwyd groesawus John Morris a'i briod. Dyna'r adeg y dechreuais o ddifrif gael blas ar waith maes – blas a budd mawr o ddysgu sut i wrando, a dysgu drwy wrando. Y noson honno y dysgais am y tro cyntaf ystyr llawer o dermau cyfoethog crefftwr bro, termau megis 'codi cowcie' (sef y codiad ar flaen pedol ceffyl er mwyn ei rwystro rhag llithro).

273

John Morris, Yr Efail, Tŷ Nant, 10 Mai 1974.
Llun trwy garedigrwydd Amgueddfa Werin Cymru.

Yr oedd gynt nifer o efeiliau ym mhlwyf Llangwm: Efail y Llan,
yn y pentref; Rhydyrewig; Ty'n y Gwern Nannau (Parc); Tŷ Nant;
Carreg-y-big, a Maerdy. Bellach, y mae'r cyfan wedi cau. Yng
ngeiriau Dafydd Evans yng nghwpled clo ei soned 'Yr Hen Efail':

> Distaw yw'r ordd a thinc yr engan mwy,
> A gordd y dwyrain yn eu gwatwar hwy.

Cywaith Uwchaled, Sefydliad y Merched a Merched y Wawr

Ym mis Tachwedd 1980 sefydlwyd Cywaith Uwchaled, sef
Cymdeithas Gydweithredol a'i chanolfan yng Ngherrigydrudion.

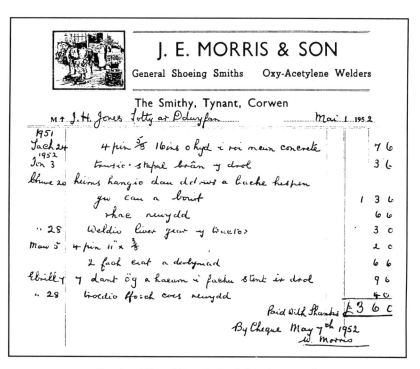

J. E. MORRIS & SON

General Shoeing Smiths   Oxy-Acetylene Welders

The Smithy, Tynant, Corwen

M.r J. H. Jones, Jolty ar Pdwyfan .... Mai 1 1952

1951			
Jach 24	4 pin ⅝ 16ins o hyd i roi mewn concrete	7	6
1952			
Jon 3	trwsio stapal brân y drol	3	6
Chwe 20	heirns hangio dau ddrws a bache hespen		
	yw cau a bowt	1 3	6
	rhae newydd	6	6
„ 28	Weldio liver gear y cwelor	3	0
Maw 5	4 pin 11" x ⅜	2	0
	2 fach ecat a dorlymiad	6	6
Ebrill 7	7 dant ŵg a haearn i fachu stent ir drol	9	6
„ 28	troedio fforch coes newydd	4	0

Paid with thanks £3 6 C

By Cheque May 7th 1952

W. Morris

Enghraifft o filiau John Morris, y gof.

Er na chafwyd y gefnogaeth ddigonol i'r gweithgarwch hwn barhau, yr oedd, ar y pryd, yn ymdrech glodwiw i hybu crefftau gwledig, a gwaith seiri coed yn arbennig.

Rhoddwyd hwb pellach i waith llaw a chrefftau yn y fro gan aelodau cangen Llangwm o Sefydliad y Merched. Y mae cipolwg ar raglenni'r gangen yn y gorffennol yn ddrych o weithgarwch cyson a brwd. Felly heddiw. A'r un modd gan aelodau Cangen Llangwm o Ferched y Wawr. Cynhelir hefyd o dro i dro ddosbarthiadau mewn meysydd megis gwau, gwnïo a brodwaith.

'Collen, Cyllell a Chorn': cerfio a gwneud ffyn

Dosbarthiadau eithriadol o lwyddiannus yn Llangwm oedd y dosbarthiadau gwaith coed. Yn ystod tymor gaeaf 1964-5, er enghraifft, yr oedd cymaint ag 16 o fechgyn ifanc yn aelodau o'r dosbarth cerfio. Cafwyd dosbarthiadau cyn hyn hefyd, a chyhoeddir lluniau o waith cerfio rhai

Enghreifftiau o waith cerfio Trebor Lloyd Jones, Tŷ Newydd, Llangwm.

o'r disgyblion bryd hynny yn y bennod hon. Mewn llawer o gartrefi'r fro heddiw gwelir enghreifftiau o ffyn a gwaith cerfio. Ar y darnau pren hyn cerfiwyd geiriau a diarhebion megis 'Cartref'; 'Croeso'; 'Oni heuir, ni fedir'; 'Gorau arf, arf dysg'; 'Gwell dysg na golud'; 'Nid da lle gellir gwell'. Ceir hefyd fodelau pren o gadeiriau a thariannau; anifeiliaid, megis ceffyl a'r Ddraig Goch; ac adar, megis eryr a thylluan.

Y gŵr a fu'n fwy cyfrifol na neb am y bri a roddwyd ar gerfio a gwneud ffyn yn ardal Llangwm yw Robert Gruffydd Jones, 'Bob Gruff', Hendre Garthmeilio (Abergele heddiw). Fel cerfiwr a gwneuthurwr ffyn, y mae'n un o'r goreuon drwy Gymru gyfan. Ar amryw o'r darnau pren a gerfiwyd ganddo ac ar faglau'r ffyn gwelir ymhellach ei ddawn fel arlunydd a'i hoffter o gŵn defaid. Bu hefyd yn cystadlu mewn ymrysonfeydd cŵn defaid. Bob Gruff

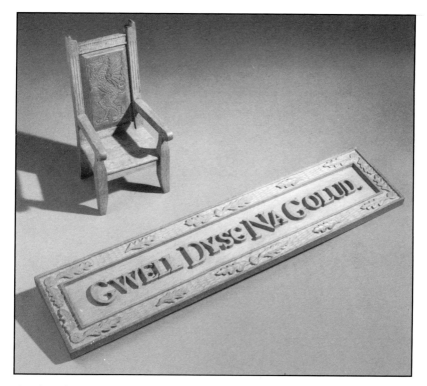

Enghreifftiau o waith cerfio Emrys Owen, Bryn Nannau, Llangwm.

oedd athro dawnus y dosbarthiadau yn Llangwm, a mawr yw parch y disgyblion tuag ato heddiw a'u dyled iddo.

Cyfeiriwyd eisoes at ei gyfrol *Collen, Cyllell a Chorn* (1995). Ynddi ceir llun o'r cerfiad derw godidog o'i eiddo, sy'n seiliedig ar ddarlun enwog Leonardo da Vinci, 'Y Swper Olaf', a'r geiriau 'Gwnewch hyn er coffa amdanaf' wedi'u cerfio odano. Gwelir y cerfiad hwn heddiw yng Nghapel y Bedyddwyr, Bethabara, Llangernyw. Fe'i comisiynwyd ar achlysur dathlu cant a hanner o flynyddoedd sefydlu'r capel. Yn y gyfrol hefyd ceir llun o Dlws Coffa Cledwyn (Cledwyn Roberts, Llangernyw, 1953-90) i enillydd y delyneg orau ar raglen radio Talwrn y Beirdd. Ar y tlws hwn, o gynllun gan Gerallt Lloyd Owen, ceir cerfiad o bluen, neu gwilsyn, a chryman: y bluen yn arwyddo diddordebau llenyddol Cledwyn, a'r cryman yn arwydd o'r

277

Eifion Jones, Moelfre Fawr, Llangwm, yn cerfio.
Llun gan Siôn Jones, Abergele.

angau a ddaeth a chipio Cledwyn ymaith ym mlodau ei ddyddiau. Tlws arall a gerfiwyd gan Bob Gruff yw Tlws Coffa Rolant o Fôn i'r tîm buddugol yn Ymryson y Beirdd yn ystod wythnos yr Eisteddfod Genedlaethol. Cynlluniwyd hwn gan y diweddar E Meirion Roberts.

Bellach, gwelir cerfiadau o waith y crefftwr nodedig o Langwm mewn sawl cartref ac adeilad yng Nghymru a thu hwnt. Ef, er enghraifft, a gerfiodd y ddau blac ym mhentref Sarnau, y naill i gofio R Williams Parry, a'r llall i gofio Llwyd o'r Bryn. Ifor Owen, Llanuwchllyn, a gynlluniodd y rhain. Gwnaeth Bob Gruff hefyd lawer iawn o gadeiriau eisteddfodol – modelau a maint cyffredin. Enghraifft ardderchog yw'r gadair dderw hardd a wnaeth ar gyfer Eisteddfod Llangwm, 1958. Ar ei chefn ceir cerfiad o'r Ddraig Goch, ac ar flaenau'r breichiau gerfiad o ddau ben hwrdd. Enillwyd y gadair gan y Parchg Huw Roberts, a chyhoeddir yn yr ail gyfrol lun ohono ef yn eistedd ynddi ar lwyfan yr Eisteddfod. Y mae Bob Gruff, yntau, yn y llun. Cedwir y gadair heddiw yng Nghapel y Groes, Llangwm.

278

Robert Gruffydd Jones, 'Bob Gruff', yn cerfio.

Coes bwyell a thegan meddal; llun ile tân ac ysgrifen addurn: cystadlaethau eisteddfodol

Adlewyrchiad o'r diddordeb mawr mewn celf a chrefft yn Llangwm a'r cylch yw'r sylw amlwg a roddwyd i gystadlaethau o'r fath yn eisteddfodau'r fro. Cyfeiriwyd eisoes at gystadlaethau cerddorol a llenyddol yn Eisteddfodau Gaer Gerrig, 1895-96, ond arwyddair yr eisteddfodau hyn oedd: 'Llên, Awen, Celf a Chân'. Cafwyd nifer o gystadlaethau yn adran celf a chrefft, ac yn arbennig yn eisteddfod 1896. Dyma restr am y flwyddyn honno: bara ceirch; pâr o fenyg; cwilt; crys; pâr o hosanau; gwddflen [gwarlen neu siôl]; seinfforch; ffon gollen; ffon ddu; cribin wair, a llestr hau. Y buddugol ar y llestr hau oedd John Roberts, Cefn Nannau (yr amaethwr nid y gweinidog). Cafwyd cystadleuaeth hefyd: 'y wedd orau' (sef gwedd o geffylau), neu, fel y dywedir yn y Saesneg: *'best turn out'*.[2]

Yng Nghyfarfod Cystadleuol Capel y Groes, Llangwm, nos Wener, 17 Chwefror 1995, dyma'r nifer o gystadlaethau a gafwyd yn adrannau celf a chrefft a gwaith llaw: Arlunio: 5; Crefftau: 4; Coginio: 6; Gwau: 2; Gwnïo: 3. Yng Nghyfarfod Cystadleuol Capel Cefn

Dwy lwy serch a gerfiwyd gan Bob Gruff.

Nannau, nos Wener, 10 Tachwedd 1995, cafwyd 44 cystadleuaeth yn adrannau celf a chrefft a gwaith llaw. Dyma restr o'r testunau:

Coginio (o dan 6 oed i agored): 3 cacen 'Rice Krispies'; 3 brechdan agored; 3 'Flapjack'; Pizza; Saig yn defnyddio cyw iâr; Catwad Tomato; Rysait gan y beirniad; Taffi.

Gwnïo (o dan 6 oed i agored): *Collage* tân gwyllt (caniateir defnyddio glud); Marc llyfr; Câs pensiliau; Tegan meddal; Gwasgod; Clustog; Eitem yn defnyddio pwyth croes; Rhywbeth yn defnyddio 1 metr o ddefnydd.

Gwau (o dan 6 oed i agored): Addurno llun pêl hefo edafedd; Anifail pom-pom; Gwau sgwâr 3 dimensiwn; Rhywbeth yn defnyddio

280

edafedd sbâr; Dilledyn i blentyn; Dilledyn i ffitio'r ymgeisydd.

Crefft (o dan 6 oed i agored): Daliwr pensiliau; Peintio ŵy; *Papier maché*; Ail-gylchu; Cerdyn ar gyfer achlysur arbennig; Rhywbeth yn defnyddio sbwriel y gegin.

Ffotograffiaeth (agored): Byd natur.

Arlunio (o dan 4 oed i agored): Llun i'w liwio; Dyn eira; Patrwm wedi ei wneud â chwmpawd a'i liwio; Cloc; Lle tân; Golygfa o'r ardal.

Gwaith Coed Dan 12 oed: Daliwr goriadau / allweddi; dan 16 oed: Blwch taclau cegin; dan 21 oed: Unrhyw beth defnyddiol i'r tŷ; agored: Coes bwyell.

Cerfio Dan 16 oed: Unrhyw waith ar banel; dan 21 oed: Llwy; agored: Gwaith ar banel.

Ysgrif Addurnedig Dan 16 oed: Capel Cefn Nannau, 1896-1996; agored: Unrhyw adnod.

Dwy gelfyddyd sydd wedi cael cryn sylw yn Llangwm yw arlunio ac ysgrifen addurn. Ceir nifer o enghreifftiau yn yr ardal o enwau personau a chyflwyniadau ar lyfrau mewn ysgrifen addurnedig. Yn ddieithriad hefyd, ceid cystadleuaeth ysgrifen addurn yng Nghwarfodydd Bach Capel y Cefn. Fel arfer gofynnid i'r ymgeiswyr lythrennu pennill o emyn, dihareb, neu adnodau, megis 'Duw, cariad yw' a'r 'Arglwydd yw fy mugail, ni bydd eisiau arnaf'.

Y mae'n amlwg oddi wrth y cystadlaethau yng Nghyfarfod Cystadleuol Capel Cefn Nannau, 1995, fod plant yn cael pob cyfle yn ifanc i hybu ac arddangos eu dawn ym meysydd celf a chrefft. Yr oedd yr arlunwyr brwd ifanc iawn yn cael rhoi cynnig arni hyd yn oed o dan 4 oed! Cynigir cyfle ardderchog i'r plant hefyd gan eisteddfodau'r Urdd. Y mae enwau rhai o ieuenctid Uwchaled yn aml ymhlith yr enillwyr. Er enghraifft, yn Eisteddfod Genedlaethol yr Urdd, Bro'r Preseli, 1995, enillydd tlws celf a chrefft o 12-15 oed oedd Elliw Owen, Hendre Arddwyfan, Llangwm.

Chwaraeon a difyrion

Cyn terfynu, cyfeiriad byr at chwaraeon a difyrion. Meddai Hugh Evans mewn pennod 'Hen Ddefodau ac Arferion: Wed-bo-nos', yn ei gyfrol *Cwm Eithin*:

'Ac oni fyddwn yn darllen fy hunan neu'n dysgu ysgrifennu, fe'm difyrrwn fy hun yn hollti dellt ac yn gwaelodi'r rhidyll neu'r gogor, gwneud basged, gwneud ysgub fedw neu lings, gwneud llwy bren, pilio pabwyr i wneud canhwyllau brwyn, gwneud trap i ddal y twrch, gwneud ffon neu wn saeth a gwn papur, fel y gwnâi'r bechgyn ar bob aelwyd o'r bron, tra byddai'r merched yn nyddu neu'n gweu eu gorau, y gweill yn mynd cyn gyflymed â gwennol y gwehydd.'[3]

Brodwaith gan Carys Mair Williams, Disgarth Ucha, buddugol yn Eisteddfod Clybiau Ffermwyr Ifanc Clwyd, 1984.

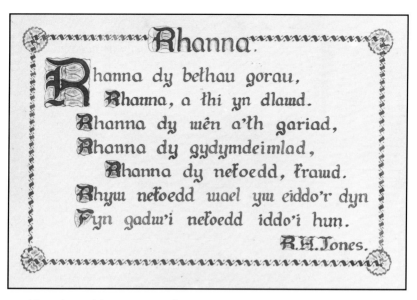

Rhanna.

Rhanna dy bethau gorau,
    Rhanna, a thi yn dlawd.
Rhanna dy wên a'th gariad,
Rhanna dy gydymdeimlad,
    Rhanna dy nefoedd, frawd.
Rhyw nefoedd wael yw eiddo'r dyn
Fyn gadw'i nefoedd iddo'i hun.

R.H.Jones.

Ysgrifen addurn, gan Eifion Jones, Moelfre Fawr, Llangwm.

Yn yr un frawddeg hon, sy'n cyfeirio at ei gartref yn Nhy'n 'Rallt, gwnaeth Hugh Evans sylw pwysig: 'fe'm difyrrwn fy hun', meddai. Er bod dilyn crefft yn aml iawn yn foddion ennill bywoliaeth, yr oedd hefyd yn foddion difyrrwch. Gweithgarwch oriau hamdden. A dyna'r allwedd i'r diddordeb mawr mewn celf a chrefft a gwaith llaw mewn ardaloedd megis Uwchaled: y budd a'r boddhad.

Dyna hefyd un ddolen gydiol amlwg rhwng celf a chrefft a difyrion a chwaraeon. Gynt rhoddai plant ac ieuenctid bwys ar greu eu difyrrwch eu hunain. Angen yw mam pob dyfais, medd yr hen air. Felly, rhaid oedd bwrw ati i wneud wislen bren neu ffon dafl. Yr un modd gyda'r chwaraeon ar fuarth yr ysgol: derbyn, addasu a chreu o'r newydd. Bu llawer o newid yn natur chwaraeon plant ac ieuenctid ar hyd y blynyddoedd. Ddoe: taflu maen a throsol ar fynydd agored; heddiw: cystadlaethau codi pwysau yn glyd dan do mewn canolfan chwaraeon. Ddoe: chwarae coetio ar dir comin; heddiw: chwarae snwcer, eto mewn canolfan chwaraeon, neuadd bentref neu dŷ tafarn. Ond yr un yw'r nod: meistroli'r grefft a mwynhau i'r eithaf. O blith chwaraeon heddiw yn Llangwm, gellid cyfeirio yn arbennig at snwcer ac at gamp y tîm lleol yn ddiweddar yn ennill sawl cystadleuaeth.

13
Hwsmonaeth, Amaeth a Thir

Mi ddysgais gan fy nhad
Grefft gyntaf dynol ryw...

meddai Ceiriog yn ei fugeilgân 'Alun Mabon'. Dyma nodyn byr –
a byr iawn – yn y bennod hon, felly, am amaethyddiaeth a rhai o'r
crefftau eraill sy'n gysylltiedig â'r tir.

Clwb Troi a Phlygu Gwrych Cwm Eithin

Y mae trin y tir gyda graen a gofal yn grefft arbennig iawn. Hybu un
agwedd ar y gelfyddyd honno oedd prif amcan sefydlu Clwb Troi a
Phlygu Gwrych Cwm Eithin, ym mis Chwefror 1943. Dyma a
ddywedir yn rhaglen y Clwb, 11 Mawrth 1944: 'Gan mai adfywio
hen grefftau a diwydiannau gwledig yw ein hamcan, ac nid gwneud
elw, hyderwn y cawn yr un gefnogaeth ag a gawsom y llynedd'.
Cynhelid y gweithgareddau o dan nawdd Aelwyd Cerrigydrudion
ar dir Perthillwydion.[1] Y mae llawer llai o aredig y tir a thyfu ŷd yn
Uwchaled heddiw nag a fu. Ond yr un yw'r gamp wrth dorri cwys.
Yn sicr, y mae'r grefft o blygu gwrych yn dal mewn bri. Ceir hefyd
gystadlaethau codi wal sych mewn sawl sioe, megis Sioe Uwchaled,
Cerrigydrudion, ar y Sadwrn cyntaf ym mis Medi.

Cynhaeaf gwair: mwdwl bach a hulog, bwgi a belar

Bu llawer tro ar fyd mewn amaethyddiaeth. Ar adeg cynhaeaf gwair,
er enghraifft, bu'n arfer i wneud 'mydyle bach', yn enwedig os oedd
y tywydd yn ansicr. Pan wellai'r tywydd, gellid eu chwalu eilwaith.
Wedi i'r gwair sychu, y cam nesaf oedd 'rhencio'. Ers talwm
defnyddid y 'gribin fach' i rencio â llaw. Wedyn daethpwyd i

Mydylau bach, Tŷ Nant.

ddefnyddio'r 'gribin wair', cribyn â dannedd hirion, hanner crwn, o haearn iddi, yn cael ei thynnu gan geffyl, neu dractor yn ddiweddarach. Ar ôl hynny y daeth y 'seidrec' ('side rake'). Wedi'r rhencio – gyda chymorth parod y 'swîp' ('American rake') – huloga. Er ei bod yn ffasiwn unwaith i wneud hulogydd, neu 'hulogod', sgwâr neu hirsgwar mawr, bron fel teisi, hulogydd crwn, llai, oedd fwyaf cyffredin o fewn fy nghof i yn y pedwardegau a'r pumdegau. Roedd dwy hulog, fel arfer, yn ddefnydd un llwyth go dda – 'fferli llwyth'. Yr enw ar lwyth bychan oedd 'jegyn'. I gario'r gwair, gosodid 'ofergyfane' ar y drol (o'r gair 'carfan', 'carfanau'). Gynt, wrth gwrs, ac yn enwedig ar dir serth, defnyddid y car llusg.

Yn y pedwardegau a'r pumdegau bu'n ffasiwn am ychydig flynyddoedd i gario gwair drwy lusgo'r hulogod o'r cae i'r sied, neu'r 'gadlas'. Clymid tsiaen gref o gylch gwaelod yr hulog a bachu'r gadwyn wedyn wrth y tractor. Defnyddid y dull hwn yn arbennig os oedd y cowlas gwair yn isel a'r cae gwair yn lled agos i'r gadlas. Ond menter go arw ydoedd! Weithiau byddai'r tsiaen yn dad-fachu! Dro arall, penderfynai'r hulog yn sydyn, ddiarwybod, fynd am dro i'r chwith neu'r dde!

Dull arall a ddefnyddiwyd gennym am ryw ychydig o flynyddoedd gartref ar fferm Yr Hafod i gario hulogod oedd y 'bwgi'. Trelar hir, isel,

Cario gwair gyda 'bwgi' ar fferm 'Rhafod,
Llangwm, 1956-7.
Yn y llun: Tegwyn (chwith) ac Eifion Jones.

oedd hwn, heb ochrau iddo. Roedd modd ei ddad-fachu, fel bod y rhan
ôl yn disgyn yn wastad â'r llawr. Clymid rhaff gref am yr hulog a'i
thynnu drwy droi'r olwyn ar flaen y bwgi. Gwaith caled oedd troi'r
olwyn hon, ond unwaith y byddai'r hulog yn ddigon pell ymlaen,
byddai ei phwysau yn peri i ran ôl y bwgi godi o'r llawr i'w le priodol.
A'r cyfan oedd ei angen wedyn oedd datod y rhaff. Prynwyd y bwgi
yn sêl Tyddyn, Cefn Brith, 8 Hydref 1955. Fe'i defnyddiwyd am y tro
cyntaf gennym i gario hulogod yn 'Rhafod, 30 Gorffennaf 1956.

Wedi oes y mydylu a'r huloga, daeth cyfnod y byrnu – y belio. Y
byrnwr coch – y 'belar' – yn gwasgu'r gwair yn fyrnau – yn 'fêls' –
taclus a hwylus. Bellach, y mae hyd yn oed y 'bêls bach' yn prysur

Cario gwair ('bêls bach') yng Nghefn Nannau, Llangwm, Haf 1978.
Llun gan Hywel Evans, Dinbych.
Ar y llwyth: Robert D Davies; yn llwytho: Nest ac Iwan Davies, a
Leslie Jones.

Gosod gorchudd ar y byrnau mawr ('big bales') yn Ystrad Bach,
Llangwm, Gorffennaf 1995.

Dyrnu yn Nisgarth Ucha, tua 1906-8.

O'r chwith: Jane Catherine Jones, Hafoty Fawr, Melin-y-wig; Jane Williams, Disgarth Ucha (nain Jane Catherine, mam i fam J E Jones (Plaid Cymru), a mam Sarah Owen, Tŷ Cerrig, a Robert Williams, Disgarth Ucha); Evan Roberts, Foty Gerrig (gwas yn Llwyn Saint, a thad Derwyn Roberts, Wrecsam); Hugh Jones, Pen-dre (taid yr awdur); [dim gwybodaeth am y tri nesaf]; Edward Roberts, Tŷ Tan Berllen; Robert Owen, Tŷ Cerrig; Wmffre Wmffres, Blodnant; Robert Williams, Disgarth Ucha (yn eistedd gyda'r ci).

[Y ddau ar ben yr injan: dim gwybodaeth.]

fynd o ffasiwn. Rydym yn oes y silwair a'r byrnau mawr – y 'big bêls', gyda gorchudd amdanynt i gadw'r gwres i mewn ac i'w diogelu rhag y tywydd.

Cynhaeaf ŷd: gafren a bwch, ffust a chombein

Gwelwyd newid chwyldroadol hefyd yn y dulliau o gynaeafu ŷd. Ddoe: torri'r ŷd â'r cryman, y bladur a'r 'injan fach', gyda 'char' arni i hel deunydd un 'afren'. Cyn dyddiau'r 'beindar', 'gafra' â llaw oedd yr arfer. 'Gafren' oedd ein henw ni ar un ysgub. Yr enw ar fwy nag un oedd 'gifyr'. Wedi'r gafra, codi'r gifyr – y 'sgube' – bob yn bedair, yn 'bydere' neu'n 'stycie', ac yna rhwymo'r brig. 'Clymu sgube' oedd

Gweithwyr amaethyddol o ardal Tŷ Nant‑Dinmael, tua throad y ganrif.
Ar y dde, yn y rhes flaen: Morgan Lloyd, Ty'n Glyn. *Rhes ôl, o'r chwith:* Robert Evan Jones, Siop Bach, Tŷ Nant; ?; John William Owen, Fferm Tŷ Nant.

Ifor Hughes, Ystrad Fawr, a'r tarw yn Sioe Uwchaled, Cerrigydrudion, 1968.

289

ein term ni. Yn arbennig pan fyddai'r tywydd yn wlyb a'r ysgubau yn anodd i'w sychu, roedd hi'n arfer weithiau i wneud cocyn neu dâs fechan. 'Bwch' oedd yr enw ar y cocyn crwn hwn, a 'bychod' oedd mwy nag un. Yr enw ar y gwaith o'u paratoi oedd 'bychu'. Y mae'r enwau hyn, a'r termau 'gafren' a 'gafra', yn peri inni gofio am Pan, duw'r cynhaeaf gynt. Roedd gan hwnnw ben dyn a chorff gafr. Yn yr un modd, gwelwyd newid mawr yn y dull o ddyrnu'r ŷd. Ddoe: y ffust a'r injan ddyrnu. Heddiw: y dyrnwr medi – y combein.

Cymdeithas Defaid Mynydd Sir Ddinbych a Sioe Llangwm

Gwnaed ymdrech gyson a llwyddiannus iawn gan amaethwyr Uwchaled i wella ansawdd y tir a'r anifeiliaid sy'n pori arno, gwartheg a defaid yn arbennig. Cyfeiriwyd eisoes at gamp Gwyn Lloyd Jones, a'i fab Alan, Defeity, yn magu diadell o ddefaid a enillodd glod arbennig iddynt, o bell ac agos. Y mae amryw o ffermwyr defaid eraill yn y cylch hefyd sy'n haeddu pob canmoliaeth am eu diddordeb a'u gofal.

Cymdeithas sy'n hyrwyddo gweithgarwch y ffermwyr hyn yw

Tad a mab, Gwyn Lloyd Jones ac Alan, Defeity, gyda rhan o'r ddiadell ddefaid, 1992.
Llun: *Liverpool Daily Post.*

Sioe Betws Gwerful Goch, 28 Awst 1995.
Llun: trwy garedigrwydd *Y Bedol*.
Ar y chwith: Geraint Jones, Moelfre Fawr, enillydd
y 'grŵp benyw' gorau yn y sioe. *Ar y dde:* Eilir
Jones, Aeddren Isa, enillydd prif bencampwriaeth
y defaid.

Cymdeithas Defaid Mynydd Sir Ddinbych. Rhennir y Sir yn bum cylch, a Cherrigydrudion (Uwchaled) yn un ohonynt. Ysgrifennydd y Cylch hwn yw John Geraint Jones, Moelfre Fawr, Llangwm. Ef hefyd oedd Cadeirydd y Sir am y flwyddyn 1994-5. O ran trefniadaeth y Gymdeithas, rhennir Cymru yn bum sir, ac unwaith bob pum mlynedd daw tro Sir Ddinbych i gynnal 'diwrnod agored'. Cyfle yw hwn i ffermwyr defaid arddangos eu diadelloedd a dweud gair am eu hanes. Yn 1994 cynhaliwyd y 'diwrnod agored' ar ddwy fferm yn ardal Llangwm, sef Aeddren a Moelfre Fawr.

Caiff ffermwyr gyfle hefyd i arddangos eu diddordeb mewn magu defaid drwy gystadlu yn rhai o sioeau'r cylch, megis Sioe Uwchaled (Cerrigydrudion), Sioe Betws (Betws Gwerful Goch), a Sioe Llangwm. Cynhelir Sioe Llangwm y dydd Gwener a'r Sadwrn olaf ym mis Awst, o dan nawdd Aelwyd yr Urdd. Pobl ifanc sydd wrth y llyw. Enw swyddogol y Sioe yw 'Treialon Cŵn Defaid ac Adran Cynnyrch a Defaid, Llangwm', a cheir cystadlu brwd bob blwyddyn ymhob un o'r prif adrannau hyn.

Aled Owen, Penyfed, Llangwm, pencampwr y 'Janssen Welsh
Open Championship', 1991.
Ar y chwith: Roy, 1af; ar y dde: Craig, 3ydd (21 mis oed).

'Hel a didol diadell...': treialon cŵn defaid

Yn Uwchaled – a Llangwm yn arbennig – bu diddordeb eithriadol
mewn ymryson cŵn defaid. Soniwyd eisoes am William Jones, 'Ci
Glas', ar ddechrau'r ganrif. Cyfeiriwyd hefyd at Robert Gruffydd Jones,
'Bob Gruff', a Gwyn Lloyd Jones, Defeity, yn nes i'n cyfnod ni, ac at Aled
Owen, Penyfed, un o'r prif bencampwyr yng Nghymru heddiw. Ym
mis Ebrill 1977, daeth tymor llwyddiannus cyntaf Cymdeithas
Bugeiliaid Ifanc Uwchaled i ben yn Ystrad Fawr. Bu'r Gymdeithas hon
a threialon megis y rhai yn Llangwm yn gymorth amhrisiadwy i
weision a meibion ffermydd i ymddiddori o ddifrif mewn trin cŵn
defaid. Eu prif ddyled, fodd bynnag, yw i'r hyfforddiant a'r gefnogaeth
gartref ar y fferm. 'Hyffordda blentyn ymhen ei ffordd', medd y Gair.
Felly, boed ym myd crefydd, llên ac awen, cerdd a chân, celf a chrefft –
neu drin ci defaid, yr un yw'r gyfrinach: cyflwyno'r ddysg a'r
dreftadaeth i eraill o genhedlaeth i genhedlaeth. Am hynny, gall llawer
un sy'n berchennog ci defaid yn Llangwm a'r cylch heddiw ymhyfrydu
a dweud gyda Thomas Richards:

Oliver Hughes, Tŷ Cerrig, Llangwm, a'i gŵn,
Ebrill 1992.

Rhwydd gamwr, hawdd ei gymell – i'r mynydd
A'r mannau anghysbell;
Hel a didol diadell
Yw camp hwn yn y cwm pell.

Cneifio

Does neb braidd heddiw yn parhau i gneifio yn yr hen ddull gyda
gwellaif. Eto, nid yw'r grefft wedi marw, a cheir cystadleuaeth
cneifio â gwellaif mewn amryw o sioeau. Rhoddir sylw dyladwy
hefyd i gystadlaethau cneifio â pheiriant. Merch ifanc o Langwm a
enillodd glod arbennig yn y maes hwn yw Ann Watson, Ystrad
Bach. (Ann Lambie yw ei henw bellach, ac y mae'n byw yn

Ann Watson, Ystrad Bach, Llangwm, yn cneifio yn Sioe Gneifio Llysfasi, 1991.

Kilchrenan Argyle, Yr Alban.) Treuliodd ddau dymor yn cneifio yn Seland Newydd a bu hefyd yn cneifio yn Norwy.

'Planhigion Llangwm'

Cyn cloi'r bennod hon, un sylw pellach am Sioe Llangwm. Bydd y sawl a fu'n bresennol yn y Neuadd orlawn ar brynhawn y Sioe yn gwybod o'r gorau am y diddordeb eithriadol sydd yn yr ardal mewn cynnyrch gardd – yn flodau, planhigion a llysiau. A bellach, y mae yn y pentref hefyd ganolfan sy'n arbenigo mewn tyfu a gwerthu planhigion a blodau. Yn 1989 sefydlwyd 'Planhigion Llangwm', gan Myfanwy a John Stubbs, Lodge, ger y fynedfa i Blas Garthmeilio, ac y mae'n cynnig gwasanaeth gwerthfawr.

295

Myfanwy Stubbs, cyd-berchennog 'Planhigion Llangwm', Mawrth
1993.

14
Cyfoeth yr Iaith Lafar

Ychydig cyn y Nadolig, 1964, ydoedd. Roeddwn i wedi teithio bob cam o Gaerdydd i Gerrigydrudion ac yn eistedd o flaen tanllwyth o dân yn Hiraethog, cartref fy rhieni. Roedd cacen 'Dolig nobl heb ei dechrau ar y bwrdd, a llanc bwyteig yn barod i ymosod arni, fel gŵr â chledde, a llenwi ei geubal.

'Mae'r gacen 'ma'n edrych yn flasus iawn', meddwn.

'Ydi', atebodd Mam, 'mae'n biti'i gwaedu hi o gwbl'.

Dyma ran o wyrth iaith. Gair cyffredin fel 'gwaedu' ag iddo ddyfnder ystyr. Nid mewn ysgol na choleg, ac nid trwy ddarllen, o angenrheidrwydd, y dysgodd fy mam y dywediad hwn. Ei glywed a wnaeth; ei etifeddu'n ddiarwybod, megis. Ni fu gan unrhyw fro yng Nghymru, ond odid, iaith gyfoethocach na Bro Hiraethog a'r cyffiniau – yn eirfa a phriod-ddulliau, yn ddywediadau a diarhebion. Nid damwain ydoedd mai diarhebion Cymraeg yw cynnwys un o'r llyfrau cynharaf i'w cyhoeddi yn yr Iaith, sef *Oll Synnwyr Pen Kembero ygyd* (1546/7), ac mai dau ŵr oedd â chysylltiad agos iawn â Bro Hiraethog a fu'n gyfrifol am y gwaith: Gruffudd Hiraethog yn casglu'r diarhebion, a William Salesbury yn eu cyhoeddi gyda rhagymadrodd.

Yn y bennod hon carwn gyflwyno detholiad bychan o blith rhai cannoedd o eiriau a dywediadau cylch Uwchaled a gofnodwyd oddi ar lafar. Rhagflas yn unig ydyw felly – blesyn. Nid cruglwyth, na 'fferli llwyth', ond 'jegyn' – a jegyn bychan iawn! Er i mi glywed yr eirfa a'r dywediadau gan bersonau a faged yn y fro, neu eu codi o gasgliadau pobl leol, nid yw'r deunydd o angenrheidrwydd, wrth gwrs, yn gyfyngedig i Uwchaled. Dyma ddechrau, felly, gyda detholiad bychan o eiriau a dywediadau a glywais gyntaf gan fy mam, Elizabeth Jones (1905-94), a aned yn 'Rhafod, Llangwm. 'A glywais gyntaf', meddwn. Cywirach fyddai dweud: 'y sylwais arnynt gyntaf'. Fel y mae rhywun yn dysgu gwrando a sylwi o'r newydd, clywais innau amryw o'r geiriau a'r ymadroddion hyn hefyd wedi hynny gan eraill o'r ardalwyr.

'Bigalïon', 'bwc' a 'biwc'; 'ffaden' a 'ffatri gwraig weddw'

Bigalïon:

Rhywun ar ei 'uchelfanne' – mewn hwyliau da, yn llawn sŵn a symud. 'Roedd o fel bigalïon drwy'r dydd.' Weithiau dywedir 'bigalïons', gyda'r 's' yn amlwg ar ddiwedd y gair, a'r acen, yn y ddwy ffurf, ar y goben, y sillaf olaf ond un.

Bigw:

Rhywun uchel, yn meddwl gormod ohono'i hun. 'Hen ffifflen fach!'

Biwc:

'Mae hi 'di mynd yn ddigon o biwc, wir.' Wedi cael llond bol ar rywun sy'n rhy hunan-bwysig ac yn sŵn i gyd.

Britho:

Blino, andwyo, tywyllu. Un noson, 27 Hydref 1989, a hithau tua 11.30pm, roeddwn i'n brysur yn darllen, a dyma fy mam yn dweud: 'Paid darllen chwaneg heno rhag britho dy lygid'.

Budredd:

'Hen dywydd budredd.' Tywydd llaith. Ganddi hi hefyd y clywais gyntaf y gair 'tampredd'. 'Hen dampredd go arw.' Glaw mân a thawch yn yr awyr. Hen dywydd annifyr.

Bwc:

'Edrych fel bwc.' Cas, sur, anfelys. Saes. 'buck'.

Bwti:

Yn ei chanol hi. 'Roedd John yn y bwti yn rhywle.' Yn rhan o'r stori/hanes.

Bytheiriad:

'Mae bytheiriad y sgodyn 'ne arna'i.' Ar ôl bwyta pysgodyn i swper. Taro'n ôl. Cymh. 'bytheirio': gweiddi, codi llais.

Criwtio:

Gwella. 'Mae hi 'di criwtio'n arw.' Saes. 'recruit'.

Chwythu drwg:

Ceisio gwneud niwed i rywun. 'O, Jane Jones oedd yn chwythu drwg.'

Dydd Gwener fel y'i gwelir:

Dydd Iau glawog a Mam yn dweud: 'Falle fydd fory ddim gwell – dydd Gwener fel y'i gwelir'.

Ffaden:
>'Dim ffaden o dân.' Cymh. 'dim ffeuen o dân'.

Ffatri wirion:
>'Hen ffatri wirion!' Disgrifio rhywun yn gwneud rhywbeth gwirion. Cymh. 'ffatri gwraig weddw': adnoddau, offer gwael. 'Rhyw ffatri gwraig weddw o dŵls sgynno fo!'

Gentle:
>Ysgafn. Saes. 'gentle', ond yr 'e' yn cael ei seinio fel yn 'te'. 'Bydd yn gentle.'

Gwrymio:
>Trin, palu, codi chwyn. 'Dos i wrymio'r ardd.'

Meriman:
>'Mae o 'di bod fel meriman drwy'r bore.' Defnyddir i ddisgrifio rhywun hwyliog, llawn llawenydd. Amrywiad arall yw 'merimon'. Clywir yn Uwchaled hefyd y term 'fel anterliwt'.

Nitshio:
>'Roedd o bron nitshio wrth weld y cathod bach.' Bron colli arni. Dwli, ffoli, wrth ei fodd. Rhagflaenir y gair fel arfer gan 'bron'.

Niwsus:
>Newyddion. 'Pa niwsus sgynnoch chi?'

Rant:
>Row. 'Mi gafodd rant ofnadwy.'

Serog:
>Yr awyr yn llawn sêr. 'Wnaiff hi ddim rhewi heno, Mam.' 'Dwn im, wir, mae hi'n serog iawn.'

Tynnu gwallt ei phen:
>'Hy! Wneiff hi ddim tynnu gwallt 'i phen i neb, dim ffiars o beryg!' Dim ildio i neb. Clywir hefyd ymadroddion megis: 'Ddaw hi ddim, petaech chi'n gorfod 'i thynnu hi gerfydd gwallt 'i phen'.

Weber-gob:
>Gwe pry cop.

'Rasmws ulw' a 'Sul Pys'; 'tridiau deryn du a dau lygad Ebrill'

Dyma yn awr ddetholiad o eiriau a dywediadau a glywais gan amryw o drigolion Uwchaled.

Bwrw fel o grwc:

Glawio yn ofnadwy iawn, fel tywallt dŵr o grwc, neu gasgen heb gaead arni. Arferem adrodd neu lafarganu gyda blas yr hen rigwm hwnnw:

> Bobol! Roedd hi'n bwrw
> Y diwrnod hwnnw;
> Roedd hi fel o grwc!
> Ond roedd Noa yn yr arch –
> Wrth lwc!

Cabalatshio:

Siarad llawer, a hynny heb lawer o synnwyr. 'Blera.' 'Cyboli.'

Cawell:

'Cael cawell.' Ymweld â rhywun neu rywrai a chael neb gartref. 'Cael nyth caseg' yw'r dywediad mewn rhannau eraill o'r wlad.

Cyflog gorwedd yn y gwair:

Cyflog bychan iawn.

Chwipio chwannen:

'Mae'r tir yn ddigon llwm, fedri di chwipio chwannen arno.'

Dyd:

'Ar y dyd.' Yr 'y' yn dywyll, fel yn 'dyddiau'. Mewn penbleth beth i'w wneud. Ar y 'ding-dong'.

Ddaw cil haul ddim i wyneb haul i fenthyg blawd ceirch:

Ar dywydd crasboeth yn yr haf ceir llawer mwy o dyfiant ar dir sydd mewn cil haul, yn hytrach nag yn llygad yr haul. Gan y diweddar John Jones, Ystrad Bach, y clywais y dywediad cyfoethog hwn. Un amrywiad a glywais gan Lewis T Evans, Y Gyffylliog, oedd: 'i fenthyg arian'.

Ffagio:

Blino. 'O, diar, dwi wedi ffagio'n lân.'

Ffwledig:

'Ffwledig o beth.' Rhywbeth gwirion iawn. Clywais gan fy mrawd, Aeryn.

Gêt:

'Ar y gêt.' Ar y gweill. Ar ei ganol. 'Bedi'r gwaith sy ar gêt rwan?'

Grym:

'Yn neno'r grym!' Ebychiad. Awgrym o golli amynedd. 'Yn neno'r grym mawr, be 'sarnoch chi, ddyn?' Clywir hefyd fel ateb negyddol i gwestiwn: 'Dwn im, yn neno'r grym'.

Gwell rhannu hefo'r fuwch nag efo'r frân:

Dyna ddywediad fy nhad, John Hugh Jones, fel ateb i sylw Gwilym Griffith, Plas Newydd, Llwyndyrus, ym mis Medi, 1965, fod yr haidd yn gollwng – yn barod iawn i'w fedi.

Jabro:

Siarad a siarad. Awgrym o feirniadaeth. 'Drychwch, wir, ar y ddwy acw, maen nhw wedi bod yn jabro ers awr!'

Lladdgar:

'Tywydd lladdgar.' Tywydd blinedig. Mwll. Trymaidd.

Llond bol i fochyn a chymedroldeb i ddyn.

Perfedd:

'Yn berfedd ulw.' 'Yn berfedd nos.' Yn hwyr iawn.

Perfedd mochyn:

'Teulu fel perfedd mochyn.' Teulu mawr iawn.

Pethe Cerrig; byddigions Pentrefoelas; a tacle Ysbyty [Ysbyty Ifan].

Pig:

Diflas, annifyr. 'Teimlo'n big.' 'Tywydd pig.' 'Noson big.'

Pobol gryfion o Gwm Penanner a beirdd o Bentrellyncymer.

Rasmws ulw:

Ebychiad. Cymh. 'Rasmws Dafydd.' Yng Ngheredigion, cyfeirir at 'Rasmws o ddyn' fel dyn doeth. Y mae'r ebychiad diddorol hwn yn tarddu o enw Erasmus Desiderius (1466-1536), un o wŷr gwybodus y Dadeni Dysg.

Spur:

'Edrych fel spur.' Edrych fel llo. Pensynnu. Defnyddir 'spur' (Saes. 'spar', 'buttress') i atgyfnerthu mur. Cymh. 'spwrlyn', sef pren neu bolyn i atgyfnerthu postyn giât a 'pholyn tynnu' yng nghanol ffens.

Sul Pys:

Byth bythoedd. 'Ga'i mo'r arian, taswn i'n aros tan Sul Pys.' Enw ar y pumed Sul yn y Grawys oedd Sul y Pys. Enw arall arno oedd Sul y Gwrychon. Ystyr 'gwrychon' gynt oedd pys wedi'u mwydo dros nos mewn dŵr, llaeth, seidr, neu win, cyn eu sychu a'u berwi ar gyfer eu bwyta. Yn ystod y Sul hwn roedd rhyddid i bobl fwyta pys am y tro cyntaf yn ystod y Grawys. Ar ddechrau cyfnod o ympryd, fodd bynnag, ymddangosai'r pumed Sul ymhell iawn, a dyna darddiad y dywediad: 'Rhaid imi aros tan Sul Pys'. Datblygodd wedyn i olygu: 'Rhaid imi aros tan byth'. Cofnodwyd trefn briodol y Suliau sy'n arwain at y Pasg yng nghyfnod y Grawys mewn pennill. Cyfeirir yn y drydedd linell at Ddydd Sul y Meibion. Y pedwerydd Sul yn y Grawys oedd hwn, pan arferai gweision a phrentisiaid fynd ag anrhegion i'w rhieni, ac yn arbennig eu mamau. Dyna paham y'i gelwir bellach yn Saesneg yn 'Mothering Sunday', neu yn 'Mother's Day'.

> Dydd Sul Ynyd, Dydd Sul hefyd;
> Dydd Sul a ddaw, Dydd Sul gerllaw;
> Dydd Sul y Meibion, Dydd Sul y Gwrychon;
> Dydd Sul y Blodau, Pasg a'i ddyddiau.

Tetshws:

Brau. 'Gwyliwch ei gyffwrdd, mae o'n detshws iawn.' Clywir hefyd am berson croendenau. 'Rhaid ei drin yn ofalus, mae o'n detshws ofnadwy, mi wylltith fel matshen.'

Top notshar:

Canwr neu berfformiwr ardderchog – yn cyrraedd y 'top notes'!

Tridiau deryn du a dau lygad Ebrill:

Yr adeg i hau ceirch, sef tridiau olaf Mawrth a dau ddiwrnod cyntaf Ebrill. (Cyn newid o'r Calendr Julian i'r un Gregoraidd yn 1752, 11-16 Ebrill fyddai'r dyddiau.) Dyna'r eglurhad arferol, ond esboniad posibl arall yw'r tridiau y mae'r deryn du yn gwneud ei nyth a'r adeg y gwelir am y tro cyntaf ddau Lygad Ebrill, sef y blodeuyn *Ranunculus ficaria*, 'Lesser Celandine', neu 'Pilewort'. Enwau Cymraeg eraill ar y blodyn hwn yw: Dail y Peils, Y Fronwys, Melyn y Gwanwyn, Bronwys Melyn y Gwanwyn, Seren y Gwanwyn, Gwenith y Gog, Llysiau'r Bronnau, Y Fywlwys a'r Milfyw.

Tywyllu:

'Dydio byth yn twllu capel.' Byth yn mynd drwy'r drws. Ers talwm, pan oedd y ffenestri mewn tai a chapeli yn fychan, roedd sefyll yn y drws yn rhwystro'r golau rhag mynd i mewn.

'Caru yn nhraed ei 'sanne' a 'phowdwr John Jones, Glanrafon'

Yng Nghyfarfod Cystadleuol Capel y Groes, Llangwm, 19 Ionawr 1972, cafwyd cystadleuaeth: 'Casgliad o Ugain o Ddywediadau Cefn Gwlad a'u Hystyron'. Anfonwyd at ddwy o'r cystadleuwyr yn fuan wedyn, gan ofyn iddynt ychwanegu at eu casgliadau. Buont mor garedig â gwneud hynny, a dyma ychydig enghreifftiau o ffrwyth eu llafur. Yn gyntaf, casgliad Miss Elizabeth Hughes Davies, Pen yr Erw, Tŷ Nant.[1]

Caru slater:
> Am ferch a'i phais yn dangos o dan hem ei gwisg.

Gwallt yn dy ddannedd:
> Gwallt blêr.

Pan fydd Gwylie yn yr haf a gwsberins yn y gaeaf:
> Merch yn cael ei phlagio pa bryd roedd hi yn mynd i briodi. Hithau'n ateb gyda'r dywediad uchod: 'Pan fydd y Nadolig yn yr haf a gwsberins yn y gaeaf'.

Fase ffitiach iddo feddwl am goed arch lawer na gwneud plant:
> Sylw gan wraig i ŵr oedrannus a oedd yn disgwyl ei blentyn.

Dyma, ymhellach, ddeg ymadrodd o blith casgliad cynhwysfawr Mrs Cassie Hughes, Post, Tŷ Nant, gynt (Corwen heddiw).[2]

Mi gneifith rhywun gynffon ei gi eto:
> Gwneud peth ffôl dros ben a rhoi cyfle i bobl sôn a siarad amdano.

Pawb a ŵyr gwlwm ei gwd ei hun:
> Pawb a ŵyr ei fusnes ei hun.

Twll dan ei gesail:
> Rhywun yn arfer gormod ar ei ddychymyg.

Gwlân hwrdd yn ei 'sanau:
> Rhywun sy'n ffond o grwydro.

Powdwr John Jones, Glanrafon:
> Pan fyddai anifail braidd yn 'fisi' gyda'i fwyd, cyngor John Jones, Glanrafon, Tŷ Nant, oedd ei lwgu am dipyn!

Yn rhydd fel cynffon buwch:
> Rhyddid amodol. Yn rhydd hyd at ryw fan.

Wyneb asaffeta:
> Wyneb diflas, sur.

Te fel petai wedi gweld plismon:
>Te gwan iawn.

Caru yn nhraed eu 'sane:
>Dau gariad yn byw yn yr un tŷ.

Tyfu fel cynffon buwch:
>Tyfu ar i lawr wrth fynd yn hŷn.

'Gŵr brigog' a 'hen gribin'; 'dwy gynffon y gath' a 'cheiniog gam'

Roedd Thomas Jones, Cerrigelltgwm Isa, Ysbyty Ifan (genedigol o Hafod Elwy), yn ŵr dawnus iawn: bardd, hynafiaethydd a cherddor. Roedd Einion, un o'r meibion, yntau yn barddoni, ac yn fawr ei ddiddordeb yn iaith a diwylliant ei fro. Lluniodd gasgliad o 'Ddywediadau Ardal Ysbyty Ifan'.[3] Y mae rhai o'r dywediadau diddorol hyn yn gyffredin hefyd i rannau eraill o Uwchaled. Dyma ragflas o'r casgliad.

Gŵr brigog:
>Gŵr penuchel, yn meddwl gormod ohono'i hun.

Wedi cael tolc yn ei het:
>Rhywbeth wedi digwydd i'w dynnu oddi ar ei echel. Tynnu rhywun i lawr o'i uchelfannau.

Twll yn y fasged:
>Gorfod talu arian mawr.

Wedi cael y gath a'r ddwy gynffon:
>Wedi cael y fam-yng-nghyfraith gyda'r wraig!

Fel iâr wedi'i golchi:
>Lliprynnaidd.

Hen gribin:
>Person cybyddlyd. 'Hen gyb!'

Iâr uncyw:
>Gwraig a dim ond un plentyn ganddi ac yn tueddu i sôn llawer amdano.

Oes rhywun wedi bwyta dy gaws di?
>Cwestiwn a ofynnir i berson sy'n edrych yn ddigalon a phenisel. I bobl ifanc, y mae'n gyfystyr, fel arfer, â gofyn: 'Oes rhywun wedi dwyn dy gariad di?'

Dal y dydd gerfydd ei gynffon:
Heb drefn ar waith. Gorfod bod yn brysur at y nos.

Mae rhywbeth yn peri i bob ci lyfu'r pentan:
Awgrym o garwriaeth. Defnyddir amlaf pan fo gŵr gweddw, neu ŵr di-briod, yn mynd i dŷ gwraig weddw, neu ferch ddi-briod.

Berwi dŵr a'i daflu allan:
Yn brysur gyda gwaith di-fudd.

Codi'r ci dros y gamfa:
Ffordd gwladwr o ddysgu moes i un di-foes. Rhywun wedi gwneud tro gwael â chi a chwithau'n taro'n ôl drwy wneud tro yr un mor wael, a hynny mewn modd amlwg.

O'i phen mae godro'r fuwch:
Y porthiant a roir i fuwch sy'n penderfynu maint y llaeth.

Yr hwn a edrycho ar y cymylau, ni thaen fydylau:
Nid yw'r sawl sy'n gweld cymylau glaw mor ffôl â thaenu, neu chwalu, mydylau gwair. Nid yw'r un sy'n gweld peryglon am fentro.

Ni cheir afal i'w fowlio ac i'w fwyta:
Mewn rhai ardaloedd y dywediad yw: 'Ni ellir cadw afal a'i fwyta'.

Ceiniog gam aiff â dwy i'w chanlyn:
Y mae'r dywediad hwn yn gyffredin i Uwchaled, fel i ardaloedd eraill. Nid yw'n hawdd cadw arian a gafwyd drwy dwyll neu ystryw. Y mae gan Einion Jones, fodd bynnag, driban diddorol iawn yn ei gasgliad ef sy'n cyfleu'r ystyr i'r dim:

Y geiniog ddrwg ei hoced
Sydd bica yn y boced;
Mae honno'n pigo fel y gweill,
Nes gyrru'r lleill i gerdded.

Cynhwysir ganddo hefyd gwpled o bennill telyn, gan 'un o feirdd Uwchaled'. (Y mae'n dra phosibl mai Thomas Jones, ei dad, oedd y bardd hwn.)

Ceiniog gam o law bydolddyn
Aiff i ffwrdd a dwy i'w chanlyn.

Cadeirio Lewis T Evans, am ei gywydd 'Uwchaled', yn Eisteddfod Llangwm, 1954.

O'r chwith: Llwyd o'r Bryn; Medwyn Jones; Emrys Jones; Robert Jones (Arweinydd); William John Edwards; Caradog Puw; y Parchg David Poole; Iorwerth H Lloyd; Selyf; Gwilym R Jones (Beirniad).

'Llwgu wnaeth cath Siôn y Gof ar "thenciw" ': dywediadau a diarhebion cynheilydd traddodiad nodedig o Uwchaled

Athro beirdd enwocaf ei oes oedd y pencerdd Gruffydd Hiraethog (bu f. 1564) – 'dyblwr iaith', chwedl Wiliam Llŷn. Am dros ddeng mlynedd (1964-75) cefais innau'r fraint fawr o fod wrth draed 'dyblwr iaith' o'n hoes ni: Lewis T Evans (1882-1975), Y Gyffylliog. Bardd, hynafiaethydd, crefftwr, arlunydd, athro a chyfaill. Fe'i ganed yn Nhy'n-y-gilfach, plwyf Cerrigydrudion, a threuliodd ran helaethaf ei oes yn Uwchaled, yn was ffarm, yn ffermwr ac yna, yn ddiweddarach, yn gweithio i'r Comisiwn Coedwigaeth. Cofnodwyd ar dâp dros 400 o storïau a hanesion eithriadol o werthfawr o'i eiddo. Ganddo ef hefyd y clywais rai o ddywediadau a diarhebion mwyaf diddorol y cylch, ac ysgrifennodd lawer rhagor ar fy nghais. Dyma ddetholiad ohonynt.[4]

306

Talu diwrnod Ffair Cefn Brith:

Talu byth. Nid oedd ffair ym mhentref bychan Cefn Brith!

Taith fel taith i Ffair y Bermo:

Taith hir iawn. Arferai trigolion Uwchaled fynd i'r ffair hon yn y ganrif ddiwethaf.

Blingo'r gath hyd at ei chynffon:

Gadael mymryn o waith heb ei orffen.

Diweddu fel cynffon llygoden:

Rhywbeth yn mynd yn feinach ac yn feinach, nes mynd yn ddim.

Cadw dy afraid erbyn dy raid.

Mae gobaith gŵr o ryfel; does gobaith neb o'i fedd.

Dau olwg da sydd ar deiliwr: ei weld yn dod a'i weld yn mynd!

Dau dalu drwg: talu ymlaen a pheidio â thalu byth.

Baich yw bywyd heb iechyd,
Er ei gael yn aur i gyd.

Hir y cnoir tamaid chwerw!

Er enghraifft, os adroddir stori ddrwg amdanoch, y mae'n 'job ei chnoi' – bydd yn aros gyda chwi am yn hir.

Y gath a fewia ni lygota.

Llwgu wnaeth cath Siôn y Gof ar 'thenciw'!

Cadwai Siôn y Gof Efail Llanfihangel Glyn Myfyr, ac yr oedd gan Lewis Evans gof bychan amdano. Pan ddeuai ffermwyr ato am fanion bethau, megis pegiau moch, fydden nhw ddim bob amser yn cynnig talu, dim ond dweud 'Diolch' neu 'Thenciw'. Bryd hynny, atebai Siôn hwy: 'Rhowch o i'r gath' – byddai honno, fel arfer yn gorweddian ar y fegin. Ond llwgu wnaeth yr hen gath druan ar 'thenciw'! Mewn rhai ardaloedd, er enghraifft, ym Môn, 'Rhowch o i'r ceiliog' oedd dywediad y gof. Yr oedd ganddo focs yn yr efail a elwid yn 'focs y ceiliog' a disgwylid i'r ffarmwr roi ychydig geiniogau ynddo.

Chwys meichiau:

Chwys ofnadwy. Os oeddech wedi cytuno i fod yn feichiau dros rywun, yr oedd arnoch ofn i'r person hwnnw fynd yn dlawd a thorri, heb obaith ganddo wedyn dalu'r arian yn ôl ichwi. Cyfeirir at y dywediad mewn englyn a glywais gan Lewis Evans a chan G D O Parry, fy nhad yng nghyfraith, o Lynceiriog:

Carreg a chaseg a chosyn; – chwa haul
A chwilod y rhedyn;
Chwys meichiau a choes mochyn;
Llew ac arth a llo gwyn.

Mae mistar ar Mistar Mostyn:
Trechu'r cryfaf. Roedd Teulu Mostyn yn bwerus iawn.

Rhaid cael genau glân i ganu'n glir.

Paid torri twll i gau twll.

Gan dwrnai na fenthyciwch arian,
Yw cyngor Dafydd o Hafod Ifan!
Llinellau o gân Abi Williams, Betws-y-coed, offeiriad a
bardd. Cafodd Dafydd fenthyg arian gan y twrnai, ond
ymhen peth amser gofynnodd amdanynt yn ôl, a bu raid i
Dafydd fynd o ffarm i ffarm i 'ladd moch tewion' er mwyn
ceisio gwella'r banc.

Mae rhywbeth heblaw parddu yn gwneud i'r gath lyfu'r pentan:
Er enghraifft, ceisio cynffona i berson nad ydych yn hoff
ohono er mwyn cael arian ar ei ôl.

Arfer y simne yw gwneud gwawd o liw'r pentan:
Person yn gwneud sbort am ben rhywun arall ac yntau'n
llawn gwaeth ei hun. Cafodd Lewis Evans y dywediad o hen
bennill sy'n dechrau fel hyn:

Siôn y potiwr eilw'i frawd
Yn gerpyn tlawd ac aflan...

Clywodd y pennill ar lafar, ond ni chofiai ragor ohono.

Hen fabi dail tafol:
Person llwfr, di-asgwrn cefn, meddal. Yn union fel dail tafol:
dail mawr, ond meddal iawn.

Diwastraff, diangen.

Ni cheir gan y llwynog ddim ond ei groen.

Twm Siôn Twm botwm y byd:
Dywediad am berson sy'n meddwl llawer ohono'i hun – yn
'fotwm y byd' – wedi hel y cyfan a'i gau. Goronwy Owen yw
awdur y llinell.

Ni chwyna ci o'i daro ag asgwrn.

Rhoi'r dorth a begio'r dafell:
>Rhoi yn hael i rywun, ac yna mynd at y person hwnnw i ofyn am ychydig yn ôl.

Ni fu Arthur ond tra bu:
>Y mae popeth da yn dod i ben yn ei dro.

Cyrchu dŵr dros afon:
>Gwneud rhywbeth di-alw-amdano.

Y mae twll yng ngwaelod ei boced:
>Am berson nad yw yn gallu arbed dim arian, fel y dywediad: 'Casglu cyfoeth i god dyllog'.

Cyn hyned â Methusalem:
>Cyfeiriad at hanes Methusela yn yr Hen Destament: 'A holl ddyddiau Methusela oedd naw mlynedd a thri ugain a naw can mlynedd, ac efe a fu farw.' (Gen. 5, 27)

Cwestiwn: *Pa bryd yw'r adeg i briodi?*
Ateb: *Pan fo blodau ar yr eithin.*
>Hynny yw, unrhyw adeg bron! Mae'r eithin yn blodeuo bron drwy'r flwyddyn.

Cledd â min yw claddu mam:
>'Claddu mam' a glywid amlaf yn Uwchaled, er mai 'claddu merch' sydd yn y cwpled gwreiddiol gan awdur anhysbys (cwpled er cof am ddwy ferch y Parchg O R Owen).

>>Cledd â min yw claddu merch,
>>Cledd deufin claddu dwyferch.

Ni fydd y cyfforddus yn gyfforddus nes gwneud ei hun yn anghyfforddus:
>Y mae ambell un yn symud i fyw o le digon cyfforddus ac yn sylweddoli ei gamgymeriad wedi iddo symud i le anghyfforddus. Defnyddir y dywediad hefyd yn ffigurol i gyfeirio at berson sy'n gwneud rhywbeth di-alw-amdano ac yn sylweddoli ei gamgymeriad yn rhy hwyr.

Llawer gwaith y bernir nam.

Thâl meddwl ddim i grogi dyn.

Fel carreg yn uffern:
>Am berson caled sydd wedi cynefino â phob dim. Er enghraifft, dim teimlad ganddo ar ddiwrnod angladd.

Cas gan ddiogyn fynd i'w wely,
Casach ganwaith ganddo godi.

Y mae cloch anffawd yn canu'n glir:
> Pan ddêl profedigaeth i ran person, fe ddaw pawb i wybod yn fuan. Ystyr arall ydyw: pan ddaw colled neu brofedigaeth i ran rhywun, nid oes raid i neb arall ddweud wrtho, bydd yn gwybod yn ddigon buan ei hunan.

Gŵr dieithr yw yfory.

Bu droeon heb aeaf, ond ni fu erioed heb wanwyn.

Y llaw a wasgar a gynnull:
> Y mae'r sawl sy'n rhannu yn derbyn hefyd.

'Dyn yn ei fwtshwrs yn torii plwm pwdin efo haearn gwair!' Iaith ar waith ym myd ffarm a thyddyn

Bu gan Lewis T Evans gysylltiad agos â'r tir a byd natur ar hyd ei oes. Adlewyrchir hynny yn rhai o'r dywediadau a nodwyd eisoes. A dyma ddetholiad pellach a blas y pridd arnynt, yn ymwneud â fferm a thyddyn ac anifeiliaid.

Tir cornchwiglen:
> Tir gwlyb, gwael. Arferid dweud rhwng difrif a chwarae yn ardal Pentrellyncymer, na chynhaliai ambell dir dair cornchwiglen. Rhaid oedd i un farw er mwyn i'r ddwy arall gael digon o fwyd i fyw!

Bwyta fel dyn yn codi ffôs clawdd:
> Gwaith caled iawn, wrth gwrs, oedd codi ffos cyn oes y peiriannau.

Os na chwysi di wrth hogi,
Rhaid iti chwysu wrth dorri.

Dyn yn ei fwtshwrs yn torri plwm pwdin efo haearn gwair!
> Dywediad yn cyfeirio at rywbeth nad yw yn bod, neu at wneud rhywbeth cwbl wirion neu amhosibl. (Defnyddid yr haearn, neu'r gyllell wair, wrth gwrs, i dorri tringlen mewn magwyr yn y cowlas gwair er mwyn gallu ei chario i'r bing ar gyfer y gwartheg.)

Defnyddfawr pob anghelfydd:
> Clywid y dywediad hwn yn aml wrth weithio. Pan fyddai ffarmwr neu was, er enghraifft, wedi gwneud rhywbeth

digon anghelfydd a brysiog, megis coes i rac, nid oedd wahaniaeth pa mor anghelfydd ydoedd os oedd yn ateb y diben, byddai angen 'yr hen rac hwnnw o hyd'.

Ni fu'r sgubor erioed yn rhy lawn i ddyrnu.

Hir wanwyn wedi'r Pasg
Sy'n dymor cas gan gowmon:

Ceir o leiaf ddau esboniad ar y llinellau hyn. Dyma un: y cnwd yn mynd yn brin, a'r amser yn hir rhwng y Pasg a'r Clame, pan fyddid yn troi'r gwartheg i'r borfa. A'r ail: gwas wedi blino ar ei le ac yn gweld yr amser yn hir rhwng y Pasg a'r Clame pan ddeuai cyfle iddo symud a chyflogi ar fferm arall.

Os cân y gog ar frigyn llwm,
Gwerth dy geffyl a phryn dy bwn:

Ar flwyddyn sych, a dail y coed yn crino, doeth yw prynu ceirch, tra bo'n rhad – bydd digon o brinder yn nes ymlaen. Sylwer ar y lled-odl ('odl Wyddelig', fel y'i gelwir): llwm/bwn, sef odli'r llafariad, ond nid y gytsain. Y mae hyn yn nodwedd gyffredin mewn barddoniaeth lafar.

Llwyth yr eidion llog!

Dywediad o'r cyfnod pan ddefnyddid ychen yn lle ceffylau. Llwyth mawr yw'r ystyr. Pan fenthycid ceffyl, byddai'r ceffyl hwnnw yn aml yn cael ei orweithio.

Paid anfon yr hwyaden i gyrchu'r ŵydd adre:

Mae'n siŵr o nofio neu gerdded gyda'r ŵydd!

Ni ehedodd gŵydd dew erioed dros afon:

Os yw hi'n cael digon o fwyd ac yn dew, does dim angen rhagor arni. Gall olygu hefyd, wrth gwrs, na all yr ŵydd ehedeg dros afon oherwydd ei bod yn dew ac yn drom!

Fel gafr ar drane; gafr ulw! gafr â dy glecio di!

Cysylltir y dywediadau hyn â pherson gwyllt, neu wyllt ei dymer. Byddai geifr, fel llawer anifail arall, yn ofni mellt a tharanau ac yn 'mynd yn wyllt'. Y mae'n dra phosibl, fodd bynnag, fod yn yr ymadroddion hyn, ac yn arbennig 'gafr â dy glecio di', atgof o hen goel. Cysylltid yr afr gynt â gwrachod, y Diafol a'r ysbrydion aflan. Mewn chwedlau gwerin, portreadir y Diafol, ar brydiau, fel gŵr bonheddig â chanddo draed gafr, neu geffyl. Cysylltir barf yr afr â'r gred

311

fod y Diafol yn cribo ei farf unwaith y dydd. Ac fe gofiwn hefyd, wrth gwrs, am y bwch dihangol, y *scape-goat* – hen, hen arfer mewn sawl gwlad o drosglwyddo pechod neu ddrygioni i berson dynol arall, pren, aderyn neu anifail, ac yn arbennig mochyn neu afr. Yn Lefiticus, pen. 16, cawn hanes yr Arglwydd yn llefaru wrth Moses ac yn gofyn iddo drefnu bod Aaron, ei frawd, yn cael dau fwch gafr, un i'w 'offrymu yn bech-aberth' a'r llall i'w 'ollwng i'r anialwch yn fwch dihangol'.

Gwrando fel yr hwch yn yr haidd:
    Dim gwrando o gwbl! Yr hwch yn rhy brysur.

Os lladdwch y gwartheg chawn ni ddim lloi:
    Pan fo rhywun yn lladd ar yr hen bobl, does fawr o obaith cael pobl ifanc dda. Wedi i bregethwr fod yn dweud y drefn yn ei bregeth am yr hen, sylw'r blaenor oedd: 'Os lleddi di'r buchod, chawn ni ddim lloi.'

Y mae iâr sy'n dodwy ŵy bob dydd yn well na melin segur.

'Cloi synnwyr mewn clysineb': dywediadau am y tywydd a'r tymhorau

Iaith ar waith yn mynegi'n gynnil a chofiadwy ffrwyth sylwadaeth a dychymyg dyn – dyna brif nodwedd rhai o'r ymadroddion a'r dywediadau a nodwyd yn y bennod hon. Y mae hynny yn arbennig o wir am ddywediadau yn ymwneud â'r tywydd a byd natur. Y maent yn fyr a chryno – yn 'cloi synnwyr mewn clysineb'. Gweir defnydd aml o gyfosod, cyseinedd, ailadrodd ac odl, fel bod yr ymadroddion yn rhwydd i'w cofio. Ar wahân i fod yn ddeunydd hyfryd i'r glust, yn hawdd gwrando arnynt, yr oedd i'r dywediadau a'r sylwadau hyn unwaith swyddogaeth ymarferol bendant a chwbl allweddol. Seiliwyd y mwyafrif ohonynt ar hen goelion gwerin, ac y maent yn adlewyrchu'r modd y mae dyn ar hyd y canrifoedd wedi sylwi'n fanwl ar fyd natur o'i gwmpas, megis symudiadau a nodweddion yr haul a'r lleuad, y sêr a'r cymylau, ansawdd y tir ac ymddygiad anifeiliaid. Rhagarwyddion yw corff y dywediadau. Dengys y triban a ganlyn, er enghraifft, y pwys mawr a roddwyd gan ddyn gynt, cyn oes y radio a'r gorsafoedd tywydd, ar ddehongli'i amgylchfyd:

Mae moroedd a mynyddau
A rhai creaduriaid weithiau,
Yn dangos tywydd yn llawer gwell
Na llonaid cell o lyfrau.

Cofnodwyd amryw o'r arwyddion mewn llawysgrifau yn perthyn, yn bennaf, i'r cyfnod rhwng y drydedd ganrif ar ddeg a'r ail ganrif ar bymtheg. Llawysgrifau yw'r rhain sy'n ymdrin, gan mwyaf, ag astroleg, neu serddewiniaeth, ac yn seiliedig ar weithiau awduron adnabyddus, megis Aristotle a Ptolemaeus. Rhoddwyd lle amlwg i astroleg (neu sywedyddiaeth fel y'i gelwid) hefyd yn almanaciau'r ddeunawfed a'r bedwaredd ganrif ar bymtheg. Yna, yn ystod y ganrif ddiwethaf a'r ganrif hon, cyhoeddwyd toreth o'r arwyddion mewn llyfrau a chylchgronau. Un enghraifft nodedig ddiweddar yw'r gyfres ardderchog o erthyglau gan Twm Elias yn y cylchgrawn *Llafar Gwlad*, rhifynnau 1-51 (1983-96).

Ar lafar, yn bennaf, fodd bynnag, y diogelwyd ac y trosglwyddwyd dywediadau sy'n ymwneud â'r tywydd a'r tymhorau. Yn ardal Llangwm, fel mewn rhannau eraill o Uwchaled heddiw, y mae amryw byd o'r dywediadau hyn yn parhau i fod yn gyfarwydd, er nad yw pawb, efallai, yn llwyr gredu yng ngwirionedd pob un goel! Fe ellid ysgrifennu llawer. Ar derfyn y bennod hon, fodd bynnag, y cyfan a wnaf yw cyfeirio'n fyr at ychydig enghreifftiau yn unig o lên gwerin byd natur.

'Y gwlith yn ddagrau ar y gweiriau'; 'glaw ym Mai sy'n fara drwy'r flwyddyn'

Yn gyntaf, pennill bychan y byddem ni blant yn arfer ei lafarganu:

Mae'n awyr las ers meitin
A dacw bont y glaw,
Wel, brysiwch dros y caeau –
Cawn wlaw mewn llaw.

Arwydd glaw arall oedd gweld 'pyst dan haul'. Rwy'n cofio clywed fy nhad yn dweud ar adeg cynhaeaf eiriau megis: 'Wel, rhaid inni frysio efo'r gwair 'ma; well inni fynd ati i fydylu, mae pyst dan haul'. A golygfa i'w chofio oedd honno i blentyn: ar ddiwrnod teg o haf gweld yr haul yn treiddio'n ysgafn drwy'r awyr denau, megis mil o ffyn arian hirfain. Dywediad hyfryd arall, eto yn arwydd glaw, yw 'gweld yr haul yn machlud rhwng y gist

313

a'r pared'. Ei ystyr yw: gweld yr haul yn mynd o'r golwg y tu ôl i gwmwl wrth fachludo.

Sylw cyffredin mewn sawl ardal yw fod gweld topyn o niwl ar ben mynydd, megis y Foel Goch uwchben Llangwm, yn arwydd glaw. Yn aml iawn, cofnodir y goel yn gryno a chofiadwy ar ffurf dwy linell o rigwm, megis:

> Arennig fach yn gwisgo'i chap –
> Does fawr o hap am dywydd.

Un o'r ffermydd uchaf ym mhlwyf Llangwm yw Cwmllan, i gyfeiriad y Foel Goch. Yno yr oedd Thomas Owen yn byw (bu f. 1935), ac ef a roes fod i un o'r dywediadau mwyaf cofiadwy yn yr ardal, sef: 'Mae'n ddrwg heddiw, mae Tomos Owen, Cwmllan, â'i gap yn 'i lygaid'. Os oedd niwl ar Fwlch Cwmllan, roedd hynny yn arwydd o 'droad yn y tywydd', neu, fel y dywedir yn aml: 'mae'n hel am wlaw', neu 'mae'n bygwth glaw'. Os oedd Bwlch Cwmllan yn glir, yna gellid disgwyl tywydd braf. Yn nes i ardal Cwm Penanner ac Ysbyty Ifan, ceir un dywediad lliwgar iawn: 'Mae'r tenant adre yng Nghegin y Cythraul'. Yn Eryri y mae Cegin y Cythraul, a phan fo niwlen, fel mwg, yn codi o'r fan hon, y mae'n arwydd sicr o wlaw. Arwydd tywydd drwg hefyd oedd 'clywed y gylfinir yn chwibanu wrth y tŷ'. Y gred oedd fod y gylfinir yn tynnu ar i lawr o'r ucheldir o flaen storm. Cofiai Einion Jones, Cerrigelltgwm Isa, am 'hen gymeriad' o Lanfihangel Glyn Myfyr a arferai daflu cerrig at y gylfinir os deuai'n agos at y tŷ ar adeg cynhaeaf gwair.

Arwyddion o hindda oedd 'gwawn ar dir mynydd'; gweld 'ewyn yn dyrrau ar yr afon ar ôl lli', a gweld 'Clôs Gwyddel'. Llain neu rimyn tenau o awyr las i gyfeiriad y gwynt yw 'Clôs Gwyddel'. Gwisgai rhai Gwyddelod glosiau gleision gynt, a dyna sut y cafwyd y gymhariaeth. Arwydd gobeithiol hefyd oedd clywed sŵn taranau neu gawodydd yn 'rhedeg ar hyd Hiraethog'. Y dywediad hyfrytaf ohonynt i gyd gennyf i, fodd bynnag – eto yn arwydd hindda – yw hwn: 'y gwlith yn ddagrau ar y gweiriau'.[5]

Enw da ar 'heulen yn rhedeg' yn yr awyr yw 'cyw haul'. Y gred gynt oedd fod gweld 'cywion haul' yn y bore yn arwydd glaw, ond pe gwelech hwy ar adeg machlud, arwydd tywydd braf oedd hynny. Pan oedd yr hin yn ansicr a'r haul yn darnguddio y tu ôl i gwmwl, arferid dweud bod yr 'haul yn gwneud llygad mochyn'. Ac y mae'n ddisgrifiad ardderchog, wrth gwrs, o gofio mai llygaid bychain, pell yn ôl yn ei ben ac anodd eu gweld sydd gan fochyn.

Soniwyd am yr haul. Ceir llu mawr o ddywediadau hefyd am y lleuad. Dyma un yn unig o blith amryw a gofnodwyd yn Uwchaled. Cyfeiria at y 'cylch' a welir ar adegau o amgylch y lleuad, ac y mae'n enghraifft dda o ailadrodd a chyfosod geiriau a chymalau yn grefftus, fel bod y dywediad yn gryno a chofiadwy:

> Cylch ymhell, glaw yn agos;
> Cylch yn agos, glaw ymhell.

Cyn terfynu, dyma ychydig ddywediadau a rhigymau am nodweddion y misoedd a'r tymhorau:

> Na feia ar dy egin
> Cyn diwedd Mehefin.

> Ni saif eira mis Chwefrol,
> Mwy nag ŵy ar ben trosol.

> Niwl y gaea':
> Arwydd eira.

> Gaeaf glas:
> Mynwent fras.

Yr oedd cred hefyd ei bod yn bwysig cael haenen dda o eira dros y tir yn gynnar yn y flwyddyn. Y dywediad oedd: 'gwrtaith mynydd: eira'r gwanwyn'. Dywedir bod eira yn sugno 'huddygl' o'r awyr ac felly yn wrtaith i'r tir. Y mae caenen o eira hefyd, wrth gwrs, yn gyfrwng i gadw'r tir yn gynnes ac yn hybu tyfiant. I gloi'r bennod, dyma ddywediad cynnil a chofiadwy arall sydd yn llinell hyfryd o farddoniaeth: 'Glaw ym Mai sy'n fara drwy'r flwyddyn'.[6]

15
Difyrru'r Amser

Nid oedd Llangwm yn wahanol i unrhyw ardal arall yng Nghymru gynt yn y sylw arbennig a roid i ddifyrrwch. Ar nosweithiau hirion y gaeaf, y nod oedd di-fyrru'r amser – ei fyrhau a'i fwynhau. Cyfeiriwyd eisoes (pen. 3) at Huw Jones o Langwm (1700?-82), awdur rhai ugeiniau o faledi, ac at Robert Hughes, Ty'n Cefn, y pedlar olaf yn y cylch i werthu hen gerddi (pen. 4). Nodwyd hefyd i Huw Jones ysgrifennu rhai anterliwtiau, ac i Dwm o'r Nant ei hun fod yn chwarae anterliwt yn Llangwm a Cherrigydrudion i gynorthwyo tyddynnwr tlawd i dalu'r rhent. Y gŵr hwnnw oedd Robert Dafydd, Gellïoedd Bach: gwehydd, bardd, datgeinydd a ffidlwr a aned ar ffẹrm Cwmorwr.

Y Noson Lawen

Er mwyn cynnal difyrrwch, yr oedd, wrth gwrs, nifer o ganolfannau cyfarfod, answyddogol ac anffurfiol. Y prif fan cyfarfod oedd ar rai o aelwydydd y fro, ac un o'r achlysuron pwysicaf gynt oedd y Noson Lawen. Meddai Hugh Evans yn ei gyfrol *Cwm Eithin* (ysgrifennai rhwng y blynyddoedd 1923-26):

> 'Yr oedd y Noswaith Lawen mewn bri mawr yn yr hen amser. Prin oedd moddion adloniant cyn geni'r cyngerdd, a'r ddarlith, a'r cyfarfod cystadleuol... Er hynny treuliai ein hynafiaid eu bywyd yn llawen. Nid oedd y Noson Lawen wedi ei llwyr roddi heibio yn fy nghof i. Cedwid y Noson Lawen pan fyddai rhywun yn ymadael o'r ardal, neu rywun yn dychwelyd ar ôl bod i ffwrdd am amser, ac yn aml heb unrhyw achos neilltuol yn galw, ond er mwyn y difyrrwch diniwed. Gwahoddid telynor o rywle arall, oni byddai un yn y lle y cedwid y Noson Lawen; ond yr oedd y delyn yn gyffredin iawn yn anedddau'r ffermwyr. Cenid gyda'r tannau, cyfansoddid englyn neu ddarn o farddoniaeth am y gorau, adrodd straeon Tylwyth Teg ac am ysbrydion, a thrafod yr hanesion diweddaraf.'[1]

Cyhoeddwyd eisoes yn y gyfrol hon sawl hen bennill telyn a ganwyd neu a adroddwyd, mae'n dra phosibl, mewn nosweithiau

'Yr Hen Aelwyd Gymreig'.
O ddarlun yn *Llên Gwerin Sir Gaernarfon*, J Jones (Myrddin Fardd), Cwmni y Cyhoeddwyr Cymreig, Caernarfon, 1908.

llawen ac ar aelwydydd yn gyffredinol yn yr ardal. Dyma rai ohonynt: 'Mi af oddi yma i'r Hafod Lom...'; 'Tai'n-y-foel a Thy'n-y-gilfach...'; 'Tŷ Nant Llwyn a Thŷ Tan Dderwen...'; 'Gwelais neithiwr drwy fy hun...'; 'Yng Ngherrigydrudion y coedydd sydd brinion...'; 'Byddai'n rhyfedd gennych weled...'; a 'Lladd y gwair â'r bladur blwm...' Dyma ddau bennill arall a oedd, y mae'n siwr, yn gyfarwydd i drigolion y cylch. Cyfeiria'r pennill cyntaf at delynor a oedd yn byw yn Nantfach, Cwm Penanner (o leiaf cyn 1794):

> Mi glywais lawer iawn o sôn
>   Am Robert Siôn o Nantfach,
> Mi adwaen hwn petai ym Môn
>   Wrth lais ei ebillion bellach.[2]

'Ebillion' yw'r pegiau neu'r pinnau ar grib telyn sy'n dal y naill ben i'r tannau, fel y gellir eu tynhau neu eu llacio, yn ôl y gofyn. Ni wyddom pwy yw awdur y pennill uchod, ond Edward Morris (1633-89), Perthillwydion, yw awdur yr ail bennill - pennill tri thrawiad poblogaidd o'i 'Garol yn Gyrru'r Haf at ei Gariad':

Mae'r coedydd yn glasu, mae'r meillion o'u deutu,
　　Mae dail y briallu yn tyfu mhob twyn,
A'r adar diniwed yn lleisio cyn fwyned,
　　I'w clywed a'u gweled mewn gwiwlwyn.

Yn *Allwedd y Tannau*, rhifau 35-39 (1976-80), cyhoeddwyd cyfres o bum erthygl: 'Traddodiad yr Hen Bennill a'r Rhigwm yn Uwchaled'. Byddai amryw byd o'r penillion a'r rhigymau hyn, mae'n fwy na thebyg, wedi cael eu canu neu eu hadrodd ar aelwydydd y fro. Yn *Allwedd y Tannau*, rhif 24 (1965), cyhoeddwyd gennyf hefyd erthygl yn dwyn y teitl: 'Hen Benillion Bro Hiraethog'. Dyma bedwar pennill o'r erthygl honno – penillion y clywodd Lewis T Evans hwy yn cael eu canu neu eu hadrodd yn Uwchaled a Bro Hiraethog. Clywodd y pennill cyntaf yn cael ei ganu gan Francis Jones, Cerrigydrudion, mewn Noson Wneud Cyfleth yn y Waen Lwyd, Pentrellyncymer. Rhan o gerdd hwy yw'r pedwerydd pennill.

Mae gen i bâr o glocsiau
　　A rheini'n bâr go dda,
Fe baran' am y gaea'
　　A thipyn bach o'r ha'.
Os cân nhw'u hoelio-drwsio,
　　Fe baran' beth yn hwy,
Dim ond saith a dime'r glocsen,
　　A phymtheg am y ddwy.

Mi af oddi yma o gam i gam
　　I dŷ Modryb Ann y bobreg,
Mi gaf yno gacen gri
　　A hefyd fara canthreg;
A bendith iti, Modryb Ann,
　　Roi imi ddarn cwpaned.

Llawer gwaith bûm i a Mam
　　Yn meddwl am gynilo,
Cadw'r ddime fechan gron
　　I brynu heffer gyflo;
Troi fy meddwl yn y man
　　A mynd i'r Llan i'w gwario.

Saer oedd fy nhaid a saer oedd fy nhad,
A saer ydwyf innau, y gorau'n y wlad;
Gofynnwch i'n plant, dyna ddwedant o hyd:
'Yn tydi o'n beth rhyfedd bod ni'n seiri i gyd'.[3]

Fel hyn y mae Owen Wynne Jones, 'Glasynys', yn disgrifio'r Noson Lawen a'r difyrrwch gynt ar hen aelwyd Hafod Lwyfog yn Nant Gwynant:

> Hen arfer Hafod Lwyfog, er dyddiau 'Cymru fu',
> Oedd adrodd chwedlau wrth y plant ar hirnos gaeaf du.
> Un hynod iawn oedd Neina am gofio naw neu ddeg
> O'r pethau glywodd gan ei nain am gampau'r Tylwyth Teg.
> Wrth gribo gwlân ddechreunos a'i merch yn diwyd wau,
> A'r gŵr yn diwyd wneud llwy bren, neu ynteu efail gnau;
> Ond Teida oedd y gorau am hen gofiannau gwlad,
> Y rhai a ddysgodd yn y cwm wrth gadw praidd ei dad... [4]

Tebyg, bid siwr, oedd yr arfer mewn Nosweithiau Llawen yn Uwchaled, ar ffermydd megis Hafod Lom, Pentrellyncymer. Cyfeiriwyd eisoes (pen. 6) at y Noson Lawen olaf, o bosibl, a gynhaliwyd yn ardal Gellïoedd, sef yr un yn Foty Hendre, tua 1860, pan losgwyd merch fach i farwolaeth.

Y Noswaith Wau

Cymharol brin, fodd bynnag, yw'r cyfeiriadau penodol at Nosweithiau Llawen yn Uwchaled. Mwy cyffredin, mae'n dra thebyg, oedd y Noswaith Wau. Dyna dystiolaeth Hugh Evans. A thystiolaeth hefyd Lewis T Evans. Rhoes ef ddisgrifiad byw o'r nosweithiau difyr hynny, ac yn arbennig yn ardal Pentrellyncymer lle bu'n gweithio fel hogyn a gwas fferm.[5] Cynhelid hwy, fel arfer, yn 'nhai gweithiwrs' a thai tyddynwyr, yn hytrach nag ar ffermydd mawr. Roedd croeso arbennig i bobl ifanc, ac yn enwedig os oeddynt yn gariadon! Yn ôl un dywediad, roedd disgwyl i'r dynion wau o leiaf droed hosan yn ystod y noson. Mawr yr hwyl ar adrodd straeon am Dylwyth Teg ac ysbrydion; straeon a hanesion am hynt a helynt yr ardalwyr, a chanu ac adrodd ambell bennill a cherdd – heb sôn am y troeon trwstan, megis clymu'r drws a rhoi 'torchen ar geg y simdde'! A hwyl hefyd ar y gwledda – roedd 'wics' a 'leicecs' (math o grempog), fel arfer, ymhlith y danteithion.

Dyma, ymhellach, un dyfyniad o ddisgrifiad gwerthfawr Hugh Evans o'r Noswaith Wau:

> 'Cynhelid ambell Noswaith Weu yn fy amser i, ond yr oedd yr hen sefydliad annwyl yn dechrau edwino. Yr oedd y ddarlith, y cyngerdd a'r cyfarfod cystadleuol yn dechrau ennill eu lle, a'r hen

ffurf ar adloniant o dan ryw fath o gondemniad. Cofiaf yn dda iawn un Noswaith Weu yn fy hen gartre [Ty'n 'Rallt, Llangwm] pan oeddwn yn hogyn bach [tua 6-7 oed], fy nain yn llywyddu. Mynnodd gael un yn fuan ar ôl i ni symud i Gwm Eithin [tua 1860-61], o Gwm Annibynia [Cwm Main]. Yr oedd wedi bod yn sefydliad cyson yn ei hen gartref – Pentre Gwernrwst [Cwm Tirmynach] – pan oedd hi'n ieuanc, a dyna ei ffordd hi o'i *hintrodiwsio* ei hun i ardal newydd: gwahodd y merched a'r bechgyn ieuainc i Noswaith Weu.'[6]

Aelwyd a chwmni difyr; sgwrs, stori a chân

Cyfeiriwyd eisoes (pen. 3) at Nansi Richards (Telynores Maldwyn), ychydig cyn y Rhyfel Byd Cyntaf, yn canu'r delyn ar aelwyd yr Henblas, Llangwm, yng nghwmni David Jones, y telynor ieuanc o Lwyn Cwpwl. Yno'n bresennol hefyd ar adegau yr oedd y tri gŵr cerddgar: Thomas Jones, Isgaer Wen, Pentrellyncymer; Thomas Jones, Cerrigelltgwm, Ysbyty Ifan, a Lewis T Evans.

Dyna oedd y patrwm arferol: cymdogion a chyfeillion yn cwrdd ar aelwydydd mewn awyrgylch ddifyr, gartrefol. Noson felly, yn llawn hwyl a difyrrwch, oedd y Noson Wneud Cyfleth cyn y Nadolig. Noson bwysig arall oedd Nos Glan Gaea. Roedd llawer o hwyl i'w gael hefyd yn y cwmni cymdogol ar adeg cynhaeaf gwair ac ŷd, pan oedd blas ar sgwrs a stori a thynnu coes. Felly ar ddiwrnod cneifio, diwrnod lladd mochyn a diwrnod dyrnu, neu yn efail y gof, y felin, gweithdy'r saer a gweithdy'r crydd. Yr un modd, yn siop y pentref, yn y ffair a'r farchnad ac, i rai, yn y tŷ tafarn. Ond y man cyfarfod pwysicaf oedd yr aelwyd. Cyfle i 'ddal pen stori', i sgwrsio am hyn ac arall a rhoi'r byd yn ei le. Ambell dro, cyfle hefyd i wrando ar bwt o gân a phennill, rhigwm, pôs a chwlwm tafod, ac i roi cynnig ar ddifyrion aelwyd, megis 'chwarae procar' a 'dawns coes brwsh', neu step y glocsen.

Pwys, felly, ar ddifyrrwch mewn awyrgylch gartrefol, anffurfiol ac answyddogol, a'r difyrrwch hwnnw yn rhan annatod o oriau gwaith, yn ogystal ag oriau hamdden. Pwysleisir hyn gan y bardd a'r hynafiaethydd John Davies, 'Taliesin Hiraethog' (1841-94) ar ddechrau ei ysgrif anorffenedig ar y testun 'Hen Draddodiadau'. Fe'i ganed ef yng Nghreigiau'r Bleiddiau, Hafod Elwy, ar Fynydd Hiraethog, ond er mai at blwyf Cerrigydrudion y cyfeiria yn ei ysgrif, y mae'r hyn a ddywed yn wir iawn hefyd am blwyfi gwledig eraill Uwchaled a'r cyffiniau, a Llangwm yn un ohonynt:

'Cerrigydrudion ydyw y plwyf mwyaf mynyddig ac anghysbell yn sir Ddinbych. Y mae ei fryniau crawcwelltog a'i ffriddoedd grugog a noethlwm yn llawn dyddordeb i'r hynafiaethydd. Y mae pob carnedd a thwmpath a phob cornant ac afon yn llawn o hen gofiannau am yr oesau a fu, ac y mae ei breswylwyr gwledig yn cael llawer o ddifyrrwch ar hirnos gauaf wrth adrodd y chwedlau a'r llên gwerin sydd ynglŷn â hwynt. Pan oedd yr ysgrifennydd yn laslanc yn bugeilio defaid ei dad, hyd lennydd yr Afon Alwen a minion Llyn Dau Ychen, byddai ef a'i gyd-fugeiliaid yn treulio llawer darn diwrnod diddan i adrodd y chwedlau hyn wrth eistedd ar docyn o frwyn i gadw y defaid ar eu cynefin ddechreu haf.'[7]

'Hen ofergoelion ac arferion llygredig'

Fel y cawn fanylu mwy eto mewn pennod arall, bu'n ffasiwn gan rai ysgrifenwyr ar grefydd a moes i ddilorni llên gwerin, yn arbennig hen arferion a chwaraeon a chwedlau am y Tylwyth Teg, y Diafol, ysbrydion, gwrachod a dynion hysbys. Cyfeirid at hen goelion gwerin a fu'n gysegredig iawn i'n hynafiaid gynt fel 'ofergoelion', neu 'goel gwrach', ac at chwaraeon ac arferion gwerin fel 'olion o hen ddefodau llygredig a Phabyddol'. Pwysleisir ganddynt hefyd, bron yn ddieithriad, fel y bu i'r twf mewn Ymneilltuaeth ac Anghydffurfiaeth, a'r Diwygiadau Crefyddol, roi terfyn ar lawer iawn o'r hen chwaraeon ac arferion 'ofergoelus' a'r diddordeb mewn adrodd chwedlau 'yn llawn celwyddau'. Meddai awdur anhysbys o ardal Dinas Mawddwy mewn ysgrif 'Adgofion Boreu Oes':

> 'Yr oedd llawer o hen arferion darostyngol a fygent bob teimlad o rinwedd a moesoldeb... Ffynnai ofergoelion am ysbrydion, canhwyllau cyrff a bwgan ymhob rhyw gornel dywyll... A pha ryfedd? Holl bleser hen bobl fyddai casglu at ei gilydd wrth dân mawn, ac am y goreu chwedl. Ond llwyddodd yr Ysgol Sul a hen Ymneillduwyr yr ardal i roddi yr arferion hyn i lawr erbyn heddiw.'[8]

Nid yw'r honiad hwn, fodd bynnag, yn gwbl wir – o leiaf am ardaloedd eraill tebyg i Ddinas Mawddwy. Do, fe ddiflannodd llawer o hen chwaraeon ac arferion, megis yr Wylfabsant (er nad crefydd oedd yr unig reswm dros hynny). Ond fe barhaodd llawer hefyd a chafodd eraill eu haddasu neu eu parchuso.[9] Felly gyda'r diddordeb mewn adrodd storïau a chwedlau. Ni pheidiodd yr arfer yn sydyn dros nos. Yn wir, parhawyd i adrodd rhai mathau o storïau – yn arbennig storïau digri a storïau â blas lleol arnynt – hyd ein dyddiau ni.

Difyrru a moesoli; anufudd-dod a chosb; paradwys a chân Adar Rhiannon

Gyda chwedlau am fodau mytholegol, megis y Tylwyth Teg a'r Diafol, gwelwyd peth addasu ar eu swyddogaeth. Hyd at ddechrau'r ugeinfed ganrif, os nad yn ddiweddarach mewn rhai

Taro'r gloch yn Ogof Arthur.
O ddarlun gan Joan Kiddell-Monroe, yn *Welsh Legends and Folk-Tales*, gan Gwyn Jones, Gwasg Prifysgol Rhydychen, 1955.

Cylch y Tylwyth Teg.
O ddarlun gan T H Thomas, yn *British Goblins: Welsh Folk-lore, Fairy Mythology, Legends and Traditions*, gan Wirt Sikes, Sampson Low, Llundain, 1880.

ardaloedd, parhawyd i'w hadrodd ar lafar, nid yn unig er mwyn difyrrwch, ond hefyd er mwyn addysgu a moesoli. Fel y caf sôn mewn pennod arall, adroddwyd hanesion a chwedlau, er enghraifft, am ganlyniadau difrifol chwarae cardiau a cherdded adref o'r cynhaeaf ar y Sul. Canlyniad anorfod anufudd-dod a drygioni oedd cosb. Yr oedd un pren yng Ngardd Eden nad oedd neb i fwyta o'i ffrwyth. Yn stori Branwen yn y Mabinogi yr oedd un drws yng Ngwales, yn wynebu tuag at Aber Henfelen a Chernyw, nad oedd neb o'r seithwyr a gludai ben Bendigeidfran i'w agor. Pan wnaed hynny, wedi pedwar ugain mlynedd o wynfyd, dychwelodd yr holl boen a'r galar. Yr oedd cloch yn Ogof y Brenin Arthur nad oedd neb i'w chyffwrdd hyd nes y delai'r dydd i Arthur Fawr a'i filwyr ddeffro ac arwain eu gwlad eto i ryddid. Pan gyffyrddir y gloch gan lanc trachwantus sy'n ceisio cario llond ei hafflau o aur o'r ogof, fe'i curir yn ddidrugaredd. Yr oedd gynt, o fewn cof rhai o'r to hŷn, leiniau glas o dir: cylchoedd y Tylwyth Teg, nad oedd neb i'w haredig rhag tarfu ar y bodau bach a ddeuai yno yng ngolau'r lleuad i ddawnsio. Yr un modd, yr oedd hefyd drysor o dan gromlechi nad oedd neb i ymyrryd ag ef. Canlyniad torri'r tabŵ ac anwybyddu'r goel – yn union fel anufuddhau i'r Ddeddf yn yr Hen Destament – oedd cosb a dioddefaint.

Yr oedd chwedlau megis am y Tylwyth Teg hefyd yn fynegiant o hiraeth dyn ar hyd yr oesoedd am wynfyd a pharadwys: 'gwlad yn llifeirio o laeth a mêl' yr Iddew; *pleroma* y Groegwyr; Ynys Afallon a Thir na n-Óg y Celtiaid. Er mai chwedlau oeddynt – a chwedlau yn perthyn i fyd goruwchnaturiol tra gwahanol i'r byd goruwchnaturiol – y nefoedd a'r bywyd tragwyddol – y credai'r Cristion ynddo, eto yr oedd llawer iawn o'r gwrandawyr, mewn rhyw fodd neu'i gilydd, yn gallu eu huniaethu'u hunain â'r neges. Yr oeddynt yn gweld yn y chwedlau yr hyn yr oeddynt hwy yn dymuno ei weld ynddynt. A dyma un peth: yr oedd y chwedlau yn boddhau dyhead oesol dyn am ddihangfa – am gael dianc dro o ganol treialon bywyd bob dydd a chlywed eto gân Adar Rhiannon, ac amser yn aros, a phob gwae a gofid yn diflannu. Nid oedd chwedlau gwerin, felly, mwy nag arferion gwerin, neu wyddoniaeth yn ein hoes ni, o angenrheidrwydd, yn wrthgyferbyniad – yn groes – i grefydd. Fel yr oedd penillion yr Hen Ficer Prichard yn ei gyfrol *Cannwyll y Cymry* (1681) yn bregethau syml ar gân, felly yr oedd llawer o'r chwedlau gwerin yn homilïau ac yn ddamhegion mewn prôs. A'r un oedd y neges: 'Peidiwn â blino ar wneud daioni... Felly, tra bydd amser gennym, gadewch inni wneud da i bawb.' (Gal. 6, 9-10)

Y Tylwyth Teg: cyfrol hardd Hugh Evans

Yn ystod y bedwaredd ganrif ar bymtheg a dechrau'r ugeinfed ganrif, yr union gyfnod y bu twf crefyddol a chynnydd mewn cyhoeddiadau crefyddol, gwelwyd hefyd gynnydd amlwg mewn cyhoeddiadau llên gwerin o bob math. Cyhoeddwyd, er enghraifft, gasgliadau o chwedlau ac arferion gwerin mewn cylchgronau, megis *Y Brython* (1858-63), o dan olygyddiaeth D Silvan Evans, a *Cymru* ('Cymru Coch', 1891-1927), o dan olygyddiaeth Syr O M Edwards; papurau newyddion, megis *Y Darian* (Aberdâr, 1875-1914), a'r *Herald Gymraeg*; a llyfrau, megis *Yr Hynafion Cymreig*, Hugh Hughes (Caerfyrddin, 1823), a *Cymru Fu*, Isaac Foulkes (Wrecsam, 1862).

Awdur un o'r casgliadau o chwedlau oedd brodor o blwyf Llangwm, sef Hugh Evans, a theitl ei gyfrol yw *Y Tylwyth Teg*. Cafodd foddhad mawr yn ei p̄aratoi. Ysywaeth, hon oedd ei gyfrol olaf. Bu farw yn 1934, a chyhoeddwyd y llyfr yn 1935, gan

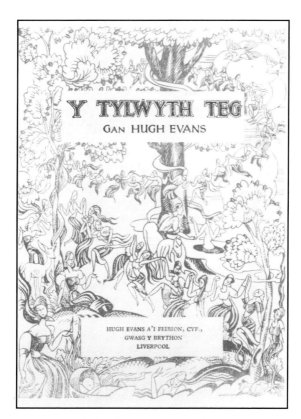

Wynebddalen cyfrol Hugh Evans.
O ddarlun gan T H Bond, Lerpwl.

Wasg y Brython. Y mae'n gyfrol gain, gyda mân ddarluniau mewn gwyrdd, gan T J Bond, Lerpwl, yn harddu pob tudalen. Casglodd y deunydd am y Tylwyth Teg yn bennaf o ffynonellau printiedig. Gwerth arbennig y gyfrol, fodd bynnag, yw i Hugh Evans gynnwys hefyd rai chwedlau a thraddodiadau lleol a gafodd oddi ar lafar gan ei nain ac eraill o drigolion y cylch, ac ymdrin â'i destun gyda chydymdeimlad a deall.

'Y Brenin a'r Esgob' a 'Bob a Jac': hen stori werin gydwladol

Yn rhan olaf y bennod hon, y bwriad yw cyflwyno ychydig enghreifftiau o'r math o ddeunydd llafar a roddai foddhad mawr i drigolion ardal megis Llangwm yn ystod y can mlynedd a mwy diwethaf. Un sylw rhagarweiniol. Megis mewn ardaloedd eraill, yr oedd – ac y mae – iaith rhai pobl yn fwy bras na'i gilydd, ac nid yr un math o ddifyrrwch yn hollol sy'n apelio at bawb. Eto, wedi dweud hynny, nid oedd – ac nid oes – yn Llangwm a'r cyffiniau raniad pendant rhwng difyrrwch ac adloniant y naill garfan a'r llall o aelodau cymdeithas. Camarweiniol a dianghenraid yw sôn am wahaniaethau dosbarth, neu wahaniaeth rhwng capelwr selog ac eraill llai selog. Yn wir, hyd at yn lled ddiweddar, gyda dyfodiad Saeson dwad i'r ardal, yr oedd gan bob teulu yn y plwyf bron gysylltiad â 'lle o addoliad'. Y gair allweddol, mi dybiaf, i ddeall natur yr adloniant yw 'cydweddu'. Mewn noson lawen a chyngerdd, 'Pawb yn ei Dro' a drama, cyfarfod o'r Gymdeithas yn y capel, neu sgwrs a stori ar aelwyd, roedd y pwys ar ddifyrrwch a apeliai at bawb – difyrrwch i'r teulu – yn blant ac oedolion.

A dyma ddechrau, felly, gyda stori a glywais yn hogyn ifanc iawn ar aelwyd fy nghartref yn 'Rhafod yn y pumdegau cynnar. Fy nhad, John Hugh Jones, oedd yn ei hadrodd: 'Stori Bob a Jac', neu 'Stori'r Ddau Frawd'. Roedd y ddau yn debyg iawn o ran pryd a gwedd, ond yn wahanol mewn pob dim arall. Tipyn o dwpsyn oedd Jac – neu felly y tybiai pawb. Ond roedd Bob yn 'sglaig, ac fe benderfynodd fynd i'r Eglwys, yn Berson. Doedd dim ffasiwn beth â choleg yr amser honno, ond roedd yn rhaid iddo fynd gerbron yr esgob agosaf, sef Esgob Llanelwy, ac ateb tri chwestiwn. A dyma fo'n mynd. Mi roth yr Esgob o i eistedd mewn cadair. Eisteddodd yntau yn y gadair arall.

'Cwestiwn cynta', medde'r Esgob: 'be ydi dyfnder y môr?' Bob yn ysgwyd ei ben.

'Ail gwestiwn: be ydi fy ngwerth i yn y gadair dderw 'ma?' Bob ddim syniad.

'Cwestiwn ola': be ydi fy meddwl i?' A Bob yn ysgwyd ei ben eto.

'Tyrd yn ôl ymhen wythnos', medde'r Esgob wrtho.

Felly fu. Aeth Bob adre a dweud yr hanes wrth Jac, ei frawd.

'Paid poeni dim, Bob bach', medde Jac wrtho, 'mi â i yn dy le di tro nesa, fydd yr hen Esgob ddim callach'. A dyma Jac yn mynd.

'Cwestiwn cynta', medde'r Esgob: 'be ydi dyfnder y môr?'

'Ergyd carreg', atebodd Jac.

'Da iawn', medde'r Esgob. 'Yr ail gwestiwn: be ydi fy ngwerth i yn y gadair dderw ma?'

'Naw darn ar hugain, Syr, oherwydd deg darn ar hugain oedd gwerth Iesu Grist.'

'Ardderchog', medde'r Esgob. 'A'r cwestiwn ola: be ydi fy meddwl i?'

A dyma Jac yn ateb:

'Meddwl mai Bob, fy mrawd, ydw i!'

Clywodd fy nhad y stori hon gan gymydog inni o'r fferm agosaf, sef Robert Jones, Arddwyfan, a hynny (onid yw fy nghof yn chwarae mig â mi) un diwrnod wrth blygu gwrych. Stori i'n difyrru ni blant ar yr aelwyd ydoedd. Roedd ganddo stôr o storïau difyr dros ben, ond dim un mor arbennig â hon. Flynyddoedd yn ddiweddarach, wrth ddarllen llyfr yr Athro Kenneth H Jackson, *The International Popular Tale and Early Welsh Tradition* (Caerdydd, 1961), dysgais nad oedd stori nhad ond fersiwn dalfyredig o hen stori gydwladol boblogaidd iawn sydd i'w chael mewn sawl rhan o'r byd. Y mae'r cymeriadau yn newid o fersiwn i fersiwn. Y thema arferol yw bod llanc neu frawd yn achub bywyd un llawer mwy dysgedig, drwy ateb cwestiynau yn ddifyr ac annisgwyl. Dyma rai ohonynt: 'Beth yw uchder y nefoedd?' Ateb: 'Hyd cynffon llwynog, petai'r gynffon yn ddigon hir!' 'Beth yw pwysau'r lleuad?' Ateb: 'Pwys'. Pam? 'Y mae pedwar chwarter yn y lleuad!' Neges y stori yw: y mae gwybodaeth a gwybodaeth. Coleg Prifysgol i un; coleg yr aelwyd i'r llall. Dysgeidiaeth o lyfr i'r naill; gwybodaeth am nodau clustiau defaid i un arall. Y mae gan bawb ei gyfraniad.

Dosbarthwyd prif storïau gwerin y byd gan Aantti Aarne o'r Ffindir a Stith Thompson o America yn ôl teipiau cydwladol, a rhoddwyd rhifau iddynt. Adwaenir y stori hon fel 'Y Brenin a'r Esgob', a'i rhif yw A-T 922. Yn Lloegr cofnodwyd fersiwn o'r stori mewn baled o'r unfed ganrif ar bymtheg: 'King John and the Abbot of Canterbury'. Achubir bywyd yr abad gan frawd o fugail sy'n ateb y cwestiynau. Cyhoeddwyd un fersiwn o'r stori ym mhapur wythnosol *Yr Eryr*, gan mlynedd yn ôl (rhifyn 2, Rhagfyr 1896). Yn y fersiwn honno y mae'r llanc sy'n gwisgo fel esgob ac yn ateb y cwestiynau ar ei ran yn plygu un glin o flaen y brenin.

'Pam rwyt ti'n gwneud hynny?' gofynnodd y brenin. Ac atebodd y llanc:

'Un glin gerbron dyn a dwy gerbron Duw'.

Yn y fersiwn hon gofynnir pedwar cwestiwn. Dyma'r cwestiwn cyntaf (sy'n ychwanegol at y tri a ofynnir yn fersiwn fy nhad): 'Mewn faint o amser yr af o gwmpas y byd?' Ateb: 'Cyfod yn fore a chanlyn gwmpeini da (sef yr haul)'. Gwnaed astudiaeth safonol o 'Stori'r Brenin a'r Esgob' gan y diweddar Athro Walter Anderson o'r Almaen, ac fe'i cyhoeddwyd yn ei gyfrol: *Kaiser und Abt* (Helsinki, 1923). Yn ôl yr Athro Anderson, fe all y stori fod cyn hyned â'r seithfed ganrif. Efallai iddi darddu o'r Dwyrain Canol (Israel o bosib) a dod i Brydain gyda Milwyr y Groes.[10]

Dyna 'Stori Bob a Jac', ac y mae'r hyn a sgrifennwyd uchod yn dweud rhai pethau pur bwysig wrthym am y dreftadaeth sy'n destun y llyfr hwn. Y mae'r dreftadaeth yn drysor ac y mae'r trysor yn hen. Ond y mae'r trysor hwnnw yn drysor byw, ac yn drysor i'w rannu ag eraill heddiw. Cymydog yn rhannu â chymydog; tad yn rhannu â'i blant.

Holi ac ateb drwy arwyddion: stori'r Arolygwr Ysgolion a'r ddau frawd

Y mae'r trysor hefyd yn un llawn lliw ac amrywiaeth. Un amrywiad ar 'Stori Bob a Jac' yw fersiynau lle gofynnir ac yna yr atebir y cwestiynau nid mewn geiriau, ond drwy arwyddion. (Rhif y stori hon yw: A-T 924.) Tair fersiwn felly yn unig a gefais yng Nghymru. Y mae'r rheini, fodd bynnag, yn rhai eithriadol o ddiddorol, a chyd-ddigwyddiad ffodus iawn yw fod un ohonynt o blwyf Llangwm. Fe'i cefais gan Eric Jones, Wrecsam. Y mae'n fersiwn cwbl gyfoes. Nid brenin ac esgob yw'r prif gymeriadau, ond Arolygwr Ysgolion a dau frawd, un yn glyfar a'r llall heb fod mor glyfar. Y mae'n fersiwn hefyd sy'n adlewyrchu'r meddwl creadigol ar waith. Nid rhywbeth statig yw traddodiad a diwylliant byw; nid llyn llonydd, neu ferddwr, ond nant lafar, fyrlymus.

Bu Eric Jones am flwyddyn, 1933-4, yn athro cynorthwyol ifanc yn Ysgol Dinmael, pan oedd W E Williams yno'n brifathro. Un diwrnod cyfarfu ag un o amaethwyr y fro. Nid yw'n cofio ei enw bellach, nac ychwaith yr union amgylchiad. 'Fedra'i i ddim deud ô'n i yn y tŷ efo fo, ne lle roeddwn i, ond roedden ni wedi bod yn sôn am yr ysgol, beth bynnag. A wedyn, hwyrach bod yr Arolygwr Ysgolion wedi bod o gwmpas. Ie, dwi'n meddwl bod o wedi bod yn Ysgol Dinmael ar y pryd, i wrando arna'i. A wedyn, mae'n debyg, mod i yn y sgwrs wedi sôn am hynny wrth y ffermwr 'ma. A dyma fo'n deud: 'Glywsoch chi'r stori yma?'

'Roedd 'na ysgol mewn ardal, medda fo, ac roedd 'na ddau frawd yn mynd i'r ysgol 'ma. Robin oedd enw un, ac roedd o'n fachgen clyfar ofnadwy. A Jac ddim mor glyfar. Ac un llygad oedd gan hwnnw. Ond roedd yr ysgol, fel petai, medda fo, yn arbenigo mewn ieithoedd, ac, wrth gwrs, roedd y prifathro'n meddwl: wel, os daw'r HMI, ne'r Arolygwr Ysgolion – ne'r 'Inspector of Schools', fel oedden nhw'n i alw fo – os daw hwnnw yma, wel, mae o'n siwr o holi'r plant mewn ieithoedd, ac wrth gwrs, yr unig hogyn oedd yn yr ysgol [fedrai ateb] fysa Robin.

Beth bynnag, pan gyrhaeddodd yr Inspector – yr HMI – dyma fo'n deud wrth y prifathro:

"Dwi 'di newid fy meddwl", medda fo felna, "dwi ddim am 'u holi nhw mewn ieithoedd, dwi am 'u holi nhw mewn arwyddion." Ac ar hyn, dyma Robin yn torri'i galon, doedd o ddim am fynd i gael 'i holi o gwbwl.

"Twt lol!" medde Jac, 'i frawd, "mi â i yn dy le di, paid â poeni; does arna'i ddim o'i ofn o."

A dyma fo'n mynd. A mhen dipyn, ichi, dyma fo'n dod yn 'i ôl.

"Wel, sut 'raeth hi?" medde'r Prifathro.

"Wel, dyna'r ffŵl gwiriona weles i rioed", medde fo.

"Be sy'n bod?" medde fo.

"Wel, mi gododd o un bys i fyny i ddeud bod gynna i un llygad. Mi godes inne ddau fys i fyny i ddeud bod gynno fo ddau lygad. A mi gododd o dri bys i fyny i ddeud bod gynnon ni dri llygad rhyngddon ni. Wel, erbyn hyn mi rôn i'n dechre gwylltio. Mi gaues inne nwrn i ddeud tase fo'n deud rywbeth chwaneg am lygid, byswn i'n rhoi pelten iddo fo".

A newydd iddo orffen 'i stori, pwy ddaeth allan 'blaw yr HMI 'i hun. A dyma fo'n deud wrth y Prifathro:

"Llongyfarchiade, mae o 'di ateb pob cwestiwn yn gywir. Dwi ddim isio holi neb arall."

"Wel, be ddigwyddodd?" medde'r Prifathro.

"Wel", medde fynte, "mi godish i un bys i fyny i ddeud mai un Duw oedd 'na. Mi gododd o ddau fys i fyny i ddeud bod 'na Dad a Mab. Mi godesh i dri i ddeud bod 'na Dad a Mab ac Ysbryd Glân. A mi gauodd ynte'i ddwrn a'i ddal i fyny, i ddeud bod y tri i gyd yn un." [11]

Dyna'r stori ddiddorol a glywodd yr athro ifanc gan ffermwr o Ddinmael. Yn y ddwy fersiwn arall a gofnodwyd ceir dau 'gwestiwn' ychwanegol. Y mae'r sawl sy'n gofyn y cwestiynau ('Gŵr y Plas' ac Esgob) yn dangos afal coch i arwyddo mai 'drwy ffrwyth y Pren y syrthiodd Adda'. Y mae'r sawl sy'n ateb y cwestiynau ('John y Gwas' a 'Gwas y Felin') yn tynnu tamaid o grystyn o'u pocedau i ddangos 'nad ar fara yn unig y bydd byw dyn'.

'Mil o wŷr yn ymladd'; 'Siôn y Bodiau', a lladd y 'bych': stori onomastig

Y mae'r 'Brenin a'r Esgob' a'r fersiynau y cyfeiriwyd atynt uchod yn enghraifft dda o stori gydwladol gynnar a gyrhaeddodd rywsut-rywfodd i ardal Uwchaled. Ceir hefyd storïau a blas mwy lleol arnynt, er bod yr un math o storïau i'w cael mewn gwledydd eraill. Dyma un enghraifft arbennig: stori onomastig (stori sy'n ceisio egluro ystyr enwau lleoedd), a honno'n adlewyrchu dychymyg byw iawn rhyw storïwr dienw. Cefais y stori ar lafar gan John Powell Jones, Tawelfan, Cerrigydrudion (g.17 Awst 1879). Roedd o fewn diwrnod i fod yn 90 mlwydd oed pan sgwrsiwn ag ef, 16 Awst 1969. Fe'i ganed yn Nhŷ Coch, Cerrigydrudion. Saer maen ydoedd wrth ei alwedigaeth, ond yn 1940 dechreuodd gario'r post a dal ati hyd nes yr oedd yn 82 mlwydd oed. Clywodd y stori arbennig hon gan 'rai o'r hogie', ac E T Roberts, Melin Bwlch (bardd), yn un ohonynt. Yn anffodus, ni ddaeth cyfle i gofnodi'r stori ar dâp, ond dyma fraslun ohoni fel y cefais i hi gan John Powell Jones. Ac eithrio Rhuddlan, Yr Eglwys Wen a Dinbych, enwau lleoedd yn Uwchaled (cylch Cerrigydrudion - Llanfihangel Glyn Myfyr, yn bennaf) yw'r gweddill. Hyd y gwn i, ni chyhoeddwyd y stori hon o'r blaen.

> 'Roedd milwyr yn ymladd yn Nolwerful ('dôl a mil o wŷr yn ymladd arni') a'u gwragedd yn wylo – yn 'brefu' – ar y 'foel' gerllaw, ym Moelfre. Cafodd y milwyr wahoddiad wedyn i ffoi i Gaerfechan, ond fe redodd un o'r sowldiwrs i dŷ cyfagos o'r enw Ty'n Rhedyn ('i'r tŷ y rhed un'). Oddi yno aeth y milwyr i Ben Mownt – Caer Garadog – a chloi'r selerydd. Gofalwyd am yr allweddi – y 'goriade'– gan un o'r gwragedd, a beth wnaeth hi ond eu lluchio i nant fechan, er mwyn eu cuddio rhag y gelyn. Roedd y nant yn tarddu yn Llyn Bwlch ac yn

330

llifo heibio Melin Bwlch. Enw'r nant byth wedyn oedd 'Nant y Goriade'. Yna aeth y sowldiwrs ar eu hunion i Fwlch-y-beudy ('i'r bwlch heb oedi'). Cael gorchymyn yno i fynd i Fwlch Hafod Einion – 'Bwlch Dingen' – ('i'r bwlch ar eu hunion'). Ond ar ôl cyrraedd, bu raid iddyn nhw fynd i 'lechu' mewn nyrs goed yn Nolechog.

Oedi wedyn i gladdu eu meirw yng Ngaerddunod – roedd hen fynwent yno. Eu claddu fesul pump a chwech mewn un rhes. Wedyn, gwneud sarn i groesi Afon Alwen, a'r ceffylau'n llusgo'r cerrig. Yna teithio ar hyd Mynydd Hiraethog i Ddyffryn Clwyd a Rhuddlan. 'Ffeit' yno gyda Siôn y Bodie yn Eglwys Wen – roedd dwy fawd ganddo ar bob llaw a'i ddwy droed. Wedi'r frwydr, penderfynu yn y man i godi castell. Ond, yn gyntaf, rhaid oedd hela anifail mawr rheibus – y 'bych'. Ble bynnag y câi'r bych ei ladd, yno roedd y castell i'w adeiladu. Daliwyd y bych, a gwnaed ffos fawr i ddal ei waed. Defnyddiwyd y gwaed i'w gymysgu gyda morter poeth, fel bod y cerrig yn glynu'n well. Codwyd y castell ar ben bryn, yn yr union fan lle lladdwyd y bych, a'r enw a roddwyd ar y castell ac ar y dref o'i amgylch ar ôl hynny oedd Dinbych ('dim bych').'

Dyna stori onomastig ddiddorol John Powell Jones. Nid oedd ef, mwy na chrëwr y stori, mae'n siwr, yn poeni dim fod ei chynnwys yn llamu'n rhwydd o gyfnod i gyfnod. Un diwrnod, yr ydym yn Oes yr Haearn a'r Celtiaid yng Nghaer Caradog a Gaerddunod, Llanfihangel Glyn Myfyr; y diwrnod wedyn, yr ydym yn Nyffryn Clwyd ac yng nghwmni un o Salsbriaid teulu uchelwrol Lleweni: 'Siôn y Bodiau'. Syr John Salusbury oedd y gŵr hwn (bu f. 1578). Fe'i galwyd yn 'Siôn y Bodiau' oherwydd ei fod yn ddyn mawr, cydnerth. Ef oedd tad Siôn Salsbri (bu f. 1566), gŵr cyntaf Catrin o Ferain.[12]

'Un o Dderwen ydi John': stori ddigri am hen ŵr a hen wraig anllythrennog

Elfen amlwg yn stori John Powell Jones yw'r pwys ar enwau lleol. Dyma, wrth gwrs, nodwedd gyffredin iawn mewn storïau o bob math: awydd y storïwr i roi lliw a blas lleol ar ei storïau, a hynny yn eu gwneud yn fwy diddorol fyth i'r gwrandäwr. Dyma un enghraifft o stori ddigri y gellid ei haddasu'n rhwydd at unrhyw ardal. Ond fel hyn y clywais i'r stori gan fy nhad, John Hugh Jones, tua 1965.

'Rai blynyddoedd yn ôl roedd 'ne hen ŵr a hen wraig yn byw mewn fferm fechan anghysbell yn ardal Llanfihangel Glyn Myfyr, ac roedden nhw'n anllythrennog. Un diwrnod aeth yr hen ŵr yn sâl iawn, ac roedd y meddyg yn meddwl y bydde fo'n marw. Mi glywodd y Gweinidog am hyn, ac mi aeth yno i edrych amdano. Wedi mynd i'r tŷ a chael sgwrs hefo'r wraig, dyma fo'n gofyn:

"A sut mae'r hen law?"

"O, gwael iawn", meddai hithau.

"Tybed fase fo'n licio imi ddarllen iddo?"

"Darllen be?"

"Wel, darllen y Beibl."

"Am be mae hwnnw'n sôn?"

"Am Iesu Grist", atebodd y Gweinidog.

"O ble roedd o'n dwad?"

"O Nasareth."

"Na", medde'r hen wraig, "waeth ichi heb, un o Dderwen ydi John".'

'Twm trol' a'r Drindod; coeden gwsberins a phechod gwreiddiol

Rhan annatod o ddifyrrwch unrhyw gymdogaeth yw storïau, hanesion a mân siarad, neu glecs, am hynt a helynt bob dydd y trigolion; ambell sylw ffraeth, cofiadwy, neu ambell dro trwstan. Yn yr un modd, yr oedd mwynhad i'w gael mewn sgwrs a hanesion difyr am bob agwedd ar fywyd, gan gynnwys crefydd. Un person yn dweud wrth y llall; trosglwyddo stori a hanesyn o ben i ben, a mwynhau'r ailadrodd. Dyma, er enghraifft, ddwy gymhariaeth a dau sylw gwreiddiol iawn i geisio esbonio rhai materion diwinyddol digon dyrus. Gan y diweddar Thomas Jones, Cwm Main, Cwm Penanner, y clywais y sylw cyntaf. Trafodaeth ar y Drindod, ac un cymeriad yn rhoi cynnig ar egluro'r adnod: 'Y Tad, y Mab a'r Ysbryd Glân, un ydynt' fel hyn: 'Y peth tebyca welish i 'rioed i "Dwm trol": tair coes yn dod yn un, a'r naill na'r llall yn dda i ddim ar wahân i'w gilydd'. Coedyn a thair coes iddo wedi tyfu o'r un pren oedd Twm trol. Fe'i defnyddid i ddal breichiau'r drol i fyny wrth lwytho ac ati.'[13]

Gan fy nhad y clywais yr ail gymhariaeth. Dadl frwd mewn dosbarth Ysgol Sul: 'Beth yw pechod gwreiddiol?' Ac un wàg yn cynnig ateb ffraeth fel hyn: 'Petaswn i'n mynd i'r ardd drws nesa ac yn dwyn gwsberins, dyna chi bechod. Ond petaswn i'n codi'r goeden o'r gwraidd – dyna ichi bechod gwreiddiol'!

'Mwy garw ar Galfaria': sylw John Hughes, y melinydd

Y mae amryw o'r sylwadau hyn bellach, er na chawsant, efallai, erioed eu cofnodi, yn rhan o lên a llafar bro. Dyma un enghraifft eto: sylw cofiadwy iawn o eiddo John Hughes, y melinydd, Glasfryn. Cefais yr hanes gan ei ŵyr, Idwal Hughes, Cerrigydrudion. Pa mor brysur bynnag yr oedd John Hughes yn y felin, cerddai drwy bob tywydd i'r Seiat yng Nghefn Brith. Un noson, a hithau'n storm fawr, dyma rywun yn dweud wrtho: 'Tydi hi ddim ffit ichi fynd heno, John Hughes, mae'n arw ofnadwy.'

'Na', meddai yntau, 'mae'n rhaid imi fynd, roedd hi'n fwy garw ar Galfaria.'[14]

Ffraethineb a gwreiddioldeb hen bregethwyr

Rhan arbennig o ddiddorol o lên a llafar bro hefyd yw dywediadau ffraeth a rhannau o bregethau a gweddïau gwreiddiol, cofiadwy, rhai o bregethwyr y cylch. Cefais gyfle eisoes yn y gyfrol *Gŵr y Doniau Da* (1978) i gyflwyno detholiad o ddywediadau'r hynod Barchg J T Roberts, ynghyd â'r storïau a'r hanesion difyr a adroddir amdano. Yn y bennod hon, felly, dyma ychydig eiriau yn unig am rai pregethwyr eraill a oedd yn nodedig am eu harabedd – a phregethwyr y byddai trigolion ardal Llangwm wedi bod yn gybyddus iawn â hwy. Rhwydd fyddai ymhelaethu, ond bodlonaf ar gyfyngu fy newisiad i ffrwyth cystadleuaeth y cefais y fraint o'i hawgrymu a'i beirniadu yn Eisteddfod Gadeiriol Llangwm, 1987, sef 'Ffraethineb a Gwreiddioldeb Hen Bregethwyr'.

Arabedd Anthropos

Yn gydradd ail yn y gystadleuaeth honno roedd Robert Tegid Jones, Llanarmon-yn-Iâl. Dyma ddau hanesyn ganddo am y llenor, y newyddiadurwr a'r pregethwr Robert David Rowland, 'Anthropos' (1853?-1944), Caernarfon. Fe'i maged ym mhentref bach Ty'n Cefn, ger Corwen, a'i brentisio'n deiliwr. Un o'i gyfrolau mwyaf poblogaidd oedd *Y Pentre Gwyn* (1909), sy'n cynnwys ei atgofion am fro ei febyd. Roedd yn pregethu mewn capel un tro a chanu gwael ofnadwy yno. Eto i gyd, roedd y codwr canu yn mynnu ymffrostio nad oedd byth 'gythraul canu' yn y capel hwnnw. Unig sylw

Anthropos oedd: 'Does dim cythraul all ganu yma!' Dro arall, roedd yn gwasanaethu mewn capel arbennig ac un o'r blaenoriaid wedi gofyn iddo a fedrai bregethu'n fyr. Aeth Anthropos i'r pulpud, ac wedi'r rhannau dechreuol, cododd dri phen. 'Maen nhw wedi gofyn imi, gyfeillion, fedrai bregethu'n fyr, a dyma f'ateb. Yn gyntaf, mi fedrai bregethu. Yn ail, mi fedrai bregethu'n fyr. Yn drydydd, mi fedrai beidio â phregethu o gwbwl.' Ac aeth o'r pulpud ac am adre!

Dynwared y gog yn y gaeaf i ddeffro cynulleidfa gysglyd! Pregethau a gweddïau gwreiddiol Isaac Jones, Nantglyn

Cyfeiriodd Robert Tegid Jones hefyd at y Parchg Isaac Jones (1830-1919), Nantglyn, un o gymeriadau a phregethwyr ffraethaf y Methodistiaid Calfinaidd, ac unrhyw enwad. Pregethai mewn capel un tro ym mis Ionawr a nifer o'r gynulleidfa yn cysgu. Plygodd dros ochr y pulpud a dynwared y gog: 'Cw-cw', 'cw-cw'. Ac meddai: 'Da iawn, mhobol i, roeddwn i'n meddwl y basech chi'n deffro i gyd wrth glywed y gog yn y gaeaf!'

Daw gweddill yr hanesion o gasgliad cyd-fuddugol diddorol William Hughes Jones, Y Bala (un o blant Tai Mawr, Cwm Main, plwyf Llangwm).[15] Soniodd yntau am Isaac Jones. Roedd yn pregethu un tro yng nghylch Corwen yn nhymor yr Hydref. Ar ei weddi dywedodd ei fod wedi sylwi bod amaethwyr cylch Corwen wedi cario'r ŷd yn ddiddos dan do. 'Diolch iti, Arglwydd, am hynny, ond maen nhw'n dweud fod cryn lawer heb 'i gael o tua Cherrigydrudion 'na. Mae hi wedi mynd yn ddiweddar, Arglwydd mawr, iti roi haul i'w sychu, ond rho wynt neu rewynt iddyn nhw allu 'i gael o, os gweli'n dda, Arglwydd.' Dro arall, roedd yn pregethu yn yr un cylch ar ddiwedd blwyddyn, ac meddai ar ei weddi: 'Diolch iti am y cynhaeaf gwair a'r cynhaeaf ŷd a'r tywydd ardderchog. Ond am dy datws di, Arglwydd mawr, maen nhw'n deud 'i bod hi'n gwilydd iti eu gweld nhw.'

Teg yw ychwanegu yn y fan hon fod gweddïau tebyg iawn i'r weddi ddiwethaf yn cael eu tadogi hefyd ar gymeriadau a phregethwyr ffraeth eraill. Yn union megis storïau cylch – yr un storïau yn cael eu hadrodd am fwy nag un person. Dyma enghraifft arall o weddi felly. Clywais y weddi hon yn Uwchaled ac mewn ardaloedd eraill: 'Cofia am Dwm Bach a'i deulu; maen nhw'n deud fod 'ne dylle yn 'i sane fo, Arglwydd mawr, yr âi dy ben di drwyddyn nhw!'

Peiriant golchi, dŵr a sebon a'r Dŵr Bywiol: ateb ffraeth y Parchg Henlyn Owen, Dinmael a Glanrafon

Gair yn awr am y Parchg Henlyn Owen. Fel hyn y disgrifiwyd ef gan William Hughes Jones:

'Gŵr unplyg a doeth. Ni fu iddo erioed chwennych uchel gadeiriau ei enwad, ond bu'n ddiwyd am gyfnod maith fel gweinidog a bugail ar eglwysi Dinmael a Glanrafon. Ei hoff hobi oedd arbrofi a dyfeisio gwahanol bethau at iws y tŷ. Un tro cafodd hwyl ar wneud peiriant golchi dillad. Roedd rhai o'i aelodau yn teimlo ei fod yn treulio gormod o'i amser yn boddro gyda phethau o'r fath hynny. Cafodd wybod gan un o'r blaenoriaid beth oedd rhai yn ei ddweud.

"Wel, ie", meddai Mr Owen, "nid yw yn ddrwg o gwbl i roi gwybod gwerth dŵr a sebon – efallai y bydd yn haws cymeradwyo'r Dŵr Bywiol iddynt wedyn".'

Craffter a gwreiddioldeb y Parchg Gwion Jones, Bethel

Gŵr arall yr oedd gan William Hughes Jones, fel cymaint o'i gyd-ardalwyr, feddwl uchel iawn ohono oedd y Parchg Gwion Jones. Bu'n weinidog ffyddlon ar eglwysi cylch Caereini, sef Soar, Rhydywernen a Bethel, am ddeugain mlynedd. Clywais innau gan fy nhad rai hanesion difyr amdano, ac yn arbennig am ei iaith. Yr oedd yn enedigol o dde sir Aberteifi, ond er iddo fyw yn y Gogledd am dros drigain mlynedd, cadwodd iaith bro ei febyd. Roedd yn feddyliwr craff ac yn barod iawn ei atebion, pan oedd raid. Dyma dri hanesyn a gofnodir gan William Hughes Jones.

'Ei gas beth oedd siaradwr hirwyntog... Un tro, gofynnwyd iddo gan ŵr a eisteddai yn ei ochr a oedd yn bur drwm ei glyw: "Beth mae o'n 'i ddweud?" Ateb sydyn y Parchg Gwion Jones oedd: "Dim byd, fachan, siarad mae o".'

'Cwta a gwreiddiol oedd ei atebion, fel yr adeg honno pan gafodd ei wadd i ginio gan wraig yn un o eglwysi cylch Corwen. Dywedodd y wraig wrtho wrth ei groesawu i'r tŷ iddi fwynhau'r oedfa a'i fod wedi pregethu'n well nag arfer.

"Diolch yn fawr", meddai yntau, "mae'n siwr mai chi oedd yn gwrando'n well heddi".'

'Mewn gwasanaeth claddu gŵr pur amlwg mewn capel yn ardal Llangwm lle roedd llu o weinidogion yn llenwi'r sêt fawr, estynnodd y Parchg J T Roberts, gweinidog Cerrigydrudion, a oedd yng ngofal y gwasanaeth, daflen i Gwion Jones yn nodi trefn y rhai a gymerai ran. Darllenodd Gwion hi, ac wrth ei hestyn yn ei hôl, meddai:

"Fachan, dwedwch i mi, faint rych chi'n fwriadu eu claddu y prynhawn hwn?" '

Y Parchg J C Jones: cymeriad a phregethwr unigryw

Bydd amryw o ddarllenwyr y gyfrol hon yn cofio'n dda iawn am y diweddar Barchg J C Jones, Dinas Mawddwy a Rhyd-y-main – ei bersonoliaeth fyw, ei hiwmor, a'i ddull unigryw o bregethu'r Gair. Rhyw ddwywaith y cefais i'r fraint o'i glywed, ond gwnaeth argraff ddofn arnaf. Dyma ychydig o atgofion William Hughes Jones.

'Cof gennyf iddo sôn wrthyf am brofiad a gafodd trwy ryw amryfusedd ar ei ran. Roedd yn pregethu yn eglwysi ei ofalaeth y Sul cyntaf wedi ei wyliau Awst. Aethai ei bregeth yn rhy faith ym Methseida yn y bore, rhaid oedd cwtogi cryn dipyn cyn yr elai i Ebeneser yn y nos. Cwtogodd ormod, fel yr aeth i ymhelaethu o'r frest. Soniai amdano'i hun yn rhodianna ar y prom yn Aberystwyth un nos Sul pan oedd ar ei wyliau.

"Merched ifanc hanner noeth! Gofalwch chi ferched Dinas fynd i'ch gwely mewn amser gweddus – a finnau gyda chi."

Dychrynnodd pan sylweddolodd beth yr oedd wedi ei ddweud a gweld nifer yn y gynulleidfa yn cilwenu.'

'Wedi iddo ymddeol a dod i fyw i Fron-goch at ei frawd, Ieuan Jones, byddai yn taro yn Y Bala ar rai o'i hen aelodau o Ddinas Mawddwy. Rhaid oedd cael gwybod sut oedd y gweinidog newydd yn cynefino.

"Da iawn", oedd yr ateb gan un o'i aelodau, "ond nid yw cystal claddwr â chi, chwaith."

"Tewch â deud" [meddai J C Jones], "yden nhw'n codi ar 'i ôl o, neu be?" '

'Darn heb ei atalnodi'

Dyna gipolwg ar bwysigrwydd sgwrsio ac adrodd straeon, hanesion a dywediadau fel rhan o ddifyrrwch bob dydd pobl. Roedd llawer o hwyl i'w gael hefyd o roi cynnig ar adrodd 'darn heb ei atalnodi', gartref fin nos ar aelwydydd, neu mewn cyfarfodydd, megis 'Pawb yn ei Dro' a noson lawen. Yr un modd, mewn cyfarfodydd yn gysylltiedig â'r capeli, megis y cyfarfod cystadleuol, 'Cyfarfod Plant' a'r gymdeithas. Rhaid oedd darllen y darn ar y pryd, a dyna, wrth gwrs, ran fawr o'r hwyl – clywed yr ymgeisydd yn baglu a straffaglio. Cyhoeddwyd amryw o'r 'darnau' hyn mewn cylchgronau enwadol, megis *Trysorfa'r Plant* (cylchgrawn y Methodistiaid Calfinaidd). Dyma un enghraifft o rifyn Mehefin 1936. Yr awdur yw Ioan Idloes, Tonpentre, Morgannwg.

> 'Ddoe gwelais Dafydd yn hedfan yr oedd yr awyrlong wrth gynffon y fuwch yr oedd ci melyn yw wyau cochion yw tomatos ar y coed cnau sydd dda i'w bwyta mae tatws ar y ffordd mae cerrig gwynion yw plu estrys Affrica sydd wlad ffrwythlon yw perllan o goed derw gwneir coffiniau hardd yw dynion hyll yw tŷ heb simdde ar ben mochyn mae clustiau cwningod sydd yn ffoi i'r twll mae yr arth yn mynd i eillio'r farf rhaid cael awch da i ddal tyrchod yw trap llygod a garant flawd papur da yw'r *Goleuad* tywyll yw'r nos ond golau yw llwybr y Cristion.'[16]

Ambell dro gosodid cystadleuaeth (er enghraifft, mewn cyfarfod llenyddol) i gyfansoddi 'darn heb ei atalnodi'. Dro arall, gofynnid i berson neilltuol lunio 'darn' yn arbennig. Un o'r goreuon yn Uwchaled yw Emyr P Roberts, Dinmael. A dyma un enghraifft o'i waith, darn a luniodd yn y chwedegau.

> 'Gwelais geiliog gwynt newydd ar ben Eglwys y Plwyf roddodd sedd i'r hen bobol i eistedd y tu allan i'r dafarn yr oedd blodau o bob lliw pinc a melyn oedd y lliwiau amlycaf yn y Sioe Sir Feirionnydd fydd testun darlith Cynan yn Y Bala mae Llyn Tegid oedd y gorau am godi pwysau a rhedeg milltir oedd rhwng y ddwy dref wrth gerdded rhaid cymryd gofal nid ar redeg mae aredig yn y cae y syrthiodd Jac a thorri ei goes chwith yw meddwl am Gwm Tryweryn dan ddŵr oer mae pilio nionod i arbed dagrau chwerthin sy'n ysgafnhau gofidiau i lawer o bobol Dinbych sydd dref farchnad hwylus fyddai cael cyfleusterau cyhoeddus ymhob pentref lle mae merched mae llawer o siarad gwag oedd y botel lemonêd gafwyd i'w yfed yn y briodas ar ôl te cychwynnodd y gweinidog allan am dro hefo gwraig weddw yr oedd yn aros yn ystod ei wyliau yn Y Rhyl gwelais ddynes dew ar gefn mul bach yr aeth bachgen i brynu India Roc rhaid cael arian gwynion oedd bob un o'r angylion yn y ddrama cafodd y gŵr gweir gan y wraig yr oedd het newydd glywed yr oedd Bob fod Ned yn hen lanc wedi priodi aeth Wil i fyw i'r Hafod ar ei ben ei hun yr oedd pan ddisgynnodd o ben to tŷ bach lleiaf yng Nghymru sydd yng Nghonwy mae Pont yr Afon Gam ar y ffordd i Stiniog lle mae glaw parhaus mae lle da i werthu ambarelos.'

'Gweirglodd las, lydan' a 'gwartheg penchwiban'; 'tarw penwyn' a 'bugail aur': posau

Gartref yn 'Rhafod pan oeddem yn blant arferem gynnal math o 'eisteddfod yr aelwyd', ac yn arbennig ar nos Sul pan oedd Nain (Maggie Owen) yn gwarchod, a'n rhieni yn y capel. Eisteddem yn gylch o flaen y tân ac am y gorau adrodd adnodau o'r Beibl, un adnod ar y tro. Onid oedd gennych adnod, yna byddech allan o'r cylch. Dro arall, am y gorau adrodd diarhebion, posau a chlymau tafod. Ysgol ardderchog i feithrin y cof oedd hon.

Roedd bri arbennig ar bosau neu ddychmygion, a byddem fel plant yn eu casglu a'u sgrifennu'n ofalus mewn pwt o lyfr nodiadau – pob un a'i lyfr. Dyma ddetholiad bychan o'r math o bosau a oedd yn lled-gyfarwydd i ni blant ac oedolion Llangwm a'r cylch.

1. Ble roedd Moses pan ddiffoddodd y gannwyll? (*Yn y tywyllwch.*)

2. Pwy oedd tad meibion Sebedeus? (*Sebedeus*)

3. Creadur cryf ydoedd,
   Erioed ni siaradodd,
   Ni redodd, ni cherddodd,
   Ni nofiodd mewn nant,
   Ac enaid byw ynddo
   A dawn i broffwydo –
   Ysgrythur lân wiriai, wir warant. (*Y morfil a lyncodd Jona.*)

4. Be sy'n mynd yn gynt wedi torri ei phen? (*Ffôs*)

5. Be sy'n mynd i fyny ysgol a'i phen i lawr? (*Hoelen mewn esgid.*)

6. Pa anifail oedd yr olaf i adael Arch Noa? (*Yr hwyaden, oherwydd mai hi oedd yn dweud 'gwa-ag'.*)

7. Ar fy nhaith wrth fynd drwy'r coed,
   Mi welais beth rhyfeddaf a welais erioed:
   Gweld plant bach yn marw o henaint,
   A'r tad a'r fam yn bobl ifanc. (*Coeden yn bwrw'i dail.*)

8. Gweirglodd las, lydan, (*Yr awyr*)
   A'i llond hi o wartheg penchwiban; (*Y sêr*)
   Tarw penwyn yn y canol, (*Y lleuad*)
   A'r bugail aur yn eu troi nhw allan. (*Yr haul yn codi.*)

9. Pren cam, cwmws,
   Yn y coed fe dyfws,
   Yn y tŷ fe ganws,
   Ar yr helyg cysgws. (*Telyn*)

10. Saith Sais yn saethu saith o saethau seithwaith. Os oes eisiau saith saeth syth i Sais a saith o Saeson sythion yn saethu, sawl saeth syth a saethai'r Saeson sythion wrth saethu saith o saethau sythion seithwaith? (*343*)

'Edrychais i arno fo i edrych oedd o'n edrych arna i...': clymau tafod

Y mae'r pôs olaf hefyd, wrth gwrs, yn gwlwm tafod. Enwau eraill yw: treth tafod, camp tafod a thafod lithrig. Caem lawer o hwyl yn ceisio adrodd clymau tafod tebyg i hwn, a meistroli tair camp: camp cof, camp llefaru a champ anadl. Roedd yn rhaid eu hadrodd yn gywir, yn glir ac yn gyflym 'ar un gwynt'. Byddem yn dechrau gyda rhai rhwydd, megis: 'Hwch goch a chwech o berchyll bychain cochion bach', neu 'Rowliodd lori lawr yr allt'. Yna, yn y man, graddio i fentro rhoi cynnig ar gowlaid go fawr, megis y tri hyn:

'Edrychais i arno fo i edrych oedd o'n edrych arna i. Edrychodd o arna i i edrych o'n i'n edrych arno fo. Gwell gen i iddo fo edrych arna i, nag i mi edrych arno fo i edrych oedd o'n edrych arna i.'

'Mae Jo ni yn gofyn gaiff o fenthyg banjo Jo chi. Os na chaiff Jo ni fenthyg banjo Jo chi, chaiff Jo chi ddim benthyg banjo Jo ni pan fydd banjo Jo chi wedi torri.'

'Paham y mae blaen blewyn barf gafr yn gam? Oherwydd ei bod yn pori ar y garw dwyn o dan y garw gelyn, dyna paham y mae blaen blewyn garw barf gafr yn gam.'

Ceid llawer o hwyl hefyd yn ceisio adrodd ambell englyn digon disynnwyr, megis yr englyn di-gytsain hwn i'r pryf copyn.

O'i wiw ŵy i wau e â; – o'i ieuau
    Ei weau a wea;
   E wywa ei we aea,
   A'i weau yw ieuau iâ.

Englyn pur enwog arall yw eiddo Edward Morris, Perthillwydion. Roedd ef a'i gyfaill o fardd, Huw Morys, yn aros rywdro gyda'i gilydd mewn gwesty. Wedi iddynt ddeffro'n blygeiniol un bore, dyma'r ddau yn dechrau cyfansoddi englynion i ganiad y ceiliog. Pan oeddent ar fin gorffen, dyma glywed sŵn corddi, a rhaid oedd cyfansoddi englynion i'w ddisgrifio. Fel hyn y canodd Edward Morris:

> Dip-dap, lip-lap, gip-gap, gwpan; – cabl abl,
> Oera nabl ar drebl driban;
> Croch och! wchw garw, twrw taran,
> Gwaedd goedd gŵydd, gwedd gïaidd gân.

Mewn rhai ardaloedd bu'r englyn dyrus hwn gynt, neu ran ohono, yn cael ei lafarganu wrth gorddi. Yn union fel caneuon gwaith, megis yr hen arfer o ganu tribannau wrth yrru'r ychen.

Dyma yn awr gwlwm tafod a glywais gan fy nhad:

> Coimi nero cil ddi cero, coimi nero coimi; pum strum strama, tidl ara bwm arig tigarala bwli tin a coimi.

Weithiau byddai fy nhad yn canu neu lafarganu'r rhigwm hwn. Clywodd ef gan 'Jones y Torrwr', Bryn-maen, Tŷ Nant. Cofnodwyd sawl fersiwn ohono mewn gwahanol rannau o Gymru. Clywodd Mrs Nellie Jones, Uwchmynydd, Aberdaron, y rhigwm yn cael ei ganu gan filwyr o Wlad Belg yn ystod y Rhyfel Byd Cyntaf.

'Elin yr Hafod' ac 'yswain penuchel': hwiangerddi, rhigymau a cherddi llafar gwlad

Cyfeiriwyd eisoes at hen benillion telyn. Rhan bwysig o adloniant a difyrrwch bro hefyd oedd hwiangerddi, rhigymau a cherddi llafar gwlad. Gwyddom, er enghraifft, am boblogrwydd rhai o gerddi a baledi Jac Glan-y-gors, megis: 'Hanes y Sesiwn yng Nghymru'; 'Pan oedd Bess yn Teyrnasu'; 'Bessi o Lansantffraid'; a 'Cherdd Miss Morgans Fawr'. Fel un enghraifft o gân boblogaidd gan fardd arall o Uwchaled, dyma ddau bennill o 'Gerdd yr Yswain', gan John Davies, 'Taliesin Hiraethog'. Y fersiynau llafar yw'r rhain; y mae'r fersiynau ysgrifenedig yn fwy llenyddol. Cyfeirir yn y pennill cyntaf (yn ôl tystiolaeth Lewis T Evans) at Elin, merch Hafod yr Onthren ('Hafod yr Onnen Hen'), Pentrellyncymer.

> Roedd Elin yr Hafod a'i bonnet wen, wen,
> Fel pe buasai'n cario yr ardd ar ei phen!
> Cymerwch yn araf wrth farnu pob un:
> Mai nid wrth y fonnet mae nabod y fun.

Roedd yswain penuchel yn pasio ei frawd,
Oherwydd fod cotwm ei gôt yn rhy dlawd.
Cymerwch yn araf wrth farnu pob un:
Mai nid wrth y brethyn mae nabod y dyn.

'Iesu, difyrrwch f'enaid drud...': emynau llafar gwlad

Yr oedd 'Cerdd yr Yswain' yn gerdd ddifyr iawn i wrando arni. Ond nid er mwyn difyrrwch yn unig y câi cerdd o'r fath ei hadrodd a'i chanu. Y mae ynddi hefyd ddychan a beirniadaeth ar falchder ac anfrawdgarwch dyn. Pregeth ar gân ydyw. A dyma'r ddolen gyswllt rhwng y deunydd y buom yn ei ystyried hyd yn hyn a'r farddoniaeth y byddwn yn cyfeirio ati ar derfyn y bennod hon, sef emynau llafar gwlad. Meddai'r Pêr Ganiedydd o Bantycelyn wrth gyfarch ei Hoff Anwylyd:

Iesu, difyrrwch f'enaid drud
Yw edrych ar dy wedd;
Ac mae llythrennau d'enw pur
Yn fywyd ac yn hedd.

Felly yr oedd emynau i'n cyndadau yn ddifyrrwch pur. Mor aml y clywn y geiriau: 'Ei hoff emyn oedd...' Hoff emyn fy nain, mam fy mam, oedd:

Newyddion braf a ddaeth i'n bro,
Hwy haeddant gael eu dwyn ar go':
Mae'r Iesu wedi cario'r dydd,
Caiff carcharorion fynd yn rhydd...

Gwn y gallai llawer un yn ardal Llangwm heddiw ddweud pa un oedd 'hoff emyn' aelodau o'u teuluoedd hwythau.

Ar derfyn y bennod hon, felly, y cyfan y carwn ei wneud yw cyflwyno detholiad byr o emynau llafar gwlad y bu rhai o drigolion Uwchaled a'r cyffiniau mor garedig â'u hadrodd wrthyf, neu eu cofnodi ar fy nghais. Cefais nifer o'r emynau trwy garedigrwydd y ddiweddar Mrs Mary Ellen Edwards, Tan Graig, Graigfechan, wedi'u cofnodi gan ei thad, John William Jones, Pentrellawen, Cwm Main, plwyf Llangwm.

Er i rai o'r emynau hyn ryw dro gael eu cyhoeddi ac, yn wir, gael eu canu mewn oedfaon, prin y gwelir hwy bellach mewn casgliadau a ddefnyddir gan y gwahanol enwadau yng Nghymru. Deunydd llafar ydynt yn eu hanfod, a buont unwaith yn boblogaidd iawn ar lafar gwlad. Cofnodwyd hwynt mewn sawl ardal yng Nghymru. **Penillion** unigol ydynt, fel rheol. Eu nodwedd amlycaf yw uniongyrchedd a gwreiddioldeb mynegiant; defnydd o eirfa a rhythmau yr iaith **lafar**, a phwyslais arbennig ar ddelweddu a thynnu darlun byw. Ar **adegau**, y mae'r ffin rhwng emyn, pennill a rhigwm yn denau. **Dyna, er** enghraifft, y pennill hwn: 'Rhoi Satan yn y carchar' a ganwyd **imi ar** dâp gan Owen Hughes, Pen-y-gob, Llangwm. (Canai ei dad a'i daid un pennill ychwanegol nad oedd Owen Hughes yn ei gofio.)

> Rhoi Satan yn y carchar,
>   Hyfryd ddydd, hyfryd ddydd,
> Fel na thramwya'r ddaear,
>   Hyfryd ddydd, hyfryd ddydd;
> Ni chaiff y gelyn creulon
> Ddim erlid y duwiolion,
> Nac edliw dillad budron,
>   Hyfryd ddydd, hyfryd ddydd.[17]

'Daeth anghrediniaeth ataf â chlamp o bastwn mawr...'

Enghraifft ragorol o dynnu darlun byw, gydag elfen o ddrama ynddo, yw'r pedwar neu bum pennill o emyn unigol sy'n portreadu Anghrediniaeth. Dyma un o'm ffefrynnau i, a'r unig un imi ei gofnodi yn Uwchaled:

> Daeth Anghrediniaeth ataf
>   Â chlamp o bastwn mawr,
> Fe'm trawodd yn fy nhalcen
>   Nes own i'n bowlio'i lawr;
> Tarewais Anghrediniaeth
>   Roes iddo farwol glwy,
> A rhedodd yntau ymaith
>   Na welais mono mwy.

Gair o brofiad sydd eto yn y pennill nesaf, ond y pwnc y tro hwn yw medd-dod.

> Maent yn dwedyd hyd y fro
> Mai meddw wyf neu o fy ngho';
> Dwi'n amau dim nad medd-dod yw –
> Meddw ar win o seler Duw.

Gan amlaf ceir cryn ansicrwydd ynghylch awduraeth llawer o emynau llafar gwlad. Y mae hynny'n wir, er enghraifft, am y pennill nesaf a fu'n boblogaidd iawn gynt mewn oedfaon a chyrddau gweddi.

> O, Arglwydd, cladd fy meiau,
>   Cyn iti nghladdu i,
> Yn nyfnder môr o angof
>   Sydd yn dy gariad Di;
> Os na fydd claddu beiau
>   Cyn hynny wedi bod,
> Ni allaf i ddim sefyll
>   Yn nydd y farn sy'n dod.

Yn Uwchaled priodolir y pennill dwys hwn i Gwen Jones, Hendre Ddu, Pentrellyncymer. Y mae'n dra phosibl, fodd bynnag, mai un o hoff emynau Gwen Jones ydoedd, oherwydd cofnodwyd fersiynau o'r un pennill mewn ardaloedd eraill, gan gynnwys siroedd Môn, Caerfyrddin a Brycheiniog. Yr un modd, priodolir y pennill nesaf hwn eto yn lleol i Gwen Jones, er bod fersiynau ohono ar gael mewn sawl rhan arall o Gymru.

> Mi fyddaf farw pan ddaw f'amser,
> A chaf fy nghladdu ym Mhentrellyncymer,
> Efo nhad a nhaid a'm teidie –
> Mi godaf i pan godan nhwthe.

Roedd Gwen Jones yn fam i'r tri bardd: Huw, Isaac ac Elias Jones, 'Llew Hiraethog'. Ei thad oedd Robert Davies, 'Bardd Nantglyn' (1769-1835), awdur y garol orfoleddus:

> Deffrown, deffrown, a rhown fawrhad
>   Cyn toriad dydd...

a'r emyn:

> Anturiaf Arglwydd yr awr hon
> Yn llwch a lludw ger dy fron;
> O flaen dy fainc a'th orsedd Di
> Gweddi a mawl sy'n gweddu i mi...

Mam Gwen Jones oedd merch Edward Parry (1723-86), Bryn Bugad, Tan-y-fron, plwyf Llansannan, awdur yr emyn:

> Caned nef a daear lawr,
>   Fe gaed ffynnon...

'Ti ddaear, o ddaear, ystyria mewn braw...'

Mewn mwy nag un emyn neu bennill poblogaidd ar lafar gwlad, y mae'r awdur (anhysbys, gan amlaf) yn ein hatgoffa yn fyw iawn o freuder bywyd ac yn rhoi rhybudd i ni ymbaratoi at ein diwedd. Gwneir hynny, fel arfer, mewn iaith ac arddull cwbl glir a di-lol, megis yn y ddau bennill a ganlyn:

> Ti ddaear, o ddaear, ystyria mewn braw
> Mai daear i ddaear yn fuan a ddaw;
> A daear mewn daear rhaid aros pob darn,
> Nes daear o ddaear gyfodir i Farn.
>
> Gwnaed pridd o bridd i deimlo
>   A rhodio o bridd y llawr,
> Mae pridd ar bridd yn gwledda
>   Am hir flynyddoedd mawr;
> Rhoed pridd mewn pridd i orwedd
>   Ar waelod bedd yn gudd;
> Daw'r pridd o'r pridd i fyny
>   Wrth lais yr utgorn clir.

Craig, haul a Phren y Bywyd

Nodwedd gyffredin mewn emynau llafar gwlad poblogaidd yw'r pwys ar gyfosod ac ailadrodd geiriau, a hynny, ar adegau, fel yn y ddau bennill a ddyfynnwyd ddiwethaf, gyda chryn glyfrwch a phertrwydd ymadrodd. Gwelir y nodweddion hyn yn amlwg iawn yn y tri phennill canlynol, a'r tri yn ymwneud â thair delwedd arbennig o'r Crist, sef craig, haul a Phren y Bywyd:

> Fe welwyd Craig mewn dalfa
>   Gan wŷr y gwaywffyn,
> Fe welwyd Craig yn hongian
>   Ar ben Calfaria fryn;
> Rhoed Craig mewn craig i orwedd
>   Hyd fore'r trydydd dydd,
> Er gwaetha'r maen a'r milwyr,
>   Daeth Craig o'r graig yn rhydd.
>
> Yng ngwydd yr haul yr hoeliwyd
>   Yr Haul ar ben y bryn,
> Yr Haul wna i'r haul dywyllu,
>   Bydd cof o hyd am hyn;

Rhoed Haul heb haul i orwedd
    Ar waelod bedd ynghudd,
Dau haul wna gydgyfodi
    Ar fore'r trydydd dydd.

Fe hoeliwyd Pren y Bywyd
    Wrth bren ar Galfari,
Bu farw Pren y Bywyd
    Drwy ddioddef trosom ni;
Fe gladdwyd Pren y Bywyd
    Yng ngwaelod bedd tan gudd,
Fe gododd Pren y Bywyd
    Ar fore'r trydydd dydd.

'Prynu'r amser': pader ar derfyn dydd

'Difyrru'r Amser' yw pennawd y bennod hon. Bellach, a ninnau wedi bod yn sôn am emynau, fe gofiwn hefyd am ddau air arall, sef 'prynu'r amser'. Y mae'r geiriau hyn yn arbennig o gymwys oherwydd fy mod am gloi'r bennod â gweddi fer, gweddi cyn mynd i gysgu. Wedi hwyl a helynt y dydd, wedi'r mynd a'r dod, amser i ymdawelu a dweud 'nos da'. Ac amser i weddïo: i ddiolch ac i ofyn am gael byw i weld diwrnod newydd arall a chyfle newydd arall, oherwydd:

Er gweddi yn dragwyddol,
Ddoe i neb ni ddaw yn ol.

Dyma ein pader ni yn blant yn ardal Llangwm:

Rhof fy mhen i lawr i gysgu,
Rhof fy hunan i Grist Iesu;
Os byddaf farw cyn y bore;
Iesu derbyn f'enaid inne.

Ond dyma'r fersiwn sydd orau gen i. Fe'i cefais gan fy chwaer yng nghyfraith, Eirwen Jones, Erw Wen, Llangwm, gynt o Dan-y-fron, plwyf Llansannan.

Rhof fy mhen bach lawr i gysgu,
Rhof fy hun yng ngofal Iesu;
Gad im gysgu tan y bore,
Gad im ddeffro'n iach i chware.

16
Crefydd a Moes, Llyfr a Chylchgrawn

Pennawd y bennod flaenorol, fe gofiwch, oedd 'Difyrru'r Amser', ond cyn ei diwedd soniwyd am 'brynu'r amser'. Cyfeiriwyd at noson lawen a noswaith wau, stori a chân, rhigwm a phôs. Ond cyfeiriwyd hefyd at emyn, gweddi a phregeth. Y mae difyrrwch a difyrrwch. Stori ddigri yw dileit un; emyn dwys yw boddhad mawr un arall. Pwysleisiwyd hefyd nad difyrru oedd unig swyddogaeth llawer o'r deunydd difyr a drafodwyd. A dyma'r ddolen gyswllt rhwng y bennod ddiwethaf a'r bennod bresennol sy'n ymdrin, yn bennaf, â deunydd moesol a chrefyddol ei natur a gofnodwyd mewn llyfr a chylchgrawn. Dianghenraid a chamarweiniol yw gwahaniaethu yn rhy bendant rhwng yr hyn sy'n difyrru, addysgu, moesoli a dyrchafu.

Iocunde et memoriter: 'gyda boddhad ac ar dafod leferydd'; llên lafar a llên llyfr

Rhaid ymatal hefyd rhag gor-wahaniaethu rhwng deunydd llafar ei natur, fel yr un yn y bennod flaenorol, a deunydd ysgrifenedig a phrintiedig y bennod bresennol. Y mae llawer o'r hyn sydd i'w glywed ar lafar heddiw yn cael ei gofnodi ac, o bosibl, ei gyhoeddi yfory, a'i ddarllen gan eraill. Bydd rhyw gymaint o'r hyn a ddarllenir yn cael ei gadw'n fyw ar y cof a'i ailadrodd, a daw, yn y man, yn ôl unwaith eto yn rhan o lafar gwlad. Rhoddwyd llawer mwy o bwys yn y ganrif ddiwethaf a dechrau'r ganrif hon hefyd ar ddarllen yn uchel ar yr aelwyd.

Meddai un hen groniclydd a sgrifennai yn Lladin: *iocunde et memoriter*: 'gyda boddhad ac ar dafod leferydd'. '*Iocunde*': dyma'r gair allweddol, mi dybiaf, sy'n dolennu'r deunydd a drafodir yn nwy bennod olaf y gyfrol hon. Boed ar lafar neu mewn print, y peth pwysicaf yw fod y deunydd yn werthfawr a diddorol ac yn rhoi boddhad i'r gwrandawyr a'r darllenwyr fel ei gilydd.

'Calon lân a phurdeb moes...': penillion a chyfarchion mewn llyfrau llofnodion

Un math o gyfansoddiadau poblogaidd ar lafar ac yn ysgrifenedig yw'r pytiau o benillion a dywediadau cofiadwy a gynhwyswyd mewn albwm neu lyfr llofnodion personol. Roedd y llyfrau llofnodion hyn mewn bri mawr, yn arbennig gan blant ac ieuenctid yn ystod hanner cyntaf y ganrif hon. Yn dilyn ffasiwn y cyfnod a dylanwad addysg Saesneg yn yr ysgolion, Saesneg yw iaith llawer o'r cynnwys. Dyma, er enghraifft, rai penillion Saesneg a welais mewn llyfrau llofnodion o Uwchaled. Y mae'r pennill cyntaf, wrth gwrs, yn enghraifft deg o bennill macaronig (sef cymysgedd o ieithoedd). Y mae'r cwpled olaf yn cynnwys enghraifft dda hefyd o odl Wyddelig (lled-odl: odli'r llafariad ond nid y gytsain: 'cam'/'gwan').

> As I one day was going to Flint
> I saw an old man *bron colli* his *gwynt*;
> His *tafod* was *allan* and his *gên* was *cam*,
> He made me to *chwerthin* till I was *gwan*.

> God made man, man made money;
> God made bees, bees made honey;
> God made Devil, Devil made sin;
> God made a hole to put him in.

> W Watch your words,
> A Watch your action,
> T Watch your thoughts,
> C Watch your company,
> H Watch your habits.

Roedd y penillion a'r sylwadau hyn yn foddion ardderchog i ddifyrru'r amser, ond yr oeddynt hefyd yn gyfrwng addysgu, moesoli a dyrchafu – dull cynnil o gondemnio'r drwg a mawrygu'r da mewn pobl a chymdeithas. Rhoddir pwys neilltuol ar gynnwys deunydd sy'n rhoi cyngor a chyfarwyddyd i'r ifanc ym 'mlodau eu hoes'. Anogaeth i fyw bywyd glân, bucheddol a chrefyddol, megis yn y cwpled hwn:

> Llefrith a gwên,
> Nid ewch byth yn hen.

A'r un modd ym mhennill adnabyddus Elfed:

Dante, dos i'w ddilyn,
    Shakespeare – tro i'w fyd;
Ond cofia Bantycelyn
    Yr un pryd.

Ysywaeth, aeth llawer o'r llyfrau llofnodion bychain hyn bellach ar goll, a phrin y cawsant eu llwyr werthfawrogi gan haneswyr a chymdeithasegwyr. Y mae iddynt, fodd bynnag, werth arbennig. Yn gyntaf, wrth gwrs, y maent o werth personol amlwg iawn i'r teulu. Yn ail, y mae eu cynnwys yn ddrych o ddiddordebau ac agwedd meddwl pobl arbennig mewn cyfnod a chymdeithas arbennig. Adlewyrchir hyn, er enghraifft, yn y dewis o ba iaith a ddefnyddir a pha fath o ddeunydd a gynhwysir.

Llyfr llofnodion fy mam

Yn dilyn, felly, dyma ddetholiad o un albwm arbennig o ardal Llangwm, sef llyfr llofnodion fy mam, 'Lizzie Owen' (Elizabeth Jones), 'Rhafod, pan oedd yn ferch ifanc 19 mlwydd oed. Gorffennaf 1924 yw'r dyddiad arno, ac ysgrifennwyd y mwyafrif o'r cofnodion yn ystod y flwyddyn honno, neu 1925, ac ychydig yn ystod 1926-28. Y mae'r albwm yn mesur 5 x 3 modfedd, a cheir cofnodion ar 70 o'r tudalennau, 31 yn Gymraeg a 39 yn Saesneg, gyda mân ddarluniau ar 4 tudalen.

'To see the world in a grain of sand...'

Dyma enghreifftiau o'r cyfarchion yn Saesneg – tri ohonynt ar nodyn ysgafn a'r gweddill o natur fwy difrifol.

'Blessed is the man who sitteth on the point of a pin for he shall surely rise!'

There was an old man at Perth,
He was born on the day of his birth;
He married on his wife's wedding day, they said,
And he died the last day he was on earth!

I dreamt I did die and to heaven I did go,
From where I had come from, they all wanted to know;
When I said 'Cerrigydrudion', lo, how they did stare,
'Step in', said St Peter, 'you're the first one from there'.

Help the weak, if you are strong;
Love the old, if you are young;
Confess your fault, if you are wrong,
And when you are angry, hold your tongue.

They say the Devil is dead,
Dead buried and gone;
  If that is so,
  Please let me know,
Who carries the business on?

'I'm going up the hill of fortune; may you never meet a friend coming down.'

Life is mostly strife and trouble,
    Two things stand like stone:
Kindness in another's trouble,
    Courage in your own.
            (Oddi wrth Alice [Jones, Ystrad Bach].)

Good, better, best,
Never let it rest,
Till the good is better
And the better best.
            (Oddi wrth Eifion Roberts, Cefn Brith.)

To see a world in a grain of sand
    And a heaven in a wild flower;
Hold infinity in the palm of your hand
    And eternity in an hour.
            William Blake, 'Auguries of Innocence'

Ceir un enghraifft o gyfarchion yn y ddwy iaith, Cymraeg a Saesneg, a'r naill a'r llall yn fersiynau ar yr un neges:

'A life is beautiful only as it is useful. There is no beauty in the life that is lived for self alone and has no thought for others.

Bywyd pur, cymeriad glân,
Wna tragwyddoldeb maith yn gân.'
            (Oddi wrth Lizzie Jones, Arddwyfaen.)

'Mae blodau mewn bywyd yn bersawr o hyd...'

Dyma yn awr ddetholiad o'r cyfarchion Cymraeg, gan ddechrau gyda phennill yn llawysgrifen hardd y Gweinidog, y Parchg J R Jones:

> Meinwen fwynaf Llangwm,
> Tlysaf fun y fro;
> Cofia gadw'th dlysni
> Byth, byth, iddo Fo.

'Bendithied yr Arglwydd di, a chadwed di. A llewyrched yr Arglwydd ei wyneb a thrugarhaed wrthyt. Dyrchafed yr Arglwydd ei wyneb arnat a rhodded i ti dangnefedd.' (Num. 6, 23-5)

> Mae blodau mewn bywyd yn bersawr o hyd,
> A dyna sy'n wastad yn addurn i'r byd;
> Caiff pob un ymwared â llygredd os myn,
> Trwy feithrin y blodau, bydd farw y chwyn.
> (Oddi wrth M W Jones, Hendreddwyfaen.)

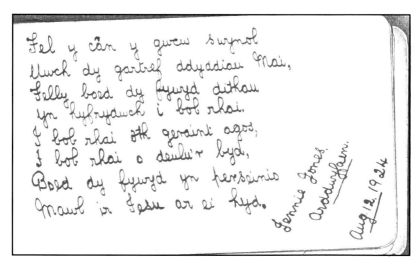

Pennill yn Llyfr Llofnodion Lizzie Owen, 'Rhafod, Llangwm.

Da i blant ym more'u hoes
    Yw gwasanaethu
Iesu Grist fu ar y groes
    Gynt yn gwaedu;
Rhoi eu hysgwydd dan ei arch
    O fryd calon,
Glynu wrtho gyda pharch
    Byth yn ffyddlon.
           (Oddi wrth M E D)

Yr unig ffordd sy'n werth ei fyw
    Yw cofio Duw ym mhobman,
A pharchu dyn, waeth beth fo'i drem,
    Fel hoffem ni ein hunan;
Dioddef cam, ac nid ei wneud,
    A dweud pob gair yn dyner,
A gwylio'r Temtiwr ar bob tu,
    A chofio prynu'r amser.
           (Oddi wrth Thomas Albert Roberts, Fron Ucha.)

Cyfoeth, nid yw ond oferedd,
    Glendid, nid yw yn parhau,
Ond cariad pur sydd fel y dur,
    Yn para tra bo dau.

Calon lân a phurdeb moes
Fyddo'ch doniau drwy eich oes.
           (Y ddau bennill oddi wrth Thomas Hughes, Fron Isa.)

Pa fodd y dichon fynd ar goll
    Un rhan o'r amser gynt,
Tra cofiaf sill amdanat ti,
    Bydd cof o'r amser gynt.
           (Oddi wrth Annie Hughes, Fron Isa.)

'Cofia yn awr dy Greawdwr yn nyddiau dy ieuenctid, cyn dyfod y dyddiau blin...' (Preg. 12,1)

Fel y cân y gwcw swynol
    Uwch dy gartref ddyddiau Mai,
Felly boed dy fywyd dithau
    Yn hyfrydwch i bob rhai;
I bob rhai o'th geraint agos,
    I bob rhai o deulu'r byd,

Boed dy fywyd yn perseinio
    Mawl i'r Iesu ar ei hyd.
        (Oddi wrth Jennie Jones, Arddwyfaen.)

Byw yn bur a thyner,
    Byw yn sanctaidd fwyn,
Byw yn lân bob amser –
    Dyna sydd â swyn.
        (Oddi wrth Laura Jones, Arddwyfaen.)

Canmil gwell na gweddi faith,
Yw gweddi fer mewn dillad gwaith.
        (Oddi wrth D J Owen, Tŷ Gwyn.)

Paham y gwneir cam â'r cymod, – neu'r Iawn
    A'i rinwedd dros bechod?
    Dywedwch faint y Duwdod –
    Yr un faint yw'r Iawn i fod.
        Robert ap Gwilym Ddu

'Gobeithia yn yr Arglwydd a gwna dda...'

Ceir yn yr albwm ddwy dudalen o gyfarchion gan fy nain (Maggie Owen), mam fy mam:

'Ceisiwch yr Arglwydd tra y galler ei gael Ef; gelwch arno tra fyddo yn agos.' (Eseia 55, 6)

'Gobeithia yn yr Arglwydd a gwna dda; felly y trigi yn y tir, a thi a borthir.' (Salm 37, 3)

'Iesu Grist, ddoe a heddiw yr un, ac yn dragywydd.' (Heb. 13, 8)

Cysegrwch heddiw flodau'ch oes
I'r Hwn fu farw ar y groes,
A chwi gewch orffwys yn ei gôl
Yn nhragwyddoldeb maith sy'n ôl.

'Gweddïwch yn ddi-baid; ym mhob dim diolchwch. Canys hyn yw ewyllys Duw tuag atoch chwi.'

Dyma ddau gyfarchiad Maggie Jones Owen, chwaer fy mam, Gorffennaf 1924 (roedd hi yn 15 mlwydd oed bryd hynny):

Pan ddiffydd haul y dydd
    Ar aelwyd gynnes glyd,
Atgofion hyfryd ienctid fydd
    Bryd hyn i lanw mryd.

Os wyt am fedi gwenith gwyn,
    Gofala beth a heui;
A wyt yn hau y dyddiau hyn
    Yr hyn ddymunet fedi?

Yr oedd gan fy nhad dri chyfarchiad yn yr albwm. Dyma un ohonynt (ac y mae'n dra phosibl mai ef yw'r awdur):

Beth sy'n brydferth? Wyneb geneth
    Gyda gwên fel heulwen dlos,
Yn arddangos ysbryd tawel,
    Fel yr awel min y nos.
Hon ni chara ffug chwaraeon,
    Na gogoniant gwag y byd;
Mae ei meddwl am wirionedd,
    Dyna'n brydferth leinw'i bryd.

I gloi, dyma gofnod heb enw neb wrtho, ond yn llawysgrifen fy mam.

'Y ffordd orau i fyned drwy fywyd yw anghofio'r gorffennol, gwneud y gorau o'r presennol, a thrystio Duw am y dyfodol.'

Sgrifennu 'penne pregethe'

Dyna gipolwg ar un math o ddeunydd ysgrifenedig – penillion, adnodau a chyfarchion mewn llyfrau llofnodion – a roddai bleser mawr i lawer wrth eu darllen a'u gwrando. Diddordeb arbennig eraill – a selogion y capel yn fwyaf neilltuol – oedd sgrifennu 'penne pregethe' mewn llyfr nodiadau bychan. Aeth llawer o'r llyfrau nodiadau hyn hefyd bellach ar ddifancoll. Gwelais ddigon ohonynt, fodd bynnag, i sylweddoli bod iddynt werth arbennig. Y maent yn ddrych o'r parch mawr a oedd gan ein tadau tuag at Weinidogion y Gair ac o'u diddordeb brwd mewn gwrando ar bregethau. Yn bwysicaf oll, y maent yn gofnod gwerthfawr o destunau'r pregethau hynny, y prif bennau, ynghyd â chrynodeb o'r cynnwys a chyfeiriad at ambell ddywediad neu sylw cofiadwy. Mewn gwlad lle bu cymaint bri ar bregethu, a chyn oes y cofnodydd tâp, aeth rhai miloedd o bregethau yn angof. Y mae'r crynodebau hyn, fodd bynnag – er mai crynodebau yn unig ydynt – yn gymorth amhrisiadwy inni werthfawrogi natur y pregethau a draddodwyd a phwysigrwydd pregethu'r Gair a gwrando ar bregethu yng Nghymru gynt.

Yng Nghapel Cefn Nannau, Llangwm, fel mewn capeli eraill yn Uwchaled, mi wn fod sawl person ar un adeg yn dilyn yr arfer o sgrifennu 'penne pregethe'. Y mae hefyd yn fy meddiant nifer helaeth o lyfrau nodiadau o eiddo aelodau fy nheulu fy hunan sy'n orlawn o grynodebau pregethau (mewn llawysgrifen bensel, gan amlaf). Cofnodwyd crynodebau o bregethau a draddodwyd yng Nghapel y Cefn (yn cynnwys nifer o bregethau o eiddo'r Parchg J R Jones) gan fy nain (Maggie Owen); fy mam; chwaer fy mam (Maggie Jones Owen), ac ychydig gan fy nhad. Cofnodwyd crynodebau o bregethau a draddodwyd yng Nghapel Gellïoedd gan chwaer fy nain (Mary Jones, Hendre Garthmeilio).

Gwelir gwerth y cofnodi hwn o sylwi, er enghraifft, ar weithgarwch a brwdfrydedd Gwilym Jones (1903-86), Maelor, Cerrigydrudion. Am flynyddoedd bu ef o Sul i Sul yng Nghapel Jeriwsalem, MC, yn cofnodi testunau a rhai o berlau pregethau ei arwr mawr, y Parchg J T Roberts. Cefais innau gyfle i gyhoeddi detholiad o'r dywediadau cofiadwy hyn yn y gyfrol *Gŵr y Doniau Da* (1978, tt. 226-37).

Yr Wythnos a'r Eryr; Y Seren, Y Cyfnod a'r *Bedol*: papurau newyddion lleol

Gyda dylanwad Ysgolion Cylchynol Gruffydd Jones, Llanddowror; Ysgolion Sul Thomas Charles o'r Bala, a'r Diwygiadau Crefyddol, gwyddom i Gymru yn y ddeunawfed a'r bedwaredd ganrif ar bymtheg ddod yn un o'r cenhedloedd mwyaf llythrennog yn Ewrop. Yn Uwchaled, adlewyrchir y diddordeb hwn mewn darllen yn y nifer o gartrefi a oedd yn prynu almanaciau, megis *Almanac y Miloedd* ac *Almanac Robert Roberts Caergybi*; cyfnodolion wythnosol; cylchgronau, a llyfrau

Cyfeiriwyd eisoes (pen. 10) at bwysigrwydd cyfnodolion yn rhoi cyfle i'r ardalwyr ddarllen llawer o gynnyrch beirdd, llenorion a gohebwyr lleol. Y pwynt y carwn ei bwysleisio yn arbennig yn y bennod hon yw hwn: nid adrodd newyddion; nid hysbysebu; nid cyhoeddi cynnyrch beirdd a llenorion oedd unig swyddogaeth y

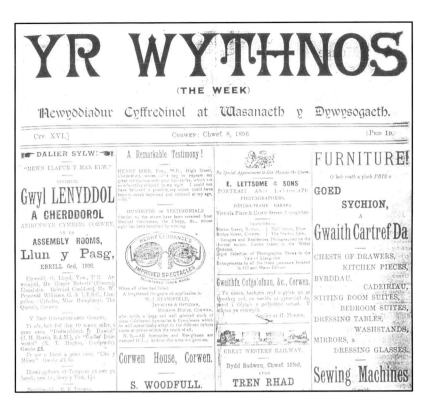

Yr Wythnos, 8 Chwefror 1896.

papurau hyn – yr oeddent hefyd yn ddolennau pwysig yn y gadwyn gymdogol. Yn y papurau lleol roedd adroddiadau cyson am weithgarwch y gwahanol gapeli a chymdeithasau. Nid un capel ac un gymdeithas, ond pob capel a phob cymdeithas yn eu tro. Ac nid sôn am un garfan o'r ardalwyr, ond pawb. Y byd a'r betws. Y pwys nid ar y 'ni a nhw', ond ar y cyd-fyw a'r cyd-ddyheu mewn un gymdogaeth.

Mewn pennod yn y gyfrol *Gŵr y Doniau Da*, trafodwyd cyfraniad nodedig y Parchg J T Roberts a fu yn ysgrifennu i'r wasg leol am ddeugain mlynedd. Yn y bennod honno cyfeiriwyd at bum prif swyddogaeth J T Roberts fel newyddiadurwr lleol: 1. adrodd hanes (sôn am yr hyn a fu); 2. cyhoeddi (sôn am yr hyn sydd i ddod); 3. arwain (gofal dros ei bobl; cynnig gwelliannau; ysbrydoli); 4. cysuro; 5. coffáu. Yr oedd y newyddiadurwr lleol yn nhraddodiad yr hen

355

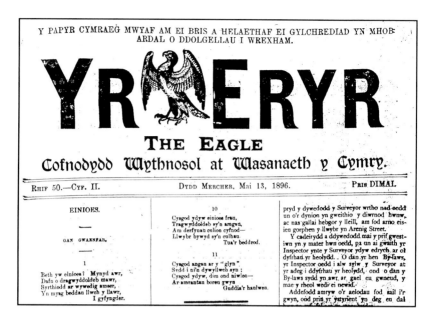

Yr Eryr, 13 Mai 1896.

gyfarwydd gynt, y gŵr a oedd yn cyfuno sawl swydd: yr oedd yn storïwr, yn fardd, yn hanesydd lleol, gwybyddus yn llên a llafar ei fro; yr oedd hefyd yn weledydd, yn ŵr a oedd yn cyfarwyddo ac yn ysbrydoli ei bobl. Carwn i'r geiriau a sgrifennwyd am J T Roberts fod hefyd yn deyrnged i bob gohebydd a gyfrannodd yn helaeth am flynyddoedd lawer i rai o bapurau lleol Uwchaled a'r cyffiniau.

Dyma enwau'r prif bapurau a ddarllenid gan ardalwyr Uwchaled, ynghyd â blynyddoedd eu cyhoeddi. Yn gyntaf, y rhai wythnosol:

1. *Yr Wythnos* (1880-98)
2. *Yr Eryr* (6 Mehefin 1894-21 Rhagfyr 1898)
3. *Yr Wythnos a'r Eryr* (4 Ionawr 1899-28 Medi 1921)
4. *Yr Adsain* (1902-9 Ionawr 1945)
5. *North Wales Times* (27 Ebrill 1895-3 Awst 1957)
6. *Denbighshire Free Press* (7 Ionawr 1888-3 Awst 1957)
7. *Denbighshire Free Press and North Wales Times* (10 Awst 1957-)
8. *Y Seren* (11 Ebrill 1885-1974)

Y Seren, 15 Tachwedd 1947.

9.   *Y Cyfnod* (*Corwen Times*) (1934-)

Papur bro misol ardal Llangwm yw'r *Bedol* (1977-). O blith y papurau bro misol eraill a ddarllenir yn Uwchaled, gellid enwi: *Pethe Penllyn* (1974-); *Yr Odyn* (cylch Nant Conwy, 1975-); *Y Gadlas* (cylch rhwng Conwy a Chlwyd, 1976-); a'r *Bigwn* (cylch Dinbych,1988-).

O blith y papurau cenedlaethol, gellid enwi'r rhai a ganlyn (y cyfan yn wythnosol, ac eithrio'r *Amserau* a gyhoeddid bob pythefnos):

1.   *Y Brython* (1906-39, sefydlwyd gan Hugh Evans)

2.   *Yr Amserau* (1843-59)

3.   *Baner Cymru* (1857-59)
      Baner ac Amserau Cymru (1859-1971)
      Y Faner (1972-Ebrill 1992)

4.   *Y Cymro* (1848-)

Y Drysorfa a'r Cenhadwr; Y Gymraes a'r Tyst Dirwestol: cylchgronau

Dyma yn awr restr o gylchgronau y byddai ardalwyr Llangwm a'r cylch yn gyfarwydd â hwy. Cyfyngir y rhestr i gyfnodolion a welais i yn fy nghartref yn 'Rhafod ac i gyhoeddiadau a gefais o Blas Nant, cartref fy nain, mam fy mam. Cynhwysir hefyd rai cylchgronau a fu ym meddiant Mary ac Evan Jones, Hendre Garthmeilio. Roedd hi yn chwaer i'm nain ac, ar ôl priodi, yn addoli yng Nghapel yr Annibynwyr, Gellïoedd. Ychydig rifynnau yn unig a welais o rai cyfnodolion, ac nid yw'n dilyn, o reidrwydd, i'r teulu fod yn eu derbyn yn rheolaidd.

Cynrychiolir, felly, ddau brif enwad gan y rhestr hon: y Methodistiaid Calfinaidd a'r Annibynwyr, ynghyd â nifer o gyhoeddiadau cyd-enwadol ac anenwadol. O gofio, fodd bynnag, am Gapel Bethesda, Tŷ Nant, ym mhlwyf Llangwm, ni ddylid anghofio chwaith am rai o gyhoeddiadau'r Wesleaid, megis *Y Gwyliedydd*; *Yr Eurgrawn* (1809-1983); a'r *Winllan* (1848-1966). Yr un modd, rhai o gyfnodolion yr Eglwys, megis *Cyfaill yr Aelwyd* (1880-94); *Yr Haul (a'r Gangell)* (1835-1983); a'r *Llan* (1881-).

Cyfyngir y rhestr i gylchgronau sy'n ymwneud yn bennaf â chrefydd a moes. Fe ellid hefyd gynnwys cyfnodolion mwy cyffredinol eu hapêl, megis *Cymru* (1891-1927); *Y Genhinen* (1883-1980); a'r *Traethodydd* (1845-).

Lle difyr iawn oedd y granar yn fy nghartref i ar fferm Yr Hafod. Y ceirch sych yn domen yn y ddwy gornel bellaf, a chant a mil o fân drugareddau yn hongian ar y waliau o gylch y drws ac wedi'u gwthio i gilfachau ar y walbant. Yn agos i'r ffenest, ac ar sil y ffenest, roedd pentyrrau o hen gylchgronau – hen iawn i blentyn deuddeg i bymtheg oed. Arferwn dreulio llawer o amser yn pori mewn tri chylchgrawn yn arbennig; y *'Cymru Coch'*, *Cymru'r Plant*, a *Thrysorfa'r Plant*. Roedd yno hefyd gruglwyth o ôl-rifynnau'r *Genhinen* – ond nid oedd lluniau yn y cylchgrawn hwnnw! Wedi hynyna o gyflwyniad, dyma'r rhestr o gyfnodolion yn ymwneud â chrefydd a moes yn nhrefn yr wyddor.

1. *Antur* (1966-86) Cylchgrawn misol cydenwadol. Blaenorwyd gan *Seren yr Ysgol Sul*, *Y Seren Fach*, *Trysorfa'r Plant*, a'r *Winllan*.

TACHWEDD, 1926. *Rhofod.* Cyfrol V. Rhif 11.

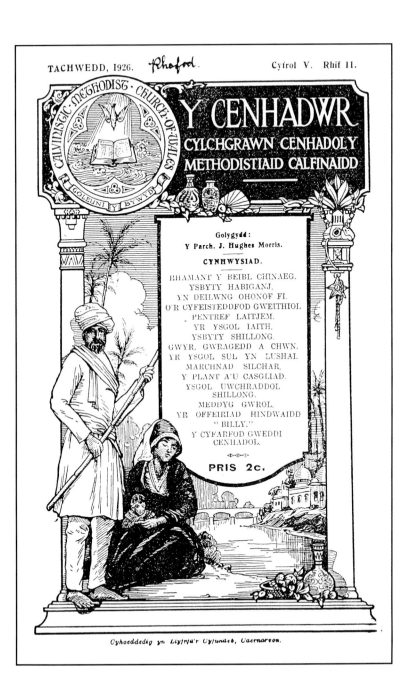

CALVINISTIC · METHODIST · CHURCH · OF · WALES

GOLEUNI Y BYWYD

Y CENHADWR

CYLCHGRAWN CENHADOL Y METHODISTIAID CALFINAIDD

Golygydd :
Y Parch. J. Hughes Morris.

CYNHWYSIAD.

PRIS 2c.

Cyhoeddedig yn Llyfrfa'r Cyfundeb, Caernarvon.

·Y·Gymraes·

·CYHOEDDIAD·MISOL·I·FERCHED·CYMRU·

DAN OLYGIAETH

Mair Ogwen,

B.A.

Cyf. xxxii. Medi, 1927. Rhif 372.

CYNHWYSIAD.

Pris Dwy Geiniog.

DOLGELLAU: ARGRAFFWYD GAN E. W. EVANS, LTD.

360

Rhif 216].   PRIS CEINIOG.   [Cyf. XVII.

PULPUD CYMRU :

Cyhoeddiad Misol Anenwadol, yn cynwys PREGETH GYFLAWN,
Rhanau o Bregethau, Barddoniaeth, &c.

IONAWR, 1905.—Pregeth gan y PARCH.

D. M. PHILLIPS, M.A., Ph.D.,
TYLORSTOWN.

BALA :
Argraffwyd a Chyhoeddwyd gan Davies ac Evans, Berwyn Street.

Mrs Owens Hafo-d

Efengyl Paul = *HYSBYSIAD PWYSIG ar tudal. 2 o'r Amlen.*

Y TYST

1c.

DIRWESTOL.

At wasanaeth
Yr Aelwyd, Cyfarfodydd Dirwest, &c.

Er mwyn Crist. Cartref, a Chymydog

TACHWEDD. 1902.

Y DIWEDDAR MR. JOHN FRANCIS, DOWLAIS.

BALA : Argraffwyd a Chyhoeddwyd gan Davies ac Evans, Berwyn Street.

2. *Y Cenhadwr* (1922-74) Cylchgrawn cenhadol y Methodistiaid Calfinaidd. Dilynwyd gan *Ewch*, bwletin cenhadol cydenwadol.

3. *Cennad Hedd* (1881-1924) Cylchgrawn misol at wasanaeth yr Eglwysi Annibynnol.

4. *Cristion* (1983-) Cylchgrawn deufisol cydenwadol.

5. *Y Drysorfa* (1831-1968) Cylchgrawn misol y Methodistiaid Calfinaidd. Unwyd â'r *Dysgedydd* i ffurfio *Porfeydd* yn 1968.

6. *Y Dysgedydd Crefyddol* (1821-1968) Newidiwyd yr enw i *Y Dysgedydd* yn 1840. Cylchgrawn at wasanaeth yr Eglwysi Annibynnol.

7. *Y Frythones*: at Wasanaeth Merched a Gwragedd Cymru (1879-1891).

8. *Y Geiniogwerth* (1847-52) Dilynwyd gan *Y Methodist* (1852-56).

9. *Y Goleuad* (1869-) Papur wythnosol y Methodistiaid Calfinaidd .

10. *Y Gymraes*: Cyhoeddiad Misol i Ferched Cymru (1896-1934).

11. *Porfeydd* (1968-83) Cylchgrawn deufisol ar y cyd gan yr Annibynwyr a'r Methodistiaid Calfinaidd.

12. *Pulpud Cymru* (1887-1908) 'Cyhoeddiad Misol Anenwadol yn cynwys Pregeth Gyflawn, Rhanau o Bregethau, etc.'

13. *Trysorfa'r Plant* (1862-1966) Cyhoeddiad misol gan y Methodistiaid Calfinaidd.

14. *Y Tyst* (1871-) Ei deitl rhwng 1871-91 oedd *Y Tyst a'r Dydd*. Papur wythnosol yr Annibynwyr.

15. *Y Tyst Dirwestol* (1898-1914) 'At Wasanaeth yr Aelwyd, Cyfarfodydd Dirwest, etc.' 'Er mwyn Crist, Cartref a Chymydog. '

'Sgwennu ar Sorfas'

'Wel, rhaid imi fynd ati rwan i sgwennu ar Sorfas.' Geiriau fy mam – fel arfer ar nos Sadwrn – yw'r rhain. A dyma'r eglurhad. Teulu Pen-dre, Tŷ Nant, a fu am flynyddoedd yn dosbarthu cylchgronau enwad y Methodistiaid Calfinaidd yng Nghapel Cefn Nannau. Wedi oes fy nhaid, Hugh Jones, gofalwyd am y gwaith gan fy nhad.

MAWRTH, 1910.   PRIS. 3c.

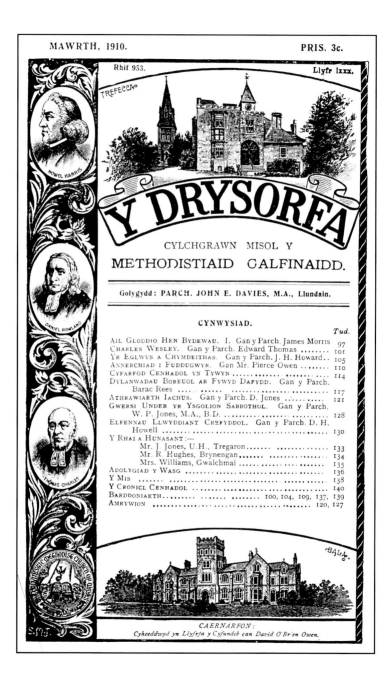

Rhif 953.   Llyfr lxxx.

TREFECCA

NOWEL HARRIS

DANIEL ROWLAND

THOMAS CHARLES

Y DRYSORFA

CYLCHGRAWN MISOL Y
METHODISTIAID CALFINAIDD.

Golygydd: PARCH. JOHN E. DAVIES, M.A., Llundain.

CYNWYSIAD.

BALA.

CAERNARFON:
Cyhoeddwyd yn Llyfrfa y Cyfundeb gan David O'Brien Owen.

DIDDANION.

Y MAE GAN ASYN EI BERTHYNASAU.

Offeiriad (mewn llythyr at Gyngor y Dref): "Bu nifer o sipsiwn yn pabellu mewn cae gerllaw i mi, a gadawsant asyn marw ar eu hôl."

Clerc y Cyngor: "Gosodais fater yr asyn gerbron y Cyngor, a dymunwyd eich atgofio mai eich gwaith chwi yw claddu'r marw."

Offeiriad: "Gwyddwn mai fy ngwaith i yw claddu'r marw, ond teimlwn y dylwn roi gwybod i'r perthynasau."

DIDDANION.

DIPYN YN SIGLEDIG.

Tua phum mlwydd oed oedd William John. Yn y Seiat un noson holai ei dad, y Parch. Thomas Price, y plant am y nefoedd. Gofynnodd i William John:

"A hoffet *ti* fynd i'r Nefoedd"?

"Na," meddai yntau; "ond mi hoffwn fynd yn ôl a blaen."

Pan fu ef farw yn 1966, fy mam oedd yn gyfrifol, a phan aeth hi i fethu, bu Aeryn, fy mrawd, yn parhau'r gwaith. Yn ystod cyfnod fy rhieni y prif gylchgronau a ddosberthid i aelodau Capel y Cefn oedd *Y Drysorfa* (*Porfeydd* wedi hynny); *Trysorfa'r Plant* (*Antur* yn ddiweddarach); *Y Cenhadwr*; ac ychydig gopïau o'r *Traethodydd*. Yr arfer oedd ysgrifennu enw'r teulu ar frig clawr y cylchgrawn. A dyna arwyddocâd dywediad fy mam: 'sgwennu ar Sorfas'. Cywasgiad yw 'Sorfas' o 'Drysorfa(s)'. Gelwid *Y Drysorfa* ar lafar yn 'Drysorfa Fawr', a *Trysorfa'r Plant* yn 'Drysorfa Fach'.

Trysorfa'r Plant oedd un o'r cylchgronau mwyaf poblogaidd a fu gan Gymru erioed. Fe'i sefydlwyd gan y Parchg Thomas Levi (1825-1916) a bu ef yn ei olygu gydag ymroddiad nodedig am bron hanner can mlynedd (1862-1911). Er mai o dan nawdd y Methodistiaid Calfinaidd y cyhoeddid y cylchgrawn, fe'i darllenid gan aelodau o bob enwad. Yn ystod cyfnod golygyddiaeth Thomas Levi gwerthid cymaint â 44,000 o gopïau'r mis.

I ni, blant, y dudalen fwyaf ddiddorol oedd honno a gynhwysai'r 'Diddanion', a hogyn o'r enw 'Tomi' yn brif gymeriad. Dyma un enghraifft o'r 'Diddanion' o dan y pennawd 'Enw Peryglus' (yn rhifyn Medi 1947):

> 'Gorweddai'r Gwyddel ar ei wely yn yr ysbyty yn disgwyl triniaeth lawfeddygol (*operation*).
>
> "Nid wyf yn fodlon cael fy nhrin gan y doctor yna", meddai.
>
> "Pam", gofynnai'r nyrs, "dyna'r doctor medrusaf yn y wlad."
>
> "Digon posibl", meddai Pat, "ond y mae ganddo enw anlwcus wyddoch. Patrick yw 'fenw i a chlywais rywun yn awr yn ei alw ef yn Dr Kil-Patrick!" '

'Y mae llyfrau fel ffynhonnau...'

'Y mae llyfrau fel ffynhonnau, a dysgawdwyr fel goleuadau lawer yr awrhon ymysg rhai dynion.' Morgan Llwyd, yn ei *Lythur i'r Cymru Cariadus* (1653?), piau'r geiriau godidog hyn. Ac meddai Emrys ap Iwan, flynyddoedd yn ddiweddarach: 'Gwnewch ichwi gyfeillion o lyfrau, fel pan eloch yn hen y bo gennych rywrai i'ch derbyn pan fo llawer yn eich gwrthod.'[1] Beth bynnag yw ein barn am y cymal olaf hwn, mi wn i lawer o drigolion Llangwm ac Uwchaled wneud 'cyfeillion o lyfrau'.

Trysorfa'r Plant
Cylchgrawn Misol i Blant Cymru

COPYRIGHT   THE MEDICI SOCIETY LTD.

PRIS DWY GEINIOG.

Dyfynnwyd eisoes (pen. 12) dystiolaeth Hugh Evans yn ei gyfrol *Cwm Eithin* fel y byddai teuluoedd yr ardal yn eu difyrru eu hunain fin nos ar yr aelwyd gyda mân grefftau, megis gwneud ffyn a llwyau pren, basgedi ac ysgubau bedw. Meddai ymhellach ar ddechrau pennod sy'n rhagflaenu'r dyfyniad hwn:

> 'Heblaw'r Nosweithiau Llawen pan ymgasglai nifer o gyfeillion at ei gilydd, yr oedd gan ein tadau ffyrdd eraill o dreulio eu horiau hamdden yn fuddiol, diddorol, a llawen ymysg eu teuluoedd. Hyd yn oed pan na fedrai ond ychydig ddarllen ac ysgrifennu, 'difyr oedd yr oriau.' Yr oedd adrodd straeon am y Tylwyth Teg, am ysbrydion a drychiolaethau, am wrhydri'r hynafiaid, canu hen alawon a chanu'r delyn, mewn bri mawr... Fe'u difyrrai llawer eu hunain gyda gwaith llaw. Os gallai un ddarllen, byddai ef wrthi'n darllen y Beibl neu ryw lyfr megis *Taith y Pererin* neu arall. Yn fy amser i yr oedd *Y Faner* yn treiglo o dŷ i dŷ ac yn cael ei darllen yn uchel gan ryw un er budd y teulu. Darllenai fy nhaid lawer yn uchel bob amser. Darllenodd gannoedd os nad miloedd o benodau o'r Beibl yn fy nghlyw.'[2.]

A dyma un frawddeg gyfoethog o eiddo Hugh Evans mewn pennod arall: 'Gallai fy nain a'm mam weu fel y gwynt, a darllen eu Beibl ar y ford bach gron wrth eu hochr a thorri allan i ganu wrth ddarllen, a thynnu yn rhaffau'r hen addewidion.'[3] Cawn sôn hefyd yn yr ail gyfrol am Dafydd Cadwaladr, Erw Dinmael, yn dysgu ar ei gof rannau helaeth o'r Beibl a *Gweledigaetheu y Bardd Cwsc*, gan Ellis Wyn.

R H Jones: 'Bardd y Drysau'

O blith y llyfrau barddoniaeth mwyaf poblogaidd, gellid enwi cyfrolau R H (Robert Henry) Jones (1860-1943), Tal-y-cefn Ucha, Pentrellyncymer. Treuliodd ran helaeth o'i oes yn gweithio mewn banc yn Lerpwl. Ef yw awdur *Drwy Gil y Drws* (1907), *Drws y Galon* (1907), *Y Drws Agored* (1909), *Drysau Eraill* (1923), a *Caneuon* (1927). Bu llawer o ganu ac adrodd ar rai o'i gerddi, megis 'Ddoi di Dei', 'Afon Alwen', 'Afon Clwyd', a 'Rhanna dy Bethau Gorau'. Y mae'r gerdd olaf hon yn nodweddiadol o'i ganu telynegol, soniarus, a rhannau ohoni, megis y cwpled a ganlyn, yn gyfarwydd iawn ar lafar gwlad:

> Y ffordd i rannu trysor yw:
> Ei roi yn ôl ar allor Duw.

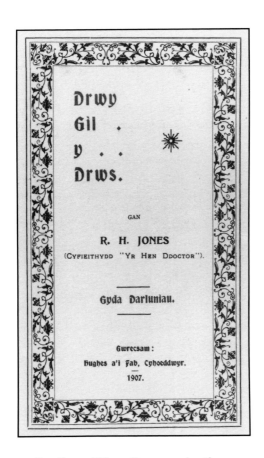

Drwy
Gil .
y . .
Drws.

GAN

R. H. JONES
(CYFIEITHYDD "YR HEN DDOCTOR").

Gyda Darluniau.

Gwrecsam :
Hughes a'i Fab, Cyhoeddwyr.
1907.

Daniel Owen, Gwilym Hiraethog ac Anthropos

O sylwi ar lyfrau rhyddiaith, roedd nofelau Daniel Owen, wrth gwrs, yn boblogaidd iawn, felly hefyd rai o lyfrau'r awdur dawnus a diwyd, William Rees, 'Gwilym Hiraethog', megis *Helyntion Bywyd Hen Deiliwr* (1877) a *Llythyrau 'Rhen Ffarmwr* (1878). Un o'r awduron mwyaf poblogaidd, heb os, yn Uwchaled, Edeirnion a'r cyffiniau yn niwedd y bedwaredd ganrif ar bymtheg a dechrau'r ganrif bresennol, oedd Robert David Rowland, 'Anthropos' (1853?-1944). Bu'n olygydd *Trysorfa'r Plant* (1912-32), a chyhoeddodd ddau ddwsin a rhagor o gyfrolau yn cynnwys: *Gwroniaid y Ffydd a Brwydrau Rhyddid* (1897); *Tŷ Capel y Cwm* (1905); *Y Ffenestri Aur*; *Oriau yng Nghwmni natur, awduron a llyfrau* (1907); *Oriau gydag*

Enwogion (1909); *Y Pentre Gwyn: Ystori Bore Bywyd* (1909); *Y Golud Gwell. Adlais o'r dyddiau gynt* (1910); *Merch y Telynor. Rhamant Gymreig* (1911); *Bugail y Cwm* (1913); *Perlau'r Diwygiad: sef Perlddywediadau y Cyfarfod Gweddi, y Seiat Brofiad, y Pulpud* (d.d.).

'Llawlyfrau Undeb Ysgolion Sabothol y Methodistiaid Calfinaidd' a *Hyfforddwr* Thomas Charles o'r Bala

Derbyniodd fy mam a chwaer fy mam ddwy o gyfrolau Anthropos (*Y Golud Gwell* a *Merch y Telynor*) yn rhodd 'Am yr Arholiad Sirol, 1918'. Roedd hynny'n arfer pur gyffredin gynt, wrth gwrs: cyflwyno llyfrau crefyddol a dyrchafol yn wobrau am ddysgu rhannau o'r Beibl neu'r *Hyfforddwr* ar y cof.

Cyflwynid hefyd dystysgrifau hardd. Yn ffodus y mae nifer o'r tystysgrifau a ddyfarnwyd i rai aelodau o deuluoedd 'Rhafod, Pendre a Phlas Nant (o Gapel Cefn Nannau) wedi'u diogelu, a nodir arnynt yr union 'feysydd llafur'. Ymhlith y llyfrau a gyflwynwyd yn wobrau i aelodau'r teuluoedd hyn, y rhai amlycaf yw esboniadau Beiblaidd yn y gyfres 'Llawlyfrau Undeb Ysgolion Sabothol y Methodistiaid Calfinaidd', wedi'u cyhoeddi gan y Gymanfa Gyffredinol yng Nghaernarfon. Er enghraifft: *Actau'r Apostolion* (1893), a'r *Efengyl yn ôl Ioan* (1900), y ddwy gyfrol wedi'u cyflwyno i Mary Jones, Plas Nant (chwaer fy nain), Mai 1900: 'Gwobr am ddysgu yr *oll* o'r Hyfforddwr'.

Nid bychan o gamp oedd hynny, wrth gwrs, o gofio hyd y gyfrol. (Y mae argraffiad 1854 (37ain), er enghraifft, yn cynnwys 64 tudalen mewn print digon bychan.) Roedd eisoes wedi cyflawni yr un gamp yn 1897. Bryd hynny, y wobr a gafodd oedd cyfrol Owen Evans, Llundain: *Oriau Gyda'r Iesu, neu Berson a Bywyd y Gwaredwr*, cyf. 1. Ar y flaen-ddalen ysgrifennodd Mary Jones y geiriau hyn:

> Hed Efengyl, hed Efengyl,
> Ar adenydd dwyfol wynt...

Y mae'r nodyn: 'Am ddysgu yr *oll* o'r Hyfforddwr' yn fodd i'n hatgoffa o bwysigrwydd eithriadol y llyfr hwn o eiddo Thomas Charles yn hanes enwad y Methodistiaid Calfinaidd. Yr oedd y gŵr mawr o'r Bala eisoes wedi cyhoeddi cyfrol yn 1789 yn dwyn y teitl *Crynodeb o Egwyddorion Crefydd*. Yna, yn 1807, ymddangosodd yr argraffiad cyntaf o'r *Hyfforddwr yn Egwyddorion y Grefydd Gristionogol*. Gellir dechrau amgyffred dylanwad 'Yr Hyfforddwr' o gofio i o leiaf 80 o argraffiadau swyddogol ohono gael eu cyhoeddi yn ystod y bedwaredd ganrif ar bymtheg, heb sôn am y rhai answyddogol. Cyfrol arall eithriadol o boblogaidd o eiddo Thomas Charles, wrth gwrs, oedd y *Geiriadur Ysgrythurol* (1805).

Arweinydd i'r Anllythyrenog

Cyfeiriwyd eisoes (pen. 15) at Robert Davies, 'Bardd Nantglyn' (1769-1835), awdur *Ieithiadur neu Ramadeg Cymraeg* (1808) a'i gyfrol o gerddi: *Diliau Barddas* (1827). Yn 1820 cyhoeddodd gyfrol fechan a fu, fel ei Ramadeg, yn boblogaidd iawn yn Uwchaled a'r cyffiniau. Fe'i hargraffwyd gan Wasg Gee. Copi o'r pedwerydd argraffiad sydd gen i, ac y mae ôl traul garw arno, fel y gwelir oddi wrth y llun o'r ddwy flaen-ddalen a gyhoeddir yn y llyfr hwn. Teitl y gyfrol yw: *Arweinydd i'r Anllythyrenog; sef Cynllyfr Buddiol, Wedi ei drefnu mewn modd hawdd ac esmwyth i Ddysgu Darllen Cymraeg; Gyd âg Amryw Addysgiadau Ystyriaethol, Buddiol eu Gwybod a'u Cadw.*

Yn y bedair tudalen ar ddeg gyntaf ymdrinir â'r wyddor a geiriau o wahanol sillafau. Yna ceir deuddeg gwers fer ar y testun: 'Geiriau unsill i ddechreu darllen, wedi eu casglu yn wersi byrion, o'r Ysgrythur lân', er enghraifft: 'Un Duw sydd'; 'Mwy yw Duw na dyn'; 'Mae Duw yn fyw'; 'Da yw Duw i bawb'; 'Gwna yr hyn sy dda a thi a gei glod'; 'Pob pren da sydd yn dwyn ffrwyth da'. 'Geiriau unsill o blith y Diarhebion Cymreig' sy'n dilyn, ac wedyn 'Geiriau unsill o nodau plant da', wedi'u mydryddu ar gân gan yr awdur. Cyfeiria'r pennill cyntaf, er enghraifft, at 'Bob un yn byw mewn parch at Dduw'. A dyma'r ail bennill:

> Rhont borth di-ffael i bawb yn hael
> I gael pob un fel hwy eu hun,
> Yn hardd eu moes ar hyd eu hoes;
> Hwy wnant bob swydd, a gais, yn rhwydd,
> Eu tad a'u mam mewn parch di-nam.

Digon diawen yw'r farddoniaeth, ond teg cofio mai prif amcan Bardd Nantglyn yn defnyddio mydr ac odl yn y gyfrol hon oedd i gynorthwyo'r darllenydd i gofio'r gwersi.

Yn dilyn, cyflwynir nifer o wersi byrion yn seiliedig ar adnodau a diarhebion sy'n cynnwys geiriau deusill neu fwy. Yna, ar ddudalennau 30-50, cyflwynir 'Geiriau o ymrafael sillau o'r Ysgrythur Lân, wedi eu casglu yn wersi byrrion, ar wahanol

benau'. Y mae'r prif benawdau hyn yn ymwneud â 'Natur Duw'; 'Yng Nghylch Anian a Chyflwr Dyn'; 'Am Brynedigaeth Dyn'; ac 'Am Ddyledswydd Dyn tu ag at Dduw'. Yn nesaf, cynhwysir 'Catecism yr Eglwys'; 'Hyfforddiadau byrrion i blant yn Egwyddorion y grefydd Gristionogol', eto ar ffurf cwestiwn ac ateb; 'Ychydig o Wersi hawdd yn cynnwys rhai Enwau Ysgrythurol'; 'Ymadroddion addysgiadol o blith Trioedd doethineb Beirdd Ynys Prydain'; a chwe gweddi fer (dwy ohonynt – 'Diolchgarwch am y Bore' a 'Diolchgarwch am yr Hwyr' – ar gân). Yr adran olaf yn y llyfr (tudalennau 69-78) yw 'Egluriad byr am Ranau Ymadrodd' ar ffurf cwestiwn ac ateb.

Y mae'n amlwg oddi wrth gynnwys y llyfr hwn fod gan Robert Davies ddau brif amcan wrth ei baratoi: cynorthwyo pobl (yn blant ac oedolion) i ddarllen, ac yn ail – a'r un mor bwysig – eu cyflwyno i'r Ffydd Gristnogol a'r bywyd bucheddol. Y mae ei ddewis o'r Trioedd yn unol â'r amcan hwn. Dyma ychydig enghreifftiau.

372

Argraffwyd y cyntaf gyferbyn â'r flaen-ddalen.

'Tri pheth y dylai gŵr ddwyn ei blant arnynt: parch i'w Creawdwr, dysgeidiaeth ar lyfr, a chelfyddyd at fywoliaeth.'

'Tri anhepgor gwybodaeth: calon yn meddwl, iaith i ddatgan, a chof i gadw.'

'Tri modd sydd i adnabod dyn: ei ymadrodd, ei ymddygiad, a'i arferion.'

'Tair camp dda ar ddyn: diwydrwydd, cywirdeb a gostyngeiddrwydd.'

'Tri chael mwyaf yn y byd: doethineb, cydwybod lân, a chariad Duw.'

'Tri pheth y dylai pob dyn synhwyrol eu gwneuthur: darllen er gwybod, ystyr er addysg, a chofio er daioni.'

'Tri pheth anhepgor i Gymro: ymddarbod yn ddoeth, bydio yn gall, a bucheddu yn lân.'

'A llenwch eich tyau â llyfrau fo'n lles'

Ar dudalen olaf *Arweinydd i'r Anllythyrenog* cynhwysodd Robert Davies y pennill hwn ar y testun 'Gwahoddiad i'r Ysgolion Sabbothol':

> Dewch bawb yn gydunol i'r Ysgol yn rhes,
> A llenwch eich tyau â llyfrau fo'n lles;
> Na fydded i'w feddu drwy Gymru, dro gwael,
> Un pen anllythrenog gwageddol i'w gael.

Er mor wahanol o ran ffurf oedd cyfrolau barddoniaeth R H Jones, nofelau Daniel Owen, llyfrau radicalaidd Gwilym Hiraethog, a chyhoeddiadau poblogaidd Anthropos, y cyfeiriwyd atynt eisoes yn gynharach yn y bennod hon, yr oedd un peth yn gyffredin iddynt i gyd: yr oeddent mewn modd difyr a chynnil yn condemnio'r drwg a dyrchafu'r da. Dyma yn awr, felly, restr bellach o lyfrau tra gwahanol eu natur i eiddo'r awduron a enwyd gynnau, ond yr un yw eu hamcan yn y bôn. A dyfynnu Bardd Nantglyn, 'llyfrau fo'n lles' ydynt, yn hybu'r bywyd bucheddol. Cyfyngir y rhestr i lyfrau moesol a chrefyddol a welais yn fy nghartref yn 'Rhafod. (Daeth rhai ohonynt hefyd o Ben-dre, cartref fy nhad, ac o Blas Nant, cartref fy nain.) Detholiad yn unig a nodir. Ni chynhwysir, er enghraifft, esboniadau Beiblaidd na chasgliadau o bregethau, megis *Gwlith y Bore: Pregethau a Phenillion Profiad,* Edward Llewelyn Davies, Llangynog, Hughes a'i Fab, Wrecsam, 1929. Cofiaf weld rhai o'r llyfrau wrth erchwyn gwely fy mam. Llyfrynnau bychain, yn mesur 4" x 3" yn unig, yw eitemau 1-7. Cyhoeddwyd y rhain ac eitemau 8-11 gan Hughes a'i Fab, Wrecsam.

1. John Roberts, *Moes-Lyfr, neu Egwyddorion a Defodau Moesgarwch, cyfaddas i bob oed a rhyw*; d.d., pris: 6c. Dyma deitlau rhai o'r penodau: 'Am arferion trwsgl ac anweddaidd'; 'Rheolau i gyfeillachu'; 'Rheolau ymddiddan'; 'Ymddygiad mewn addoldy'.

2. *Bydd Ffyddlon*; d.d., pris: 2g.

3. J Elias Jenkins (Ioan Elias), Llanelli, *Y Ffordd i Anrhydedd*; d.d., pris: 4c.

4. *Y Tlws Dirwestol*; d.d., pris: 2g. Cynnwys y llyfryn hwn yw un stori: 'Eliza Fach', pum cerdd ac un emyn: 'Ar Ddirwest bydded llwyddiant mawr...' 'Y Meddwyn Diwygiedig' yw teitl un gerdd, a dyma linellau agoriadol cerdd 'Y Meddwyn', i'w chanu ar y 'dôn Albaneg, Annie Laurie':

   > Edrychwch ar y Meddwyn,
   > Ei wedd mor warthus yw...

5. John Phillips (Tegidon), *Y Gelyn a'r Frwydr, Cyflwynedig i Wŷr Ieuainc o ddeuddeg i ddeunaw oed*; d.d., pris: 2g.

6. John Phillips (Tegidon), *Y Ddeilen ar y Traeth: Chwedl Addysgiadol i Ferched Ieuainc*; d.d., pris: 4c.

7. *Hywel: neu y Colledig wedi ei Gael*; d.d., pris: 2g. Ar derfyn y stori hon ceir pennill o emyn, 'Galwad i'r Afradlon':

   > Blant afradlon, at eich Tad,
   > Mae i chwi groeso...

8. H Elvet Lewis, *Boreau Gyda'r Iesu: Myfyrdodau a Gweddïau i Ddechreu'r Dydd*; 1916.

9. John Hughes, Liverpool, *Gwanwyn Bywyd a'i Ddeffroad. Y Cyfnod Rhwng 15 eg a 25 ain: ei Bwys a'i Berygl*; ail arg., d.d., pris: 6c.

10. Griffith Ellis, Bootle, *William Lewis, Khasia* ('Cyfres Milwyr y Groes'); 1903.

11. *Y Drych mewn Dammeg* (Yr wynebddalen yn eisiau.) Ymdriniaeth mewn 213 o adrannau o dan benawdau megis: 'Corff ac enaid'; 'Delw'r Diafol ar ddyn wedi'r cwymp'; 'Meddwdod a chybydd-dod'; 'Y gofal am gadw cymeriad da'; 'Amser a thragwyddoldeb'; 'Insiwrio neu ddiogelu yr enaid'.

12. *Llyfr yr Addoliad Teuluaidd*, cyhoeddwyd trwy gymeradwyaeth Cymanfa Gyffredinol y Methodistiaid Calfinaidd, 1926.

13. Thomas Binney, *Y Ddau Fyd: Llyfr i Wŷr Ieuainc*; Thomas Gee, Dinbych, 1855.

14. A Gardner, *Hau a Medi, neu Adfesuriad i Chwi*, J M Bryson, Townhead Printing Works, Strathaven, d.d.

15. William D Davies, Scranton, PA, America, *Cartref Dedwydd ac Ysgol y Teulu*; Joseph Williams, Argraffydd, Glebeland, Merthyr Tudful, 1897. Dyma deitlau rhai o'r penodau: 'Rheolau dyddiol y teulu dedwydd'; 'Melldith chwant a'i ganlyniadau'; 'Melldith y tobaco'; 'Diota a Dirwest'; 'Chwareuon da a drwg'; 'Saith o resymau dros arfer Cymraeg ar yr aelwyd'.

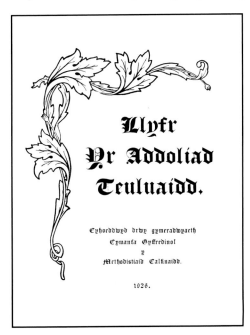

Holwyddoregau

Un o'r dulliau mwyaf poblogaidd o gyflwyno addysg grefyddol a moesol i blant ac ieuenctid Cymru yn ystod y bedwaredd ganrif ar bymtheg a dechrau'r ganrif hon, wrth gwrs, oedd yr holwyddoreg. Cyhoeddwyd llu mawr o'r llyfrynnau bychain hyn ar ffurf cwestiynau ac atebion, ac fe'u defnyddiwyd yn helaeth mewn eglwys a chapel. Dyma ychydig enghreifftiau sydd yn fy meddiant i:

1. John Parry, Caer, *Rhodd Mam* ('Gyda rhai ychwanegiadau a gwelliantau'), Cymanfa Gyffredinol y Methodistiaid Calfinaidd, Caernarfon, d.d., pris: ceiniog. (Y teitl gwreiddiol oedd *Rhodd Mam i'w Phlentyn* ac fe'i cyhoeddwyd gyntaf yn 1811.)

2. John Parry, *Rhodd Tad i'w Blant, sef Yr Ail Gatecism i Bobl Ieuainc, Wedi ei sylfaenu ar yr Ysgrythyrau*; 'J Parry & Son', Caerlleon; 'ar werth hefyd gan Hughes, Wrexham', 1867, pris

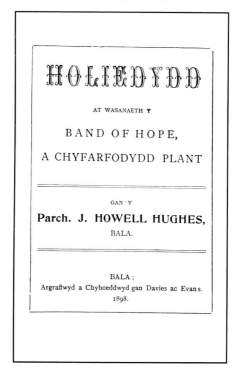

2g. (Cyhoeddwyd yr argraffiad cyntaf yn 1837.)
Gyferbyn â'r flaen-ddalen argraffwyd dau bennill yn
gyflwyniad i'r llyfryn. Dyma'r cyntaf o'r ddau:

> Dyneswch fy anwyl blant,
>> I gael hyfforddiant gwiw,
> Rhag ofn mai'r byd a drygchwant
>> A'ch dwyn o ffyrdd eich Duw;
> Dil addysg detholedig
>> Llyfr diddig sy'n fy llaw,
> A'ch arwain yn foneddig
>> I dref y nefoedd draw

3. J Howell Hughes, Y Bala, *Holiedydd at Wasanaeth y Band of
   Hope a Chyfarfodydd Plant*; Davies ac Evans, Swyddfa'r Seren,
   Y Bala, 1898, pris: 2g. Ar dudalen olaf y llyfryn hwn
   argraffwyd y geiriau a ganlyn o dan y pennawd
   'Penderfyniad':

'Yr wyf yn penderfynu o heddyw – trwy gymorth gras –
ymgadw:

– Rhag yr holl achlysuron i Feddwdod;

– Rhag bod yn achlysur, na rhoi achlysur i neb arall Feddwi,
nac yfed Diodydd Meddwol;

– Rhag taflu unrhyw anfri ar na Gair, na Thŷ, nac Addoliad,
nac Enw, na Dydd yr Arglwydd;

– Rhag bod yn anufudd i ddim sydd dda, nac yn amharchus
o neb sydd yn teilyngu Parch;

– Rhag ymddwyn yn angharedig mewn na Gweithred, na
Gair, nac at neb, nac at ddim;

– Rhag dweyd ond a fo'n wir, na gwneud ond a fo'n
weddaidd;

– Rhag camdreulio nac amser, nac arian;

– Rhag bod yn ddifeddwl am y dyfodol, na bod yn
ddiddarbod ar ei gyfer.'

Enw ....

Oedran .... Dyddiad ....

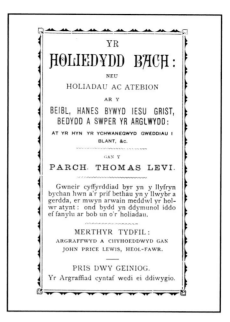

4. J Howell Hughes, Y Bala, *Arweinydd i Had yr Eglwys at Fwrdd yr Arglwydd*; Davies ac Evans, Swyddfa'r Seren, Y Bala, d.d., pris: 2g.

5. Thomas Levi, *Yr Holiedydd Bach, neu Holiadau ac Atebion ar y Beibl, Hanes Bywyd Iesu Grist, Bedydd a Swper yr Arglwydd, at yr hyn yr Ychwanegwyd Gweddïau i Blant, etc.*; John Price Lewis, Heol Fawr, Merthyr Tudful, d.d., pris: 2g.

6. Nantlais, *Holwyddoreg Cenhadol*; Cenhadaeth Dramor Eglwys Bresbyteraidd Cymru, Lerpwl, ail arg., d.d., pris 6c.

'Pa sawl math o blant sydd?' *Rhodd Mam*, John Parry, Caer

Yr holwyddoreg fwyaf poblogaidd o ddigon ymhlith enwad y Methodistiaid Calfinaidd oedd llyfryn y Parchg John Parry, Caer: *Rhodd Mam i'w Phlentyn* (1811). Ganed John Parry (1775-1846) yng Nghroeslon-grugan, plwyf Llandwrog, sir Gaernarfon. Un o'r ysgolion y bu ynddi am dymor oedd Ysgol y Parchg John Roberts, Llangwm, yn Llanllyfni. Wedi cyfnod yn weinidog yng Nghaergybi a Llundain (lle bu'n cynorthwyo Thomas Charles i gywiro proflenni argraffiad Cymraeg newydd o'r Beibl), ymsefydlodd ef a'i briod yn

378

ninas Caer yn 1806. Buont yn cadw siop ddillad yno am oddeutu pedair blynedd. Yna am nifer o flynyddoedd bu ganddynt siop lyfrau lwyddiannus. Cyhoeddodd amryw o lyfrau. Sefydlodd hefyd ei argraffwasg ei hun yn 1818, a chyhoeddi cylchgrawn newydd misol: *Goleuad Gwynedd*, o dan nawdd enwad y Methodistiaid Calfinaidd. Yn 1821, ar gais y cyhoedd, cyhoeddwyd hwn fel cylchgrawn anenwadol, o dan yr enw *Goleuad Cymru*. Yna, yn 1831, bu'n gyfrifol am ail-ddechrau cyhoeddi'r *Drysorfa*, wedi bwlch o rai blynyddoedd, ac ef fu yn ei golygu hyd ddiwedd ei oes.

Am gyfnod o dros gan mlynedd bu *Rhodd Mam* John Parry yn fawr ei ddylanwad ar blant Cymru. Câi ei ddefnyddio yn rhai o gapeli'r Methodistiaid Calfinaidd mor ddiweddar â phedwardegau'r ganrif hon. Mae gen i gof bach o ddysgu rhannau ohono, ac yn arbennig y bedwaredd bennod sy'n agor â'r cwestiwn: 'Pa sawl math o blant sydd?' Bellach, fodd bynnag, cododd cenhedlaeth neu ddwy na chlywsant erioed sôn am y *Rhodd Mam*. Dyma, felly, ddyfynnu'r bedwaredd bennod o argraffiad pur ddiweddar, heb ddyddiad arno. (Y mae enw Salome Parry Jones, Pen-dre, Tŷ Nant, ar y llyfryn. Roedd hi yn chwaer i'm tad, a bu farw 7 Awst 1909 o'r difftheria, yn un ar ddeg mlwydd oed.) Dylid ychwanegu bod yr atebion i rai o'r cwestiynau wedi'u lliniaru beth, o'u cymharu â'r atebion yn yr argraffiadau cynharaf, ac yn arbennig y disgrifiad o 'ba fath le yw uffern'.

'Pa sawl math o blant sydd?

Dau fath.

Pa rai ydyw y ddau fath?

Plant da a phlant drwg.

Pa fath blant sydd yn cymeryd enw Duw yn ofer?

Plant drwg.

Pa fath blant sydd yn arfer geiriau drwg?

Plant drwg.

Pa fath blant sydd yn tori'r Sabboth?

Plant drwg.

Pwy sydd yn anufudd i'w rhieni?

Plant drwg.

Pwy sydd yn dywedyd celwydd ac yn tyngu?

Plant drwg.

A raid i bawb farw?

Rhaid.

I ba le yr â plant drwg ar ôl marw?

I uffern.

Pa fath le yw uffern?

Lle o boen i gosbi pechod.

I bwy y paratowyd y lle poenus hwnw?

I ddiafol ac i'w angylion

Pwy ddichon waredu plant rhag myned yno?

Iesu Grist.

Pa fath ydyw plant da?

Rhai yn ofni Duw, ac yn cilio oddi wrth ddrwg.

Pwy sydd yn hoff o'u llyfr?

Plant da.

Pwy sydd yn ufudd i'w rhieni?

Plant da.

A ddylech chwi oll fod yn blant da?

Dylem.

I ba le yr â plant da wedi marw?

I'r nefoedd.

Pa fath le yw y nefoedd?

Lle gogoneddus a hyfryd.

Pwy fydd gyda ni yno?

Iesu Grist, yr angylion, a'r saint.

A fydd pechod yno?

Na fydd; na phechod na phoen byth.'

'Cadwn y mur rhag y bwystfil, cadwn y ffynnon rhag y baw.'

Yn gynharach yn y gyfrol hon (pen. 4) soniwyd am Michael D Jones yn 1868 yn adeiladu tŷ newydd yn Foty Arddwyfan ac yn ei alw yn 'Rhavod, ac fe gariwyd fy nhaid, Owen Owen, o'r hen Foty i'r tŷ newydd hwn yn faban ychydig fisoedd oed. Un diwrnod, a minnau'n hogyn tua deuddeg i bymtheg, roeddwn i'n brysur yn fflota y tu ôl i'r lle tân yn yr hen dŷ ('cut maip' y galwem ef bryd hynny), ac fe gofiaf yn hir y wefr a deimlais pan ddois o hyd i eiriadur hynafol o'r golwg yng nghanol y geriach a'r llwch. Roedd ei flaen-ddalen yn eisiau, ond flynyddoedd wedi hynny deuthum i wybod mai teitl y gyfrol yw: *Y Gymraeg yn ei Disgleirdeb, Neu Helaeth Eir-lyfr Cymraeg a Saesneg*, a 'gasglwyd drwy ddirfawr boen a diwydrwydd Thomas Jones'. Fe'i cyhoeddwyd yn 1688, ond argraffiad Amwythig, 1777, sydd gen i. Ym mharagraff olaf y cyflwyniad ysgrifennodd yr awdur y geiriau hyn: 'Byddwch wneuthurwyr y gair ac nid gwrandawyr yn unig'. Adlais o'r un neges ag eiddo'r Apostol Paul a'r Arglwydd Iesu ei hun, ond eu bod hwy yn cyfeirio at yr Efengyl.

A dyna, mewn brawddeg, fydd prif thema ail gyfrol *Y Ffynnon Arian*: bwrw trem ar y modd y bu i drigolion un ardal yn Uwchaled, sef Llangwm, ac un capel yn arbennig, sef Cefn Nannau, ymateb i'r her nid yn unig i bregethu a gwrando'r Gair o Sul i Sul, ond hefyd i'w weithredu o ddydd i ddydd. Y cyfnod y byddwn yn canolbwyntio arno'n bennaf fydd y cyfnod o ddiwedd y ddeunawfed ganrif hyd heddiw – o ddyddiau'r arloeswyr cynnar a'u gwrthwynebiad i rai o 'arferion llygredig yr oes', a'r frwydr rhwng yr Anghydffurfwyr â'r 'hen Eglwyswrs', hyd at ein hoes ni a'i sialens newydd. Ac yn y cipolwg hwn cawn gwmni rhai o'r cwmwl tystion a fu am ddau can mlynedd – pob un yn ôl ei weledigaeth a'i gyfraniad unigryw ei hun – yn ymroi (a dyfynnu Waldo o'i gerdd 'Preseli') i gadw'r 'mur rhag y bwystfil', i gadw'r 'ffynnon rhag y baw'.

Nodiadau

1. 'Cnesrwydd Hen Groeso'

1. *Cerddi'r Synhwyrau*, Cyfres y Porth, Cynllun y Cyngor Ysgolion, Bangor 1980, tt. 10-12.
2. 'Bro Hiraethog', *Blodau'r Gwynt*, Dinbych, 1948, t. 49.
3. Mae hwn yn rhan o rigwm meithach. Gw. Robin Gwyndaf, 'Traddodiad yr Hen Bennill a'r Rhigwm yn Uwchaled', *Allwedd y Tannau*, rhif 35, 1976, tt. 21-2.
4. Cyf. 2, tt. 136-7.
5. Cyhoeddwyd yr englynion hyn a choffâd Emrys Jones yn *Corwen Times*, 5 Ionawr 1996, t.3.
6. 'Yr Herwheliwr (Bob Talc, Llangwm)', Llsg. AWC (Amgueddfa Werin Cymru) 1391/2, t. 2.
7. *ibid.*, t. 2-3.
8. *Y Bedol*, cyf. 4, rhif 7-8, Gorffennnaf, Awst, 1981.
9. Tâp AWC, 2547; recordiwyd 3 Ionawr, 1970.
10. *Daniel Owen, y Nofelydd: Bywgraphiad*, I Foulkes, Lerpwl, 1903.
11. Yn eu plith: Lewis T Evans (tapiau AWC 1025-6; recordiwyd 17 Ebrill 1965), ac Idwal Hughes (tâp AWC 5768, recordiwyd 27 Mawrth, 1978).
12. *Cwm Eithin*, 5ed arg., Lerpwl, 1950, t. 58.
13. Idwal Hughes, tâp AWC 5768; recordiwyd 27 Mawrth 1978. Fe'i cyhoeddwyd yn Eifion Roberts a Robin Gwyndaf, *Yn Llygad yr Haul: Atgofion am Gefn Brith a'r Cyffiniau yn Uwchaled*, Pen-y-groes,1992, t. 281.

2. Y Daith i Langwm

1. Gw. John Davies ('Asiedydd o Walia'), 'Ffyrdd Cymru: y Ffordd Fawr Rhwng Llangollen a Phorthaethwy', *Cymru*, cyf. 47, 1914, tt. 21-4, 101-3, 161-4.
2. Am wybodaeth bellach am Uwchaled, gw. Robin Gwyndaf, *Teithiau Uwchaled*, 1-2; Cyfres Teithiau Llenyddol Gogledd Cymru, rhif 20, Bangor, 1994. Gw. hefyd, *Yn Llygad yr Haul: Atgofion am Gefn Brith a'r Cyffiniau yn Uwchaled*, ac yn arbennig y cyflwyniad i ddiwylliant gwerin y fro, tt. 19-102. Ar derfyn y gyfrol ceir rhestr o gyhoeddiadau'r awdur yn ymwneud ag Uwchaled.

3. Am ragor o hanes Siôn Dafydd Berson, gw. Emyr Wyn Jones, 'Twm o'r Nant and Siôn Dafydd Berson', *Trafodion Cymdeithas Hanes Sir Ddinbych*, cyf. 30, 1981, tt. 45-72.

4. Ceir dau bennill arall yn yr emyn hwn. Gw. William Williams, 'Caledfryn', gol., *Eos Gwynedd: Caniadau ar Destynau Crefyddol, Moesol a Difyrol*, Llanrwst, 1945, tt. 14-15.

5. Treuliodd R T Jenkins ddiwrnod wrth fodd ei galon yn crwydro yn Rhydlydan a'r cyffiniau, a chofnodwyd yr hanes ganddo mewn ysgrif ddiddorol, 'Diwrnod yn Uwchaled', *Casglu Ffyrdd*, Wrecsam, 1956, tt. 9-18.

6. Gwybodaeth o lawysgrif a sgrifennwyd gan Hugh Hughes, Cerrigydrudion, yn 1899. Fe'i cyhoeddwyd gan D S Jones yn *Trafodion Cymdeithas Hanes Sir Ddinbych*, cyf. 9, 1960, tt. 174-80.

7. Tt. 147-63.

8. 'Atgofion Meddyg Gwlad', Gwilym G Jones, gol., *Ŷd Cymysg*, Rhuthun, 1964, tt. 11-15, 100-4.

9. Robin Gwyndaf, 'Y Meddyg Gwlad. Teyrnged i'r Dr Ifor H Davies, Cerrigydrudion', *Y Traethodydd*, Hydref, 1979, tt. 195-205.

10. Robin Gwyndaf, 'Cerddi Llafar Gwlad Cymdeithas Fynyddig', *Cylchgrawn Cymdeithas Alawon Gwerin Cymru*, cyf. 15, 1971, tt. 135-52.

11. Am hanes cynnar Achos y Methodistiaid yng Ngherrigydrudion, gw. llawysgrif werthfawr o eiddo D R Thomas. Ceir llun-gopi ohoni yn Amgueddfa Werin Cymru, Llsg. AWC 2538/2. Gw. hefyd William Williams, *Methodistiaeth Dwyrain Meirionnydd*, Y Bala, 1902, tt. 409-21.

12. *Meth. Dwyr. Meir.*, tt. 417. Dyma destunau pregethau John Elias am y blynyddoedd 1816, 1817, 1819, 1922 (yn oedfa'r bore am 11.00): Math. 24, 44; Heb. 12, 25; Rhuf. 1,17; Mal. 4, 6. Testun pregeth Henry Rees (1819) oedd: Preg. 6, 6. Ni nodir y testun am y flwyddyn 1824. Testun pregeth Thomas Jones (1817) oedd: Salm 119, 96.

13. Llandybïe, 1964.

14. *Meth. Dwyr. Meir.*, t. 417.

15. Thomas Jones, *Beirdd Uwchaled*, Llundain, 1930, tt. 33-4.

3. 'Fy Mro, Fy Mraint' (1)

1. Am ragor o'i hanes, gw. Gwilym G Jones (casglwr) a Huw Roberts (gol.), *Hanes Ysgolion Sul y Methodistiaid Calfinaidd yn Nosbarth Cerrigydrudion*, 1900-1950, 1958, tt. 61-4.

2. Gw. ysgrif William Rees, 'Fy Nhad', *Y Traethodydd*, 1856, tt. 277-87.

3. Am beth o hanes John Ellis, gw. R D Griffith, *Hanes Canu Cynulleidfaol Cymru* (Caerdydd, 1948) a'r ffynonellau pellach a nodir yn *Y Bywgraffiadur Cymreig Hyd 1940*, tt.194-5. Argraffwyd *Mawl yr Arglwydd* gan I Davies, Trefriw. Dyma deitl y gyfrol yn llawn: *Mawl yr Arglwydd, sef Casgliad o Rannau o'r Psalmau a'r Hymnau, yn Attebion Lleisiol, a rhai Pennillion, at yr hyn y Chwanegwyd Cyfarwyddiadau i Osod Allan y Synwyr wrth Ddarllain. Hefyd Cyfarwyddiadau i Ganu a'r Deall; a Chasgliad o Egwyddorion Gwir Folianwyr yr Arglwydd, yn Holiadau ac Attebion: Hefyd Hyfforddiadau i Ddysgu'r Gelfyddyd Ardderchog o Gerddoriaeth.*

4. Cyfres Llyfrau Llafar Gwlad (32), Gwasg Carreg Gwalch, Llanrwst, 1995.

5. *Beirdd Uwchaled*, Llundain, 1930, tt. 32-3.

6. Gw. Robin Gwyndaf, 'Teulu a Thelyn: Telynores Maldwyn, Dei Llwyn Cwpwl, Telynores Gwynedd a Phlas Llanofer', *Allwedd y Tannau*, rhif 36, 1977, tt. 50-79.

7. 'Bro Gellïoedd', Gwilym G Jones, gol., *Awelon o Uwchaled*, Y Bala, 1980, tt.95-102. Cyhoeddwyd ysgrifau eraill o eiddo John Morris Jones yn y gyfrol hon.

8. 'Plwyf Llangwm', *Yr Eryr*, 15 Awst 1894, t. 6.

9. *Yr Eryr*, 12 Awst 1896, t. 3.

10. Am ragor o wybodaeth, gw. ysgrif Emrys Jones, 'Gwasgaru'r Llwch ar Foel Goch', *Y Faner*, 22 Tachwedd 1991, t. 7. Roedd Emrys yn un o'r hogiau lleol a oedd yn bresennol yn y seremoni. Gw. hefyd erthygl Robin Gwyndaf, 'Y Sipsiwn yn Uwchaled', *Llafar Gwlad*, 18, Gaeaf 1987-8, tt. 8-10, ynghyd â'r cyfeiriadau a nodir yno, ac yn arbennig *My Gypsy Days*, Dora E Yates (1953).

11. Argraffwyd llyfryn y *Rheolau* gan Edward Jones, Y Bala. (Y 3ydd argraffiad, 1876, sydd gennyf i.) Am ddisgrifiad pellach o'r Gymdeithas Gyfeillgar, gw. ysgrif werthfawr David Jones, Pen y Bont: 'Clwb Llangwm, 1857-1936', *Cefn Gwlad*, 1943-4, tt. 6-8. Gw. hefyd erthygl Ap Simon, 'Clwb y Cleifion', *Yr Eryr*, 18 Gorffennaf, 1894, t. 2.

12. Am restr o faledi Huw Jones, gw. Owen Williams, *Llyfryddiaeth Sir Ddinbych*, rhan 3: *Awduron Sir Ddinbych a'u Gweithiau*, Wrecsam, 1937, tt. 75-82. Am wybodaeth bellach ynglŷn â Huw Jones, gw. Thomas Parry, 'Yr Hen Ryfeddod o Langwm', *Y Casglwr*, rhif 16, Mawrth 1982, a'r ffynonellau pellach a nodir yn *Y Bywgraffiadur Cymreig Hyd 1900*, t. 441.

13. Cyhoeddwyd y gyfres englynion yn gyflawn mewn adroddiad 'Gwerthfawrogi 50 Mlynedd o Wasanaeth', *Corwen Times*, 30 Mehefin 1995, t. 3. Am bortread o David Jones, tad Emrys Jones, gw. R Charles Jones, *Traethawd Coffa i'r Diweddar Mr David Jones, Pen-y-bont, Llangwm*, 1946.

14. *Llên y Llannau*, Eisteddfodau 1983, tt. 59-60.

15. 'Ffair Llangwm', *Cefn Gwlad*, 1947-48, tt. 9-10.

4. Fy Mro, Fy Mraint (2)

1. *Meth. Dwyr. Meir.*, t. 63.

2. *Drych yr Amseroedd*, Llanrwst,1820, t. 175.

3. *Meth. Dwyr. Meir.*, t. 63.

4. *ibid.*, t. 63.

5. Gw. yr *Atodiad i'r Bywgraffiadur Cymreig Hyd 1940*, tt. 88-9, a'r ffynonellau a nodir yno. Cefais wybodaeth werthfawr hefyd gan Mr Wyn James, Caerdydd, a charwn gydnabod hynny'n ddiolchgar.

6. Ellis Davies, *The Prehistoric and Roman Remains of Denbighshire*, Caerdydd, 1929, tt. 275-9. Diolchaf hefyd yn ddiffuant i'm cydweithiwr, Kenneth Brassil, am lawer o wybodaeth werthfawr ynglŷn â hynafiaethau ardal Llangwm.

7. *Llên y Llannau*, Eisteddfodau 1984, tt. 85-104.

8. Am wybodaeth bellach am Thomas Thomas, gw. ysgrif Gruffydd Hughes yn *Cefn Gwlad: Rhifyn Coffa i Amryw o Wŷr Enwog y Cylch*, 1952-3, tt. 32-42. Cafwyd gwybodaeth am Siop Tŷ Nant yn bennaf o sgyrsiau gwerthfawr a gefais gydag Emyr P Roberts a'i chwaer, Jane Hefina Roberts, Dinmael, a charwn ddiolch yn ddiffuant iddynt.

9. 'Rhai o'r Hen Gymeriadau a Gofiaf yn Ystod fy Nyddiau Ysgol', Llsg. AWC 1391/1, tt. 1-8. Aeth Robert Eifion Jones i'r ysgol y diwrnod cyntaf yn llaw David Ellis, Penyfed. (Daliaf ar y cyfle hwn i gywiro llithriad a wnaed wrth deipio yn y 'Cyflwyniad' a sgrifennais i gyfrol Alan Llwyd ac Elwyn Edwards, *Y Bardd a Gollwyd: Cofiant David Ellis Penyfed*, Barddas, t. xi. I Ysgol Dinmael, wrth gwrs, fel fy nhad, ac nid i Ysgol Llangwm, yr aeth David Ellis.)

10. John Hugh Jones, 'Hen Gymeriadau Tŷ Nant', *Y Cyfnod*, 2 Mehefin 1967. (Ysgrifennodd fy nhad yr atgofion hyn ar fy nghais dridiau cyn iddo farw, 2 Ionawr 1966.)

11. Recordiwyd John Davies (Tachwedd, 1967), gan y Dr Edward Davies, Cerrigydrudion, a fu mor garedig â chaniatáu i Amgueddfa Werin Cymru gopïo'r tapiau, rhifau AWC 411 a 426.

12. Am wybodaeth bellach ynglŷn â Helynt y Degwm, gw. *Baner ac Amserau Cymru*, 1887-8; R F Watkins, *Y Gwir am y Degwm*, Wrecsam, 1933; Hugh Evans, *Cwm Eithin*, 5ed arg., Lerpwl, 1950, tt. 218-20; Frank Price Jones, 'Rhyfel y Degwm, 1886-91', *Trafodion Cymdeithas Hanes Sir Ddinbych*, cyf. 2, 1953, tt. 71-105; Llwyd o'r Bryn, 'Stori Nhad – un o Ferthyron y Degwm', *Y Pethe*, Y Bala, 1955, tt.89-95; Dafydd Evans a J E Hughes, 'Rhyfel y Degwm' (dwy faled), *Allwedd y Tannau*, cyf. 38, 1979, tt. 4-9; Elwyn L Jones, *Gwaedu Gwerin*, Dinbych, 1983; Gwilym

Evans ac Eirlys Lewis Evans, 'Rhyfel y Degwm yn Llangwm a'r Cylch', *Llên y Llannau*, Eisteddfodau 1986, tt. 57-76; tapiau AWC, 7340-5 (recordiad o gyfarfodydd dathlu canmlwyddiant Rhyfel y Degwm yn Llangwm, 6 Mehefin 1987).

13. Darganfuwyd y cerrig gan John Williams, Nant y Blodau, Tŷ Nant, ac y maent ar hyn o bryd yn ei feddiant ef. Y mae'r garreg sydd ar ffurf wyneb dyn yn gysylltiedig, medd ef, â hen ddefod o aberthu.

14. Gw. Ellis Davies, *The Prehistoric and Roman Remains of Denbighshire*, tt. 234-6.

15. Gw. *Yr Wythnos*: 1895 (16 Mawrth, t. 4; 20 Ebrill, t. 6; 18 Mai, t. 3; 22 Mehefin, t.5; 29 Mehefin, t.6; 24 Awst, t.2), a'r *Eryr*: 1896 (3 Mehefin, t.5).

16. Gw. Alan Llwyd ac Elwyn Edwards, *Y Bardd a Gollwyd*, tt. 95-6.

17. Tapiau AWC, 1847-8, 1892-6, 1935-40; recordiwyd rhwng 20 Ebrill 1968 a 2 Gorffennaf 1968.

18. *The Prehistoric and Roman Remains of Denbighshire*, tt. 284-5, a gwybodaeth gan Kenneth Brassil, Awst 1995.

19. Cefais wybodaeth ar lafar am Ysbryd y Glyn gan amryw bersonau yn Uwchaled. Cofnodwyd yr hanes am y merched ifanc o Langwm gan John Morris Jones, Aeddren, mewn ysgrif ganddo a anfonwyd i gystadleuaeth yng Nghyfarfod Bach, Capel y Groes, 28 Ionawr 1977.

20. Am wybodaeth bellach am deuluoedd uchelwrol Uwchaled, gw. J Y W Lloyd, *The History of... Powys Fadog*, cyf. 1-6, Llundain,1881-7, ac yn arbennig cyf. 6.

21. *Celtic Folklore: Welsh and Manx*, cyf. 2, Rhydychen, 1901, tt. 440-5.

22. Llyfr Ateb AWC, 339, Mawrth 1977.

5. 'Llangwm, Saffrwm o Serch': Tirwedd, Llwybrau a Phlanhigion

1. Cywydd rhif 5, P J Donovan, *Cywyddau Serch y Tri Bedo*, Caerdydd, 1982, tt. 5-7.

2. *Cymru*, cyf. 2, t. 137.

3. 'Yr Oed', *Y Gwin a Cherddi Eraill*, Dinbych, 1948, tt. 34-5.

4. 'Atgofion',1995, t. 2.

5. 'Atgofion Plentyndod', t. 5.

6. 'Atgofion', t. 1.

7. Carwn ddiolch yn ddiffuant iawn i'r Dr Goronwy Wynne am ei gymorth amhrisiadwy i adnabod y planhigion a'r blodau y cyfeirir atynt yn y bennod hon. Wrth ei pharatoi gwnaed defnydd o'r

cyhoeddiadau a ganlyn: Dafydd Davies ac Arthur Jones, *Enwau Cymraeg ar Blanhigion: Welsh Names of Plants*, Amgueddfa Genedlaethol Cymru, Caerdydd, 1995; R Gwyn Ellis, *Flowering Plants of Wales*, Amgueddfa Genedlaethol Cymru, Caerdydd, 1983; *Enwau Planhigion*, Gwasg Prifysgol Cymru, Caerdydd,1969; Meirion Parry, *Enwau Blodau, Llysiau a Choed*, Gwasg Prifysgol Cymru, 1969; C A Stace, *New Flora of the British Isles*, Cambridge University Press, 1991; Goronwy Wynne, *Patrymau Planhigion: Golwg Newydd ar Ecoleg*, Y Ddarlith Wyddoniaeth, Eisteddfod Genedlaethol Bro Colwyn, 1995. Gwnaed defnydd hefyd o wybodaeth a gofnodwyd gennyf ar lafar yn Uwchaled,1964-95.

6. *Plwyf Llangwm a Hen Farwniaid Dinmael*

1. Cyf. 2, t. 137.
2. Cyf. 2, t. 163. Y mae Nant Heulog yn enw heddiw ar nant yn ardal Dinmael.
3. Edward Lhuyd, *Parochialia*, gol. R H Morris, *Archaelogia Cambrensis* (Atodiad), 1910, t. 52.
4. *Cymru*, cyf. 2, t. 137.
5. *The History of the Diocese of St. Asaph*, t. 163.
6. *Arch. Camb.*, 1910, tt. 52-3.
7. Emrys Jones, 'Byr Nodiadau ar Annedd-dai Adfeiliedig Plwyf Llangwm', *Llên y Llannau*, Eisteddfodau 1979, t. 80.
8. *Seren Gomer*, cyf. 18, 1832, t. 256. Rwy'n ddiolchgar iawn i'm cydweithiwr, y Dr Elfyn Scourfield, am y cyfeiriad hwn.
9. Cafwyd gwybodaeth am 'Charles Tân' o nodiadau a sgrifennodd Bob Owen, Croesor, ar gais Gruffydd Hughes, 'Myfyr y Gadair', Dinmael. Casgliad Llawysgrifau Gruffydd Hughes, rhifau 32, 879.
10. Emrys Jones, *Llên y Llannau*, Eisteddfodau 1979, t. 78.
11. *The History of the Diocese of St. Asaph*, cyf. 2, t. 163, nodyn 1.
12. Gw. erthygl werthfawr Anthony D Carr, 'Medieval Dinmael', *Trafodion Cymdeithas Hanes Sir Ddinbych*, cyf 13, 1964, tt. 9-21. Yn ôl J Y W Lloyd (*Powys Fadog*, cyf. 6, Llundain, 1887, t. 52) cynhwysai'r cwmwd blwyfi Llangwm a Betws Gwerful Goch a rhannau o blwyfi Corwen, Cerrigydrudion a Llanfihangel Glyn Myfyr.
13. *Powys Fadog*, cyf. 6. t. 54.
14. *Powys Fadog*, cyf. 6, t. 52. (Os gŵyr rhywun ble mae Caer Dial yn union, byddwn yn falch iawn o gael gwybod.)
15. 'Medieval Dinmael', t. 14.

16. Gw. testun Robert Vaughan o'r *Quo Warranto*, sef cofnodion yn ymwneud â Dinmael (Llsg. Peniarth 236, t. 149); dyfynnir gan Anthony D Carr, 'Medieval Dinmael', t. 16.

17. *Powys Fadog*, cyf. 6, t. 58: 'at a place still called Muriau Generis'.

18. Thomas Roberts, gol., *Gwaith Tudur Penllyn ac Ieuan ap Tudur Penllyn*, Caerdydd, 1958, t. 59.

19. T Gwynn Jones, gol., *Gwaith Tudur Aled*, Caerdydd, 1926, t. 350.

20. *Medwyn Jones Llangwm*, Cyfres Beirdd Bro 5, Abertawe, 1977, t. 48.

7. 'Gwlad Telyn, Englyn a Hwyl'

1. *Cefn Gwlad*, 1942-43, t. 14.

2. *Erthyglau Beirniadol*, Y Clwb Llyfrau Cymreig, Llandysul, 1946.

3. tt. vii-viii.

4. t. viii.

5. Gwilym G Jones, gol., *Awelon o Uwchaled*, Y Bala, 1980, tt. 1-19.

6. Cyhoeddwyd yn Gwilym G Jones, gol., *Ŷd Cymysg*, Rhuthun,1964, t.10.

7. Gw. traethawd cynhwysfawr Eirlys Lewis Evans, 'Traddodiad Corawl Uwchaled', *Llên y Llannau*, Eisteddfodau 1992, tt. 109-15.

8. Gw. traethawd gwerthfawr arall gan Eirlys Lewis Evans: 'Seiri Cochion Llangwm', *Llên y Llannau*, Eisteddfodau 1976, tt. 81-93.

8. Eisteddfod, Gŵyl ac Ymryson

1. Gw., er enghraifft, draethawd gwerthfawr W Emrys Jones, 'Traddodiad Eisteddfodol Uwchaled', *Llên y Llannau*, Eisteddfodau 1982, tt. 90-113.

2. Dyfynnir yn *Meth. Dwyr. Meir.*, t. 428.

3. Dyfynnir yn *Llên y Llannau*, Eisteddfodau 1982, t. 97.

4. Cyhoeddwyd rhaglenni eisteddfodau 1942 a 1943 yn *Cefn Gwlad*, rhifynnau 1941-42, 1942-43.

5. T Vaughan Roberts, 'Gŵyl yr Ysgol Sul', Gwilym G Jones, gol., *Ŷd Cymysg*, tt. 74-6.

6. *Corwen Times*, 18 Chwefror 1977.

7. 'Sŵn yr Hen Ymrysonfeydd', *Awelon o Uwchaled*, tt. 131-41.

8. Cyhoeddwyd cynhyrchion Ymryson y Beirdd Gellïoedd yn *Y Bedol*, Chwefror 1995 (colofn 'Trin Geiriau', Eifion Jones), ac yn *Pethe Penllyn*, Ebrill 1995 (colofn 'Teulu'r Talwrn', Wil Coed y Bedo).

9. Cyhoeddir rhestr lawn o enwau'r buddugwyr yng nghyfarfodydd cystadleuol cylch Uwchaled a Phabell Lên Gellïoedd yn *Y Cyfnod* a'r *Corwen Times*.

9. 'Cwarfod Bach' Capel y Cefn

1. *Yr Wythnos*, 8 Rhagfyr 1894, t. 6.
2. Llyfr Cofnodion Eglwys Cefn Nannau, t. 54.
3. Llyfr Cofnodion, t. 59.
4. Llyfr Cofnodion, t. 43.
5. *Baner ac Amserau Cymru*, 4 Mawrth 1926.
6. Cyhoeddwyd hi hefyd yn *Awelon o Uwchaled*, tt. 115-18.
7. Am wybodaeth ynghylch Thomas Jones, Plas Nant, ac eraill a oedd yn ymddiddori mewn canu yng Nghapel Cefn Nannau bryd hynny, rwy'n ddiolchgar iawn yn fwyaf arbennig i Mrs Hester Claude Jones, Llidiart-y-gwartheg, Cerrigydrudion (gweddw Tom); y diweddar John Owen Jones, Prysor, Cerrigydrudion (brawd Tom); ac Emrys Jones, Pen y Bont, Llangwm.

10. Y Cwlwm sy'n Creu: Beirdd a Llenorion

1. Er enghraifft, yn *Blodleugerdd Penllyn*, gol. Elwyn Edwards, Barddas, 1983.
2. Gw. hefyd Robin Gwyndaf, 'Y Newyddiadurwr Lleol: Cyfraniad y Parchg J T Roberts', *Trafodion Anrhydeddus Gymdeithas y Cymmrodorion*, 1978, tt. 231-51.
3. 'Hanes ac Atgofion am Ysgol Llangwm', tt. 4-8. Rwy'n ddiolchgar iawn i Trebor Lloyd Evans, Dolgellau, mab Dafydd Evans, am gael benthyg traethawd ei dad.
4. *Llên y Llannau*, Eisteddfodau 1981, t. 62.
5. *Llên y Llannau*, Eisteddfodau 1976, tt. 94-6.
6. *Llên y Llannau*, Eisteddfodau 1982, t. 111.
7. *Llên y Llannau*, Eisteddfodau 1978, t. 110. 'Hen Feirdd Uwchaled', gan Dafydd Evans, traethawd, cyd-fuddugol yn Eisteddfod Llangwm, 1978. Fy nhaid, tad fy nhad, oedd Huw Jones, Pen-dre.
8. Rwy'n ddiolchgar iawn i un o'r meibion, Trebor Lloyd Evans, Dolgellau, am gael benthyg y casgliad.
9. *Yr Ysgub*, rhif 6, Gorffennaf 1963, t. 7.
10. *Yr Ysgub*, rhif 16, Hydref 1967, tt. 15-16.

11. Cyhoeddwyd y cwpled a'r englyn yn *Yr Ysgub*, rhif 9, Hydref 1964, tt. 2-3.

12. *Yr Ysgub*, rhif 23, Gaeaf 1969, t. 13.

13. *Yr Ysgub*, rhif 37, Hydref 1974, t. 11.

14. *Yr Ysgub*, rhif 14, Gaeaf 1966, t. 11.

15. *Yr Ysgub*, rhif 55, Gaeaf 1981, t. 2.

16. *Llên y Llannau*, Eisteddfodau 1978, t. 85. Cyhoeddwyd hefyd yn *Blodeugerdd Penllyn*, gol. Elwyn Edwards, t. 158.

11. Yr Ysgub

1. Am ragor o hanes y cylchgrawn, gw. ysgrif Dorothy Jones, 'Hynt a Helynt Yr Ysgub', *Yr Ysgub*, rhif 47, Gaeaf 1977, tt.11-12.

2. *Yr Ysgub*, rhif 4, Tachwedd 1962, t. 1.

3. Rhif 7, Rhagfyr 1963, t. 1.

4. Rhif 4, Haf 1966, tt. 6-7.

5. Rhif 14, Gaeaf 1966, t. 1.

6. Rhif 22, Haf 1969, tt. 1-3.

7. Rhif 26, Gaeaf 1970, tt. 1-3.

8. Rhif 23, Gaeaf 1969, tt. 1-2.

9. Rhif 52, Gaeaf 1979, t. 1.

10. Rhif 54, Gaeaf 1980, t. 1.

11. Rhif 57,Gaeaf 1981, t. 1.

12. Rhif 54, Hydref 1980, t. 1.

13. Rhif 57, Gaeaf 1981, t. 1.

14. Rhif 53, Gwanwyn 1980, t. 1.

15. Rhifau 2-7, Ionawr 1962 - Rhagfyr 1963.

16. Rhif 3, Mai 1962, tt. 2-3.

17. Rhif 2, Ionawr 1962, tt. 5-6.

18. Rhif 4, Tachwedd 1962, tt. 10-11.

19. Rhif 5, Mawrth 1963, t. 6.

20. Rhif 8, Mehefin 1964, tt. 2-3.

21. Rhif 20, Gaeaf 1968, tt. 4-7.

22. Rhif 7, Rhagfyr 1963, t. 3.

23. Rhif 5, Mawrth 1963, t. 7.

24. Rhifau 2-3, Ionawr 1962, t. 6; Mai 1962, tt. 3-4.

25. Rhif 14, Gaeaf 1966, t. 8.

26. Rhif 3, Mai 1962, t. 5.

27. Rhif 20, Gaeaf 1968, tt. 7-8; rhif 23, Gaeaf 1969, tt. 9-10.

28. Rhif 12, Haf 1966, tt. 10-11.

29. Gwanwyn 1976, Haf 1976, Gaeaf 1976.

30. Rhif 27, Haf 1971, tt. 12-13.

31. Rhif 39, Gwanwyn 1975, tt. 7-9.

32. Rhif 11, Gaeaf 1965, tt. 7-8.

33. Rhif 26, Gaeaf 1970, tt. 10-12.

34. Rhif 3, Mai 1962, t. 7.

35. Rhif 18, Gwanwyn 1968, t. 6-7.

12. Celf a Chrefft

1. *Llên y Llannau*, Eisteddfodau 1977, tt. 81-95.

2. *Yr Eryr*, 3 Mehefin 1896, tt. 4-5.

3. *Cwm Eithin*, 5ed arg. Lerpwl, 1950, t. 157.

13. Hwsmonaeth, Amaeth a Thir

1. Bob Jones, Traian, 'Yn y Clwb Troi', *Cefn Gwlad*, 1947-8, tt. 14-16.

14. Cyfoeth yr Iaith Lafar

1. Llsg. AWC 1916/2.

2. Llsg. AWC 1916/1.

3. Llsg. AWC 1157.

4. Cyhoeddwyd y casgliad cyflawn yn *Y Bedol*, Rhagfyr 1980 - Ionawr 1982, yn y gyfres erthyglau 'Llên a Llafar Bro Hiraethog' (24-30). Cyhoeddwyd hefyd yn *Llafar Gwlad*.

5. Llsg. AWC 1157, 'Dywediadau Ardal Ysbyty Ifan'.

6. Am wybodaeth bellach ynglŷn â llên gwerin y tywydd, cylch Uwchaled, gw. y gyfres erthyglau 'Llên a Llafar Bro Hiraethog', *Y Bedol*, cyf. 32-36, 1982-3.

15. Difyrru'r Amser

1. *Cwm Eithin*, Lerpwl, arg. 1950, t.150.

2. Cofnodwyd y pennill gyntaf gan Edward Jones, 'Bardd y Brenin', yn ei gyfrol *Musical and Poetical Relicks of the Welsh Bards* (ail arg., 1794).

3. Am wybodaeth bellach ble a chan bwy y clywodd Lewis T Evans y penillion hyn, gw. *Allwedd Y Tannau*, rhif 24, 1965, tt. 9-14.

4. Owen Wynne Jones, 'Hywel Wyn yr Hafod', *Gwaith Barddonol Glasynys*, Wrecsam, 1898, t. 25.

5. Tapiau Lewis T Evans, AWC, 877, 4052; recordiwyd 25 Tachwedd 1964 a 7 Tachwedd 1973.

6. *Cwm Eithin*, 1950, t. 154.

7. Llawysgrifau Teulu Ty'n Pant, Cefn Brith, rhif 113, ym meddiant yr awdur.

8. Llsg. AWC 1755/27.

9. Gw. y cyhoeddiadau hyn gan Trefor M Owen: *Welsh Folk Customs*, Caerdydd, 1959; *What Happened to Welsh Folk Customs?* The Katharine Briggs Lecture, 4, Llundain, 1985; *The Customs and Traditions of Wales. A Pocket Guide*, Caerdydd, 1991.

10. Am ragor o fanylion ynglŷn â'r stori hon, gw. Robin Gwyndaf, 'The King and the Abbot and a Sign Language Examination: Welsh Versions of an International Popular Tale', *Medel*, 3, 1986, tt. 1-3. Cyhoeddwyd cyfrol Walter Anderson, *Kaiser und Abt* ('Y Brenin a'r Esgob'), yn *Folklore Fellows Communications*, rhif 42, Helsinki, 1923.

11. Eric Jones, Wrecsam; tâp AWC 7027; recordiwyd 20 Mai 1984. AT 924 yw rhif y fersiwn hon. Perthyn AT 922 ac AT 924 i ddosbarth o storïau gwerin cydwladol a adwaenir fel *novelle* (storïau rhamantaidd).

12. *Y Bywgraffiadur Cymreig Hyd 1940*, tt. 844-5.

13. Thomas Jones, tâp AWC 4998; recordiwyd 20 Mehefin 1976.

14. Idwal Hughes, tâp AWC 5762; recordiwyd 27 Mawrth 1978.

15. Cyhoeddwyd traethawd William Hughes Jones yn *Llên y Llannau*, Eisteddfodau 1987, tt. 105-10.

16. *Trysorfa'r Plant*, cyf. 75, rhif 894, Mehefin 1936, t. 167.

17. Owen Hughes, tâp AWC 4058; recordiwyd 16 Tachwedd 1973.

16. Crefydd a Moes, Llyfr a Chylchgrawn

1. R Ambrose Jones (Emrys ap Iwan), 'Y Cochl', *Homilïau*, Dinbych,1906, t.347.

2. *Cwm Eithin*, arg. 1950, t. 157.

3. *Cwm Eithin*, t . 177.

Mynegai

ab Ogwen Jones, y Parchg Rhys, 263.
ab Owain, Robin Llwyd, 169.
Adar Rhiannon, 324.
Adrodd, 183-7.
Adsain, Yr, 356.
Aeddren, 62, 155, 156.
Aelwyd yr Urdd, Llangwm, 180-3, 186, 188.
Afonydd a nentydd, 62, 68, 76-8, 78, 137-8,
  155, 249.
Almanaciau, 354.
Alun, gw. Blackwell, John.
Allwedd y Tannau, 243, 318.
Amaethyddiaeth, 284-95, 310-12.
Anterliwtiau, 62, 73.
Anthropos, gw. Rowland, Robert David.
Ap Mwrog, 96-7.
Arddwyfan, 27, 34, 112-14, 155, 159-60.
Aredig, 284.
Arferion a choelion gwerin, 112, 115-19, 158,
  321-5.
Arglwyddes Llanofer, gw. Hall, Augusta
  Waddington.
'Arhosfa'r Pererinion' (Gellïoedd Ucha), 30-2.
Arlunio, 281.
Arthur, 83, 322-3.
Arweinydd i'r Anllythyrenog, 371-3.
*Autobiography of Elizabeth Davis a Balaclava
  Nurse, The*, 49.
Awelon Uwchaled, 13.

Baner ac Amserau Cymru, 357.
Bardd a Gollwyd, Y, 103.
Bardd Nantglyn, gw. Davies, Robert.
Barwniaid Dinmael, 157-60.
Bedo Aeddren, 62, 125.
Bedol, Y, 189, 227.
Beirdd Uwchaled, 383.
Blackwell, John, 'Alun', 59.
Blake, Lois, 71.
Blodau a phlanhigion, 125-52.
'Blodau'r Eithin', 183.
Blodeugerdd Penllyn, 390.
Blodnant, 94-5.
Bob Gruff, gw. Jones, Robert Gruffydd.
Bob Talc, gw. Roberts, Robert.
Bob Traian, gw. Jones, Robert.
Bob y Graigwen, gw. Jones, Robert John.
Brewer, y Parchg George W, 263.
Brush, y Parchg Sally, 44.
Brwydr Llangwm, 993, 89.
Brynhyfryd, 138-9.
Bryn Owen (safle brwydr), 89.
Brysgyll Maesmor, 111.
Brython, Y, 324, 357.
Byd natur (llên gwerin), 312-15.

Cadwaladr, Betsi, 49.

Cadwaladr, Dafydd (pregethwr), 49, 368.
Cadwynau Papur, 232, 233.
Caer Caradog (Pen Mownt), 99, 122.
Cannwyll y Cymry, 324.
Capel Cefn Nannau: barddoniaeth, 223-4,
  243-50; celf a chrefft, 279-81; cerddoriaeth,
  212-20; cyfarfod cystadleuol, 208-225;
  golygfa, 55, 144-5; Gŵyl yr Ysgol Sul, 200-1;
  y Gymdeithas, 189; llwybrau, 132-144;
  mynwent, 150-2; 'penne pregethe', 353-4;
  planhigion, 145-52.
Capel y Wesleaid: Cefn Brith, Cernioge a
  Cherrigydrudion, 39-40.
Capeli (amryw): Bethabara, Llangernyw, 277;
  Bethel, Pentrefoelas, 39; Bethesda, Tŷ Nant,
  89; Capel y Bont, Rhydlydan, 39; Cefn Brith,
  39; Cynfal, Melin-y-wig, 45; Dinmael, 45,
  107-8; Dôl-yr-ywen, Pentrefoelas, 37;
  Gellïoedd, 59; Capel y Gro, Betws Gwerful
  Goch, 45, 108; Capel y Groes, Llangwm,
  63-5; Jeriwsalem, Cerrigydrudion, 39, 43-4,
  45, 198; Maes-yr-odyn, Llanfihangel Glyn
  Myfyr, 39, 122; Moriah, Cerrigydrudion, 44;
  Rhydywernen, 105; Soar, Cwm Main, 99,
  104; Tŷ Mawr, Cwm Penanner, 39, 49-51;
  Ty'n Rhyd, Cerrigydrudion, 44-5, 50.
Carchar, 158.
Carcharorion rhyfel, 22-5.
Carreg-y-big (efail), 106-7.
Casglu Cwysi, 105.
Cefn Gwlad, 163-4, 189, 227.
Cefn Nannau (fferm), 55, 287.
Ceffylau (llên gwerin), 116, 118-9.
Ceiriog, gw. Hughes, John Ceiriog.
Celynfab, gw. Jones, Ellis H.
Cerdd dant, 47-8, 68, 182, 183, 193.
Cerddi cocos, 223; coffa, 24-5, 49-50, 62-3,
  236-8, 249; cyfarch, 41-2, 77-8, 182, 196,
  240-1; llafar gwlad, 97-8, 110, 241, 340;
  priodas, 236; troeon trwstan, 172, 241-2.
*Cerddlyfr yr hwn sydd yn cynnwys amryw
  garolau a dyrifiau...*, 50.
Cerddoriaeth, 174-83, 212-20.
Cerfio, 275-8.
Cernioge Mawr, 39.
Cerrigydrudion, 43-5.
'Charles Tân', gw. Jones, Charles.
Charles, Thomas, o'r Bala, 53, 354, 370-1.
Clecs a Fro, 162, 169.
Clwb Llangwm (Cymdeithas Gyfeillgar), 72, 73.
Clwb Troi a Phlygu Gwrych Cwm Eithin, 284.
Coed, 126-32, 135.
Coelion ac arferion gwerin, 112, 115-19, 158,
  321-5.
Coffâd, 24-5, 228.
Collen, Cyllell a Chorn, 59, 277.
Côr Cymysg Cerrigydrudion, 177, 196;